U0574431

权威·前沿·原创

皮书系列为
"十二五""十三五""十四五"时期国家重点出版物出版专项规划项目

BLUE BOOK

智 库 成 果 出 版 与 传 播 平 台

北京市哲学社会科学研究基地智库报告系列丛书

法治政府蓝皮书
BLUE BOOK OF LAW-BASED GOVERNMENT

中国法治政府评估报告
（2024）

ANNUAL ASSESSMENT REPORT ON CHINA'S
LAW-BASED GOVERNMENT (2024)

中国政法大学法治政府研究院／著

社会科学文献出版社
SOCIAL SCIENCES ACADEMIC PRESS（CHINA）

图书在版编目（CIP）数据

中国法治政府评估报告 . 2024 ／ 中国政法大学法治
政府研究院著 . -- 北京：社会科学文献出版社，2025.
5. -- （法治政府蓝皮书）. -- ISBN 978-7-5228-5304-8

Ⅰ. D630.1

中国国家版本馆 CIP 数据核字第 2025WD7178 号

法治政府蓝皮书
中国法治政府评估报告（2024）

著　　者／中国政法大学法治政府研究院

出 版 人／冀祥德
组稿编辑／刘骁军
责任编辑／李天君　易　卉
文稿编辑／郭锡超
责任印制／岳　阳

出　　版／社会科学文献出版社·法治分社 （010）59367161
　　　　　地址：北京市北三环中路甲 29 号院华龙大厦　邮编：100029
　　　　　网址：www. ssap. com. cn
发　　行／社会科学文献出版社 （010）59367028
印　　装／三河市东方印刷有限公司

规　　格／开本：787mm×1092mm　1/16
　　　　　印 张：28.5　字 数：427 千字
版　　次／2025 年 5 月第 1 版　2025 年 5 月第 1 次印刷
书　　号／ISBN 978-7-5228-5304-8
定　　价／168.00 元

读者服务电话：4008918866
▲ 版权所有 翻印必究

本书得到"中央高校基本科研业务费专项资金"（the Fundamental Research Funds for the Central Universities）资助

《中国法治政府评估报告（2024）》
项　目　组

主　持　人　马怀德

顾　　　问　应松年

项目组成员　（按姓氏笔画排序）

马　允　王　翔　王青斌　王春蕾　冯　健

成协中　刘　艺　李红勃　张　莉　林　华

罗智敏　赵　鹏　郝　倩　曹　鎏

感谢中国司法大数据研究院、北京北大软件工程股份有限公司对本报告的数据支撑和技术支撑

主要编撰者简介

顾问　应松年　著名行政法学家，现任中国政法大学终身教授、博士生导师。中国法学会行政法学研究会名誉会长，第九届、第十届全国人大代表，内务司法委员会委员，北京市第十届、第十一届、第十二届、第十三届人大代表、法制委员会副主任，北京市第十四届人大常委会法制建设顾问，享受国务院颁发的政府特殊津贴。兼任国家减灾委员会专家委员会成员，中国法学会学术委员会委员，最高人民法院、最高人民检察院专家咨询委员，北京市、四川省、福建省人民政府法律顾问等。曾两度获北京市优秀教师奖，并获中央国家机关"五一劳动奖章"、"百名法学家百场报告会最佳宣讲奖"、"2006 年度法治人物"、中国行政法学"终身成就奖"、日本名古屋大学名誉法学博士等。

主编　马怀德　中国政法大学校长，教授，博士生导师，中国政法大学学术委员会主席，享受国务院颁发的政府特殊津贴。兼任中国法学会副会长，中国法学会行政法学研究会会长，最高人民法院特邀咨询员，最高人民检察院专家咨询委员，国务院学位委员会法学学科评议组召集人，教育部法学专业教育指导委员会副主任委员。国家哲学社会科学领军人才，中国十大杰出青年法学家，北京市有突出贡献的科学技术管理人才，"2020 年度法治人物"。研究方向：行政法学。直接参与国家赔偿法、行政处罚法、立法法、行政许可法、行政强制法等重大立法工作。出版学术著作 50 余部，包括《国家赔偿法的理论与实务》《当代中国行政法的使命》《行政法前沿问题研究》等。发表论文 300 余篇，包括《法治政府建设存在的问题与主要任务》《法治政府建设的根本遵循》《迈向"规划"时代的法治中国建设》等。

《中国法治政府评估报告（2024）》
撰写分工

　　本书是中国政法大学法治政府研究院"中国法治政府评估"项目组团队合作的成果，由马怀德教授主持研究，应松年教授担任顾问，各部分负责人和参与人如下：

　　《2024 年度全国 100 个城市法治政府建设总体情况分析》负责人为赵鹏教授，谢冰钰、刘念达协助进行数据检索、分析及图表制作等工作；

　　《政府职能依法全面履行》负责人为王春蕾副教授，路博尧、胡滢滢、王越佳、齐嘉钰、金豆豆、王梓舟、吴直雪协助进行数据检索、分析及图表制作等工作；

　　《法治政府建设的组织领导》负责人为罗智敏教授、马允副教授，徐佳钰、梁牧民、葛一俊、洪一凡协助进行数据检索、分析及图表制作等工作；

　　《依法行政制度体系完善》负责人为曹鎏教授，杜宏伟、崔瑜、管亚冰协助进行数据检索、分析及图表制作等工作；

　　《行政决策》负责人为王青斌教授，谢欣汝、黄麟、伍仕睿协助进行数据检索、分析及图表制作等工作；

　　《行政执法》负责人为张莉教授，丘碧娴、李名蕊、管正、周心怡协助进行数据检索、分析及图表制作等工作；

　　《政务公开》负责人为林华教授，袁明扬、石培、王芷彤协助进行数据检索、分析及图表制作等工作；

　　《行政权力的制约与监督》负责人为郝倩副教授、冯健博士后，阚瑞欣、陈宇珺、李鸿英、郭竞捷、李昕洋、吴玉祥、石嵘协助进行数据检索、分析及图表制作等工作；

《法治政府对法治社会的带动》负责人为李红勃教授，李佳瑶、严静静、孙海珊协助进行数据检索、分析及图表制作等工作；

《政务服务与诚信的法治保障》负责人为成协中教授，苗凌云、姚清寻、李彤、方彦博、王雨棋、浩树奇、郑舒尹协助进行数据检索、分析及图表制作等工作；

《数字法治政府》负责人为刘艺教授，孙俐、郭雨婷、韩雨珊、初俊逸、胡祖利、谭馨、王铁、宋雪宁、吴建成、罗淦钟、郑茜予、杜羽珂、李佳馨协助进行数据检索、分析及图表制作等工作；

《社会公众满意度调查》负责人为王翔助理研究员，李泽坤协助进行数据检索、分析及图表制作等工作。

摘　要

　　本报告为中国政法大学法治政府研究院 2024 年度地方法治政府评估的最终成果，是自 2013 年启动的地方法治政府评估工作的延续。法治政府研究院根据党的二十大报告、《法治政府建设实施纲要（2021—2025 年）》等中共中央、国务院制定和颁布的关于法治政府建设的重要文件，以解决法治政府建设中的具体问题作为实践导向，完善并形成了"2024 年度中国法治政府评估指标体系"，据此完成评估。评估对象共计 100 个城市，包括 4 个直辖市、27 个省会（首府）所在地的市、4 个经济特区市、18 个国务院批准的较大的市和 47 个根据人口数量和地域分布选择的其他城市。根据三级指标的不同，项目组在具体测评对象的选择上，分别以市政府、市政府各个职能部门、市政府部分职能部门作为具体的测评对象。

　　本次评估主要依据 100 个城市 2024 年法治政府建设的相关数据。数据采集主要通过三种方式：网络检索、实践体验与实地调研、司法大数据的适用。2024 年度评估报告建立在更加科学、完善的指标体系基础上，继续深入评估、考察地方法治政府建设的落实情况以及存在的突出问题，提出具有可行性的解决建议，以评促建，推动新时代法治政府建设提质增效。

目　录 ⤵

Ⅰ　总报告

Ⅱ　指标分报告

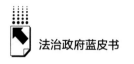

Ⅲ　城市分报告

（按城市名拼音升序排列）

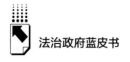
皮书数据库阅读**使用指南**

总 报 告

B.1

2024年度全国100个城市法治政府
建设总体情况分析

赵　鹏[*]

摘　要：　中国政法大学法治政府研究院对2024年度全国法治政府建设情况进行了全面分析。结果显示，法治政府建设水平稳步提升，有力支撑了政府治理体系的现代化。政府职能因应高质量发展要求实现进一步转变，制度建设质量不断提高，行政执法领域框架加速完善并发挥实效，行政复议的主渠道功能初步显现，政府社会治理法治化水平有所提升，法治政府与数字政府进一步融合发展。但也要看到，制度建设在动态回应经济社会发展方面仍有提升空间，依法行政部分重点领域仍有堵点，行政复议配套工作仍需加强，相关社会治理要素之间的系统集成和深度融通还有所欠缺，数字法治政府建设的衍生问题需要警惕。为此，需要进一步推进依法

---

* 赵鹏，中国政法大学法治政府研究院教授，法学博士，研究方向：行政法、政府规制理论、网络法、科技法。中国政法大学法学院2024级宪法学与行政法学博士研究生谢冰钰、中国政法大学法学院2024级宪法学与行政法学硕士研究生刘念达协助进行数据检索、分析及图表制作等工作。

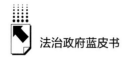
行政，以更高质量的法治政府建设为进一步全面深化改革、推进中国式现代化提供重要保障。

关键词： 法治政府　服务政府　依法行政　社会治理　数字政府

法治政府建设是全面依法治国的重点任务和主体工程，是推进国家治理体系和治理能力现代化的重要支撑。党的十八大以来，我国新时代法治政府建设不断提质增效，迈入了追求制度实效、全面系统推进的新阶段。

习近平总书记多次强调："依法治国是我国宪法确定的治理国家的基本方略，而能不能做到依法治国，关键在于党能不能坚持依法执政，各级政府能不能依法行政。"[①] 2021 年 8 月，党中央、国务院印发《法治政府建设实施纲要（2021—2025 年）》（以下简称《纲要》），围绕新发展阶段持续深入推进依法行政、全面建设法治政府，围绕政府机构职能、依法行政制度、行政决策制度、行政执法、突发事件应对、社会矛盾纠纷行政预防调处化解、行政权力制约和监督、科技保障等方面实现法治政府建设的全面突破，为新阶段法治政府建设指明具体方向。党的二十大报告强调要"扎实推进依法行政"，对转变政府职能、深化行政执法体制改革、强化行政执法监督机制和能力建设等提出明确要求。党的二十届三中全会通过的《中共中央关于进一步全面深化改革　推进中国式现代化的决定》（以下简称《决定》）总结和运用改革开放以来特别是新时代全面深化改革的宝贵经验，提出"法治是中国式现代化的重要保障"的重要论断，强调"深入推进依法行政"。可以说，推进依法行政、建设法治政府既是推进全面依法治国的关键环节，也是进一步全面深化改革、推进中国式现代化的重要保障。

中国政法大学法治政府研究院（以下简称"法治政府研究院"）自2013 年开始持续在全国范围内对地方政府法治建设状况进行第三方评估，

----

① 习近平：《加快建设社会主义法治国家》，《求是》2015 年第 1 期。

致力以学术力量推动法治政府建设，以评估方式助力法治政府建设。十余年来，法治政府研究院研究团队根据党中央、国务院制定和颁布的关于法治政府建设的重要文件，针对地方政府法治建设情况，自主研发中国法治政府评估指标体系并不断完善，以独立第三方机构的名义对地方法治政府建设状况进行全面观察和科学评估，基于评估结果提出科学建议，始终为持续深入推进依法行政、全面建设法治政府提供智识。本年度，法治政府研究院深入贯彻党的二十大精神，结合党的二十大报告、《纲要》、《决定》以及党中央、国务院对法治政府建设提出的新要求，以解决法治政府建设的具体问题作为实践导向，在整体评估体系架构保持基本稳定和延续性的基础上，进一步完善中国法治政府评估指标体系、持续性深入评估、考察地方法治政府建设的落实情况以及存在的突出问题，提出具有可行性的解决建议，以评促建，推动新时代法治政府建设向纵深推进。

一　评估指标体系

2024年在延续以往评估工作的基础上，对评估指标进行了适当调整，包括以下三个方面。

第一，更加突出评估指标体系的系统性、时代性。本次评估指标体系共有11项一级指标37项二级指标96项三级指标（观测点），共计1000分（具体参见附录一：2024年度中国法治政府评估三级指标得分率）。结合党的二十大报告、《决定》对新时代法治政府建设提出的新的更高要求，法治政府研究院研究团队对评估指标体系予以系统性优化，围绕国家改革大局和法治建设的需要增减调整指标，进而实现以评促建的评估效果。一方面，根据数字法治政府建设新要求，加强对政府数字化工作的评估。《纲要》提出，"健全法治政府建设科技保障体系，全面建设数字法治政府"。数字法治政府是数字政府与法治政府的深度融合。本次测评新增"政府履职数字化"为二级指标，从行政立法、行政执法、行政决策、社会治理、政务服务五个方面考察政府运用数字化手段履职

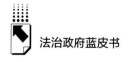

的能力。另一方面，政务服务与诚信建设对构建和谐社会、推动国家发展意义重大，针对《纲要》提出的建设服务型政府的要求，将一级指标"优化营商环境的法治保障"更改为"政务服务与诚信的法治保障"，关注政务服务与诚信建设在稳定市场预期、维持市场经济秩序方面发挥的关键作用。

第二，更加突出评估内容的内涵性、实效性。随着法治政府建设向纵深发展，不仅要关注形式上法治政府是否建立，更要关注实质上法治政府的建设成效。因此，本次评估更加注重从良好行政和实质法治层面对地方政府的建设成效予以全面考察，实现法治政府建设的内涵式发展。例如，对一级指标"行政权力的制约与监督"项下的"内部监督"，结合经济发展及国家政策需要进行了修改完善，增设了"经行政复议案件的再诉讼率""行政执法协调监督作用的体现"两个三级指标，以进一步评估行政执法质量和行政复议主渠道作用的发挥效果。又如，对一级指标"数字法治政府"下的"数字政府平台建设"进行归纳整合，增加对于数字政府平台的考察维度，从建设进度、集约化程度、无障碍建设三个角度对数字政府平台情况进行考察，重点关注"行政执法信息公示平台建设进度"、"政务服务平台建设进度"、"法规规章行政规范性文件统一公开查询平台建设进度"、"'两法衔接'信息平台建设进度"、"平台集约层面"与"业务集约层面"，更加全面地考察数字法治政府建设情况，提升了指标体系的实用性、实效性。

第三，更加突出测评方式的科学性、智能性。针对部分指标过去受制于法治政府评估数据的多源异构、量化缺乏而导致的评估手段单一、智能化程度不高而只能在小数据基础上进行观测和评估等问题，本次评估继续充分运用人工智能、大数据等新兴技术，结合中国司法大数据研究院开发的中国司法大数据库、北京大学开发的北京大学开放研究数据平台以及北京北大软件工程股份有限公司提供的数据支撑，基于跨库的司法大数据对相关指标的法治政府评估数据进行筛选和清洗，通过反向验证的方式实质提升法治政府评估的可信度。

二　评分标准及方式

2024年评估中的评分标准基本维持稳定，根据具体的三级指标确定，主要分为五种情况。第一，以考察"是否开展某类工作"或者"有无建立某种制度"等客观事实作为评分依据，根据检索资料的情况进行赋分。第二，以"多寡"或者"频率"等客观事实分层赋分。第三，适当增加"反向扣分"评分形式比例，有效传导评估压力。例如，在一级指标"法治政府建设的组织领导"项下的三级指标"法治政府建设主体责任的落实情况"中，大多数城市可以根据《市县法治政府建设示范指标体系》（2021年版）的要求在2024年4月1日前向社会公开年报，但仍有部分城市在数据采集时尚未公布法治政府建设报告，故本指标不得分。第四，以项目组成员实际的执法体验进行赋分。例如，在一级指标"政务公开"项下设置三级指标"政府提供所申请信息的情况"，项目组委派的调研人员登录当地政府的门户网站，向当地的自然资源和规划部门申请"2023年度当地的国有土地出让金总额"，向教育部门申请"当地的公办小学数量"，观察是否及时回复以及提供的信息数量是否完整全面。第五，在公众社会调查指标中，根据被调查公众的评价进行综合评分。

为拓展和保障评估所需要资料获取途径和来源的多样性，项目组采取以下三种方式收集具体的信息和资料。

第一，在线信息搜集。研究团队对被评估政府及其下属部门的官方网站、政务服务窗口、地方政府信息公开平台等进行了全面搜索。对于无法直接从官方渠道获取的信息，团队采用了"百度""必应"等搜索引擎，通过关键词搜索等间接手段进行检索，且关键词的选择力求广泛，以避免遗漏任何相关信息。

第二，实地考察与体验调研。研究团队派遣调研专员前往被评估的城市进行实地调研，包括开展公众满意度问卷调查和亲身体验行政执法过程，以此为基础撰写公众满意度调查报告和执法体验报告，作为评估相关指标的重

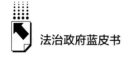

要依据。

第三，司法大数据的拓展运用。在本次评估中，司法大数据被应用于法治政府建设的多个观测点，包括法治政府建设的组织领导、依法行政制度体系完善、行政决策、行政执法、政务公开、行政权力的制约与监督等方面。通过技术赋能，创新了评估手段，进一步提升了评估方式的科学性和智能化水平。

三 评估对象及过程

2024 年的评估对象是 100 个城市，包括北京、上海、天津、重庆 4 个直辖市，长春、长沙、成都、福州、贵阳、广州、哈尔滨、海口、呼和浩特、杭州、合肥、昆明、济南、拉萨、兰州、南昌、南京、石家庄、沈阳、太原、武汉、乌鲁木齐、西安、西宁、南宁、银川、郑州 27 个省会（首府）所在地的城市，汕头、深圳、厦门、珠海 4 个经济特区市，鞍山、包头、本溪、大连、大同、抚顺、邯郸、淮南、吉林、洛阳、宁波、齐齐哈尔、青岛、苏州、唐山、无锡、徐州、淄博 18 个国务院批准的较大的市，佛山、常德、烟台、济宁、德州、衡阳、温州、岳阳、盐城、六安、泰安、茂名、临沂、阜阳、台州、南通、南阳、襄阳、聊城、驻马店、遵义、东莞、湛江、菏泽、泉州、荆州、邢台、沧州、潍坊、宜春、黄冈、玉林、揭阳、毕节、保定、南充、邵阳、上饶、新乡、达州、赣州、周口、信阳、商丘、曲靖、绥化、克拉玛依 47 个根据人口数量和地域分布选择的其他城市。

根据三级指标的不同，项目组在具体测评对象的选择上，以市政府及其职能部门作为具体的测评对象。其中，有的指标以市政府为考察对象，例如在"行政权力的制约与监督"一级指标项下设置"是否及时履行法院生效裁判、支持配合检察院开展行政诉讼监督、行政公益诉讼，积极主动履行职责或纠正违法行为，及时落实、反馈司法建议、检察建议"三级指标，通过检索被评估城市政务网站，考察行政机关接受外部监督的情况。有的指标以市政府及其职能部门为考察对象，例如在"政务服务与诚信的法治保障"

一级指标项下设置"市场准入服务优化"三级指标，检索被评估市政府及其职能部门网站，观测是否设置有利于营商环境建设的专栏、方案等内容。有的指标选取市政府部分职能部门进行考察，例如在"行政决策"一级指标项下设置"公众参与重大决策情况"三级指标，通过访问各市政府职能部门的官方网站，考察重大行政决策中的公众参与程度。

四 评估结论与建议

（一）法治政府建设水平稳步提升，有力支撑了政府治理体系的现代化

2024年度，各地紧密围绕新时代法治政府建设的战略蓝图与总体部署，聚焦满足人民日益增长的对美好生活的需要，在加快转变政府职能、提升行政决策法治化水平、强化法治服务供给以及推进政务服务与诚信建设等方面取得积极成效。总体来看，被评估城市的整体得分水平相较于上一年度稳中有升。2024年所有被评估城市的得分率均在60%以上。在11项一级指标中，"法治政府建设的组织领导"、"依法行政制度体系完善"、"行政决策"、"行政执法"、"政务公开"、"行政权力的制约与监督"以及"法治政府对法治社会的带动"7项一级指标的全国平均得分率较上一年度实现有序提升。

法治政府建设水平的稳步提升，为经济社会发展提供了稳预期、强信心、利长远的支撑作用，切实增强了人民群众的法治获得感、幸福感、安全感。通过持续深化依法行政实践，政府治理体系的现代化水平不断提升，为进一步全面深化改革提供了有效支撑。

报告选取2024年度30个得分率表现较好的城市加以展示（参见图B.1-1）。

（二）因应高质量发展要求，进一步转变政府职能

党的二十届三中全会将到2035年全面建成高水平社会主义市场经济体

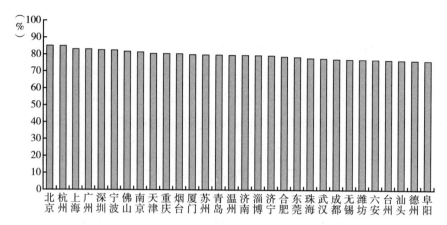

图 B.1-1　2024 年度法治政府评估得分率较高的 30 个城市

制作为进一步全面深化改革的重要目标之一，要求"充分发挥市场在资源配置中的决定性作用，更好发挥政府作用"。构建高水平社会主义市场经济体制，需要职能科学、有为善为的政府。2024 年，各地方政府在法治轨道上加快转变政府职能。本年度，国务院出台《公平竞争审查条例》，以制度化的力量加快建设全国统一大市场，保障各类经营主体依法平等使用生产要素、公平参与市场竞争，各地积极落实条例要求，加快构建相关工作机制。一些地方政府专门针对市场主体"急难愁盼"的关键问题，在政务服务中开展全方位、深层次政企沟通，综合施策，在市场准入、公平竞争保障、平等获取公共资源等方面积极出台政策文件，对招商引资等活动进行规范，加强对行政性垄断等有碍全国统一大市场不当行为的监管执法。

同时，各地政府积极回应新一轮科技革命和产业变革提出的要求，以政府职能转变推动科技创新、促进产业升级等重点领域实现新突破，并着眼长远打造我国发展新优势。2024 年，发展新质生产力是各地方政府工作的首要议题，各地方政府在此过程中发挥主导作用，采取积极行动，聚焦营造良好的法治环境、提供科学有效的制度供给，规范地方政府和企业行为、防范风险隐患，引导新兴产业的健康有序发展。自动驾驶、智能制造、新能源储能等相关领域的制度规则被不断探索实验，为构建有为政府和有效市场的良性互动局面提供了生动有益的实践经验。

当然，当前的政府职能转变还存在一些需要解决的问题。评估发现，部分地方政府在提供市场准入服务方面仍较为滞后，市场准入负面清单及证照分离改革方案等政策性文件协同实施不足，有碍市场机制高效发挥作用，损害企业投资信心；公平竞争审查机制虽初步建立，但实践中仍存在政府采购、招投标工作中的变相政策优惠、人为设置壁垒等不公平对待行为。公平竞争审查的实效还有待进一步提升；各地方政府推进发展新技术、新业态的容错机制虽已初步建立，但是，包容审慎监管的具体意涵尚有待与行业发展、监管对象特征进一步精准结合。

（三）制度建设质量不断提升，但在动态回应经济社会发展需要方面仍有提升空间

制度是法律的内蕴，也是支撑法治政府建设的根基。为此，法治政府建设需要突出制度建设这一重点，及时对制度"立""改""废"，从而使建立的制度符合经济社会发展的规律，反映人民的意愿，适应当前和今后一段时期的实际需要。评估发现，各地方政府在制定规章和文件时，大多能够严格依据上位法的规定，不随意增设行政许可、行政处罚、行政强制等事项，也不任意违法减损公民、法人和其他组织的合法权益或者增加其义务。同时，各地政府备案审查工作力度进一步加大，在完善各类规范性文件纳入备案范围、开展审查纠错、开展集中清理和跟踪督促以及加强备案审查制度和能力建设等方面取得积极成效。

评估同时发现，随着备案审查制度的开展，也暴露了一些立法立规个案中的涉企不平等保护、民生权益保障不健全等具体问题，进而反映出部分地方政府履职滞后、怠惰等深层次问题。此外，部分地方政府还存在行政规章、规范性文件多年未修改、更新、废止等"立法懒政"现象，立法进程拖延、立法质量低下、立法责任缺位。法治的本质在于良法之治，要努力创新各种手段，最大限度保证法律的公正与正义品质，为改革发展指引方向，为经济、社会的深化改革和市场主体的发展壮大提供支撑和保障。

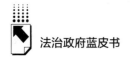

（四）行政执法制度框架加速完善并逐步发挥实效，但一些领域仍有堵点

近年来，提升行政执法质量成为法治领域建设的重点，相关顶层设计加速完善，《提升行政执法质量三年行动计划（2023—2025年）》《关于进一步规范和监督罚款设定与实施的指导意见》《关于加强行政执法协调监督工作体系建设的意见》《关于严格规范涉企行政检查的意见》等相继出台。评估发现，各地方政府结合地方实际，陆续通过制定实施方案细化相关目标任务，并系统推进提升行政执法质效工作取得阶段性成效。总体来看，各地不断深化综合行政执法改革，推动执法事项调整和机构整合到位，加强行政执法主体和行政执法人员管理，开展行政执法主体清理和行政执法人员资格认证工作。稳妥推进向乡镇人民政府（街道办事处）赋予部分行政执法权的工作，落实行政执法协调监督等制度规定，助推行政执法工作体系和行政执法协调监督工作体系建设持续推进。

评估发现，相比于2023年，本年度行政机关在行政处罚与行政许可领域的执法规范化程度有所提升，两类行政诉讼案件的行政机关胜诉率同比提高，体现出行政执法各项举措不断完善、各项机制逐步规范的趋势。一些城市在行政执法协调监督工作中注重加强对重大行政执法案件的专项监督调查处理，建立了重大案件线索移送、挂牌督办和跟踪反馈制度。各地还通过加强监督信息公开和创新监督方式方法，提高了监督工作的透明度和公信力。部分城市及时将监督工作动态、监督检查结果等信息向社会公开，接受公众监督。

不过，作为法治政府建设的重点，严格规范公正文明执法的攻坚克难任务依然繁重。一是重点领域行政执法效能仍有待进一步提升。评估发现，生产安全事故仍然易发高发，相关重点领域行政执法工作还需进一步加强。二是基层行政执法能力有待进一步提升，基层行政执法标准化建设有待加强。伴随行政执法权重心下移的压力持续增加，虽然很多地方已经意识到加强行政执法能力建设的重要性，但在行动上仍然有所滞后，不少地方并未根据当地基层执法环境切实可行地提升基层执法能力。只有为数不多的城市在

2024年度开展了至少一次基层执法能力建设评估。这种滞后容易诱发权责不匹配、执法不规范问题，影响基层治理的有效性和法治化。三是执法协作机制尚存制度性梗阻。伴随着综合执法走向深入，特别是跨领域、跨部门、跨层级行政执法的深入开展，迫切需要地方在线索移交、证据互认、信息共享、标准统一等多个方面建立协作机制。四是涉企行政执法争议仍然处于高位，不少案例反映执法规范化程度还存在较大缺陷。

（五）行政复议主渠道功能初显，但配套工作仍需加强

行政复议作为维护公民合法权益、监督行政机关依法行政的重要手段，其体制和机制的完善与否直接关系到人民群众的切身利益。2023年《中华人民共和国行政复议法》（以下简称《行政复议法》）修订，以发挥行政复议化解行政争议主渠道作用为目标导向，切实回应了长期困扰行政复议实践的难题与制度壁垒。评估发现，修订后的《行政复议法》实施一年以来，行政复议主渠道作用已初步显现，行政复议在化解行政争议中的作用进一步凸显，部分城市复议案件的再诉讼率有较大幅度下降，行政复议实质解决争议的成效不断增强。部分地区创新工作方式，积极推进省市县三级行政复议"一口对外"，极大地便利了行政复议申请人；部分地区将调解、和解贯穿行政复议全程，并采取回访、通报等举措及时督促行政复议的有效执行，拓展了主渠道作用。

行政复议制度的完善是一个系统工程，根据评估发现的问题，仍需要加大制度配套的力度。一是行政复议主渠道作用初步显现之后，行政复议受案量明显提升，但一些地方也出现案件积压、超期办理等问题，损害了当事人的合法权益，削弱了行政复议的公信力和权威性。这一方面需要加大人、财、物的配套支持力度，另一方面需要优化复议案件办理流程。二是行政复议案件办理质量有待进一步提升。部分城市行政复议案件的胜诉率偏低，存在事实认定不准确、适用法律错误等问题，这不仅制约了多元化解行政争议的合力，也暴露出一些行政复议机构办案人员能力不足的问题。此外，如何根据行政复议发现的普遍性问题，加强与行政执法监督机制等的联动，从源头上预防争议发生，也需要纳入政策考虑。

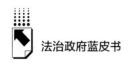

（六）政府社会治理法治化水平有所提升，但相关社会治理要素之间的系统集成和深度融通还有所欠缺

社会治理法治化需要妥善应对和化解各类社会矛盾，更重要的是，通过有效的法律治理，培育公众对法治的信任和遵从。通过严格依照法律法规行使行政权力、优化公共法律服务、推进普法教育，法治政府不仅可以有效化解社会矛盾，还可为全社会树立法治典范。本次评估结果显示，地方政府在实践中坚持和发展新时代"枫桥经验"，建立健全社会矛盾纠纷多元预防调处化解综合机制，有效化解了大量社会矛盾。此外，各地还积极响应国家号召，加强公共法律服务实体、热线、网络三大平台建设，推动公共法律服务与科技创新手段深度融合，构建了覆盖全业务、全时空的公共法律服务网络，提升了公众的法治素养和参与度，为法治社会建设打下了坚实基础。

但评估同时提示，目前法治社会建设各要素间的系统集成还有待进一步加强。一方面，公共法律服务体系建设在量和质两方面都还有较大提升空间。部分地区公共法律服务资源依旧匮乏，公共法律服务资源覆盖的均衡度不足。特别是有些地方还存在各类公共法律服务资源建设形式要件具备，但实质化建设不足的问题，制约了公共法律服务质量的系统提升。另一方面，普法工作的质量和效果尚存在提升空间。部分地方普法宣传内容单一、形式枯燥，缺乏针对性和实效性，制约了普法的效果。此外，良好的社会治理需要搭建起政府与社会公众之间顺畅沟通的桥梁。就此而言，参与式政府建设仍在路上，政府各项工作需要更加注重公众的参与效果，加强与公众的沟通和协商，以进一步提升社会公众参与的体验感和获得感。

（七）法治政府与数字政府融合发展，但衍生问题值得警惕

本年度评估发现，数字技术在政府履职过程中持续赋能增效，数字法治政府建设对数字经济发展的引领驱动作用效能凸显。一方面，数字技术与行政权力的深度嵌合，有效解决了传统政府服务中的诸多线下难题。部分地方政府利用大数据平台整合司法、执法等多个部门的信息资源，打破了时间、

空间和人力资源的限制，提高了执法效率和透明度。此外，政务服务平台、法规规章行政规范性文件统一公开查询平台、"两法衔接"信息平台等平台在100个城市均已完成部署，不仅提高了政府服务的效率和质量，也显著增强了人民群众对法治的信任度和获得感，为市场主体开展相关活动提供了有力支撑。另一方面，数字法治政府不仅是政府自身数字化转型的产物，更是推动数字经济等新质生产力发展的重要引擎。大数据、云计算、人工智能等数字技术法律框架的逐步完善，为政府更为精准、快捷、系统性地把握数字经济发展的趋势和规律，制定更加科学合理的产业政策和发展规划提供了便利，政府数据的开放共享也为激发市场活力和社会创造力、推动数字经济与传统产业的深度融合和创新发展营造了良好环境。

然而，数字法治政府建设过程中产生的衍生问题同样值得警惕。一方面，政府数字化履职能力与数字化发展需求、发展速度之间不够匹配，数字法治政府建设规划不够全面、平台建设不够完善、数字法治政府建设缺乏制度保障等固有问题依然存在。部分地方政府抢占数字资源、过度收集个人信息、数字政府建设存在形式主义、公共数据利用存在乱象等衍生风险层出，不仅不能真正使公众享受数字治理带来的红利，反而可能额外增加其负担，亟须在法治框架下进一步完善。另一方面，数字技术滥用带来的"数字鸿沟"等法律与科技伦理问题不容忽视，由于地区、城乡、年龄、职业、教育水平等因素的差异，不同群体利用数字技术获取政务服务等信息的能力存在差距，由此带来的行政相对人平等获取基本公共服务的基本权利保护问题值得警惕。需要以人民为中心动态平衡好数字技术运用的效率价值和公平价值。

指标分报告

B.2
政府职能依法全面履行

王春蕾*

摘　要：　2024 年法治政府评估中一级指标"政府职能依法全面履行"下设"清单式管理""加强和规范事中事后监管""公共服务""重大突发事件依法预防处置""生态保护"5 项二级指标，并细化为 6 项三级指标，对我国地方政府依法全面履行政府职能的情况进行了系统、全面且细致的评估。评估结果显示，在依法全面履行职能的过程中，部分工作已经取得了显著的成效。权责清单的动态调整工作落到实处，包容审慎监管改革稳步推进，全民健身服务水平日益提高，重大突发事件依法预防处置能力显著提升，环境保护状况有所改善。当然，我国政府职能履行仍然存在部分问题，

---

* 王春蕾，中国政法大学法治政府研究院副教授，法学博士，研究方向：行政法学与教育法学。中国政法大学法学院 2022 级宪法学与行政法学硕士研究生路博尧、中国政法大学法学院 2023 级宪法学与行政法学硕士研究生胡滢滢、中国政法大学法学院 2023 级法律（法学）硕士研究生王越佳、中国政法大学法学院 2023 级法律（法学）硕士研究生齐嘉钰、中国政法大学法学院 2024 级法律（法学）硕士研究生金豆豆、中国政法大学法学院 2024 级宪法学与行政法学硕士研究生王梓舟、中国政法大学法学院 2024 级法律（法学）硕士研究生吴直雪协助进行本文中数据收集、检索、分析及图表制作等工作。

包括权责清单的动态调整情况落实效果仍然有待提升，包容审慎监管机制的建立仍处于探索阶段，全民健身服务总体发展不充分、地区发展不均衡，重大突发事件依法预防处置能力存在短板，空气质量仍待改善，生态环境保护任务依然艰巨，等等。各地政府应当及时更新权责清单的设定依据，加强权责清单动态调整的常态化管理，探索市场监管领域行政执法与包容审慎监管深度融合新路径，扩大全民健身公共服务供给，完善全民健身公共服务体系，加强应急法治保障，完善公共安全体系，加快经济社会发展全面绿色转型，全面推进美丽中国建设。

关键词： 政府职能　法治政府建设　法治政府评估　依法行政

一　指标设置及评估标准

（一）指标设置

《法治政府建设实施纲要（2021—2025年）》提出"健全政府机构职能体系，推动更好发挥政府作用"的目标，坚持法定职责必须为、法无授权不可为，着力实现政府职能深刻转变，把该管的事务管好、管到位，基本形成边界清晰、分工合理、权责一致、运行高效、法治保障的政府机构职能体系。本次评估共设置5项二级指标，旨在全方位审视地方政府在依法全面履行政府职能方面的表现，这5项指标分别为"清单式管理"、"加强和规范事中事后监管"、"公共服务"、"重大突发事件依法预防处置"以及"生态保护"。在此基础上，每个二级指标下进一步细化为若干三级指标，并将其作为具体的评估观测点，以确保评估的精准性与深度。这些三级指标（观测点）广泛覆盖了政府职能依法全面履行的制度建设及其动态调整情况，具体涵盖"权责清单的动态调整情况"、"包容审慎监管"、"全民健身服务"、"突发事件依法处置能力"、"空气质量"以及"环境问责"。通过这些不同的考察维度，综合评估政府机构设置与职能履行的法治化水平，衡

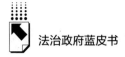
量其是否达到法治政府建设的标准与要求。

在分数设置上，政府职能依法全面履行一级指标满分80分，5项二级指标的分值分配为：清单式管理15分、加强和规范事中事后监管15分、公共服务15分、重大突发事件依法预防处置15分、生态保护20分。6项三级指标的分值分配是在二级指标的分值上进行进一步的细分。其中，二级指标生态保护的分值被划分为空气质量10分、环保问责10分。分值分配的设计综合考量了两大因素。一个因素是各制度建设在推动政府职能依法全面履行过程中的核心地位。宏观调控、市场监管、社会管理、公共服务以及环境保护等关键领域，均被视为政府职能依法全面履行不可或缺的组成部分。鉴于此，二级指标的分值分配力求均衡，旨在全面体现这些领域的重要性及其对整体政府职能履行的贡献。另一因素是三级指标的数量情况，三级指标的数量及其可操作性亦是分值分配的重要参考。相较于清单式管理、公共服务和重大突发事件依法预防处置等领域，生态保护在三级指标的设定上展现出更为丰富的层次与细节。从实际操作层面来看，生态保护指标下能够设置更多具有针对性和可操作性的三级指标。而从评估的全面性和客观性需求出发，为了深入且准确地评估这一领域，需要借助更多的三级指标。当然，三级指标的具体分值并非随意设定，而是根据二级指标的整体分值分配框架，以及相同二级指标下各三级指标之间的关系与重要性差异，进行了细致的划分与调整。因此，不同三级指标的分值存在差异，以确保评估体系的科学性与准确性（见表B.2-1）。

表 B.2-1　政府职能依法全面履行指标体系

一级指标	二级指标	三级指标
政府职能依法全面履行（80分）	（一）清单式管理（15分）	1. 权责清单的动态调整情况（15分）
	（二）加强和规范事中事后监管（15分）	2. 包容审慎监管（15分）
	（三）公共服务（15分）	3. 全民健身服务（15分）
	（四）重大突发事件依法预防处置（15）	4. 突发事件依法处置能力（15分）
	（五）生态保护（20分）	5. 空气质量（10分）
		6. 环保问责（10分）

（二）设置依据和评估标准

本项指标主要根据《法治政府建设实施纲要（2021—2025 年）》《国务院关于加强和规范事中事后监管的指导意见》《优化营商环境条例》《全民健身条例》《中共中央　国务院关于深入打好污染防治攻坚战的意见》《教育部关于废止部分规章的决定》以及相关法律法规对政府职能依法全面履行方面的基本要求而设置。评估组所依据的材料与数据主要通过网络检索、电话访谈（体验）的方式获得。网络检索范围涵盖政府官方网站、权威媒体、公共网络平台信息。未能通过公开渠道检索到相关材料的，则视为未建立或未落实该项指标。

各三级指标的设置依据、测评方法以及评分标准如下。

1. 权责清单的动态调整情况

【设置依据】

《法治政府建设实施纲要（2021—2025 年）》中提出，"全面实行政府权责清单制度，推动各级政府高效履职尽责"。2022 年上半年，国务院部门权责清单顺利编制完成，并随之建立了一系列配套机制与措施，包括公开透明、动态调整、考核评估及衔接规范等方面。与此同时，地方各级政府部门的权责清单也经历了调整与优化，强化了标准化建设进程，确保了同一事项在不同层级政府间的规范性和一致性。

教育部第 55 号令《教育部关于废止部分规章的决定》（2024 年 3 月 20 日起施行）废止了以下规章：（1）《高等学校校园秩序管理若干规定》（1990 年 9 月 18 日国家教育委员会令第 13 号公布）；（2）《中等专业教育自学考试暂行规定》（1991 年 6 月 12 日国家教育委员会令第 16 号公布）；（3）《教育行政处罚暂行实施办法》（1998 年 3 月 6 日国家教育委员会令第 27 号公布）；（4）《实施教育行政许可若干规定》（2005 年 4 月 21 日教育部令第 22 号公布）。

【测评方法】

测评方法为网络检索。以市一级的教育行政部门为测评对象，通过网络

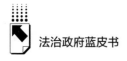

检索获取最新版权责清单。

本指标的考察时间为 2023 年 5 月 1 日至 2024 年 4 月 30 日。

【评分标准】

本项满分为 15 分。

权责清单完整性：清单需包含职权名称、职权类型、法律依据（需具体到条款）及行使层级，若全部涵盖，则得 4 分；若清单中缺少上述任一要素，则每缺少一项扣 1 分；若未能检索到权责清单，则直接得 0 分。

权责清单动态调整情况：如对权责清单的动态调整情况进行了说明，并提供了具体的调整理由，则得 3 分；若未能检索到权责清单的动态调整情况，则得 0 分。

权责依据合规性：清单中的权责依据未涉及已废止的部门规章，则得 8 分；以已废止的部门规章作为权责依据的，每出现一例扣 2 分，直至 8 分扣完为止。废止的部门规章包括：

《高等学校校园秩序管理若干规定》

《中等专业教育自学考试暂行规定》

《教育行政处罚暂行实施办法》

《实施教育行政许可若干规定》

2. 包容审慎监管

【设置依据】

《优化营商环境条例》第 55 条规定："政府及其有关部门应当按照鼓励创新的原则，对新技术、新产业、新业态、新模式等实行包容审慎监管，针对其性质、特点分类制定和实行相应的监管规则和标准，留足发展空间，同时确保质量和安全，不得简单化予以禁止或者不予监管。"

《法治政府建设实施纲要（2021-2025 年）》提出，"完善与创新创造相适应的包容审慎监管方式"。

《国务院关于加强和规范事中事后监管的指导意见》（国发〔2019〕18 号）规定："对新技术、新产业、新业态、新模式，要按照鼓励创新原则，留足发展空间，同时坚守质量和安全底线，严禁简单封杀或放任不管。加强对新生事物发展规律研究，分类量身定制监管规则和标准。对看得准、有发展前景的，要引导其健康规范发展；对一时看不准的，设置一定的'观察期'，对出现的问题及时引导或处置；对潜在风险大、可能造成严重不良后果的，严格监管；对非法经营的，坚决依法予以查处。推进线上线下一体化监管，统一执法标准和尺度。"

【测评方法】

测评方式为网络检索。该指标主要考察评估城市是否建立和完善与创新创造相适应的包容审慎监管方式。测评方式为主要检索被评估城市市一级的市场监督管理部门网站和相关政府部门网站、法规、政策文件，辅以官方媒体新闻报道。

本指标的考察时间为 2023 年 5 月 1 日到 2024 年 4 月 30 日。

【评分标准】

截至 2024 年 4 月 30 日，能够通过网络检索到针对新技术、新产业、新业态、新模式的容错机制的（法规规章、政策文件、免罚清单等形式均可），得 5 分；未能检索到相关机制的，不得分。此处容错机制是广义的，包含企业合规、行政指导、公开承诺、行业公约、约谈等多种预防提醒机制或柔性执法方式。

针对看得准的新技术、新产业、新业态、新模式，相关包容审慎监管机制体现分类量身定制监管规则和标准的，得 2 分；针对看不准的新技术、新产业、新业态、新模式，相关包容审慎监管机制符合新生事物发展规律，设置一定的"观察期""包容期"，或采用"监管沙盒""触发式监管"等模式的，另得 3 分；未能检索到相关机制的，不得分。其中，相关文件原文无法公开检索到，或相关规定的详细程度与可实施性较弱的，各扣 1 分。

相关包容审慎监管机制已经得到有效实施，能够检索到较为丰富的现实案例或数据（5 项及以上）的，得 5 分；已经实施，但案例或数据较少（存在 3~4 项）的，得 4 分；已经实施，但案例或数据极少（存在 1~2 项）的，得 3 分；未实际实施的，不得分。

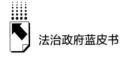

3. 全民健身服务

【设置依据】

《全民健身条例》第 29 条规定："公园、绿地等公共场所的管理单位，应当根据自身条件安排全民健身活动场地。县级以上地方人民政府体育主管部门根据实际情况免费提供健身器材。居民住宅区的设计应当安排健身活动场地。"

国家发展改革委等 21 个部门发布的《国家基本公共服务标准》（2023 年版）提出，"大力发展全民健身服务，提供科学健身指导、群众健身活动和比赛、科学健身知识等服务，免费提供公园、绿地等公共场所全民健身器材"。

《中华人民共和国 2023 年国民经济和社会发展统计公报》显示，2023 年年末全国人均体育场地面积为 2.89 平方米。

【测评方法】

该指标主要考察被评估城市 2023 年人均体育场地面积，测评方式为检索被评估城市统计局《2023 年全市国民经济和社会发展统计公报》，或直接检索人均体育场地面积。

【评分标准】

本项满分为 15 分。

人均体育场地面积≥3 平方米，得 15 分；

2.8 平方米≤人均体育场地面积<3 平方米，得 12 分；

2.5 平方米≤人均体育场地面积<2.8 平方米，得 9 分；

2.2 平方米≤人均体育场地面积<2.5 平方米，得 6 分；

人均体育场地面积<2.2 平方米，得 3 分。

4. 突发事件依法处置能力

【设置依据】

《法治政府建设实施纲要（2021—2025 年）》中提出："明确社会组织、慈善组织、社会工作者、志愿者等参与突发事件应对的法律地位及其权利义务，完善激励保障措施。健全社会应急力量备案登记、调用补偿、保险保障等方面制度。"

《生产安全事故报告和调查处理条例》第 3 条规定："根据生产安全事

故造成的人员伤亡或者直接经济损失，事故一般分为以下等级：（一）特别重大事故，是指造成 30 人以上死亡，或者 100 人以上重伤（包括急性工业中毒，下同），或者 1 亿元以上直接经济损失的事故；（二）重大事故，是指造成 10 人以上 30 人以下死亡，或者 50 人以上 100 人以下重伤，或者 5000 万元以上 1 亿元以下直接经济损失的事故；（三）较大事故，是指造成 3 人以上 10 人以下死亡，或者 10 人以上 50 人以下重伤，或者 1000 万元以上 5000 万元以下直接经济损失的事故；（四）一般事故，是指造成 3 人以下死亡，或者 10 人以下重伤，或者 1000 万元以下直接经济损失的事故。"

【测评方法】

本指标采用网络检索的方式进行测评，指标主要聚焦 2023 年 5 月 1 日至 2024 年 4 月 30 日发生的被评估城市安全突发事件应急演练与实际生产安全事故状况。

一是生产安全事故情况考察，广泛搜集并分析政府官方网站、知名媒体平台及公共信息网络上的相关报道与信息，重点关注各城市在生产领域内发生的安全事故；二是安全突发事件应急演练情况考察，特别针对危险化学品领域，通过网络检索，搜集各城市关于安全突发事件应急演练的详细信息与实施情况。

【评分标准】

本项满分为 15 分。

应急演练情况评分：通过政府官方网站、权威媒体及公共网络平台进行全面检索，2023 年 5 月 1 日到 2024 年 4 月 30 日，至少开展过一次由社会力量（涵盖社会组织、慈善组织、社会工作者、志愿者等）参与的应急演练，得 5 分；若没有开展相关应急演练，则不得分。

同样，利用上述网络渠道检索生产安全事故的发生情况，并根据以下标准进行评分：

若在评估期间内，未发生过特别重大、重大或较大事故，得 10 分；

若未发生特大事故或重大事故，但记录有一次较大事故发生，得 6 分；

若未发生特大事故，但记录有重大事故发生，或较大事故累计发生两次

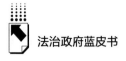
及以上，得 3 分；

若记录有特大事故发生，或重大事故累计发生两次及以上，得 0 分。

5. 空气质量

【设置依据】

《中共中央　国务院关于深入打好污染防治攻坚战的意见》（2021 年 11 月 2 日）提出，深入打好蓝天保卫战，"到 2025 年，生态环境持续改善，主要污染物排放总量持续下降，单位国内生产总值二氧化碳排放比 2020 年下降 18%，地级及以上城市细颗粒物（$PM_{2.5}$）浓度下降 10%，空气质量优良天数比率达到 87.5%"。

【测评方法】

测评方法为网络检索。该指标主要考察 2023 年度被评估城市空气质量。

【评分标准】

本项满分为 10 分。

以《中国生态环境状况公报（2023）》的全国平均数据为基准，对被评估城市发布的 2023 年环境质量公报进行网络检索：

若 2023 年度全年环境空气质量指数（AQI）达标，即六项主要污染物的浓度（具体标准依据国家环境空气质量二级标准）均达标，则给予 4 分；若未达到上述达标条件，则不得分。

2023 年度全年环境空气质量指数（AQI）优良天数比例在 90% 以上的，得 6 分；优良天数比例在 80%~90% 的，得 4 分；优良天数比例在 70%~80% 的，得 2 分；优良天数比例在 70% 以下的，不得分。

6. 环保问责

【设置依据】

《中共中央　国务院关于全面推进美丽中国建设的意见》（2023 年 12 月 27 日）提出，"充分发挥中央生态环境保护督察工作领导小组统筹协调和指导督促作用，健全工作机制，加强组织实施。……制定地方党政领导干部生态环境保护责任制规定，建立覆盖全面、权责一致、奖惩分明、环环相扣的责任体系"。《中央生态环境保护督察工作规定》第 28 条规定："加强督察问责工作。对不履行或者不正确履行职责而造成生态环境损害的地方和单位党政领导干部，应当依纪依法严肃、精准、有效问责；对该问责而不问责的，应当追究相关人员责任。"

【测评方法】

测评方法为网络检索。该指标主要考察 2023 年 5 月 1 日到 2024 年 4 月 30 日重大环境污染事件、环保问责事件发生情况。

【评分标准】

本项满分为 10 分。

检索（2023 年 5 月 1 日到 2024 年 4 月 30 日）生态环境部网站"曝光台"板块、地方政府网站，重点关注中央生态环境保护督察集中通报典型案例、生态环境部排污许可违法违规典型案例等情况：

未检索到重大环境污染事件或环保问责事件的，得 10 分；

发现 1 例重大环境污染事件或环保问责事件，扣 5 分，发现 2 例及以上的不得分。

二　总体评估结果分析

本项评估总分为 80 分，被评估的 100 个城市的平均得分率为 72.43%。得分率在平均分之上的城市共 54 个，占被评估城市总数的 54%；得分率在平均分之下的城市共 46 个，占城市总数的 46%。总体得分率趋于正态分布。本项评估最高得分率为 100%，最低得分率为 52.5%，其中，得分率主要集中在 56.25%~81.25%，共计 73 个城市，占到所有被评估城市的 73%。本一级指标项下，表现相对较好的城市为宁波、青岛、杭州、苏州和厦门等。

对比 2023 年的评估结果，本项指标 2023 年的平均得分率为 74.56%。得分率高于平均的城市共 52 个，占被评估城市总数的 52%；得分率低于平均的城市共 48 个，占城市总数的 48%。总体趋于正态分布。最高得分率为 97.5%，最低得分率为 38.75%，其中，得分率主要集中在 56.25%~81.25%，共计 73 个城市，占到所有被评估城市的 73%。表现较好的城市包含吉林、宜春、泉州、福州、毕节等。对比发现，2024 年的平均得分率与 2023 年相比，略有下降。①

得分率较高的 30 个城市见图 B. 2-1。

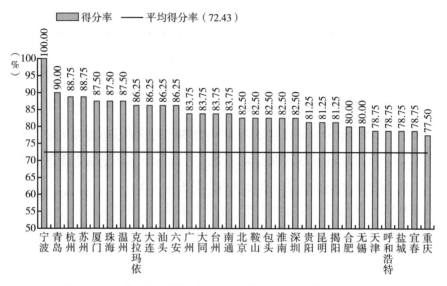

图 B. 2-1　"政府职能依法全面履行"得分率较高的 30 个城市

政府职能依法全面履行一级指标项下共包含 6 项三级指标。各三级指标的得分情况如下：（1）权责清单的动态调整情况，平均得分为 11.25 分，平均得分率为 75.00%；（2）包容审慎监管，平均得分为 11.37 分，平均得分率为 75.80%；（3）全民健身服务，平均得分为 11.10 分，平均得分率为 74.00%；（4）突发事件依法处置能力，平均得分为 12.49 分，平均得分率为 83.27%；（5）空气质量，平均得分为 5.18 分，平均得分率为 51.80%；（6）环保问责，平均得分为 6.55 分，平均得分率为 65.50%。三级指标平均得分率见图 B. 2-2。

_____

① 被评估的 100 个城市 2024 年平均得分与 2023 年平均得分产生差异在一定程度上是因为本部分的指标较 2023 年有一定程度的调整，调整后的指标更加适应当下依法全面履行政府职能的要求。

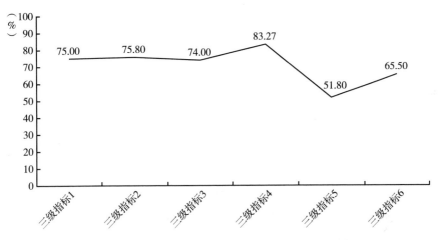

图 B.2-2 "政府职能依法全面履行"三级指标平均得分率

三 三级指标评估结果分析

（一）权责清单的动态调整情况

1.总体表现分析

本项指标满分 15 分，以市级教育行政部门为测评主体，重点考察城市权责清单的动态调整情况。从整体评估结果来看，表现并不理想。在本项指标中，共有 3 个城市评估结果为满分，平均得分为 11.25 分，有 6% 的城市得分未能达到及格线，但没有城市得分为 0 分。尽管所有城市都已建立了权责清单，但仍存在一些问题，例如清单涵盖的要素不全面、未能检索到清单的动态调整情况，以及清单的权责依据中出现了已经废止的部门规章等。本项指标总体得分情况见表 B.2-2。

表 B.2-2 三级指标 1 总体得分情况

得分（分）	15	14~9	8~6	5~0
城市（个）	3	91	6	0

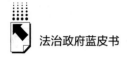

2. 分差说明及典型事例

在本项指标的评估中，平均得分率达到了 75.00%，且大部分城市的得分在 9~14 分区间，这反映出该指标领域仍有较大的提升空间。具体而言，该指标主要面临三大问题。首先，多数得分位于上述区间的城市，其权责清单中缺少了行使层级的关键要素，未能清晰界定各项权责的具体行使层级。其次，尽管这些城市已经建立了相对完善的权责清单，却未能提供关于清单动态调整的详细说明及具体依据。最后，部分城市的权力清单中仍然存在将已经废止的部门规章作为权责来源的情况。基于这些问题，评估小组根据各城市问题出现的数量以及检索相关信息的便利程度，对相应城市的得分进行了不同程度的扣减。

该指标下做得较好的城市有杭州、宁波等，其权责清单涵盖要素齐全，能够就权责清单的动态调整情况进行说明，权责依据中及时删除了已被废止的部门规章，故获得满分。也有部分城市截至本次评估的截止时间，其权责清单欠缺行使层级和设定依据两个要素，且未检索到权责清单动态调整情况，根据赋分标准得到 6 分。这些城市在未来的政府公开工作中，应当加速明确权力清单的行使层级和设定依据，以确保公众能够清晰了解政府的权力范围与边界，从而进一步加强政府公信力的建设。

（二）包容审慎监管

1. 总体表现分析

本指标对 100 个城市建立和完善与创新创造相适应的包容审慎监管方式的情况进行测评，满分为 15 分。被评估城市平均得分 11.37 分，得分率为 75.80%，得分及格城市占比 89%。

北京、上海、天津、重庆等 18 个城市得满分，加强和规范事中事后监管工作落实比较到位，已制定针对新技术、新产业、新业态、新模式的容错机制，相关包容审慎监管机制体现分类量身定制监管规则和标准，且上述机制已经得到有效实施，能够检索到较为丰富的现实案例或数据。

得分在 13~14 分区间的城市共 19 个，包括哈尔滨、合肥、昆明等城市。这些城市均已制定针对新技术、新产业、新业态、新模式的容错机制，并针对看得准的新技术、新产业、新业态、新模式分类量身定制监管规则和标准，但仍然存在两类失分情形：一是针对看不准的新技术、新产业、新业态、新模式设置了一定的"观察期""包容期"等机制，但未适当公开文件或相关规定可实施性较弱、较为笼统；二是相关包容审慎监管机制已经实施，但仅能检索到少量案例或数据。

得分在 11~12 分区间的城市共 28 个。这些城市均已制定针对新技术、新产业、新业态、新模式的容错机制，并针对看得准的新技术、新产业、新业态、新模式分类量身定制监管规则和标准，但仍然存在三类失分情形：一是未针对看不准的新技术、新产业、新业态、新模式设置一定的"观察期""包容期"等监管延迟介入机制；二是设置了上述监管延迟介入机制，但未适当公开文件或相关规定可实施性较弱、较为笼统；三是相关包容审慎监管机制已经实施，但仅能检索到少量案例或数据。

得分为 10 分的城市有 24 个。这些城市已制定针对新技术、新产业、新业态、新模式的容错机制，并针对看得准的新技术、新产业、新业态、新模式分类量身定制监管规则和标准。但这些城市均未针对看不准的新技术、新产业、新业态、新模式设置一定的"观察期""包容期"等监管延迟介入机制，且关于相关包容审慎监管机制的实施情况仅能检索到少量案例或数据。

得分为 8 分的城市有 3 个。这些城市已制定针对新技术、新产业、新业态、新模式的容错机制，但相关包容审慎监管机制未体现分类量身定制监管规则和标准，关于相关包容审慎监管机制的实施情况仅能检索到少量案例或数据。

得分在 5~7 分区间的城市有 8 个。这些城市已制定针对新技术、新产业、新业态、新模式的容错机制，但存在三类问题：一是未针对看得准的新技术、新产业、新业态、新模式分类量身定制监管规则和标准；二是未针对看不准的新技术、新产业、新业态、新模式设置一定的"观察期""包容期"等监管延迟介入机制；三是相关包容审慎监管机制已经实施，但仅能检索到少量案例或数据。

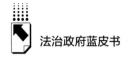

本项指标总体得分情况见表 B.2-3。

表 B.2-3 三级指标 2 总体得分情况

得分（分）	15	13~14	11~12	10	8	5~7	0~4
城市（个）	18	19	28	24	3	8	0

2. 分差说明及典型事例

在针对新技术、新产业、新业态、新模式的容错机制方面，被评估城市的得分率为 100%，即均存在相关机制，该类机制主要体现为各城市出台的《市场监管领域轻微违法行为免罚清单》。

在相关包容审慎监管机制体现分类量身定制监管规则和标准方面，被评估城市分差较大，得分率为 59.2%。该指标下做得较好的城市有北京、上海、天津、重庆等，主要体现为对"看得准的""看不准的"新产业分类量身定制了监管规则和标准。例如，针对"看得准的"新产业，2022 年上海市出台了《上海市密室剧本杀内容管理暂行规定》予以监管；针对"看不准的"新产业，《齐齐哈尔市市场监督管理系统优化营商环境对"四新"低风险企业实施"触发式监管"工作方案》明确，"除法律法规明确禁止或涉及危害公共安全和人民群众生命健康等情形外，对纳入'沙盒'监管对象库的企业健全容错机制，给予一年'包容期'。在'包容期'内采取行政指导方式，对轻微违法违规经营行为，开展提示性监管、警示性监管和关怀式监管，督促企业进行及时纠正，消除问题隐患，及时化解风险"。

在相关包容审慎监管机制的有效实施方面，被评估城市存在一定分差，得分率为 74.6%。例如，对于重庆等城市，评估组能够检索到大量有关实施包容审慎监管受益群体数量、免罚金额、案例数量等的官方统计数据，以及实施上述监管措施的官方案例整理、媒体新闻报道。

（三）全民健身服务

1. 总体表现分析

本项指标对 100 个城市的全民健身服务进行测评，满分为 15 分。被评估城市平均得分为 11.10 分，平均得分率为 74.00%。本次评估城市整体表现良好，超过五成的城市评分在 12 分及以上，1/4 的城市获得了满分，近三成的城市获得了 12 分，四成的城市获得了 9 分，仅不到一成的城市得到了 6 分及以下。整体得分情况分布在 9~12 分区间，说明较多城市全民健身服务情况良好，人均体育场地面积大于或等于 2.5 平方米。《中华人民共和国 2023 年国民经济和社会发展统计公报》显示，2023 年年末全国人均体育场地面积为 2.89 平方米。根据统计，有 39 个城市人均体育场地面积大于或等于 2.89 平方米。

表 B.2-4　三级指标 3 总体得分情况

得分（分）	15	12	9	6	3
城市（个）	25	28	40	5	2

2. 分差说明及典型事例

在本项评估中，各城市全民健身服务表现情况良好，超过 90% 的城市人均体育场地面积大于或等于 2.5 平方米，在政府公共体育服务提供上表现优异，为公民提供了参加体育活动的充足场地保障，在全民健身服务的场地面积和服务质量上不断推进。仅有 5 个城市得 6 分及以下，需要进一步提升全民健身服务供给水平。

该项指标超过 39 个城市人均体育场地面积超过了 2023 年国家标准，但仍有六成城市的人均体育场地面积低于全国平均水平，需要进一步完善公共体育服务供给，政府在保障全民健身服务的履职上仍有较大进步空间。

（四）突发事件依法处置能力

1. 总体表现分析

本项指标对 100 个城市的突发事件依法处置能力进行测评，满分为 15 分。被评估城市平均得分为 12.49 分，平均得分率约为 83.27%；本次评估城市整体表现较好，近五成被评估的城市得到满分 15 分，三成被评估的城市分数为 11 分，近二成被评估的城市分数为 8 分，无城市分数为 0 分。整体表现良好，八成被评估城市的分数达到合格线。100 个城市的得分情况见表 B.2-5。

表 B.2-5　三级指标 4 总体得分情况

得分（分）	15	11	8	5	0
城市（个）	48	35	16	1	0

2. 分差说明及典型事例

在本次评估中，各被评估城市在安全突发事件应急演练的开展情况方面表现良好。2023 年 5 月 1 日至 2024 年 4 月 30 日，所有被评估城市均至少组织了一次应急演练。演练形式多样，主要包括实地演习和讲座宣传等。从组织层级来看，大部分城市以市级单位为主体开展应急演练活动，小部分城市则以区级单位为主体进行演练。此外，还有大量城市的重点企业自行组织了相关应急演练活动。

在安全事故发生情况这一指标中，各城市的实际表现存在较为显著的差异。具体来看，天津、贵阳、哈尔滨、海口、杭州等 48 个城市在评估期间未发生特别重大、重大或较大安全事故，表明这些城市的安全监督管理工作相对到位；有 35 个城市未发生特大事故或重大事故，但发生过一次较大事故；有 16 个城市未发生特大事故，但发生过一次重大事故或两次及以上较大事故；此外，还有 1 个城市曾发生过一次特别重大事故。值得注意的是，在特别重大和重大事故中，个别城市存在瞒报行为，这反映出需要进一步强化安全管理监督责任的落实。

（五）空气质量

1. 总体表现分析

本项指标对 100 个城市的空气质量情况进行了测评，满分设定为 10 分。

被评估城市的平均得分为5.18分，平均得分率为51.80%。其中，福州、贵阳、广州等32个城市获得了满分。这些城市的空气质量保持良好，全年环境空气质量指数（AQI）优良天数比例在90%以上，六项污染物浓度均达到国家空气质量二级标准。

得分为8分的城市有10个，这些城市的全年优良天数比例在80%~90%，六项污染物浓度均达到国家空气质量二级标准。

得分为6分的城市有1个，其六项污染物浓度均达到国家空气质量二级标准，但全年优良天数比例仅为78.60%。

得分为4分的城市有22个，这些城市均因为存在六项污染物指标未达标情况而被扣分，其全年优良天数比例在80%~90%。

得分为2分的城市有12个，这些城市普遍存在污染物浓度超标问题，六项污染物浓度均未达到国家空气质量二级标准，且全年优良天数比例较低，在80%以下。

得分为0分的城市有23个，这些城市的全年优良天数比例均在70%以下，且均因为存在六项污染物指标未达标情况而被扣分。

100个城市的得分情况见表B.2-6。

表B.2-6　三级指标5总体得分情况

得分(分)	10	8	6	4	2	0
个数(个)	32	10	1	22	12	23

2. 分差说明及典型事例

关于AQI达标率，在测评城市中共有43个城市实现了六项污染物浓度均符合国家环境空气质量二级标准，而另外57个城市则未能达标。在AQI优良天数比例方面，有32个城市达到了90%以上的比例。其中，遵义市的优良天数比例尤为突出，达到了100%；福州、贵阳、南宁等城市的优良天数比例也极高，均超过了98%，这充分显示了这些城市在污染物浓度控制方面取得的显著成效。

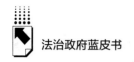

（六）环保问责

1. 总体表现分析

本项指标对 100 个城市的重大环境污染事件、环保问责事件的发生情况进行了测评，满分设定为 10 分。被评估城市的平均得分为 6.55 分，平均得分率为 65.50%。其中，北京、上海、广州、杭州等 51 个城市获得了满分。这些城市的生态环境保护工作落实较为到位，全年未发生被中央生态环境保护督察或省政府例行督察通报的环保问责事件或重大环境污染事件。

得分为 5 分的城市共有 29 个，均存在 1 例被中央生态环境保护督察或省政府例行督察通报的环保问责事件。其中 5 个城市存在被中央生态环境保护督察通报的环保问责事件，其余 24 个城市存在被省政府例行督察通报的环保问责事件。

得分为 0 分的城市共有 20 个，这些城市都发现 2 例及以上的重大环境污染事件或环保问责事件，其中 5 个城市存在被中央生态环境保护督察通报的环保问责事件，16 个城市存在被省政府例行督察通报的环保问责事件。

100 个城市的得分情况见表 B.2-7。

表 B.2-7　三级指标 6 总体得分情况

得分（分）	10	5	0
个数（个）	51	29	20

2. 分差说明及典型事例

在重大环境污染事件及环保问责事件的通报方面，被记入中央以及省级生态环境保护督察集中通报典型案例或被约谈、通报批评的城市有 49 个，占比 49%。部分城市因监管缺失、主体责任落实不力、交办问题整改不到位等问题而被上级政府约谈。部分城市在污染防治攻坚战中还存在短板弱项，城乡环境基础设施建设、历史遗留废渣处置、矿山生态修复、自然保护地监管、重点行业企业整治和部分突出生态环境问题整改效果欠佳。部分城市对推进水环境基础设施建设重视不够，落实综合治理、系统治理、源头治理责任不到位，导致一些突出水污染问题长期未得到解决，被中央生态环境保护督察组通报。以南方某市为例，中央第三生态环境保护督察组督察该市所在省份时，发现该市在自然保护区管理方面管理不当，导致保护区被违规侵占；生活污水基础设施建设推进不力，大量生活污水直排；建筑垃圾污染防治工作不力，整改流于形式。部分地方也积极改进工作方式，强化责任监督，以中部地区某市为例，在中央督察组巡视后，地方政府也并未放松监管力度，2024 年该市所属省份生态环境保护委员会办公室对该市大气污染严重问题进行了公开约谈。

四　评估结论与建议

在评估指标体系所设计的一级指标中，"政府职能依法全面履行"一级指标的平均得分为 57.94 分（总分 80 分），平均得分率为 72%。总体来看，三级指标中得分率较高的有四项，分别是"权责清单的动态调整情况"，平均得分率为 75.00%；"包容审慎监管"，平均得分率为 75.80%；"全民健身服务"，平均得分率为 74.00%；"突发事件依法处置能力"，平均得分率为 83.27%。得分率较低的指标为"环保问责"，平均得分率为 65.50%。未达合格线的指标为"空气质量"，平均得分率为 51.80%。由此看来，政府职能依法全面履行过程中一些工作落实比较到位，但也存在职能履行的短板，总体表现为权责清单的动态调整情况落实效果仍然有待提升，包容审慎监管机制的建立仍处于探索阶段，全民健身服务总体发展不充分、地区发展不均衡，重大突发事件依法预防处置能力存在短板，空气质量仍待改善，生态环境保护任务依然艰巨，等等。评估组将依据本次指标设置的调整以及各地方政府所得分数情况，指出地方政府在依法全面履行政府职能过程中所存在的短板与不足。同时，针对这些具体问题，评估组将提出一系列具有针对性的改进建议，旨在帮助地方政府进一步完善职能履行，提升依法行政的水平。

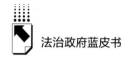

（一）存在的问题

1. 权责清单的动态调整情况落实效果仍然有待提升

向公众公开政府部门的权责清单对于明确政府权力边界、优化政府职责体系具有重要意义，且经过多年的努力，各评估城市已基本建立了政府部门的权责清单制度，但仍存在一些不足。具体而言，推进清单制度的动态调整工作缺乏及时性与主动性。部分权责清单所列的规章已经废止，但清单并未得到及时更新，这可能导致政府权力边界的模糊和职责体系的混乱。从评估结果来看，多数城市在这一指标上的得分在9~14分区间，这表明虽然各城市对权责清单的动态调整重视程度较往年有所提升，但仍存在一定的提升空间。各城市需要加强对清单的常态化管理、更新工作，确保清单的准确性和时效性。同时，政府部门也应提高动态调整的及时性和主动性，及时废止或更新已不适应当前形势的规章，以更好地履行政府职能，优化政府职责体系。

其一，权责清单的法律依据存在滞后性。评估发现，许多城市仍将部分被废止的部门规章作为清单的权责依据，尤其是超过一半的城市将已废止的《教育行政处罚暂行实施办法》作为权责依据，这也从侧面说明被评估对象在权责清单的动态调整方面还未形成常态化建设，许多城市未能及时根据法律法规的立、改、废、释情况进行清单调整，这也是被评估城市在该项三级指标中的分数产生波动的原因。

其二，权责清单动态调整的落实情况尚不理想。本次评估考察对象为各市本级教育行政部门的权责清单，结果显示，尽管绝大多数城市对权责清单进行了动态调整，但多数城市未能对更新后的权责清单进行充分的动态调整说明，甚至存在部分年份有说明而部分年份缺失的情况。这反映出被评估城市在权责清单动态调整的执行上仍需进一步强化。此外，在评估过程中还发现，无法在部分城市的政府部门官网的法定主动公开栏目中顺利检索到权责清单，存在链接不明显、查阅困难等问题。同时，部分城市的权责清单内容尚未实现表格化管理，这不仅影响了公众查阅的便利性，也在视觉呈现上存在不足。

2. 包容审慎监管机制的建立仍处于探索阶段

从评估结果来看，被评估城市大多已建立一定的包容审慎监管机制并付诸实施。尤其在"针对新技术、新产业、新业态、新模式的容错机制"一项中，被评估城市的得分率达到了100%，各城市均已出台相关领域的容错清单或对上级容错清单做一定补充、细化。但评估组亦从各市官方报道中发现，部分城市将包容审慎监管的内涵主要理解为制定并实施上述容错清单。该观念部分导致了包容审慎监管机制的局限性，半数以上被评估城市集中于"柔性执法"，未能落实包容审慎监管的其他内涵。监管执法延迟介入机制与量体裁衣式监管方案的缺失，不适应当下新经济发展的不确定性特征与精细化监管需求，可能使部分新经济业态脱离监管。另外，部分城市对于相应文件、实践案例及统计数据的公开并不理想，部分仅能于报道中获知监管文件的概括性描述，公众难以通过公开渠道确认具体规范内容及实践情况。

3. 全民健身服务总体发展不充分、地区发展不均衡

从评估结果来看，被评估城市均提供了一定的全民健身活动场地，但仍存在总体发展不充分、地区发展不均衡问题。根据全国2023年度人均体育场地面积标准，仍有六成城市无法满足全国统一标准，被评估城市体育场地供给需要进一步加强，不断扩大人均体育场地面积。从地区发展来看，各地区发展明显不均衡。"江浙沪"地区包括其他东南沿海地区人均体育场地面积较大，中西部地区人均体育场地面积明显较小，低于国家平均水平；从城市发展程度来看，一线城市人均体育场地面积未有明显优势，反而低于其他新一线城市或二线城市，需要进一步加强全民健身服务建设。总体而言，我国体育服务体系建设起步较晚，发展基础薄弱，服务提供水平亟待提高。

4. 重大突发事件依法预防处置能力存在短板

首先，生产安全事故的频发态势依然严峻。具体而言，近1/5的城市曾发生较大或重大生产安全事故，而近2/5的城市在评估期间至少发生了一起较大事故。以某城市烧烤店液化石油气泄漏爆炸事故为例，该事件导致31人遇难，被定性为特别重大事故，这一惨痛教训为未来的生产安全防范工作敲响了警钟。生产安全监管直接关系到民众的生命安全，因此，任何懈怠都

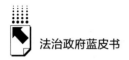

是不可接受的。各城市政府应当以排除各类安全隐患为己任，深刻吸取每一起生产安全事故的教训，不断提升监管意识和监管效能。此外，还需进一步强化城市安全事故的预防措施，完善事故应急处置预案，并加强日常生产安全检查，以有效遏制较大及以上生产安全事故的发生。

其次，部分城市在信息公开方面存在疏漏。评估结果显示，一些城市对生产安全信息的公布不够充分，未能严格履行信息公开的法定职责。安全生产事故原因的调查与信息公开是安全监管部门不可推卸的责任，同时，这些信息也能为未来的生产活动提供宝贵的警示。然而，部分城市对于未达到较大事故等级的生产安全事故，缺乏明确的数据公布和深入的原因调查，这无疑削弱了事故防范工作的力度，亟待加强。

5. 空气质量仍待改善，生态环境保护任务依然艰巨

测评结果显示，该指标的整体得分率呈现下滑趋势。究其原因，一方面在于空气质量受到了不利气象条件的显著影响，特别是极端气象条件的频发加剧了这一问题。另一方面，地理位置和产业传统的影响也导致重工业密集区域的污染物浓度居高不下，空气质量优良天数比例偏低，进而拉低了这些地区的得分。在全面推进美丽中国建设的背景下，整体得分率的下降无疑凸显了当前生态环境保护工作的紧迫性和艰巨性，表明我们仍需加大生态环境整治的力度。

当前我国生态文明建设正处于一个压力重重、艰难前行的关键阶段。尽管面临诸多挑战，但各地政府在环保工作上的表现仍有待提升。部分区域未能有效缓解生态环保的结构性压力，产业结构中高耗能、高碳排放的特征依然明显，能源结构偏重煤炭，货运方式过度依赖公路燃油货车。值得注意的是，"十四五"以来，能源消费和二氧化碳排放的增速明显快于"十三五"时期，2023年全国单位GDP二氧化碳排放更是与上年持平，这无疑要求我们必须优化调整相关政策，加大攻坚力度，以确保规划目标的顺利实现。此外，许多地方政府的生态环境治理体系尚不健全，存在诸多短板。例如，生态环境科技支撑不足，环境管理市场化手段运用不充分，基础设施建设滞后且运行水平有待提高。在一些地区，生态环境监管工作流于表面，政府部门未能切实履行职责。同时，部分企业法律意识淡薄，存在污染治理设施运行不正常、超标排放、监测数据造假等突出问题。我们必须正视这些问题，采取切实有效的措施加以解决。

（二）提出的建议

1.及时更新权责清单的设定依据，加强权责清单动态调整的常态化管理

全面推行政府权责清单制度的核心目标是优化调整地方各级政府部门的权责清单，强化标准化建设，确保同一事项在不同层级和部门间实现规范统一。该制度不仅要求建立健全公开、动态调整、考核评估、衔接规范等配套机制，还明确了具体实施路径。一方面，各级政府需明确权责清单中权力行使的层级，清晰划分权责的具体分配，并通过建立周期性审查机制，及时发现并填补权责空白。该机制应与法律规范的立、改、废、释紧密衔接，确保权责清单的法律依据能够及时更新，从而提升政府工作的合法性和时效性。每一项权责都应严格遵循法律法规，做到有法可依。另一方面，在依法全面履行政府职能的过程中，落实并优化权责清单动态调整制度至关重要。地方政府应进一步提升对权责清单动态调整的重视程度，持续探索和完善清单内容的系统化、科学化路径。这要求从部门职责出发，明确各部门的责任与义务，持续优化权责清单，确保其全面且准确地反映政府部门的权力事项和责任事项，并与最新的法律法规保持一致。

2.探索市场监管领域行政执法与包容审慎监管深度融合新路径

合理划定包容审慎监管对象，依据各业态性质、风险、发展阶段等的差异建立监管机制。一方面，各地应明确实施包容审慎监管的新经济业态、监管对象范围。例如，无锡市建立了"沙盒监管"市场主体名录，并对该类对象实施"触发式"监管预警；阜阳市对新一代信息技术、人工智能、新材料等"十大新兴产业"进行明确，并针对该"十大新兴产业"实施触发式监管。另一方面，各地应充分发掘当地新经济业态，因地制宜地开展包容审慎监管。评估组发现，北京、深圳等城市在热门新经济业态（如人工智能、无人驾驶汽车等行业）的监管上表现突出，出台了诸多方案、监管条

例；而部分城市也针对当地特色新经济业态进行创新监管，例如洛阳市出台《对汉服体验、汉服妆造、汉服跟拍等新业态实行包容审慎监管指导意见》，对汉服产业建立惩戒缓冲机制、抽查检查容错机制。在合理划定上述包容审慎监管对象的基础上，可依据各业态性质、风险、发展阶段等的差异建立监管机制，并基于实践及持续观察对上述机制加以动态调试。

此外，探索市场监管领域行政执法与包容审慎监管深度融合新路径，还要求合理公开包容审慎监管机制相关文件，对实践案例与数据加以及时整理、宣传。部分城市仅能于报道中获知监管文件的概括性描述，部分城市尽管建立了包容审慎监管机制，能够检索到免罚清单等文件，但未能检索到相关案例或统计数据。建议对相关文件及情况加以整理并公开，例如佛山市即在微信公众号平台发布市场监管领域包容审慎监管典型案例，对案例概况及适用法律加以说明，这种做法具有借鉴意义。

3. 扩大全民健身公共服务供给，完善全民健身公共服务体系

丰富全民健身活动体系，强化全民健身组织保障。举办多层次赛事活动，结合"全民健身日"等重要时间节点，举办多层次、多样化的群众体育赛事活动，如社区运动会、趣味运动会、马拉松、球类比赛等，满足不同年龄、不同水平市民的健身需求。加强科学健身指导，组织社会体育指导员和健身专家，开展科学健身讲座、指导服务进社区等活动，普及科学健身知识，提高市民的健身意识和技能水平。加强宣传引导，通过媒体宣传、公益广告等多种形式，加强对全民健身的宣传引导，提高市民对全民健身的认知度和参与度，营造浓厚的全民健身氛围。推动全民健身融合发展。同时，推进体卫融合，将全民健身与医疗卫生相结合，促进市民健康水平的提高。加强体教融合，鼓励学校和社会体育组织合作开展青少年体育赛事活动，培养学生的体育兴趣和终身锻炼习惯。

4. 加强应急法治保障，完善公共安全体系

突发事件的发生具有隐蔽性、突发性、复杂性、耦合性，增加了风险防控和应急处置的难度，跨区域跨部门协调联动日益常见，多方参与、全面协同的要求不断凸显，迫切需要完善公共安全体系，建立大安全大应急框架。

为有效应对安全事故，特别是生产安全事故频发及信息公开不足的问题，需要采取综合性的策略。一是健全政府负责体制。县级以上人民政府是突发事件应对管理工作的领导机关，应当将县级以上人民政府在突发事件应对工作中的一系列具体职能、权限、责任进一步夯实，提升突发事件应对行政效能。在应急演练方面，务必扩大覆盖范围，提升演练的规范性和效率，确保演练活动的持续性和有效性，避免形式主义倾向。二是健全部门联动机制、社会协同和公众参与机制。积极推动建立政府与企业等社会力量共同参与的应急演练模式，特别是鼓励相关高风险企业自行制定并实施定期、定点的应急演练计划，以此提升企业自身的安全生产意识。同时，持续提升生产安全事故信息的公开透明度，充分尊重并保障社会公众的知情权、参与权及监督权。新闻媒体应当开展突发事件应对法律法规、预防与应急、自救与互救知识等的公益宣传。

5.加快经济社会发展全面绿色转型，全面推进美丽中国建设

推动经济社会发展向绿色化、低碳化转型，是新时代党治国理政新理念新实践的重要标志，是实现高质量发展的核心环节，是解决我国资源环境生态问题的根本策略，也是构建人与自然和谐共生现代化模式的内在需求。这一转型需从以下几个方面着手。首先，全面转型是核心。政府需进一步完善能耗及碳排放强度管控政策，严格控制煤炭消费总量，并加快可再生能源的替代进程。同时，要大力推动重点领域的节能降碳改造，如钢铁、水泥、焦化等行业，实施煤炭清洁高效利用行动，构建绿色低碳产业体系。此外，还需健全生态环境分区管控体系，强化重大投资项目的环评服务保障。其次，协同转型是策略。我们需要充分考虑不同地区和行业的实际情况，坚持统筹推进与重点突破相结合，科学制定绿色转型的时间表、路线图和施工图。最后，安全转型是保障。在转型过程中，我们必须妥善处理好发展与减排、整体与局部、当前与长远、政府与市场的关系，通过科学规划和系统推进，确保绿色转型的平稳实施。

在推进绿色转型的过程中，我们还需持续深化污染防治攻坚战。以PM$_{2.5}$治理为核心，加强源头管控和多污染物协同治理，推动区域污染的协

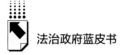

同治理。同时，应高标准推进"无废城市"建设，促进大宗固体废物的循环再生利用，并深化危险废物监管与处置能力的改革。此外，还需深入实施新污染物治理行动，强化生态环境督察执法，完善生态环境行政处罚制度，提升监管执法效能，并加大对生态环境领域公益诉讼的办案力度。综上所述，推动经济社会的绿色化、低碳化转型是一项复杂的系统工程，需要政府、企业和公众的广泛参与和共同努力。只有通过各方协同，我们才能实现高质量发展，解决资源环境生态问题，构建人与自然和谐共生的现代化模式。

B.3
法治政府建设的组织领导

罗智敏　马允*

摘　要： 2024年度法治政府评估中一级指标"法治政府建设的组织领导"下设"法治政府建设的组织保障""对法治政府建设的落实机制"2项二级指标，并细化为4项三级指标，从不同层面对法治政府建设中的组织领导情况进行整体考察。评估结果表明，党在法治政府建设中的引领作用越发显著，各级政府高度重视履行法治政府建设的主体责任，将其作为推进重点工作的关键支撑。然而，在法治政府建设的组织推进方面，仍存在一些亟待解决的问题。比如，部分地区党委尚未形成对法治政府建设的常态化领导机制；法治政府建设的督察机制尚需进一步优化，督察结果的透明度有待提升；法治政府建设年度报告在反映实际问题和规划未来工作方面还不够精准；基层执法能力建设的制度规范仍需完善，执法权力下放后的效果评估工作也需及时跟进；等等。建议从以下几方面加以改进：一是推动党委加强对法治政府建设的常态化领导；二是完善法治政府建设督察机制，确保督察内容及结果能够及时公开；三是科学规划未来工作目标与举措，注重总结实践中的实际问题，提升法治政府建设年度报告的针对性；四是进一步完善基层执法能力建设的规范依据，及时开展对行政权力下放的评估工作。

关键词： 组织领导　法治政府建设　落实机制

---

* 罗智敏，中国政法大学法学院教授，法学博士，研究方向：行政法与行政诉讼法、罗马公法；马允，中国政法大学法学院副教授，法学博士，研究方向：行政法、环境规制与治理、公共土地与自然资源法。中国政法大学法学院2023级宪法学与行政法学硕士研究生徐佳钰、中国政法大学法学院2023级宪法学与行政法学硕士研究生梁牧民、中国政法大学法学院2024级宪法学与行政法学硕士研究生葛一俊、中国政法大学法学院2024级宪法学与行政法学博士研究生洪一凡协助进行数据收集、检索、分析及图表制作等工作。

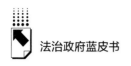

一 指标设置及评估标准

（一）指标体系

在"法治政府建设的组织领导"一级指标下设置了2项二级指标，分别为"法治政府建设的组织保障""对法治政府建设的落实机制"。

"法治政府建设的组织保障"指标下设有"法治政府建设领导作用发挥情况"和"法治政府建设督察工作落实情况"2项三级指标。"对法治政府建设的落实机制"指标下设有"法治政府建设主体责任的落实情况"、"将法治政府建设作为重点工作的重要保障"2项三级指标。

4项三级指标主要通过检索市委、市政府网站及政府信息公开网站，市委常委会及党委法治建设议事协调机构开展工作的相关报道，国务院对地方政府依法行政工作的通报，法治政府情况报告等形成对法治政府建设的组织领导的全面观测。

法治政府建设的组织领导评估指标见表 B.3-1。

表 B.3-1 法治政府建设的组织领导指标体系

一级指标	二级指标	三级指标
法治政府建设的组织领导（80分）	（一）法治政府建设的组织保障（40分）	1. 法治政府建设领导作用发挥情况（20分）
		2. 法治政府建设督察工作落实情况（20分）
	（二）对法治政府建设的落实机制（40分）	3. 法治政府建设主体责任的落实情况（20分）
		4. 将法治政府建设作为重点工作的重要保障（20分）

（二）设置依据和评估标准

课题组在本年度对指标的设置、分值分配和评分标准进行了适当调整，其中原三级指标"以法治政府建设保障当地中心工作的落实情况"改为"将法治政府建设作为重点工作的重要保障"。本次调整主要考虑到根据往年评估经验，地方政府在法治政府建设工作上的区分度不高，各个城市在该指标上的得分差距不大，有必要进行调整以聚焦核心问题，故本次评估将三级指标进一步限定于"将法治政府建设作为重点工作的重要保障"，主要考察基层执法能力建设和加强街乡执法能力的举措。

测评中，未能检测到相关内容的，则视为未落实该项工作。各三级指标的测评时间为 2023 年 5 月 1 日至 2024 年 4 月 30 日，测评方法及评分标准如下。

1. 法治政府建设领导作用发挥情况

【设置依据】《法治政府建设实施纲要（2021—2025 年）》规定"各级党委要切实履行推进法治建设领导职责，安排听取有关工作汇报，及时研究解决影响法治政府建设重大问题。各级政府要在党委统一领导下，履行法治政府建设主体责任，谋划落实好法治政府建设各项任务，主动向党委报告法治政府建设中的重大问题。各级政府及其部门主要负责人要切实履行推进本地区本部门法治政府建设第一责任人职责，作为重要工作定期部署推进、抓实抓好。各地区党委法治建设议事协调机构及其办事机构要加强法治政府建设的协调督促推动"。《市县法治政府建设示范指标体系》（2021 年版）第 98 项要求"党委法治建设议事协调机构的办事机构认真履行推进法治政府建设职责，确保专门工作力量、确保高效规范运转、确保发挥职能作用"。

【测评方法】通过综合运用党政机关门户网站信息查询并借助百度等互联网搜索工具，系统查找党委常委会议记录、新闻报道及相关文件资料。调研过程中以"法治政府工作建设""全面依法治市委员会""法治政府工作会议"等核心概念作为检索维度，重点分析市委常委会对法治政府建设议题的审议及听取专题汇报的频次与内容，同时评估党委法治建设议事协调机构和相关办事机构的职能发挥效果。

【评分标准】本指标满分为 20 分。评分共分为两个维度：其一为市委常委会和市政府常务会议，研究法治政府建设情况，或听取法治政府汇报，每完成一次计 5 分，累计上限 10 分；其二为党委法治建设议事协调机构专

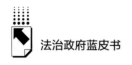

题开展法治政府建设活动，每项举措计 5 分，累计上限 10 分。

2. 法治政府建设督察工作落实情况

【设置依据】《法治政府建设实施纲要（2021—2025 年）》规定："深入推进法治政府建设督察工作，2025 年前实现对地方各级政府督察全覆盖。"根据《法治政府建设与责任落实督察工作规定》，法治政府建设督察应当具备统一、系统的工作机制，强调问题导向，形成责任闭环。为综合设置细化指标，既需在督察工作开展的前期考察法治督察的对象、内容以及督察方式，也需在督察反馈与整改等后期工作中关注法治督察的有效性与针对性。

【测评方法】通过检索市政府门户网站及其司法行政部门网站，并且借助百度、搜狐等搜索引擎，以"法治政府督察""法治政府督察整改""法治政府建设考评"等为关键词进行检索。根据当地政府与相关职能部门发布的官方信息，以及主流媒体对法治政府督察工作的相关新闻报道，仔细考察各地市政府督察工作的开展情况与督察反馈、整改的成果，关注法治督察的全过程，查看各项细化指标的完成情况。

【评分标准】本指标为累计加分，满分 20 分。

（1）市政府 2023 年度法治政府建设督察的开展情况，下设 6 项细化指标分别赋分取其总和，但总分不超过 12 分：

①法治政府建设督察范围实现全覆盖的，得 4 分；

②督察方式具有综合性、多样性、创新性的，得 4 分；

③督察对象和内容全面且向社会公开的，得 4 分；

④制定督察工作年度计划的，得 2 分；

⑤推进"互联网+督察"的，得 2 分；

⑥建立法治督察与纪检监察协作机制的，得 2 分。

（2）市政府向社会公示了督察结果的，得 4 分；公示的透明度不够高、不能检索到详细结果的，酌情扣分。

（3）市政府在完成督察工作后公布具体问题清单，且进一步提出有针对性整改意见的，得 4 分；所列举的问题清单不够详细或提出的改进建议仅停留于表面、不具备可操作性的，酌情扣分。

3. 法治政府建设主体责任的落实情况

【设置依据】 《法治政府建设实施纲要（2021—2025 年）》规定"严格执行法治政府建设年度报告制度，按时向社会公开"；《市县法治政府建设示范指标体系》（2021 年版）第 97 项要求"每年 3 月 1 日前，市县政府向同级党委、人大常委会和上一级政府报告上一年度法治政府建设情况，市县政府部门向本级党委和政府、上一级政府有关部门报告上一年度法治政府建设情况，并在 4 月 1 日前通过报刊、政府门户网站等向社会公开"。

【测评方法】 对各市政府官方网站进行检索，着重通过首页关键词、政府信息公开专栏对该市法治政府建设年度报告进行检索。如政府官方网站无法获取年度报告信息，可在该市所在省级政府官网进行相应检索。此外，还可借用百度、谷歌等搜索引擎以及微信公众号等自媒体，以"市+年份+法治政府建设年度报告"为关键词进行检索，以求达到全面检索、不遗漏信息。对于市政府报告法治政府建设的情况，则通过市政府官网、市委官网、市人大官网、所属省级政府官网、官方微信公众号等进行关键词检索，或者阅读法治政府建设报告内容及时间判断是否按时报告及公开。此外，为求全面无遗漏，也可以再次使用搜索引擎以"市政府/市委/市人大/省级政府+听取法治政府建设年度报告"为关键词进行补充检索。本指标检索截止日期为 2024 年 11 月 1 日。

【评分标准】 本指标满分为 20 分。对于法治政府建设年报的公开及报告时间，被评估政府严格执行法治政府建设年度报告制度，在 3 月 1 日前按时报告并在 4 月 1 日前按时向社会公开的，得满分 5 分。未公开有关报告或者未按时公开的，酌情扣分，其中，报告时间或向社会公开时间中有延迟的，得 4 分；报告时间和向社会公开时间均延迟的，得 3 分；未报告但按时向社会公开的，得 3 分，未向社会公开但按时报告的，得 2 分；既未报告也未向社会公开的，不得分。对于法治政府建设年报的数据披露情况，满分 6 分，其中，法治政府建设年报披露了地方政府规范性文件审查相关情况有关数据的，得 2 分；披露法律顾问参与法治政府建设情况有关数据的，得 2 分；披露行政机关负责人出庭应诉情况有关数据的，得 2 分。对于法治政府建设年报的现实性，报告客观反映现实，直接指出法治政府建设中存在的具体问题，或提供其他有助于各方了解本市政府在推进法治政府建设方面落实情况的信息的，可得满分 4 分。对于法治政府建设年报的展望性，满分 5 分，其中，展望下一年度工作有目标有举措的，得 3 分；有关建设措施条理清晰、详略得当有具体分项且具有本市针对性的，得 2 分，二者缺其一的，得 1 分。

4. 将法治政府建设作为重点工作的重要保障

【设置依据】党的二十届三中全会指出，"法治是中国式现代化的重要保障"。法治政府建设作为中国特色社会主义法治体系至关重要的一环，是推进国家治理体系和治理能力现代化、实现中国式现代化的核心所在。《法治政府建设实施纲要（2021—2025 年）》强调了法治政府建设是全面依法治国的重点任务和主体工程，是推进国家治理体系和治理能力现代化的重要支撑。

【测评方法】对各市政府官方网站、市政府相关职能部门网站、政府信息公开网站进行检索，通过百度搜索各市基层执法能力建设和加强街乡执法能力的举措。并在微信公众号以"法治政府建设""中心工作""法治讲座""法治培训"等为关键词进行检索。通过查看当地法治政府建设报告，以及相关新闻报道、会议纪要等，从各市基层执法能力建设和加强街乡执法能力举措切入评估各市法治政府建设对重要工作开展所起到的保障作用。

【评分标准】本指标为累计加分，满分 20 分。

（1）围绕加强基层执法能力建设制定有关政策文件的，得 8 分；对已经下放乡镇、街道的行政执法事项至少进行一次评估的再得 2 分。

（2）围绕基层执法能力建设开展了法治讲座会议或法治培训会议，开展过 1 次会议得 5 分，开展过 2 次及以上会议得 10 分。

二 总体评估结果分析

本项评估总分为 80 分，被评估的 100 个城市的平均得分率为 72.15%，整体得分趋于正态分布。本项评估下各城市最高得分率为 91.25%，最低得分率为 47.5%，体现了较大的区分度。本项评估中，得分率较高的 5 个城市分别为广州（91.25%）、上海（91.25%）、北京（88.75%）、福州（88.75%）与合肥（87.50%）。本年度得分率较高的 30 个城市见图 B.3-1。

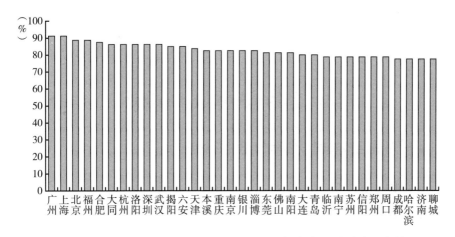

图 B.3-1 "法治政府建设的组织领导"得分率较高的 30 个城市（含并列）

本项一级指标共包含 4 项三级指标，每项三级指标满分为 20 分。各三级指标的得分情况如下：法治政府建设领导作用发挥情况，平均分为 15.35 分；法治政府建设督察工作落实情况，平均分为 9.69 分；法治政府建设主体责任的落实情况，平均分为 16.18 分；将法治政府建设作为重点工作的重要保障，平均分为 16.50 分。其中，平均得分率最高的三级指标为"将法治政府建设作为重点工作的重要保障"，平均得分率最低的三级指标为"法治政府建设督察工作落实情况"。本级指标下各三级指标的平均得分率见图 B.3-2。

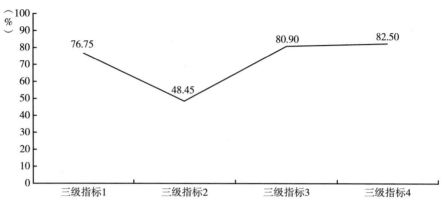

图 B.3-2 "法治政府建设的组织领导"各三级指标的平均得分率

三 三级指标评估结果分析

(一)法治政府建设领导作用发挥情况

1. 总体表现分析

本项评估总分设定为 20 分,参评城市整体得分率达 76.75%,均值为 15.35 分。数据统计显示,26%的城市获得满分,超过平均得分水平。值得关注的是,在全部评估样本中未发现 0 分及 5 分城市案例,具体得分分布情况见表 B.3-2。

表 B.3-2 "法治政府建设领导作用发挥情况"指标 100 个城市得分情况

得分(分)	5	10	15	20
城市(个)	0	19	55	26

通过检索评估,发现参评城市中 98%的市委常委会、市政府常务会议专题研究过法治政府建设情况;97%的党委法治建设议事协调机构以各种方式开展了法治政府建设活动。多数城市党委能够从整体层面并结合法治政府

建设具体工作展开研讨。具体实施强度方面，26%的参评城市开展了4次及以上的专题研讨，而19%的城市年度研讨仅有2次或更少，没有达到基准要求。

2. 分差说明及典型事例

本项评估总分设定为20分，参评城市呈现阶梯化分布特征，满分城市有26个，15分城市有55个，10分城市有19个，整体法治政府建设领导作用发挥情况良好。

以满分城市上海为例，2023年，上海市政府常务会议先后听取了政府规章和地方性法规草案制定、上年度法治政府建设情况和本年度工作要点、"一网通办"、行政审批改革、城市数字化转型、重大行政决策、政务公开、法治化营商环境建设、行政规范性文件管理以及行政裁量权基准制定和管理等重点工作汇报，并审议了相关制度文件。2023年5月11日，市法治政府建设领导小组办公室赴数据集团调研数字法治政府建设。2024年2月26日，上海市法治政府建设工作领导小组会议召开，会议强调各级政府及其部门主要负责同志要切实履行法治政府建设第一责任人责任，领导小组各成员单位要协力推进，推动上海市法治政府建设不断实现新突破。

（二）法治政府建设督察工作落实情况

1. 总体表现分析

本指标中，各城市的整体得分情况趋于正态分布。本项指标满分为20分，各城市平均得分为9.69分，得分在平均分以上的城市有53个，占总数的53%。无满分城市和未得分城市，但各城市之间的得分存在较大个体差异。获得最高分17分的城市有2个，分别是上海和北京。获得最低分2分的城市有2个。具体得分分布情况见表B.3-3。

表 B.3-3 "法治政府建设督察工作落实情况"指标100个城市得分情况

得分（分）	0≤X≤5	5<X≤10	10<X≤15	15<X≤20
城市（个）	15	39	41	5

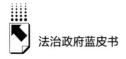

本项评估中，较多城市的得分在 5<X≤15 这个区间，共有 80 个城市，占总数的 80%；且平均得分率较上一年有所提升，说明法治政府建设督察工作的落实情况总体而言有所改善，较多城市均注重以法治督察促进法治政府建设。但低分段（0≤X≤5）城市的存在与高分段（15<X≤20）城市的稀缺亦反映仍需进一步深入推进法治政府督察工作，确保法治督察的高质量与实效性。对照各项细化指标可发现，虽然所有城市在 2023 年均进行了法治督察的考评工作，但这一项指标的得分情况仍有显著差异，有的城市督察工作机制完备，在该项取得了满分，但有的城市法治督察工作不够深入，具有局限性，仅获得 2 分。可见法治督察的落实力度在不同城市中存在较大差别。在督察结果的公开程度上，仅 66 个城市能够通过市政府的门户网站以及主流媒体发布的新闻向社会公开督察结果；法治政府建设督察结果的透明度也有所欠缺，仅 4 个城市能够详细地将督察结果予以公示。在督察结果公示的基础上，仅有少数城市能够明确地列举发现的问题清单，并提出具备针对性、可操作性的建议，在此项获得 3~4 分。由此可见，针对督察工作中发现的问题，大多数城市提出的完善措施仅止于表面，不够明确，导致法治督察陷入形式化与泛化的困境，并没有形成法治督察的责任闭环，督察工作没有落到实处。

2. 分差说明及典型事例

本项指标中位于高分段（15<X≤20）的仅有 5 个城市，分别为北京、上海、深圳、苏州、重庆。而处于中高分段（10<X≤15 分）的城市尚有 41 个，可见中高分段到高分段之间存在明显的梯度，在城市的数量上产生了一定断层，因此需进行分差说明。高分段城市与中高分段城市的得分差距，主要体现在前期法治政府建设督察工作机制的完善程度以及后期法治督察考评、整改效果的公开程度上。虽然从整体上看，2023 年所有被评估的市政府或多或少均进行了法治政府建设督察的考评工作，但法治政府建设督察工作机制的完善程度有着显著差异。在督察工作前期，若市政府的督察范围与对象未实现全覆盖，仅局限于部分辖区的市县或者部门进行专项督察，也不存在创新综合运用多种督察方式，建立联动机制并加强与纪检监察的沟通协

作，借助"互联网+督察"建立健全信息共享机制等加分情形的，将导致细化指标完成程度的部分缺失，产生分数差异。在督察工作后期，若督察中发现的问题不及时向社会公示或者公开程度较低，并且没有提出明确、有针对性的整改措施，亦将影响法治政府建设督察的质效，酌情扣分。

高分段城市中以深圳为例，深圳市为贯彻落实中央依法治国办督察组的督察意见，追求法治政府建设督察工作机制的系统革新，在督察范围、对象、程序、责任追查等方面均实现了进一步完善。在督察范围上，深圳市统筹全市开展"法治深圳"建设考评，组织全市进行法治广东建设部署实施情况中期评估和省法治建设"一规划两纲要"中期评估的自评工作。在督察方式上，深圳市注重督察机制的创新，积极探索法治督察与纪检监察监督工作协同机制。组建深圳市"1+1+N"法治督察员队伍，促进法治督察工作市区联动、条块结合，形成了自上而下的督察合力，发挥了法治考评指挥棒作用。在督察内容上，深圳市将全面督察与专项督察相结合。全面督察聚焦于各级领导干部对法治建设的年度任务完成情况，全面推广专题述法评议，推动各级党政主要负责人更好履行"第一责任"；而专项督察则紧密围绕上级部署要求与群众反映强烈的突出问题，通过及时完善《法治督察重点内容清单》，推动靶向发力解决问题，确保了法治督察的针对性、实效性。在法治督察的结果反馈、问题整改方面，深圳市在2023年法治政府建设年度报告中明确通报了督察工作中发现的问题，以及在全面依法治市工作推进会中公布了法治深圳建设工作的考核情况，将法治政府建设的示范项目予以推广，同时针对专项法治督察中发现的问题提出了具体的改进建议。因此，深圳市对于细化指标的整体完成度较高，得到了较高的分数。

（三）法治政府建设主体责任的落实情况

1.总体表现分析

通过对本指标得分情况进行分析，16（不含）~20分的城市共54个，占比54%；12（不含）~16分城市共38个，占比38%；8（不含）~12分城市共6个，占比6%；4（不含）~8分城市共1个，占比1%；0~4分城市共 1 个，占比 1%。其中，11 个城市得到满分 20 分，1 个城市得到 0 分。具体得分分布情况见表 B.3－4。本指标总体表现较好，平均得分率为 80.90%，及格线（12 分）及以上城市占比较高，为 95%，除少部分城市未公开法治政府建设年报外，大部分城市可以按时公开法治政府建设年报，并在年报中公开相应的数据，指出问题并提出举措。

表 B.3-4　"法治政府建设主体责任的落实情况"指标 100 个城市得分情况

得分（分）	16<X≤20	12<X≤16	8<X≤12	4<X≤8	0≤X≤4
城市（个）	54	38	6	1	1

就法治政府建设年报的公开情况而言，绝大多数被评估城市可以做到按照《市县法治政府建设示范指标体系》（2021 年版）的要求在 4 月 1 日前向社会公开年报。相比于向社会公开法治政府建设年报的情况，能在 3 月 1 日前按时向同级党委、人大常委会和上一级政府报告上一年度法治政府建设情况的城市仅占少数，而其他被评估城市则存在延期报告或未报告的情况。因此，在法治政府建设年报的公开及报告评分指标方面，大多数城市存在一定程度的扣分情况。在数据披露方面，49 个被评估城市在规范性文件审查、法律顾问、负责人出庭应诉三项数据的披露上仍存在遗漏，但超过半数城市已涵盖这三项内容，相较于上一年度取得了显著进步。在年报内容方面，所有被评估城市均对本市法治政府建设情况进行了具体、翔实的说明，绝大多数城市能够在年报中反馈法治政府建设过程中存在的现实问题，并明确指出具体问题。然而，仍有少数城市的反馈较为笼统，缺乏具体性。此外，所有公开法治政府建设年报的城市均对下一年度的法治政府建设工作进行了展望，但并非所有展望都具备针对性和详略得当的特点。部分城市的展望内容较为空泛，缺乏针对性，未能结合本市实际问题提出具体举措。

2. 分差说明及典型案例

在本指标中，能够按时报告且向社会公开法治政府建设年报的城市有鞍山、佛山等 20 个城市，另外有 14 个城市在 4 月 1 日前按时向社会公开法治政府建设年报，但未及时向同级党委、人大或者上级政府进行报告。此外，还有 1 个城市未公开法治政府建设年报。能够全面披露规范性文件审查、法律顾问、负责人出庭应诉相关情况及其数据的有上海、深圳、西安、厦门等40 余个城市，部分城市缺少其中一项或两项数据，仅有 1 个城市三项数据均缺失（不含未公开法治政府建设年报城市）。在法治政府建设年报的内容方面，大部分被评估城市能够做到在报告中反馈法治政府建设面临的具体问题，并对下一年法治政府建设提出详略得当、有针对性的目标与举措，但也有极少数被评估城市未在报告中反馈现实问题和提出未来工作愿景。此外，部分城市在数据采集时尚未公布法治政府建设报告，故不得分。

在本次评估中，鞍山、佛山、福州、海口、合肥、济南、揭阳、兰州、南阳、深圳、周口得到满分 20 分。这些城市在法治政府建设年报的公开、报告、制作和内容方面符合《法治政府建设实施纲要（2021—2025 年）》与《市县法治政府建设示范指标体系》（2021 年版）的要求。例如，佛山市在 2023 年法治政府建设情况报告中，对其法治政府建设主要工作及相关数据进行了详尽的披露，体现了佛山法治政府建设特色；南阳市在 2023 年法治政府建设情况报告中的梳理数据翔实、实例丰富，指出了存在的不足且明确了问题整改情况，并对未来工作安排提出富有建设性和针对性的举措。

（四）将法治政府建设作为重点工作的重要保障

1. 总体表现分析

本项评估中，满分为 20 分，各城市平均得分率为 82.50%，其中有 76 个城市得分在平均分以上，占总数的 76%；满分城市共有 22 个，占总数的22%。得分最低的城市为 10 分，共有 16 个，占总数的 16%。具体得分分布情况见表 B.3-5。

表 B.3-5 "将法治政府建设作为重点工作的重要保障"指标 100 个城市得分情况

得分（分）	0≤X≤5	5<X≤10	10<X≤15	15<X≤20
城市（个）	0	0	26	74

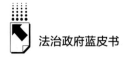

本项评估中，所有城市的得分均在 10<X≤15 和 15<X≤20 这两个区间段。所有城市的市政府在 2024 年均开展过 2 次及以上的法治政府讲座会议或法治培训会议。然而，在"围绕加强基层执法能力建设制定有关政策文件的，得 8 分；对已经下放乡镇、街道的行政执法事项至少进行一次评估的再得 2 分"项中，分差集中体现在部分城市并没有围绕加强基层执法能力建设制定有关政策文件，而仅仅将《中共中央 国务院关于加强基层治理体系和治理能力现代化建设的意见》作为该市提升基层执法能力的规范依据，且没有对该意见涉及的内容结合本市特有情况进行细化。74 个城市都没有对已经下放乡镇、街道的行政执法事项进行至少一次评估，只有获得满分的 26 个城市对已经下放乡镇、街道的行政执法事项进行了至少一次评估，由此可见，执法权力下放乡镇、街道后，对于乡镇、街道能否"接得住"，大多数城市并没有足够重视，导致其怠于开展行政执法事项评估。

2. 分差说明及典型事例

本项指标满分为 20 分，得满分的城市共有 22 个。处于高分段（15<X≤20）的城市有 52 个，中高分段（10<X≤15）的城市有 26 个，没有处于中低分段的城市。由此可见，各城市对于基层执法能力建设具有基本面上的重视，对于法治政府建设和行政执法能力提升的讲座均积极开展。满分城市与高分段城市的得分差距，主要体现为是否对已经下放乡镇、街道的行政执法事项至少进行一次评估，仅有 22 个满分城市对行政执法事项下放进行评估，而没有"只放不管"。高分段城市与中高分段城市的差距主要体现为是否围绕加强基层执法能力建设制定有关政策文件，此项指标得分率也较低，若城市并没有从该市角度针对基层执法能力建设出台相应政策文件，仅凭《中共中央 国务院关于加强基层治理体系和治理能力现代化建设的意见》能否指引具体城市中执法能力建设的落实，存有较大疑问。在本项指标中，得到满分的有 22 个城市。以广州市为例，为了贯彻落实《中共中央 国务院关于加强基层治理体系和治理能力现代化建设的意见》，广州市司法局印发《广州市提升行政执法质量三年行动计划（2023—2025 年）实施方案》（以下简称《实施方案》），其中涉及基层执法能力建设的部分为《实施方案》

将全市镇街综合行政执法的规范化建设及执法质量和效能的提升纳入其中，并明确各区政府为相关责任主体，不断提升镇街综合行政执法的规范化水平。针对行政执法权力下放评估，广州市司法局通过政府购买方式公开竞聘第三方评估专业团队并选定广东广信君达律师事务所，评估团队广泛搜集并整理了广州市 176 个镇街的数据，覆盖规划资源、住房和城乡建设、水务、林业、生态环境、农业农村、卫生健康和城市管理等八大领域。他们利用大数据分析，结合多套评估调查表，参与了番禺、增城、荔湾等地的实地调研。通过量化评估，团队深入探讨了镇街综合行政执法事项的执行情况，识别了存在的问题及其成因，并提出了有针对性的改进建议。这些成果被整合成一份约 12 万字的评估报告，包括清理、回收行政执法事项和规范执法工作的建议，该报告已正式通过验收。因此，在本项指标中，广州市的完成度较高，得到了满分。

四 评估结论与建议

（一）存在的问题

1. 部分地方党委未能建立起对法治政府建设的常态化领导机制

作为党领导法治政府建设的重要制度载体，市委常委会与市政府常务会议的专项审议机制具有战略部署功能。评估数据显示，绝大多数城市能够通过上述会议展开对法治政府建设议题的讨论，或依托相关机构开展法治政府建设活动，整体显现持续优化态势。然而，机制运行中仍存在需要完善的问题，对法治政府建设的常态化领导机制亟待建立。首先，在部分城市，市委常委会会议涉及法治政府主题的讨论频次偏低。然而，定期开展法治政府专题会议意义深远。一方面，能够汇集各方智慧，充分了解法治政府建设进程中的难点与痛点，从而在制定政策时更具针对性与科学性，有效避免政策脱离实际，保障各项政策精准落地。另一方面，积极探讨法治政府建设相关议题，有利于促进依法行政，规范行政权力的行使，减少行政乱作为与不作为

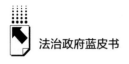

现象，为城市的和谐稳定发展筑牢根基。

其次，在市委常委会会议、市政府常务会议以及依法治市委员会会议中，关于法治政府建设的具体议题也未能展开深入研讨。这些会议更多只是站在宏观视角，着重强调加强法治政府建设的重要性，缺乏对法治政府建设过程中具体细节的深度剖析与研讨，例如在政策执行、监督机制完善、基层法治落实等方面，都没有进行更为细致的探讨与规划。最后，部分城市在"创建全国法治政府建设示范市"的时候热情高涨，开各类会议广泛讨论法治政府相关议题，地方党委也积极发挥对法治政府建设的领导作用；但是，在获得"全国法治政府建设示范市"的荣誉之后，就有所懈怠，未能建立起党委对法治政府建设的常态化领导机制。

2. 法治政府建设督察工作机制有待完善，督察结果公开程度仍需提高

法治督察工作是推动法治政府建设的有力抓手。但对照评估的细化指标可以发现，目前法治政府建设督察存在的问题集中于督察工作机制不够完善，督察结果公开程度需进一步提高。（1）在督察工作的机制方面，部分城市督察工作的系统性与创新程度有待提升。在督察范围上，从披露情况来看，2023 年所有的市政府均进行了法治政府建设督察的考评工作，但有的城市的督察范围并没有实现全覆盖，仅对部分地区或者部门进行督察，这种不全面的督察方式容易导致问题被遗漏，影响督察的整体效果。在督察方式上，许多地方的督察工作仍然主要依赖于实地督察的方式，缺乏综合性和创新性。没有综合运用实地走访、暗访、电话访、委托第三方评估等多种方式开展督察活动，仍需建立联动机制，加强与纪检监察的沟通协作，以形成法治督察工作的合力。另外，单一的督察方式难以全面、准确地反映被督察单位的实际情况，也难以发现潜在的问题。（2）在督察反馈以及问责方面的公开程度上，法治督察过程中多数城市尽管发布了相关公示文件以及新闻报道，但信息的公开程度不够高。特别是督察方案以及具体结果，公众的可获取性极低，几乎无法通过网络等渠道检索到。尽管督察过程中可能涉及不宜公开的信息，但过度保密不仅加剧了督察工作的封闭性，也削弱了公众对法治政府建设的信任感与参与感，容易导致督察工作流于表面，难以发挥其应有的监督与推动作用。部分城市在进行法治督察后缺乏有效的反馈和问责机制，没有提出具有针对性的改进措施，导致督察发现的问题未及时整改。或者没有形成责任闭环，缺乏后续督促跟进，导致督察问题并未彻底解决，从而影响法治督察的质效。

3. 法治政府建设年报在反映实际问题和规划未来方面仍有不足

《法治政府建设实施纲要（2021—2025年）》明确要求，各级政府要在党委统一领导下，切实履行法治政府建设主体责任，全面谋划和落实各项任务，并主动向党委报告法治政府建设中的重大问题。法治政府建设是一项长期而系统的工作，需要各级党委和政府持续发力、积累成效。因此，深入总结当前存在的具体问题，并提出切实可行的改进措施，不仅有助于各地针对短板精准施策，也有利于全面展示工作进展和成效。通过对被评估城市法治政府建设年报的梳理发现，部分城市能够深入剖析本地存在的问题，根据存在的问题提出具有针对性和可操作性的改进举措；但仍有大部分城市的年报内容仅对共性问题做简单概述，甚至一笔带过；而在下一年度的目标展望中，也有不少城市仅停留在宏观目标的重申上，未能结合实际情况提出细化的工作计划和任务安排，难以形成有效指导。

4. 基层执法能力建设的规范依据有待进一步完善，执法权力下放后的评估需要及时开展

基层执法能力建设需有法可依。然而在评估中发现，大多数市政府没有出台该市关于加强基层执法能力建设的专门的政策文件，关于基层执法能力建设的文件主要是《中共中央　国务院关于加强基层治理体系和治理能力现代化建设的意见》，或者内含于该市《法治政府建设实施方案》中，难以从本市特有的基层执法环境出发，制定符合本市基层治理情况的执法能力提升的政策依据，在此背景下，基层执法能力提升缺乏有效的政策方针指引，基层执法能力建设浮于表面。本次评估还发现，部分市政府并没有围绕基层执法能力建设出台相应的政策文件，但市政府职能部门围绕基层执法能力建设出台了相应的政策文件，由此可见部分市政府对基层执法能力建设缺乏统一的政策指引，市政府职能部门出于自身执法需要出台了相应的文件，如此

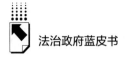
可能造成各部门规范性文件衔接不畅的问题。向下级政府放权赋能是持续深化综合行政执法体制改革、有效破解基层治理"看得见的管不住、管得住的看不见"难题的重要抓手，但行政权力下放不能"只放不管"，对于基层行政机关承接不住的部分权力应该进行及时有效的评估并作出动态调整。评估发现，只有 22 个城市在 2024 年度开展了至少一次基层执法能力建设评估，由此可见大多数市政府对于执法权重心下移还存在"甩包袱"的心理，极易造成执法效率低下、资源浪费、权责不匹配、执法不规范等问题，导致执法权力下放流于形式，影响基层治理的有效性和法治化水平。

（二）完善的建议

1. 推动党委对法治政府建设领导的常态化

部分城市存在的工作方式实际上是工作没有做到实处、没有长期坚持的体现。各地党委应当建立健全法治政府建设的长期领导机制，推动法治政府建设的常态化。首先，在观念层面，着力推动全面依法治国、依法治市，要将法治政府建设作为重中之重，加强党委对法治政府建设的深入研讨和指导。提升全体政府工作人员对法治政府建设的认知深度，使其在日常工作中能够自觉运用法治思维和法治方式推动各项工作，为法治政府建设奠定坚实的思想基础。其次，在工作层面，要深刻了解法治政府建设的"堵点"和"痛点"，有针对性地提出解决方案。例如制定详细的会议计划，明确每次会议需要重点讨论的法治政府建设议题，确保讨论的系统性和针对性。同时，收集法治政府建设中的实际问题，形成调研报告作为会议讨论的基础。要求各参会人员围绕具体议题充分发表意见，鼓励提出创新性的解决方案，开展具有可操作性的法治政府建设相关活动。最后，注重常态化机制的建立健全，才能够深入推动各级政府增强依法行政意识，健全工作机制，提升行政效能，创造良好法治环境。地方党委应制定法治政府建设的长期发展规划，明确各个阶段的目标和任务，并定期对规划执行情况进行评估和调整，确保党委对法治政府建设的领导持续稳定。

2. 健全法治政府建设督察工作机制，确保内容与结果及时公开

为更好地发挥法治督察对法治政府建设与责任落实的督促推动作用，法治政府建设督察需具备统一、系统的工作程序，强调问题导向，形成责任闭环，因此需进一步健全法治政府建设督察工作机制。在开展督察工作前，根据《法治政府建设与责任落实督察工作规定》和地方的法治建设要求，为了确保有序开展法治政府建设督察工作，各市政府应及时制定年度督察计划。市政府需通过制定详细的法治督察实施方案，明确督察的内容、方式、程序和责任。为实现法治政府建设督察范围全覆盖，各地市政府应加强统筹规划、强调市县联动，针对不同地区和部门的法治建设特点，建立书面调度、函询督促、警示督促、挂牌督办等分类督察机制，提高督察的针对性和实效性。在开展督察工作时，市政府应综合运用多种督察方式，积极探索和运用实地走访、暗访、电话访、委托第三方评估等多种方式开展督察活动，建立联动机制加强与纪检监察机构的沟通协作，形成法治督察工作的合力，借助"互联网+督察"建立健全信息共享机制，加强法治建设考核的即时性，实现督察全过程可回溯跟踪。在督察反馈及问责机制方面，需进一步加大督察的内容及结果的公开力度。市政府应当在合法的限度内向公众展示法治督察的成果，从而发挥公众对督察工作的监督作用。并且，法治督察需精确指明法治政府建设的痛点和难点，通过强化问题意识和责任闭环，压实法治政府建设责任，避免督察趋于形式化，使法治督察工作落于实处。督察工作不能只停留在表面问题的整改上，应对具体问题进行深入剖析，从而进一步提出具有针对性、可操作性的改进建议。

3. 科学谋划未来工作目标和举措，突出总结实践中存在的问题，强化法治政府建设年报内容的现实针对性

法治政府建设年度报告是各级党委、人大、上级政府和社会公众监督法治政府建设的重要依据，同时也为后续改进工作提供了参考和方向。因此，法治政府建设年度报告内容不能简单重复中央政策和文件，也不能照搬照抄上级政府或其他地区的年报内容，而应结合本地实际情况，真实反映法治政府建设的成效和存在的短板。尽管在法治政府建设中确有一些共性问题，但

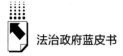

不同地区的实际情况差异明显，所面临的困难和重点任务也各有不同。法治政府建设年度报告应体现地方特色，深入分析本地法治政府建设中的具体问题，有的放矢地提出改进措施，同时对未来工作进行明确部署，做到目标清晰、措施具体，以推动法治政府建设取得实效。

4.进一步完善基层执法能力建设的规范依据，及时对行政权力下放进行评估

为了进一步完善基层执法能力建设的规范依据，市政府首先应当结合自身基层执法建设特点，立足本市基层治理实践，围绕《中共中央　国务院关于加强基层治理体系和治理能力现代化建设的意见》出台本市专门的基层执法能力建设的政策文件，明确基层执法能力建设的内容、方式、责任等，为本市基层执法能力建设提供规范依据和政策指引。其次，本市内各执法机关也可根据自身执法实践中面临的突出问题，围绕本机关的执法特性出台相应政策文件，需要注意该政策文件与上位法的衔接问题。例如，福州市人民政府印发《福州市提升行政执法质量三年行动计划实施方案（2023—2025年）》，福建省市场监管局出台《加强基层执法能力建设的意见》，从提升人员素质、强化装备配备、规范执法行为、健全组织保障四个方面，推出九项系统配套、务实管用的政策措施。关于及时对行政权力下放进行评估的问题，市政府首先应当摒弃"甩包袱"的思想，审慎下放行政权力，充分征求基层意见，采取差异化方式、多批次小范围试点后再全面推开，探索"一街镇一清单"的模式，因地制宜下沉下放。其次，市政府可以建立行政执法权下放评估工作小组，负责协调推进评估工作，研究制定评估指标、内容、标准，组织开展评估核查，研究提出评估结论等工作，避免行政权力下放流于形式，切实加强基层行政执法能力建设。

B.4
依法行政制度体系完善

曹　鎏*

摘　要： 系统完备、科学规范的制度体系是深入推进依法行政的重要保障。《法治政府建设实施纲要（2021—2025 年）》强调要"健全依法行政制度体系，加快推进政府治理规范化程序化法治化"。本报告评估围绕地方政府有关政府规章、行政规范性文件制定程序规范化、实体法治化、管理智能化、清理与后评估及时化等方面展开。评估结果显示，地方政府在制定政府规章、行政规范性文件中基本能够确保制度内容的合法性，但在制定规章制度和管理的规范化、信息化等方面与法治政府建设要求仍有差距，亟须针对性解决。

关键词： 地方政府规章　行政规范性文件　民主立法　清理与后评估　统一立法

一　指标设置及评估标准

（一）指标体系

地方政府规章、行政规范性文件是地方立法的重要表现形式，也是法治政府建设的重要依托和保障。本报告评估以"依法行政制度体系完善"作

---

* 曹鎏，中国政法大学法治政府研究院副院长、教授，法学博士，研究方向：行政法、监察法。审计署审计科研所财政审计研究室副主任、副研究员杜宏伟，北京工商大学法学院讲师崔瑜，中国政法大学法学院 2024 级行政法专业博士研究生管亚冰协助进行数据检索、分析及图表制作等工作。

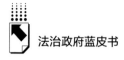

为一级指标，二级指标与上一年度相同，聚焦于"制度建设的公众参与度"、"制度建设的合法性"、"制度建设信息化对法治化推进水平"和"管理和监督制度实施情况"等方面，对各地政府的依法行政制度体系建设进行持续性评估（指标体系设置见表 B.4-1）。通过这些观测点，对地方政府在依法行政制度体系建设方面的重难点问题进行针对性评估，并提出相应的建议。

表 B.4-1　依法行政制度体系完善指标体系

一级指标	二级指标	三级指标
依法行政制度体系完善（100分）	（一）制度建设的公众参与度（20分）	1. 地方政府规章草案及其说明是否一律向社会公开征求意见（10分）
		2. 行政规范性文件的制定是否切实公开听取意见（10分）
	（二）制度建设的合法性（20分）	3. 地方政府规章的实体合法性（10分）
		4. 行政规范性文件的实体合法性（10分）
	（三）制度建设信息化对法治化推进水平（40分）	5. 地方政府规章平台信息化水平（20分）
		6. 行政规范性文件平台智能化水平（20分）
	（四）管理和监督制度实施情况（20分）	7. 地方政府规章清理及后评估制度落实情况（10分）
		8. 行政规范性文件清理及后评估制度落实情况（10分）

（二）设置依据和评估标准

评估指标主要根据《法治政府建设实施纲要（2021—2025 年）》《法治中国建设规划（2020—2025 年）》《规章制定程序条例》《国务院办公厅关于加强行政规范性文件制定和监督管理工作的通知》以及有关法律法规对地方政府规章、行政规范性文件制定和管理的具体要求而设定。各项三级指标的设置依据、观测方法以及评分标准如下。

1. 地方政府规章草案及其说明是否一律向社会公开征求意见

【设置依据】《规章制定程序条例》第 15 条规定："起草规章，应当深入调查研究，总结实践经验，广泛听取有关机关、组织和公民的意见。听取意见可以采取书面征求意见、座谈会、论证会、听证会等多种形式。起草规章，除依法需要保密的外，应当将规章草案及其说明等向社会公布，征求意见。向社会公布征求意见的期限一般不少于30日。起草专业性较强的规章，可以吸收相关领域的专家参与起草工作，或者委托有关专家、教学科研单位、社会组织起草。"《法治中国建设规划（2020—2025年）》要求："严格按照法定权限和程序制定行政法规、规章，保证行政法规、规章质量。"《法治政府建设实施纲要（2021—2025年）》规定："积极运用新媒体新技术拓宽立法公众参与渠道，完善立法听证、民意调查机制。"

【测评方法】对被评估市政府于2023年5月1日至2024年4月30日制定的规章向社会公开征求意见的信息在官方网站和主流检索引擎上进行检索。如果被评估市政府在此期间未发布规章，则往前追溯一年至三年。

【评分标准】本项满分10分，采取扣分制。（1）存在一例未公开听取意见的情况，扣5分，扣完10分为止。（2）存在一例未对公众意见采纳情况进行反馈的，扣5分，扣完10分为止。（3）向社会公开征求意见期限一般应不少于30日，存在一例少于30日且没有正当理由的，扣5分，扣完10分为止；涉及企业和特定群体、行业利益的地方政府规章，已经充分听取企业、人民团体、行业协会商会意见，存在一例未听取意见的，扣5分，扣完10分为止。

2. 行政规范性文件的制定是否切实公开听取意见

【设置依据】《国务院办公厅关于加强行政规范性文件制定和监督管理工作的通知》要求："（五）广泛征求意见。除依法需要保密的外，对涉及群众切身利益或者对公民、法人和其他组织权利义务有重大影响的行政规范性文件，要向社会公开征求意见。起草部门可以通过政府网站、新闻发布会以及报刊、广播、电视等便于群众知晓的方式，公布文件草案及其说明等材料，并明确提出意见的方式和期限。对涉及群众重大利益调整的，起草部门要深入调查研究，采取座谈会、论证会、实地走访等形式充分听取各方面意见，特别是利益相关方的意见。建立意见沟通协商反馈机制，对相对集中的意见建议不予采纳的，公布时要说明理由。"《市县法治政府建设示范指标体系》（2021 年版）第 24 项要求："对公民、法人和其他组织权利义务有重大影响、涉及人民群众切身利益的行政规范性文件，在向社会公开征求意见时，期限一般不少于 7 个工作日（与市场主体生产经营活动密切相关的行政规范性文件，期限一般不少于 30 日）。涉及企业和特定群体、行业利益的，充分听取企业、人民团体、行业协会商会的意见。"

【测评方法】对被评估市政府于 2023 年 5 月 1 日至 2024 年 4 月 30 日制定的行政规范性文件向社会公开征求意见的信息在官方网站和主流检索引擎上进行检索。如果被评估市政府在此期间未发布行政规范性文件，则往前追溯一年。

【评分标准】本项满分 10 分，采取扣分制。（1）存在一例未公开听取意见的情况，扣 5 分，扣完 10 分为止；（2）向社会公开征求意见期限一般应不少于 7 个工作日（与市场主体生产经营活动密切相关的行政规范性文件，期限一般不少于 30 日），存在一例少于 7 个工作日且没有正当理由的，扣 5 分，扣完 10 分为止；（3）对涉及企业和特定群体、行业利益的行政规范性文件，应当充分听取企业、人民团体、行业协会商会意见，存在一例未听取意见的，扣 5 分，扣完 10 分为止。

3. 地方政府规章的实体合法性

【设置依据】《规章制定程序条例》第 19 条规定："规章送审稿由法制机构负责统一审查。法制机构主要从以下方面对送审稿进行审查：（一）是否符合本条例第三条、第四条、第五条、第六条的规定；（二）是否符合社会主义核心价值观的要求；（三）是否与有关规章协调、衔接；（四）是否正确处理有关机关、组织和公民对规章送审稿主要问题的意见；（五）是否符合立法技术要求；（六）需要审查的其他内容。"《法治中国建设规划（2020—2025 年）》要求："坚持宪法法律至上，维护国家法制统一、尊严、权威，一切法律法规规章规范性文件都不得同宪法相抵触，一切违反宪法法律的行为都必须予以追究。"

【测评方法】对被评估市政府于 2023 年 5 月 1 日至 2024 年 4 月 30 日制

定的规章的实体合法性进行考察。同时，查询行政诉讼、行政复议和备案审查中是否有确认地方政府规章违法的案例；查询全国人大常委会法工委备案审查工作情况的报告，考察地方政府规章是否存在与宪法及宪法精神不一致情形或者未能根据审查报告及时修改的情况。

【评分标准】本项满分 10 分，采取扣分制。本级政府在 2023 年 5 月 1 日至 2024 年 4 月 30 日制定的地方政府规章出现一例违法设定情形，本指标不得分。

4. 行政规范性文件的实体合法性

【设置依据】《法治政府建设实施纲要（2021—2025 年）》规定："依法制定行政规范性文件，严禁越权发文、严控发文数量、严格制发程序。"《国务院办公厅关于加强行政规范性文件制定和监督管理工作的通知》也明确要求："要严格落实权责清单制度，行政规范性文件不得增加法律、法规规定之外的行政权力事项或者减少法定职责；不得设定行政许可、行政处罚、行政强制等事项，增加办理行政许可事项的条件，规定出具循环证明、重复证明、无谓证明的内容；不得违法减损公民、法人和其他组织的合法权益或者增加其义务，侵犯公民人身权、财产权、人格权、劳动权、休息权等基本权利；不得超越职权规定应由市场调节、企业和社会自律、公民自我管理的事项；不得违法制定含有排除或者限制公平竞争内容的措施，违法干预或者影响市场主体正常生产经营活动，违法设置市场准入和退出条件等。"

【测评方法】对被评估市政府于 2023 年 5 月 1 日至 2024 年 4 月 30 日制定的行政规范性文件的实体合法性进行考察。同时，对中国司法大数据研究院提供的行政诉讼中法院审查认为行政规范性文件不合法的案例数据进行分析，并查询行政复议、备案审查中是否有确认行政规范性文件违法的案例。

【评分标准】本项满分 10 分，采取扣分制。本级政府在 2023 年 5 月 1 日至 2024 年 4 月 30 日制定的行政规范性文件出现一例违法设定情形，本指标不得分。

5. 地方政府规章平台信息化水平

【设置依据】《法治政府建设实施纲要（2021—2025 年）》规定："建

设法规规章行政规范性文件统一公开查询平台，2022 年年底前实现现行有效的行政法规、部门规章、国务院及其部门行政规范性文件的统一公开查询；2023 年年底前各省（自治区、直辖市）实现本地区现行有效地方性法规、规章、行政规范性文件统一公开查询。"《国务院关于加强数字政府建设的指导意见》规定："完善政务公开信息化平台，建设分类分级、集中统一、共享共用、动态更新的政策文件库。加快构建以网上发布为主、其他发布渠道为辅的政策发布新格局。"《市县法治政府建设示范指标体系》（2021 年版）第 33 项要求："实现本地区地方政府规章、行政规范性文件在政府门户网站统一公开、发布，实现现行有效的地方政府规章、行政规范性文件统一平台查询。"

【测评方法】对被评估市政府的政府门户网站、司法局网站等官方网站的政府规章专栏进行检索，查找被评估市政府在 2023 年 5 月 1 日至 2024 年 4 月 30 日公布的政府规章是否包括非政府规章文件。

【评分标准】本项满分 20 分。根据地方政府规章制定全过程公开程度、智能化程度进行赋分。建立政府规章专栏的，得 10 分；建立政府规章专栏且信息全面更新及时的，得 15 分；建立政府规章专栏、信息全面、更新及时，且包含部分制定过程信息的，得 18 分；政府规章专栏、信息全面、更新及时，且包含所有制定过程信息的，得 20 分。

6. 行政规范性文件平台智能化水平

【设置依据】《法治政府建设实施纲要（2021—2025 年）》规定："建设法规规章行政规范性文件统一公开查询平台，2022 年年底前实现现行有效的行政法规、部门规章、国务院及其部门行政规范性文件的统一公开查询；2023 年年底前各省（自治区、直辖市）实现本地区现行有效地方性法规、规章、行政规范性文件统一公开查询。"《国务院办公厅关于加强行政规范性文件制定和监督管理工作的通知》规定："县级以上各级人民政府要逐步构建权威发布、信息共享、动态更新的行政规范性文件信息平台，以大数据等技术手段实现对文件的标准化、精细化、动态化管理。"《国务院关于加强数字政府建设的指导意见》规定："完善政务公开信息化平台，建设分类分级、集中统一、共享共用、动态更新的政策文件库。加快构建以网上发布为主、其他发布渠道为辅的政策发布新格局。"《市县法治政府建设示范指标体系》（2021 年版）第 33 项要求："实现本地区地方政府规章、行政规范性文件在政府门户网站统一公开、发布，实现现行有效的地方政府规章、行政规范性文件统一平台查询。"

【测评方法】对被评估市政府的政府门户网站、司法局网站、政务信息公开网站、政府其他相关部门网站等官方网站的行政规范性文件专栏进行检索，查找被评估市政府在 2023 年 5 月 1 日至 2024 年 4 月 30 日公布的行政规范性文件是否包括非行政规范性文件。

【评分标准】本项满分 20 分。根据行政规范性文件制定全过程公开程度、智能化程度以及公布的规范性文件的规范情况进行赋分。建立行政规范性文件专栏的，得 10 分；建立行政规范性文件专栏且信息全面、更新及时的，得 15 分；建立行政规范性文件专栏、信息全面、更新及时，且包含部分制定过程的，得 18 分；建立行政规范性文件专栏、信息全面、更新及时，且包含所有制定过程信息的，得 20 分。

7. 地方政府规章清理及后评估制度落实情况

【设置依据】《规章制定程序条例》第 38 条要求："国务院部门，省、自治区、直辖市和设区的市、自治州的人民政府，应当根据全面深化改革、经济社会发展需要以及上位法规定，及时组织开展规章清理工作。对不适应全面深化改革和经济社会发展要求、不符合上位法规定的规章，应当及时修改或者废止。"《市县法治政府建设示范指标体系》（2021 年版）第 30 项要求："建立、实施地方政府规章、行政规范性文件后评估制度，每年至少对1 件现行有效的地方政府规章或者行政规范性文件开展后评估。"第 32 项要求："根据上位法的动态变化或者上级政府要求，及时对不适应全面深化改革和经济社会发展要求的地方政府规章或者行政规范性文件进行清理，清理结果向社会公布。"

【测评方法】以"城市名""政府规章""清理结果""后评估"等为关键词在主流搜索引擎和中国法律法规信息系统上检索相关信息，以判断被评

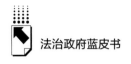

估市政府是否定期对政府规章进行清理和后评估并公布结果。

【评分标准】本项满分 10 分。根据被评估市政府对地方政府规章进行清理、后评估及公开的情况进行赋分。2021 年以来，开展过地方政府规章清理工作，且向社会公布清理结果的，得 5 分，未向社会公布清理结果的，得 2.5 分；2021 年以来，开展过地方政府规章后评估工作，且把评估结果作为修改、废止有关规章重要参考的，得 5 分，未把评估结果作为修改、废止有关规章重要参考的，得 2.5 分；2021 年以来，未开展过清理和后评估工作的，不得分。

8. 行政规范性文件清理及后评估制度落实情况

【设置依据】《国务院办公厅关于加强行政规范性文件制定和监督管理工作的通知》要求："健全行政规范性文件动态清理工作机制，根据全面深化改革、全面依法治国要求和经济社会发展需要，以及上位法和上级文件制定、修改、废止情况，及时对本地区、本部门行政规范性文件进行清理。"《法治政府建设实施纲要（2021—2025 年）》指出："健全行政规范性文件动态清理工作机制。"《市县法治政府建设示范指标体系》（2021 年版）第 30 项要求："建立、实施地方政府规章、行政规范性文件后评估制度，每年至少对 1 件现行有效的地方政府规章或者行政规范性文件开展后评估。"第 32 项要求："根据上位法的动态变化或者上级政府要求，及时对不适应全面深化改革和经济社会发展要求的地方政府规章或者行政规范性文件进行清理，清理结果向社会公布。"

【测评方法】以"城市名""行政规范性文件""清理结果""后评估"等为关键词在主流搜索引擎和中国法律法规信息系统上检索相关信息，以判断被评估市政府是否如期对行政规范性文件进行清理和后评估并公布结果。

【评分标准】本项满分 10 分。根据被评估市政府对行政规范性文件进行清理、后评估及公开的情况进行赋分。2021 年以来，开展过行政规范性文件清理工作，且向社会公布清理结果的，得 5 分，未向社会公布清理结果的，得 2.5 分；2021 年以来，开展过行政规范性文件后评估工作，且把评估结果作为修改、废止有关规章重要参考的，得 5 分，未把评估结果作为修改、废止有关行政规范性文件重要参考的，得 2.5 分；2021 年以来，未开展过清理和后评估工作的，不得分。

二　总体评估结果分析

本一级指标满分为 100 分，被评估的 100 个城市的平均得分为 74.73 分，得分率为 74.73%。从 2022~2024 年连续三年的测评结果来看，被评估城市在本一级指标的得分率分别为 71.86%、74.20%、74.73%，表明地方政府仍需持续完善依法行政制度体系。本次评估中，有 51 个城市评分高于平均分，有 49 个城市评分低于平均分，分数呈正态分布。其中，最高分为 95 分，最低分为 52.5 分，分差较大、区分度较高。在 100 个被评估城市中，本次评估得分率较高的 3 个城市是西安（95.00%）、烟台（91.00%）和毕节（90.50%）（见图 B.4-1）。

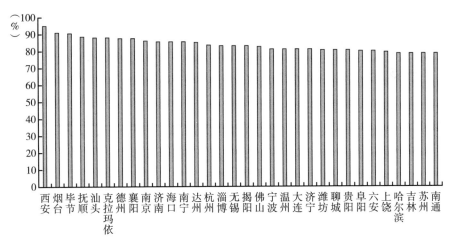

图 B.4-1　"依法行政制度体系完善"得分率较高的 30 个城市

本一级指标共包含 8 项三级指标（观测点），除三级指标 5 "地方政府规章平台信息化水平"和三级指标 6 "行政规范性文件平台智能化水平"满分为 20 分外，其他 6 项三级指标满分均为 10 分。各项三级指标的得分情况如下：地方政府规章草案及其说明是否一律向社会公开征求意见，平均分

6.484 分，平均得分率 64.84%；行政规范性文件的制定是否切实公开听取意见，平均分 3.05 分，平均得分率 30.50%；地方政府规章的实体合法性，平均分 10 分，平均得分率 100.00%；行政规范性文件的实体合法性，平均分 9.7 分，平均得分率 97.00%；地方政府规章平台信息化水平，平均分 16.06 分，平均得分率 80.30%；行政规范性文件平台智能化水平，平均分 17.26 分，平均得分率 86.30%；地方政府规章清理及后评估制度落实情况，平均分 6 分，平均得分率 60.00%；行政规范性文件清理及后评估制度落实情况，平均分 6.175 分，平均得分率 61.75%（见图 B.4-2）。可见，各项三级指标得分率差异明显，这充分反映出各地在落实依法行政制度体系建设不同环节要求中仍有较大差距。

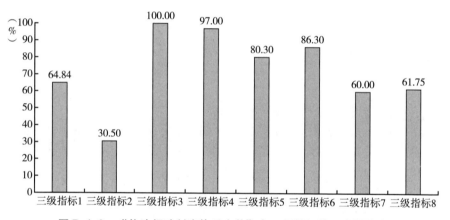

图 B.4-2　"依法行政制度体系完善"各三级指标的平均得分率

三　三级指标评估结果分析

（一）地方政府规章草案及其说明是否一律向社会公开征求意见

1.总体表现分析

地方政府规章草案及其说明是否一律向社会公开征求意见这一指标，被评估城市的平均得分率 64.84%。该指标得分情况见表 B.4-2。

表 B.4-2　三级指标 1 得分情况

得分(分)	0	6.484	5	10
城市(个)	26	9*	12	53

＊：由于 9 个城市在 2023 年 5 月 1 日至 2024 年 4 月 30 日未制定规章，且规章库或者规章专栏中未见规章或追溯期间没有可以评估的规章（如 A 市最近制定的规章为 2012 年，B 市评估周期内未制定规章，仅对规章进行修改或者废止），故此项指标得分为 91 个城市的平均分。

从该项指标所包含的具体内容来看，向社会公开征求意见并反馈的城市刚过半数，近四成的城市存在 2023 年 5 月 1 日至 2024 年 4 月 30 日制定的规章未向社会公开征求意见或征求意见后未反馈的情况。

2. 分差说明及典型事例

温州、苏州、汕头、南宁、合肥、厦门等 53 个城市制定规章时不仅能够公开征求公众意见，而且对公众意见采纳情况进行了反馈。例如，南宁市修改《南宁市已购公有住房上市出售管理办法》时，南宁市司法局就《南宁市人民政府关于修改〈南宁市已购公有住房上市出售管理办法〉的决定（草案征求意见稿）》公开征求意见并反馈；阜阳市制定的《阜阳市快递业促进办法》既向主要快递企业征求了意见，又在市政府网站上向社会公开征求了意见。

与上一年度评估类似，部分城市在该指标上失分的原因主要有四种情况。一是制定规章时未公开征求意见。例如，《××市河长制规定》未见公开征求意见。二是修订规章时未公开征求意见。例如，《××市中心城区停车场管理办法》《××市养犬管理办法》《××市生活垃圾管理办法》《××市医患纠纷预防与调解办法》《××市行政调解规定》等政府规章在修订时未公开征求意见。三是制定规章时向社会公开征求意见的期限不足 30 日。例如，《××市××岛规划建设管理办法》公开征求意见期间为 2023 年 11 月 16 日至 25 日；《××市机动车和非道路移动机械排气污染防治办法》公开征求意见期间为 2023 年 12 月 6 日至 13 日；《××市城市道路管理办法》公开征求意见期间为 2023 年 2 月 21 日至 3 月 20 日。四是制定规章时虽向公众征求意见，但未对公众意见采纳情况进行反馈。例如，《××市公共法律服务促进和保障办法》《××市生活垃圾分类管理办法》《××市行政执法协调监督工作办法》《××市租赁房屋治安管理规定》《××市生活垃圾分类管理办法》《××市生活垃圾分类管理办法》《××市供热用热条例实施办法》《××经济特区行政争议调解办法》等公开征求了意见但未反馈公众意见采纳情况。有些城市制定的规章虽向公众反馈了公开征求意见情况，但反馈不及时。例如，《××市城镇住宅小区生活垃圾分类管理规定》在2022年9月结束公开征求意见，但在2023年4月才反馈公开征求意见采纳情况。此次评估中虽未扣分，但也需注意。

（二）行政规范性文件的制定是否切实公开听取意见

1. 总体表现分析

行政规范性文件的制定是否切实公开听取意见这一指标，被评估城市平均得分为3.05分，得分率30.50%。该指标得分情况见表B.4-3。

表 B.4-3　三级指标2得分情况

得分（分）	0	5	10
城市（个）	62	15	23

从该项指标所包含的具体内容来看，大多数城市存在2023年5月1日至2024年4月30日制定的行政规范性文件未向社会公开征求意见的情况。

2. 分差说明及典型事例

杭州、吉林、济南、茂名、襄阳、西安等23个城市在2023年5月1日至2024年4月30日制定的行政规范性文件向社会公开征求了意见，部分工作值得肯定。例如，《杭州市人民政府印发关于进一步推动经济高质量发展的若干政策的通知》《哈尔滨市人民政府关于公布禁止使用的猎捕工具和方法的通告》《天津市基本建设考古工作管理暂行办法》《鞍山市冲刺全面振兴新突破三年行动首战告捷若干政策举措》《济南市永久性绿地管理办法》《苏州市区推行绿色殡葬工作实施办法》《海口市关于支持生物医药产业高质量发展若干措施》等行政规范性文件不仅向社会公开征求意见，而且对征求意见结果进行反馈；《徐州市关于划定市区高排放机动车禁限行区域的通告》《天津市国有建设用地有偿使用规定》在制定过程中两次向社会征求意见并反馈。

与上一年度评估类似，大部分城市在该指标上失分的原因主要是制定行政规范性文件时未征求意见，或者公开征求意见的期限不足 7 个工作日。前者如《××市实施"八大工程"全面提升科技创新能力的若干政策》《××市人民政府关于进一步加强法律援助工作的意见》《××市人民政府森林草原重点区域防火戒严令》《××市气象灾害预警信号发布与传播管理办法》《××市人民政府关于公布四城区征收土地地上附着物和青苗等补偿标准的通知》《××市惠企政策"免申即享"工作方案》《××市市级财政专项资金管理办法》等文件；后者如《××市荣誉市民称号授予暂行办法》征求意见时间是 2023 年 5 月 12 日至 19 日，《××市人民政府关于全面开创招商引资工作新局面的实施意见》征求意见时间为 2023 年 1 月 9 日至 16 日，《××市金融开放招商若干政策措施（试行）》征求意见时间为 2023 年 12 月 28 日至 2024 年 1 月 4 日，《××市公共数据授权运营管理办法》征求意见时间为 2023 年 6 月 15 日至 21 日，《××市中心城区城市更新安置房源管理办法（试行）》征求意见时间为 2024 年 3 月 12 日至 19 日。值得注意的是，少数城市发布的行政规范性文件征求意见公告存在不规范的情况。例如，《××市重点产业细分领域支持政策》《××市推动经济稳中求进若干政策举措》等行政规范性文件在征求意见的公告中并未注明征求意见的期限。

（三）地方政府规章的实体合法性

1.总体表现分析

地方政府规章的实体合法性这一指标，被评估城市得分情况较好，平均得分率为 100.00%。该指标得分情况见表 B.4-4。

表 B.4-4　三级指标 3 得分情况

得分（分）	0	10
城市（个）	0	100

从该项指标所包含的具体内容来看，100 个城市未见有失分的情况。

2. 分差说明及典型事例

课题组未见备案审查中有确认地方政府规章违法的案例，也未见地方政府规章违法设定行政许可、行政处罚、行政强制等事项，减损公民、法人和其他组织合法权益或者增加其义务等实体违法的情况。

（四）行政规范性文件的实体合法性

1. 总体表现分析

行政规范性文件的实体合法性这一指标，被评估城市总体上得分率较高，平均得分率为 97.00%。该指标得分情况见表 B.4-5。

表 B.4-5　三级指标 4 得分情况

得分（分）	0	10
城市（个）	3	97

整体来看，除个别城市制定的行政规范性文件在行政诉讼中被法院审查认为不合法外，绝大多数城市制定的行政规范性文件均不存在实体违法性问题。

2. 分差说明及典型事例

本项指标未得分的城市有 3 个。在评估时，课题组除了自行判断行政规范性文件是否存在实体违法性问题外，还结合中国司法大数据研究院提供的数据来进行综合判断。中国司法大数据研究院提供的数据显示，这 3 个城市制定的行政规范性文件曾在行政诉讼中被法院认为不合法。

（五）地方政府规章平台信息化水平

1. 总体表现分析

地方政府规章平台信息化水平这一指标，被评估城市总体上得分率较高，平均得分率为 80.30%。该指标得分情况见表 B.4-6。

表 B.4-6　三级指标 5 得分情况

得分（分）	15	16.06	18	20
城市（个）	66	1*	30	3

＊：1 个城市目前无有效政府规章（2022 年把唯一一部规章废止了），取其他 99 个城市的平均分。

2. 分差说明及典型事例

本项指标下的优秀城市是德州、淮南、六安 3 个城市，均得到满分 20 分。这些城市政府规章专栏公布的信息包含了政策解读，且解读文件能够体现征求意见、风险评估、合法性审核、集体决策等全部制定过程信息。例如，《德州市城市停车场管理办法》解读文件详细说明了起草过程。[①] 其他 30 个得 18 分和 66 个得 15 分的城市虽然建立了政府规章专栏，但是该专栏并不包含政策解读信息，或政策解读文件未体现制定过程信息。

（六）行政规范性文件平台智能化水平

1. 总体表现分析

行政规范性文件平台智能化水平这一指标，被评估城市平均得分率为 86.30%。该指标得分情况见表 B.4-7。

---

① 《德州市城市管理局主要负责人卢瑞祥解读〈德州市城市停车场管理办法〉》，德州市人民政府网，https://www.dezhou.gov.cn/governmentAffairs/#/governmentDetails? interparetid = 1736944502722891776&county = 德州市 &publisher=&showText=1，最后访问日期：2024 年 9 月 30 日。

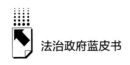

表 B.4-7　三级指标 6 得分情况

得分(分)	10	15	18	20
城市(个)	1	26	67	6

2. 分差说明及典型事例

在本项指标中,优秀城市是西安、厦门、德州、阜阳、淮南、六安 6 个城市,得到满分 20 分。这些城市的行政规范性文件专栏公布的信息包含了政策解读,且解读文件能够体现征求意见、风险评估、合法性审核、集体决策等全部制定过程信息。例如,《西安市出租汽车经营权管理办法》解读文件中的制定过程体现了意见征求、专家论证、公平竞争审查、合法性审核、社会稳定风险、集体决策等信息。① 其他 93 个城市因未公开或未公开所有过程性信息而失分,1 个城市则因市政府规范性文件专栏包括《××市人民政府关于 2023 年度实施试鸣防空警报的通告》等大量非行政规范性文件而失分。

（七）地方政府规章清理及后评估制度落实情况

1. 总体表现分析

地方政府规章清理及后评估制度落实情况这一指标,被评估城市的平均得分率为 60.00%。该指标得分情况见表 B.4-8。

表 B.4-8　三级指标 7 得分情况

得分(分)	0	2.5	5	7.5	10
城市(个)	12	3	42	19	24

2. 分差说明及典型事例

本项指标下的优秀城市是西安、烟台、汕头、克拉玛依、德州、南

---

① 《〈西安市出租汽车经营权管理办法〉政策解读》,西安市人民政府网,http://www.xa.gov.cn/gk/zcfg/zcjd/qwjd/18159299906736517122.html,最后访问日期:2024 年 9 月 30 日。

京、海口等 24 个城市，均得到满分 10 分。这些城市不仅对政府规章开展清理工作且向社会公布清理结果，还开展了政府规章的后评估工作且向社会公开后评估报告或结果，并把评估结果作为修改、废止有关规章的重要参考。3 个城市从 2021 年以来未对政府规章开展过清理，均开展过后评估工作但未向社会公开后评估报告或结果。12 个城市则因从 2021 年以来未对政府规章开展过清理和后评估工作而未得分。其他 61 个城市的失分原因在于对政府规章只开展了清理或后评估一项工作，或者未向社会公开清理结果。

（八）行政规范性文件清理及后评估制度落实情况

1.总体表现分析

行政规范性文件清理及后评估制度落实情况这一指标，被评估城市的平均得分率为 61.75%。该指标得分情况见表 B.4-9。

表 B.4-9　三级指标 8 得分情况

得分（分）	2.5	5	7.5	10
城市（个）	1	68	14	17

2.分差说明及典型事例

本项指标下的优秀城市是西安、烟台、毕节、汕头、克拉玛依、襄阳、南京、达州等 17 个城市，均得到满分 10 分。这些城市不仅对行政规范性文件开展了清理工作且向社会公布清理结果，还开展了行政规范性文件的后评估工作且向社会公开后评估报告或结果，并把评估结果作为修改、废止有关规章的重要参考。1 个城市从 2021 年以来未对行政规范性文件开展过后评估工作，虽然在 2023 年 9 月公布了《××市人民政府关于公布政府规章行政规范性文件清理结果的通知》，但在政府官网并未找到该文件正文，只在北大法宝能够检索到。其他 82 个城市的失分原因在于对行政规范性文件只开展了清理或后评估一项工作，或者未向社会公开清理结果。

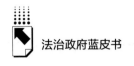
四 评估结论与建议

（一）存在的问题

1. 制度建设的公众参与度仍需进一步提高

二级指标"制度建设的公众参与度"项下有 2 项三级指标，分别考察地方政府规章、行政规范性文件制定过程中公开征求意见制度的落实情况。从 2022~2024 年连续三年的测评结果来看，被评估城市"地方政府规章草案及其说明是否一律向社会公开征求意见"的得分率分别为 39.69%、54.21%、64.84%，虽然地方政府规章公开征求意见情况持续稳定好转，但是仍有一些城市未严格落实政府规章公开征求意见制度。同时，被评估城市"行政规范性文件的制定是否切实公开听取意见"在 2022~2024 年的得分率分别为 35.00%、31.00%、30.50%，长期处于一个较低的水平，大部分城市在制定行政规范性文件时未公开征求意见或者公开征求意见不足 7 个工作日。总体来看，制度建设的公众参与度水平不高，且向好态势并不明显。

2. 部分地方存在"立法懒政"之嫌

党的二十大报告专章论述"坚持全面依法治国，推进法治中国建设"，要求推进科学立法、民主立法、依法立法，统筹立改废释纂，增强立法系统性、整体性、协同性、时效性。《中华人民共和国立法法》（以下简称《立法法》）第 9 条规定："立法应当适应改革需要，坚持在法治下推进改革和在改革中完善法治相统一，引导、推动、规范、保障相关改革，发挥法治在国家治理体系和治理能力现代化中的重要作用。"行政立法具有维护秩序、分配利益、激励行为、解决冲突等作用，制定政府规章、行政规范性文件是政府履行职责的重要方式。但在评估周期内，仍有部分城市未及时制定、修改规章，存在行政立法不作为之嫌。行政立法不作为是立法主体放弃行政责任和立法责任的表现，① 与依法行政的要求是背道而驰的。

---

① 于立深：《行政立法不作为研究》，《法制与社会发展》2011 年第 2 期，第 74 页。

3. 依法行政制度体系信息化平台公开程度偏低

二级指标"制度建设信息化对法治化推进水平"考察地方政府规章、行政规范性文件平台信息化、智能化水平。从 2022~2024 年连续三年的测评结果来看，被评估城市"地方政府规章平台信息化水平"的得分率分别为 85.05%、85.45%、80.30%，被评估城市"行政规范性文件平台智能化水平"的得分率分别为 83.05%、86.95%、86.30%。评估发现，各地方政府基本都建立了依法行政制度体系信息化平台或"政府规章"和"行政规范性文件"专栏，但在公开内容方面还存在以下问题。一是个别地方政府以文件内容涉密或文件不公开为由未公开部分制度的标题和内容。根据《国务院办公厅关于加强行政规范性文件制定和监督管理工作的通知》（国办发〔2018〕37 号）的要求，行政规范性文件经审议通过或批准后，由制定机关统一登记、统一编号、统一印发，并及时通过政府公报、政府网站、政务新媒体、报刊、广播、电视、公示栏等公开向社会发布，不得以内部文件形式印发执行，未经公布的行政规范性文件不得作为行政管理依据。二是部分地方政府的政府规章或行政规范性文件未附政策解读文件，或政策解读文件未体现该文件的制定过程性信息。例如，某市政府及办公厅制定的文件没有附政策解读，但其职能部门有；大部分城市的政策解读内容是制定背景、制定依据、出台目的、具体条文释义等，缺少对有关征求意见、风险评估、合法性审核、集体决策等立法程序开展情况的说明。

4. 动态清理和后评估制度落实情况仍不容乐观

二级指标"管理和监督制度实施情况"考察地方政府规章、行政规范性文件清理及后评估制度落实情况。从 2022~2024 年连续三年的测评结果来看，被评估城市"地方政府规章清理及后评估制度落实情况"的得分率分别为 56.75%、56.25%、60.00%，被评估城市"行政规范性文件清理及后评估制度落实情况"的得分率分别为 57.00%、58.75%、61.75%，长期在及格线徘徊。虽然在本次评估中，定期清理制度和后评估制度的平均得分率首次达到 60%，但这两项制度在实践中仍然未得到严格落实。一是未对政府规章和行政规范性文件开展过清理或后评估。例如，开展后评估较少，主动定期开展全面清理较少，统一组织开展清理较少。二是将定期清理制度等同于后评估制度，在清理中开展评估。三是未将清理结果或后评估报告通过网络或公告等方式统一向社会公布。例如，有些城市开展立法后评估的信息只在年度法治政府建设情况报告（或立法计划）中有提及，但网络检索不到相关的后评估报告或结果。

（二）完善的建议

1. 加快推进行政规范性文件统一立法

自 2004 年国务院印发《全面推进依法行政实施纲要》，尤其是党的十八届三中全会以来，法治政府建设的一系列纲领性文件均对行政规范性文件制定和管理工作进行了部署。法治政府建设的深入推进对行政规范性文件法治化和高质量建设提出了更高要求，有必要通过行政规范性文件统一立法提升行政规范性文件的法治化水平。2024 年 5 月，国务院办公厅印发的《国务院 2024 年度立法工作计划》明确，预备制定《行政规范性文件制定程序条例》，这标志着行政规范性文件的统一立法正式启动。多年来本部分评估结果长期处于低位，实际上已经说明了国家层面统一立法的紧迫性。加快行政规范性文件统一立法进程，能够从源头上保障行政规范性文件的合法性和高质量，全面提高与法治政府目标相适应的行政规范性文件法治化水平。建议参考《行政法规制定程序条例》和《规章制定程序条例》的基本思路，由国务院制定一部能够对行政规范性文件进行全方位规制的行政法规，实现对行政规范性文件的全周期管理、全覆盖监督、高质量发展、数智化推进以及法治化保障，以提高行政规范性文件质量，推进政府依法行政，维护国家法制统一。

2. 充分发挥公开听取意见制度效能

党的二十届三中全会指出"发展全过程人民民主是中国式现代化的本质要求"。《立法法》第 6 条规定："立法应当坚持和发展全过程人民民主，尊重和保障人权，保障和促进社会公平正义。立法应当体现人民的意志，发扬社会主义民主，坚持立法公开，保障人民通过多种途径参与立法活动。"

地方政府在制定规章和行政规范性文件过程中，应当积极落实公开听取意见制度，并注重丰富听取意见方式以及强化效果导向。可以考虑借鉴部分地方的有益经验。例如，广州市住房和城乡建设局在对《广州市绿色建筑和建筑节能管理规定（草案注释征求意见稿）》公开征求公众意见时，在征求意见公告中列明"公众可以重点对征求意见稿的以下内容提出意见和建议"，以便公众有针对性地反映意见；《厦门市排污权有偿使用和交易管理办法》在制定过程中不仅通过政府网站向社会公众发布征求意见的公告，还通过走访、座谈、问卷调查等方式向企业征求意见。

3. 用足用好地方政府立法权

《立法法》于2023年修订后，设区的市立法权限发生重大变化。《立法法》规定设区的市、自治州的人民政府有权制定地方政府规章，并"限于城乡建设与管理、生态文明建设、历史文化保护、基层治理等方面的事项"。地方政府规章是对法律、行政法规的必要补充，地方立法可以立足地方特色，增强针对性和可操作性。习近平总书记指出："要研究丰富立法形式，可以搞一些'大块头'，也要搞一些'小快灵'，增强立法的针对性、适用性、可操作性。"① 设区的市、自治州的人民政府要用足用好立法权，基于本地经济社会发展的具体情况和实际需求，主动回应人民群众的立法关切，有针对性地制定地方政府规章。在此过程中，要严格按照《立法法》《规章制定程序条例》规定的立法权限、立法程序开展立法，突出地方特色。同时，要注意处理好政府规章制定和行政规范性文件制定之间的关系，严格遵照政府规章和行政规范性文件的设定权限和制定程序，防止出现用政府规章替代行政规范性文件，或者用行政规范性文件替代政府规章等情形。

4. 切实提高依法行政制度体系建设的智能化水平

《法治政府建设实施纲要（2021—2025年）》提出，坚持运用互联网、大数据、人工智能等技术手段促进依法行政，着力实现政府治理信息化与法治化深度融合，优化革新政府治理流程和方式，大力提升法治政府建设数字

---

① 《习近平谈治国理政》第四卷，外文出版社，2022，第293页。

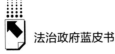

化水平。党的二十届三中全会决定强调要"建设全国统一的法律法规和规范性文件信息平台"。目前，大部分城市基本实现了对现行有效地方性法规、规章、行政规范性文件统一公开查询，个别地区在信息化平台建设方面走在了前列。例如，上海市建立了统一的行政规范性文件管理系统，与公文管理系统有效衔接，以大数据等技术手段，推动对行政规范性文件的标准化、精细化、动态化管理；甘肃省自主设计研发了全国首个集意见征集、备案审查、合法性审核、专家协审、发布检索、督察考核等功能于一体的规章行政规范性文件管理信息系统。下一步，建议各地方政府以公众为导向，以提升信息平台的效能、友好性与便民性为理念，积极探索运用信息化手段提升依法行政制度体系建设的智能化水平，推动实现政府规章、行政规范性文件智能起草、智能审核和智能监管，使信息平台能够更好地服务于社会公众和政府部门，促进信息化与依法行政的协同发展。

B.5

行政决策

王青斌[*]

摘　要：　在 2023~2024 年度法治政府建设评估框架中，"行政决策"作为核心评价维度被纳入一级指标体系。该指标下设 4 项二级指标，分别为"重大行政决策事项年度目录公开"、"合法决策"、"科学决策"和"民主决策"。4 项二级指标被具体划分为 5 项三级指标，旨在全面评估政府机构在行政决策方面的完善程度和执行效能。评估数据显示，当前行政决策制度建设已取得阶段性成果，特别是在合法性、科学性和民主性方面取得了显著成效。尽管政府在行政决策方面取得了诸多进展，但仍然存在部分问题。具体问题包括：重大行政决策事项目录公开规范化程度欠缺，内容公开全面性与全流程质效不足；合法性审查广度及力度有待提升，审查过程透明度不足；重大行政决策风险评估薄弱领域问题重视不足；重大决策专家论证程序标准化和信息披露不足；部分地方公众参与形式化、单一化，意见反馈欠缺。针对上述问题，建议采取以下措施：加强重大行政决策事项年度目录公开制度法治化管理，提高目录公开透明度；加大重大决策合法性审查力度，优化审查流程；全面评估各领域各类型风险，确保风险评估全面、公平、透明；建立科学、系统的专家论证制度，提升专家论证的标准化和透明度；设置多元化公众参与形式，提升公众参与可见度和有效反馈程度；提升政府网站公开透明度，加强信息化建设；等等。这些措施有利于促进行政决策过程规范化、透明化，更好地服务于公众利益和社会发展。

* 王青斌，中国政法大学法治政府研究院教授，研究方向：行政法学、卫生法学。中国政法大学法学院 2022 级宪法学与行政法学硕士研究生谢欣汝、中国政法大学法学院 2024 级宪法学与行政法学硕士研究生黄麟、中国政法大学法学院 2024 级宪法学与行政法学硕士研究生伍仕睿协助进行数据检索、分析及图表制作等工作。

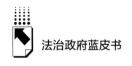

关键词： 行政决策　实证研究　评估指标　法治政府建设

一　指标设置及评估标准

（一）指标设置

本指标体系的构建严格遵循国务院的指导方针与要求，充分结合国务院《全面推进依法行政实施纲要》中提出的相关要求，并与《法治中国建设规划（2020—2025年）》《法治政府建设实施纲要（2021—2025年）》《关于全面推进政务公开工作的意见》《重大行政决策程序暂行条例》中的制度规定相衔接。同时，考虑到连续性和稳定性是确保评估结果公正、准确的关键因素，本次"行政决策"指标设置总体上延续了往年的模式，以确保评估工作的连贯性，提升评估结果的规范性和有效性。具体而言，本指标体系围绕"重大行政决策事项年度目录公开"、"合法决策"、"科学决策"和"民主决策"四大方面，设置"重大决策目录制定公开情况""重大决策合法性审查情况""重大决策风险评估情况""重大决策专家论证情况""公众参与重大决策情况"5项三级指标，旨在全面评估各城市本年度行政决策工作的实际成效。行政决策作为行政权力运行的起点，其规范化是建设法治政府的关键环节，也是规范行政权力的核心所在。本指标体系不仅关注行政决策规范化的流程框架与制度建设，更着重考察各程序的实效性与决策工作质量。因此，各参与评估城市应当深入推进法治政府建设，在完善决策制度的基础上，着力提升决策工作实效，确保决策的科学性、民主性、合法性与合规性。

行政决策为本次评分体系中的一级指标，总分为80分。行政决策在推进依法行政、推进国家治理体系和治理能力现代化中扮演着重要角色，直接关系到法治政府建设目标能否如期顺利实现。为突出行政决策在评估体系中的重要地位，本次评估基于建设法治政府的内在要求，将其细化为4项二级指标：重大行政决策事项年度目录公开、合法决策、科学决策、民主决策。

这 4 项指标共同构成了评估行政决策质量的基础框架，每一项都在推动行政决策法治化、民主化、科学化进程中发挥着不可替代的作用，因此，4 项指标均被赋予了 20 分的最高分值，以体现四大要素的均衡性。值得注意的是，科学决策维度由于其评估标准的复杂性和多维度性，需要更加深入地剖析与细化，因此被进一步拆解为 2 项具体的三级指标，以便更精确地进行衡量与评估。尽管科学决策的总分值与其他三个维度保持一致，均为 20 分，但在三级指标的划分上，却体现出不同的分配策略。为维持二级指标之间分值的平衡与合理性，三级指标的分值并未采取简单的平均分配原则，而是根据每个二级指标的具体特性和评估需求进行了灵活的调整。因此，在三级指标层面上，分值呈现明显的差异，一些三级指标的满分为 10 分，一些则为 20 分（见表 B. 5-1）。这种分值配置策略不仅体现了评估工作的精细化和科学化，更重要的是能够更准确地反映各评估维度的重要性和实际执行情况，从而确保评估结果的公正性、准确性和有效性。

本次评估的 5 项三级指标具体考察内容如下：

（1）城市年度重大行政决策目录的编制情况及其决策程序的明确性；

（2）城市年度重大行政决策目录、决策主体、事项范围、法定程序、法律责任等相关内容的公开情况；

（3）相关重大行政决策的合法性审查情况及其审查成果的有效性；

（4）决策机关对相关重大行政决策的风险评估与专家论证情况；

（5）公众参与重大行政决策过程的情况及其意见反馈的充分性。

表 B. 5-1　行政决策指标体系

一级指标	二级指标	三级指标
行政决策（80 分）	（一）重大行政决策事项年度目录公开（20 分）	1. 重大决策目录制定公开情况（20 分）
	（二）合法决策（20 分）	2. 重大决策合法性审查情况（20 分）
	（三）科学决策（20 分）	3. 重大决策风险评估（包括社会稳定风险、生态环境风险、经济风险）情况（10 分）
		4. 重大决策专家论证情况（10 分）
	（三）民主决策（20 分）	5. 公众参与重大决策情况（20 分）

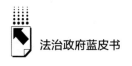

（二）设置依据和评估标准

本项指标的设计主要依据《中共中央关于全面推进依法治国若干重大问题的决定》《全面推进依法行政实施纲要》《国务院关于加强市县政府依法行政的决定》《法治中国建设规划（2020—2025 年）》《国务院关于加强法治政府建设的意见》《法治政府建设实施纲要（2021—2025 年）》《关于全面推进政务公开工作的意见》《重大行政决策程序暂行条例》《关于推行法律顾问制度和公职律师公司律师制度的意见》等法律法规中对政府依法行政决策工作的基本要求和原则。

评估组主要采用网络数据采集与分析的方法开展指标评估工作，通过多元化的网络渠道收集测评数据。具体方法主要包括：访问被评估城市的政府官方网站，查询政府信息公开平台等官方数据，以及运用百度、必应等搜索引擎，以预设关键词组合进行定向检索。若公开渠道无法获取必要的评估材料，则视为该城市在此指标上尚未建立有效机制或执行不到位。下文将详细阐述 5 项三级指标的具体设置依据、测评方法及评分标准。

1. 重大决策目录制定公开情况

【设置依据】

《重大行政决策程序暂行条例》第 3 条规定，决策机关可以结合职责权限和本地实际，确定决策事项目录、标准，经同级党委同意后向社会公布，并根据实际情况调整。同时，《法治政府建设实施纲要（2021—2025 年）》中亦规定要严格落实重大行政决策程序，推行重大行政决策事项年度目录公开制度。本项指标旨在评估各市政府对重大决策清单公开工作的执行情况，并督促各城市遵循重大决策目录的制定与公开要求，确保其规范性、民主性和科学性。

【测评方法】

评估组利用网络检索的方式，全面收集 2023 年 5 月 1 日至 2024 年 4 月 30 日与本指标相关的数据。通过访问市政府的官方网站及信息公开系统，深入探究各市政府在确立重大行政决策事项清单及标准方面的实践细节。具体考察内容包括：目录是否向社会公开、是否根据实际情况进行动态调整，以及是否明确重大行政决策的主体、事项范围、法定程序和法律责任等关键要素。

【评分标准】

本项指标设定满分为 20 分，具体评分标准细化如下。（1）若被评估方能够公开重大行政决策事项目录及标准，则每项计 5 分，合计 10 分。（2）对于明确规定了重大行政决策的决策主体、遵循的法定程序以及应承担的法律责任，且内容相对完整的，计 10 分。此外，需要注意的是，每遗漏任一关键要素则扣 3 分。若未能检索到任何与评估要求相关的信息，则视为未达标，不予计分。

2. 重大决策合法性审查情况

【设置依据】

《重大行政决策程序暂行条例》第三章专设"合法性审查"一节，其中第 25 条至第 28 条详细规定了合法性审查的内容与程序。《法治政府建设实施纲要（2021—2025 年）》要求确保所有重大行政决策都严格履行合法性审查程序。在决策形成之前，行政机关主要负责人有义务听取合法性审查部门的意见，并高度重视法律顾问、公职律师或相关专家的专业见解。

【测评方法】

评估组利用网络检索的方式，全面收集 2023 年 5 月 1 日至 2024 年 4 月 30 日与本指标相关的数据。通过访问市政府的官方网站及信息公开系统，浏览各地方政府及司法局发布的法治政府建设年度报告。深入考察各市政府法制机构是否对本级市政府本年度内作出的重大行政决策进行合法性审查，是否编制了包括审查意见、法律意见书在内的相关文件，并进一步分析本年度合法性审查的数量规模、实施效果等详细情况。

【评分标准】

本项指标设定满分为 20 分，具体评分标准细化如下：（1）每完成 1 件重大决策的审查，计 1 分；（2）每审查 50 件政府合同、协议及其他重要事项，计 1 分；（3）每提出 50 份审查意见，计 1 分；（4）每查到 1 份重大决策合法性审查意见书，计 1 分；（5）若审查意见提出比例高、有效保障大额财政资金安全，或其他合法性审查工作成效显著，可酌情加 1 ~ 3 分；（6）若由法制机构以外的法律顾问参与重大决策合法性审查，可酌情加 1 ~ 2 分。此外，需要注意的是，本项评分不超过满分 20 分；若未能检索到任何与评估要求相关的信息，则视为未达标，不予计分。

3.重大决策风险评估（包括社会稳定风险、生态环境风险、经济风险）情况

【设置依据】

《重大行政决策程序暂行条例》第二章专设"风险评估"一节，第 22 条至第 24 条详细规定了风险评估的对象、内容与程序。根据《法治政府建设实施纲要（2021—2025 年）》的要求，各地政府应当全面激活风险评估机制，扎实推进风险评估工作。

【测评方法】

评估组利用网络检索的方式，全面收集 2023 年 5 月 1 日至 2024 年 4 月 30 日与本指标相关的数据。评估组以"风险评估""行政决策风险评估""城市名+行政决策风险评估""城市名+风险评估""城市名+决策评估"等词组为检索关键词，在市政府官方网站及其职能部门网站等政府信息公开平台上进行检索，借助网络搜索引擎对重大决策风险评估情况进行全面评估。

【评分标准】

本项指标设定满分为 10 分，评分将根据环保、价格、规划、政府工程项目四个具体领域内重大行政决策风险评估的实施状况来分配分值。具体评分标准细化如下：（1）若四个具体领域均能检索到风险评估内容，则计满分；（2）若在三个领域能检索到风险评估内容，则计 8 分；（3）若在两个领域内能检索到风险评估内容，计 6 分；（4）可查找到其中任意两项风险评估内容的，计 4 分；（5）若仅在一个领域内能检索到风险评估内容，计 2 分。此外，若未能检索到任何与评估要求相关的信息，则视为未达标，不予计分。

4. 重大决策专家论证情况

【设置依据】

《重大行政决策程序暂行条例》第二章专设"专家论证"一节，第 19 条至第 21 条详细规定了专家论证的对象、程序与专家来源。《法治政府建设实施纲要（2021—2025 年）》中提出要提高专家论证质量。

【测评方法】

评估组利用网络检索的方式，全面收集 2023 年 5 月 1 日至 2024 年 4 月 30 日与本指标相关的数据。评估组以"专家论证""专家评审""专家咨询""城市名+专家论证""城市名+专家评审""城市名+专家审查""城市名+专家咨询"等词组为检索关键词，在市政府官方网站及其职能部门网站等政府信息公开平台上进行检索，借助网络搜索引擎对重大决策专家论证情况进行全面评估。

【评分标准】

本项指标设定满分为 10 分，评分将根据环保、价格、规划、政府工程项目四个具体领域内重大行政决策风险评估的实施状况来分配分值。具体评分标准细化如下：（1）若在四个具体领域均能检索到专家论证资料，则计满分；（2）若在三个领域能检索到专家论证资料，计 8 分；（3）若仅能在两个领域检索到专家论证材料，计 6 分；（4）可查找到其中任意两项专家论证材料的，计 4 分；（5）若仅能在一个领域检索到专家论证材料，计 2 分。此外，若未能检索到任何与评估要求相关的信息，则视为未达标，不予计分。

5. 公众参与重大决策情况

【设置依据】

《重大行政决策程序暂行条例》第二章专设"公众参与"一节，第 14 条至第 18 条详细规定了公众参与的对象、方式与程序。《法治政府建设实施纲要（2021—2025 年）》要求增强公众参与实效，通过举办听证会等形式加大公众参与力度，认真听取和反映利益相关群体的意见建议。

【测评方法】

评估组利用网络检索的方式，全面收集 2023 年 5 月 1 日至 2024 年 4 月

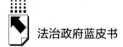

30 日与本指标相关的数据。评估组通过访问各市政府的官方网站及其职能部门网站，并借助百度等主流搜索引擎作为辅助手段，查找城市相关门户网站的政民互动板块、意见征集栏、座谈会公告、听证会通知以及相关新闻报道等内容。评分依据包括市政府网站或新闻媒体公布的征求意见范围、座谈会和听证会的开展情况，以及公众意见的征集、采纳和反馈情况等。

【评分标准】

本项指标设定满分为 20 分，评分将根据环保、价格、规划、政府工程项目四个具体领域内重大行政决策风险评估的实施状况来分配分值。具体评分标准细化如下：（1）若四个领域均能检索到详尽的公众参与信息，例如政府网站发布重大决策征求意见稿并广泛征求社会各界的意见和建议，则计满分；（2）若仅有三个领域存在公众参与记录，且这些领域的意见征集案例丰富，则计 16 分；（3）若公众参与信息仅覆盖两个领域，且这两个领域的意见征集活动同样丰富，计 12 分；（4）若至少两个领域的公众参与情况被检索到，不论其丰富程度，均计 8 分；（5）若仅能检索到一个领域的公众参与情况，计 4 分；（6）若未能检索到任何与评估要求相关的信息，则视为未达标，不予计分。此外，若仅开展公众意见征集而未体现公众反馈意见采纳情况，扣 3 分。

二 总体评估结果分析

在本次评估中，各城市的得分上限设定为 80 分。基于对 100 个样本城市的实证数据分析，研究结果显示，评估对象的总体平均得分为 67.09 分。从得分分布特征来看，59% 的城市（59 个）表现优于平均水平，而 41% 的城市（41 个）则未达到平均水平。值得关注的是，城市得分呈现典型的正态分布特征，这一发现与中心极限定理的理论预期相吻合。就得分离散程度而言，样本城市间的绩效差异显著，具体表现为最高得分（80 分）与最低得分（33 分）之间存在 47 分的差距。深入分析得分区间分布，发现 82% 的城市（82 个）集中在 60~80 分的较高分数区间，这一现象表明多数城市在评估体系中表现良好。经量化评估，在本评估指标体系中，表现最为突出的5 个城市分别是：北京（100.00%）、上海（100.00%）、天津（100.00%）、长沙（97.50%）、湛江（96.25%）（见图 B.5-1）。

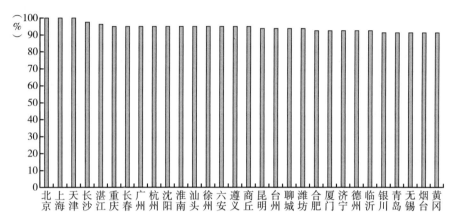

图 B.5-1　"行政决策"得分率较高的 30 个城市

在 2022～2023 年的评估中，100 个被评估城市基于同样的评估标准，在满分为 80 分的情况下，平均得分为 64.93 分，平均得分率为 81.16%。64个城市的平均得分超过了平均值，36 个城市的平均得分未达到平均值，其中得分主要集中在 55～75 分区间，共计 78 个城市。另外值得关注的是，100 个城市的得分范围从最高的 80 分到最低的 20 分，城市之间的得分差异较大，显示出明显的区域差异性。

在连续两年的评估结果中，能够观察到城市得分的年度变化趋势以及得分差异。① 对比两次评估数据可以发现，本年度 100 个城市在行政决策方面的平均得分相较于上一年度有一定程度的提高，这体现出绝大多数城市在行政决策制度建设方面投入了更高的关注度。值得注意的是，本年度主要得分区间为 60～80 分，相较于上一年度，更多的城市得分处于高分段，同时有82 个城市在此分数段，反映出多数城市在行政决策制度建设方面取得了稳

---

① 在被评估的 100 个城市范围以及评估体系方面，2023～2024 年评估与 2022～2023 年评估一致，评估工作成果具有相当强的连续性与可参考性。

步进展。但是，尽管整体得分有所提高，但是城市之间的得分仍然悬殊，最高分与最低分之间的分差为47分。在此种情况下，北京、上海、天津等城市继续保持领先优势，展现出较强的行政决策能力。综合上述统计结果以及趋势分析，虽然众多城市在行政决策方面取得了一定的进步，但是仍需关注分数差异并努力提升，进一步弥补行政决策过程中的不足之处。

本次评估结果显示，行政决策一级指标的总得分率为83.86%。其中"公众参与重大决策情况"表现最为突出，平均得分率高达95.00%，其次是"重大决策合法性审查情况"，平均得分率达到了86.95%。"重大决策目录制定公开情况""重大决策风险评估情况""重大决策专家论证情况"3项三级指标表现相对一般，平均得分率分别为78.00%、75.20%、75.80%。

"行政决策"各三级指标的平均得分率见图B.5-2。

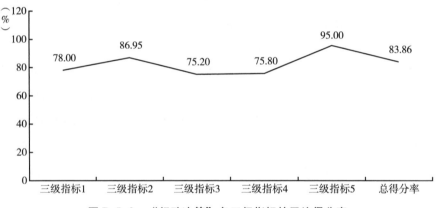

图 B.5-2 "行政决策"各三级指标的平均得分率

三 三级指标评估结果分析

（一）重大决策目录制定公开情况

1.总体表现分析

对各地重大决策目录制定公开情况的评估结果显示，共有45个城市在该项指标上获得满分，平均得分达到 15.60 分，平均得分率为 78.00%。本项指标总体得分情况见表 B.5-2。

表 B.5-2 "重大决策目录制定公开情况"指标 100 个城市得分情况

得分(分)	20	15~19.5	10~14.5	5~9.5	0~4.5
城市(个)	45	19	21	13	2

2.分差说明及典型事例

本项指标的整体表现较好，近一半的城市在该项指标上获得了满分，超过平均分的城市数量为 57 个，达到及格标准（12 分及以上）的城市数量为 84 个。由数据可见，重大决策目录制定公开相关工作受到大多数城市的重视。

然而，部分城市仍存在标准不明确、程序不规范等问题，导致其在相关评估中表现欠佳。尤其是个别城市未能通过政府网站等官方渠道及时发布重大决策目录信息，直接影响了其评估得分。

值得注意的是，广州、重庆、长沙、徐州等城市在此项评估中表现突出。这些城市不仅确保了信息发布的时效性，还在公开内容中系统涵盖了决策范围、制定程序、责任主体等关键要素，充分体现了行政决策的透明性和规范性。这种全方位的公开机制不仅提升了政府行政决策的公信力，也为社会监督提供了有效渠道，进而促进了城市治理效能的持续提升。

与此同时，荆州、潍坊等城市通过制定实施细则，将上级行政法规具体化、可操作化。这些实施细则的出台，不仅为地方重大决策目录的编制和公开提供了明确指引，也为监督问责机制的建立奠定了制度基础。通过规范化的执行程序，地方政府不仅提升了决策实施的效率，也增强了行政工作的透明度，有效促进了政府与公众之间的良性互动。这种制度化的管理模式，不仅有助于提高地方政府的治理能力，也为区域经济社会发展提供了有力保障。

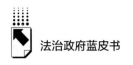

（二）重大决策合法性审查情况

1. 总体表现分析

评估显示，共 52 个城市在该指标上获得满分，平均得分是 17.39 分，平均得分率达到 86.95%，表明各地政府在此项制度落实上普遍表现优异。整体来看，本评估年度我国重大决策合法性审查制度实施状况良好。总体得分情况见表 B.5-3。

表 B.5-3　"重大决策合法性审查情况"指标 100 个城市得分情况

得分（分）	20	15~19.5	10~14.5	5~9.5	0~4.5
城市（个）	52	30	15	3	0

2. 分差说明及典型事例

在本指标中，有 60 个城市的成绩超过平均分，达到及格线以上的城市有 91 个。大部分城市都取得了较高的分数，得分处于高分段（16 分及以上）的城市共有 71 个，且未再出现不得分的情况，整体表现较为突出。

上述数据反映出各地重大决策合法性审查制度基本得到有效实施且成效显著。北京、哈尔滨、临沂等城市表现尤为突出，这些城市能够通过政府官网向公众公开详细统计数据，如审查件数、法律意见书出具件数和审查效果等，其合法性审查工作不仅覆盖范围广泛，且执行效果良好：当地法治部门积极参与了重大行政决策的审查工作，审核频次较高、范围较广，更借助法律顾问和公职律师的专业力量，推动了法治化营商环境的建设，夯实了依法决策的法治基础。总的来说，全国各地基本认真贯彻了重大决策合法性审查制度，取得了全面和深入的成效。这一制度的实施不仅提高了决策的合法性和透明度，还促进了法治化营商环境的建设，为国家治理体系现代化提供了重要保障。在此形势下，各地应继续加大合法性审查工作力度，进一步提升其质量和效率，为建设法治政府作出更大贡献。

（三）重大决策风险评估（包括社会稳定风险、生态环境风险、经济风险）情况

1.总体表现分析

评估显示，共18个城市在该指标上获得满分，所有城市的平均得分为7.52分，且未出现不得分情况，各城市的风险防控工作普遍达到较高水平。总体得分情况见表B.5-4。

表B.5-4 "重大决策风险评估情况"指标100个城市得分情况

得分（分）	10	8	6	4	2	0
城市（个）	18	45	33	3	1	0

2.分差说明及典型事例

本指标中，受评估城市中18个城市获得满分，较上一评估年度增加9个；共63个城市得分超过平均分；共96个城市得分达到或超过及格线。综上，本评估年度内我国重大决策风险评估工作实施取得积极进展，但仍有提升空间。

本项评估全面考察各城市在环保、价格、规划和政府工程领域的重大决策风险评估工作。测评结果显示，有45%的城市获得了8分，主要在价格领域风险评估数据方面存在缺失；得6分的城市占33%，这些城市在两个领域内的可检索案例较充实；得4分的城市占3%，此类城市同样只在两个领域内找到了风险评估案例，但实例较少；得2分的城市仅占1%，即仅可检索到单个领域的风险评估信息。总体来看，大多数城市在政府工程、环保和规划领域的风险评估工作表现较好，而在价格领域则存在质量不高和数量不足的问题，需要进一步改进。各城市在制定重大决策时应更加重视价格领域的风险评估工作，以确保决策的全面性和科学性。

本项指标下的优秀城市有北京、上海、天津、成都、南京、汕头、烟台、济宁、茂名、临沂、遵义、黄冈、毕节、南充、新乡、曲靖、深圳、

佛山共 18 个城市。这些城市的重大行政决策风险评估工作完整覆盖了四个受评估领域。各地政府需要进一步加强和完善风险评估相关工作，尤其是要着力纠正风险评估全面性不足弊病，以确保行政决策的科学性和可靠性。

（四）重大决策专家论证情况

1. 总体表现分析

评估显示，共 14 个城市在该指标上获得满分，大部分城市得分在 6~8 分区间，呈现中间高、两端低的分布态势。值得注意的是，所有参评城市的平均得分超过及格线，表明该项指标的实施情况总体良好。本项指标总体得分情况见表 B.5-5。

表 B.5-5 "重大决策专家论证情况"指标 100 个城市得分情况

得分（分）	10	8	6	4	2	0
城市（个）	14	60	20	3	3	0

2. 分差说明及典型事例

各城市平均得分为 7.58 分，与指标 3 相近。超过平均分的城市有 74 个，而 80% 的城市得分在 6~8 分区间。94 个城市的得分达到了及格线及以上，及格率达 94%，较上一年度略有下降。然而，与指标 3 类似，大多数城市在该领域的得分在 6~8 分区间，未获满分的主要原因是重大决策专家论证的覆盖范围不够广泛，许多城市在四个测评领域中存在一个或两个领域的案例不够丰富的情况，尤其是在价格领域存在较大欠缺。

评估发现，北京、上海、天津、长沙、银川、济宁、襄阳、湛江、泉州、宜春、信阳、商丘、深圳、佛山等 14 个城市表现突出。相较之下，其他城市在专家论证制度方面仍有提升空间，需要借鉴这些优秀城市的经验，加强专家论证的制度建设，提高决策的科学性和透明度，为城市的可持续发展提供更有力的支撑。通过专家论证，城市决策可以更加科学准确，同时也可增强公众对政府决策的信任感，实现政府、专家和市民的良性互动，推动城市治理水平的不断提升。

（五）公众参与重大决策情况

1. 总体表现分析

评估显示，共 78 个城市在该指标上获得满分，平均分为 19.00 分，公众参与重大决策效果较为理想。总体得分情况见表 B.5-6。

表 B.5-6   "公众参与重大决策情况"指标 100 个城市得分情况

得分（分）	20	15~19.5	10~14.5	5~9.5	0~4.5
城市（个）	78	20	1	1	0

2. 分差说明及典型事例

在本年度的评估中，各城市的表现普遍较为优异。共 78 个城市获得满分，与上一评估年度相比数量显著增加。绝大多数城市得分位于 15~20 分区间，占被测评城市总数的 98%；得分低于 15 分的城市仅有 2 个。

在本评估年度内，绝大多数城市在行政决策领域积极推动公众参与，通过政府网站、报纸等媒体平台广泛征集公众意见，并对采纳的结果进行了系统整理和及时回应。然而，仍有部分城市在公众参与方面表现欠佳，亟须改进。这些城市在公众参与制度的执行和对意见的采纳和反馈上存在不足，需要进一步加强和优化。因此，为了确保公众参与的有效性和广泛性，各地需要继续努力，提升公众参与的水平，让更多的市民参与到重大决策中，实现更加民主、透明的决策过程。唯有如此，才能真正践行以民为本的理念，贯彻阳光政府、透明行政的原则，让人民群众在城市发展中发挥更大的作用，共同推动国家和社会法治的进步。

本项评估中，符合优秀城市标准的城市数量颇为可观，有北京、上海、天津、重庆、长春、长沙等 78 个城市。这些城市普遍在重大行政决策公众参与制度上有着较为完善的实践，为公众提供了更多深入参与环保、价格调

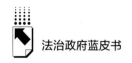

控、城市规划、政府工程等方面的机会。通过充分贯彻落实公众参与制度，让民众对城市发展有着更直接的影响和参与感，提高了行政决策的透明度和民主性。上述做法值得各地推广借鉴和学习，共同推动社会治理朝着更加科学、开放、民主的方向迈进。

四 评估结论与建议

根据整体评估结果，全国各地在行政决策方面取得了显著进步，"行政决策"一级指标平均分达到了 67.09 分，总得分率为 83.86%。与上一年度相比，该一级指标的得分有较明显提升，这表明全国各地行政决策质效水平保持着稳步提升趋势。就评估得分而言，几乎所有参与评估城市在依法决策方面的得分都达到及格线以上，这表明各地在加强法律法规的制定和执行方面取得了显著成绩。可以看出，政府在决策过程中越来越注重法治化，不断提高决策的科学性和透明度。这些积极变化为促进全国经济社会发展提供了有力支撑，也为未来的改革发展奠定了坚实基础。

此外，各三级指标得分率均超过了 60%，表现较为均衡，无明显不足之处。公众参与重大决策情况表现最佳，得分率高达 95.00%。紧随其后的是重大决策合法性审查情况，得分率为 86.95%，表现良好。其他关键领域如重大决策目录制定公开、专家论证以及风险评估情况，得分率均超过了75%（分别为 78.00%、75.80% 和 75.20%）。这进一步体现了各地政府在提高行政决策质量方面所做的努力及取得的成效。然而在资料搜集与评估过程中发现，各地在提升行政决策质量工作中仍有许多待改进之处。总体而言，重大行政决策目录的公开工作还有待进一步法治化，需要增强公开的全面性和透明度；同时，各地在合法性审查方面仍有待加强，审查的质量和效率有待提高；另外，在重要行政决策的风险评估方面，存在评估范围较窄、结果透明度欠缺问题。此外，专家论证程序的作用有待进一步凸显，尤其是在价格、环保领域，专家论证缺失的现象较为突出。因此，虽然我国在建设法治政府的过程中取得了一定成效，但仍然需要进一步提升重大行政决策的质量。政府需要加大合法性审查的力度，提高审查的质量和效率；加强重要决策的风险评估，扩大评估范围，提高透明度；同时，加强重要决策的专家论证，尤其是在关乎公共利益的领域，需要更加重视专家意见的参与。只有这样，才能更好地保障公众利益，推动行政决策的科学化和民主化，真正实现法治政府的建设目标。

综上所述，尽管我国法治政府建设已取得阶段性成果，且与上一评估年度相比可谓实现了全方位的进步，但为推动我国法治政府建设向更高水平发展，地方政府仍需付出更大努力提升其行政政策的合法性、科学性、民主性，从而更好地保障公民的合法权益，促进社会的稳定与发展。地方政府应当不断加强法治建设，完善法律法规体系，加大执法力度，推动政府治理朝法治化方向迈进。

（一）存在的问题

当下我国行政决策工作存在的问题具体体现在以下五个方面。

1. 重大行政决策事项目录公开规范化程度欠缺，内容公开全面性与全流程质效不足

在本次评估中，尽管大部分城市在政府官方网站上发布了重大行政决策事项目录，但在细节方面仍存在诸多不足。具体而言，这些目录在范围、内容和标准上的不一致性和模糊性，导致了其全面性和统一性的缺失。为了确保重大行政决策的质量和效率，并推动这些决策的有效落实，决策目录应当对公开范围、制定及公开程序乃至责任主体作出更细致的规范。

目前，部分城市公开内容仅停留在简单的事项名称罗列上，缺乏对决策背景、目标、预期效果等详细信息的披露，导致公众难以切实了解决策相关情况。此外，仅少数城市出台了重大行政决策目录相关细则，说明重大行政决策目录公开制度虽已初步建立，但其规范性仍有待加强。

2. 合法性审查广度及力度有待提升，审查过程透明度不足

在合法性审查指标项下，受评估城市整体表现良好，多数城市在这一指标上获得较高评分。值得注意的是，部分城市在其政府官方网站上可检索到

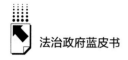

对重大决策、政府合同进行合法性审查的具体案例数量有限，导致审查意见书收集数量较少，最终影响得分。尽管就得分情况而言，该指标评估结果呈现积极态势，但在具体实施中各地政府仍需对其重大决策合法性审查工作持续改进。

在评估过程中发现，许多城市未发布本年度合法性审查情况的单列报告，而仅在法治政府建设年度总结乃至法治部门年度总结中简要提及审查次数和出具审查意见书的数量。这种做法缺乏对具体审查过程的深入描述，无法充分展现审查工作质效。此外，各地政府合法性审查的透明度和公开性不足，公众在当地政府官方网站中较难获取相关审查意见书全文，从而削弱了公众监督效果，也反映了地方政府在反馈合法性审查成效方面的工作有所欠缺。为规范行政权力的行使、提升依法决策的质量，需要着力开展合法性审查透明度和公开性提升工作。这包括公众应该能够方便获取审查意见书等信息，并建立健全监督机制来确保审查的效果和公正性。通过这些措施，可以促进合法性审查制度的发展，更好地服务于法治政府的建设目标。

3. 重大行政决策风险评估薄弱领域问题重视不足

对100个被评估城市进行的调查显示，各地政府平均得分相较上一年度有所提升。然而，仍有一部分城市的得分仅略高于甚至未达到及格线。这表明在行政决策风险评估方面存在一定不足，需要进一步改进。因此，需要更加重视各领域内风险评估过程，深入挖掘其中问题，并采取相应措施加以解决，以确保行政决策的科学性和稳定性，进而更好地保障社会稳定、维护生态环境、促进经济发展。

不同地区和领域在重大决策风险评估方面存在明显差异。价格政策领域问题尤其突出。在受评估城市中，可检索风险评估工作案例明显不足，导致价格政策领域的得分普遍较低，暴露出政府风险评估工作单一化和风险类型覆盖不全面的缺陷，凸显出当前风险评估体系在全面性和平衡性方面的不足。为了提高风险评估的质量和全面性，城市政府应当专注加强全领域风险评估工作，特别是在经济风险方面要加大力度。可以借鉴优秀城市的经验，建立健全风险评估体系，确保风险评估工作能够全面覆盖各领域，提升城市决策的科学性和准确性。同时，要加强对风险评估的监督和建立完善的评估结果反馈机制，以便及时调整和完善城市风险管理措施。只有如此，我国在现代化建设过程中才能更好地应对各类风险挑战，实现城市的可持续发展。

除上述问题外，信息披露环节亦有值得注意的问题。检索的一些风险评估案例仅仅作出了简单的声明，而未公开评估的具体过程和结果。面对社会稳定风险评估的法治化程度不足，同时风险评估制度的可操作性和透明度也存在不足的现实挑战，需要进一步提升风险评估的公开透明度，推动风险评估工作的规范化和法治化，以确保行政决策在更加科学和有序的轨道上运行。

4. 重大决策专家论证程序标准化和信息披露不足

在重大决策的专家论证方面，虽然整体得分达到了及格标准，但执行过程中仍暴露出若干问题。

首先，评估显示，许多城市的专家论证流程的标准化不足，相关文件对流程和专家库的规定过于宽泛，缺乏具体的操作指南，导致专家论证对实践的指导意义有限，在实践中的可操作性不强。

其次，重大决策专家论证透明度不足，公开内容形式化。评估发现，许多城市在行政决策中虽有专家论证环节，但相关信息披露不充分，往往只简单说明项目经过了专家论证，或提供会议的日期和地点，哪些领域的专家参与了论证、提出了什么样的意见并得出了怎样的结论等具体论证细节信息的披露都存在不足。这削弱了专家论证的专业性和公信力。前述问题导致公众监督权利难以保障，也削弱了专家论证的实效和权威性。应当加强信息披露，详细阐明专家论证的过程和结论，让公众了解专家的意见和建议，以更全面地发挥专家论证在决策中的作用，增进公众对决策的理解和支持。

最后，不同领域在实施专家论证制度时存在显著差异。在环保、城市规划和政府工程领域，专家论证相对较为常见；而在价格领域，专家论证则明显较少。且评估发现，专家论证的形式过于单一（各式会议居多，书面意见极少），这制约了专家论证作用在科学决策中的有效发挥。为了提高专家

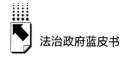

论证的效率，应借鉴有益经验创新专家论证形式，促进多领域专家的深度参与，为决策提供更为全面和权威的意见。专家论证制度的不断完善将有助于提升决策的科学性和及时性，推动各领域的可持续发展。

5. 部分地方公众参与形式化、单一化，意见反馈欠缺

评估发现，各地在建立重大决策公众参与制度方面已经取得一定进展，通过多元化形式促进公众参与。然而，调查表明，征求公众意见的过程仍存在问题。

首先，大多数城市的征求意见通告发布场所往往局限于信息公开栏目等官方网站一角，缺乏明显标识，导致征求意见的通知在政府庞大的信息流中难以被公众注意到。在此情形下，虽然各城市定期发布征求意见通知，但实际反馈很少，导致公众参与变得形式化，未能真正提升行政决策的民主性。为了更好地实现公众参与，政府需要加强信息传递、公告实效，让更多人知情、参与重大决策过程，确保公众意见"言路畅通"。

其次，当前城市行政决策中存在公众参与形式单一的问题。大部分城市仅通过发布意见征求公告的方式来听取民意，较少采用举办听证会或座谈会等形式来拓展参与途径。即便有城市举行听证会和座谈会，但亦设立有相应参与门槛，导致只有少数人符合参与条件。除此之外，参加标准不透明、会议内容不公开等附带问题也导致这些公众参与形式的公正性遭到削弱。因此，城市应该在促进公众参与的同时，增加多样化的参与形式，并保障公开透明的参与标准和会议内容，以提升公众参与的合法性和公正性，从而更好地实现民主决策的目标。

最后，部分城市在征求公众意见后，并未进行公示，或者未能及时开展分析和处理，也没有明确反馈是否会采纳公众意见。另有部分城市虽然表示会采纳公众意见，但回复内容过于笼统，如"意见具有合理性，会予以考虑""意见已采纳，感谢参与"等，未能明确展示公众参与对行政决策的实际影响。这些问题导致了公众参与的透明度不足，行政决策反馈不够及时，需要引起重视。如果这些问题得不到解决，可能会降低公众参与的积极性，进而影响民主决策的有效实施。因此，各地政府需要提升公众参与机制的透

明度，完善反馈机制，及时公示收集的意见内容和处理结果，同时明确表明哪些意见被采纳并产生实际影响，以此提高公众参与的积极性、获得感，并确保公众意见对决策有实际影响，推动民主决策得以有效落实。

（二）完善建议

针对上述问题，评估组提出以下六点建议。

1. 加强重大行政决策事项年度目录公开制度法治化管理，提高目录公开透明度

针对目前重大行政决策事项年度目录公开存在的不规范和公开程度不足的问题，首先，地方政府必须深刻认识到公开重大行政决策目录的重要性，不断完善重大行政决策目录公开制度，逐步出台针对目录公开标准、主体、责任、程序等事项的地方实施细则，进一步优化重大行政决策事项年度目录公开的制度框架。其次，应明确重大行政决策事项年度目录的覆盖范围，确保目录制定的科学性、合理性。在制定政府重大行政决策事项目录时，应在突出重点的同时采取"领域齐全，应上尽上"的方针，以此提高决策公开的效率与透明度。

另外，应致力于实现重大行政决策事项的全流程公开，即通过网站公告、媒体平台推送等形式，实时更新决策事项进展与目录动态调整，确保所有决策内容合法合规且可受公众监督；通过构建更加透明、高效且权责明确的行政决策体系，保障各项重大行政决策有效落地。

2. 加大重大决策合法性审查力度，优化审查流程

地方政府在审查重大决策合法性时，应加大审查力度，确保全面审查。同时，应提高审查规范化水平，完善审查流程，提升审查工作水平。这样可以有效解决审查力度不足、质效难以保证的问题，确保重大决策的合法性。只有通过全面审查和规范化流程，地方政府才能更好地履行职责，确保公共利益和法律尊严的统一。加大审查力度，规范审查流程，是地方政府提升合法性审查效率的关键举措，也是维护政治稳定和社会和谐的必然要求。

地方政府需要充分认识到合法性审查对于优化行政决策、建设法治政府

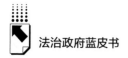

的重要性和积极影响。要树立依法行政、依法决策意识，确保每一项重大行政决策"应审尽审"，提高行政决策的质量和效益。如此，可有效保障行政合法性，增强公众对政府的信任。同时，亦能有效预防和解决可能出现的纠纷和矛盾，为社会稳定和经济发展提供有力支持。

地方政府应当加大对提升合法性审查公开程度的投入。可以通过扩展公开渠道和审查意见书的查阅途径等方式，让公众更方便地了解重大决策的审查过程和结果。这样能够确保公众的知情权和监督权得到有效保障，同时也能够帮助地方政府提升行政决策的科学性、民主性和公信力。前述举措有助于增进政府与民众之间的信任，推动社会管理水平不断提高。

3. 全面评估各领域各类型风险，确保风险评估全面、公平、透明

当前，我国各城市大多建立了重大行政决策风险评估相关机制，但在具体实施中仍然存在不充分、不均衡和透明度较低等问题。为此，各级政府需以全面均衡为指导原则，强化重大行政决策的风险评估，尤其应关注价格领域等薄弱环节。可以邀请相关领域专家、实务从业人员以及教科研单位参与经济风险评估，形成多元主体评估体系，以此提升评估的专业性和准确性。同时，需全面推进风险评估工作，补齐短板，确保各领域均能得到充分考量，以最大限度发挥风险评估机制的积极作用，有效预防可能发生的风险。

风险评估在保障社会稳定等方面的重要性不言而喻。然而，目前风险评估制度体系存在法律规定不足、规定模糊的问题，导致风险评估主要依赖政策文件执行。同时，重大决策的社会稳定风险评估文件公开受限，影响了公众的有效参与。为此，地方政府应当提高风险评估的法治化程度和透明度。为解决风险评估公开不足的问题，地方政府可以探索建立"全过程公开"的评估制度，将所有评估结果公开，包括评估过程、方法、数据和结论。通过官方网站、新闻发布会等多种渠道及时公布风险评估信息，引入外部监督以提升工作质量。通过提高风险评估的法治化程度和透明度，地方政府将能够更好地应对社会稳定等领域的挑战，为公众提供更可靠的决策依据。同时，加强风险评估的公开与监督机制，也有助于增强政府与公众间的互信，促进社会的和谐稳定发展。在今后的工作中，各地方政府应当不断完善风险

评估制度，提升风险评估的法治化程度和透明度，为构建安全稳定的社会环境作出积极贡献。

4. 建立科学、系统的专家论证制度，提升专家论证的标准化和透明度

尽管多数城市已建立专家论证的相关机制，但仍有部分城市存在标准化不足、透明度低和实施效果欠佳的问题。

首先，各地政府应当制定清晰的专家论证流程和标准。这包括建立专家库管理规范制度，明确专家资质、专业领域和独立性要求，以确保参与论证的专家具有必要的专业背景和独立性，避免利益冲突。同时，应制定详细的专家论证流程指南，涵盖专家选拔、论证准备、会议组织等各个环节的具体步骤，确保专家有充分的时间和资源进行深入的研究和准备。此外，应确保专家论证形式多样化，各地政府应鼓励创新专家论证方式，根据不同的问题和决策特性，除了传统的专家座谈会和论证会之外，还可以有针对性地采用网络研讨会、专家实地考察等多种方式进行论证。

其次，应着力提升专家论证活动的透明度。评估发现，各地在开展专家论证工作时，对主体、过程、结论等相关信息的公开程度存在不足。为保障公众监督渠道畅通，应当及时公开前述各项内容，鼓励公众通过听证会或在线平台参与论证过程，并建立监督机制确保论证过程的公正性和透明度。

最后，应当平衡不同领域的专家论证实施。对于价格等论证案例较少的领域，要加大专家论证的实施力度，确保各领域专家论证的均衡性。

5. 设置多元化行政决策公众参与形式，提升公众参与可见度和有效反馈程度

首先，应当提升公众参与的可见度，认真落实公开征求意见的制度要求。地方政府应当在官方门户网站上设置较为醒目的公众参与板块，确保征求意见的通知容易被公众获知。同时，地方政府需顺应新媒体发展潮流，紧密贴合网络时代公众的生活模式与习惯特点，充分借助网络平台的优势，开拓重大行政决策公众意见收集途径。可以通过社交媒体、电子邮件订阅、短信提醒等多种方式发布征求意见的通知，以提高公众的知晓度。在完善公开征求意见制度基础上，应当建立多元化的公众参与机制。除了在线征求意见

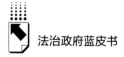

外，还应定期举办听证会和座谈会，确保参与形式的多样性，并保障公民参与行政决策的程序性权利，要避免座谈会与听证会等公众参与机制门槛过高，导致公众参与受限。地方政府也可以利用视频会议技术，使无法现场参与的公众能远程参与听证会和座谈会。

其次，应当建立有效的公众意见反馈机制。对于收集到的公众意见，应进行深入分析，并在一定时间内公布分析结果和决策反馈情况。对于被采纳的意见，明确说明其如何影响了最终决策；对于未被采纳的意见，应充分说明理由。地方政府可以建立独立的监督机制，定期评估公众参与的效果，并根据评估结果调整和优化公众参与流程。通过这些建议的实施，可以有效地提升公众参与的质量，提升行政决策的民主性和透明度，进而提升政府决策的公正性和有效性。

6. 提升政府网站公开透明度，加强信息化建设

评估发现，各地政府门户网站和部门网站在信息检索方面存在一些问题，容易给公众获取所需信息造成技术层面的障碍。一些政府门户网站没有清晰的检索逻辑，导致信息无法有效分类，内容无序堆叠，甚至出现相同信息重复发布的情况，影响公众便捷准确获取相关公告内容。为此，各地政府应重视政府相关网站的建设和优化工作。不仅需要确保政府信息的及时更新，还应提升政府网站布局设计的科学性、人文性和美观性。通过合理划分栏目展示不同的政府信息，可以方便公众进行查询。同时，政府还应积极拓宽政府信息公开的渠道，提高政府信息公开的智能化和信息化水平，开辟社交平台、公众号、便民程序等新兴信息平台渠道，真正提升行政决策信息的获取便利性。总的来说，通过改进相关信息公开网站的检索逻辑、分类信息和布局设计，政府可以提高信息的透明度和公开度，增强公众对政府信息的信任感；还可利用多种媒介拓宽信息公开渠道，提升政府信息公开的水平，为公众提供更加便捷的查询服务。

B.6
行政执法

张　莉[*]

摘　要：　长期以来，行政执法作为公众关注的核心议题，始终占据着社会讨论的重要位置。2021 年，中共中央、国务院发布的《法治政府建设实施纲要（2021—2025 年）》中，对行政执法工作提出了明确要求，强调要构建完善的行政执法工作体系，全面推进严格规范公正文明执法，以提升人民群众的满意度，实现行政执法水平的全面提高。这一纲要的核心目标，是让人民群众在每一次执法行动中都能切实体会到执法的清正廉洁，在每一项执法决议中都能深切感受到公平正义的力量。从 2023～2024 年开展的法治政府评估工作成果来看，综合执法改革平稳有序地推进，重点领域的执法强度持续加大。"行政执法三项制度"的建设取得了极为突出的成效，与此同时，全新的制度与执法模式也在持续拓展应用范围。执法理念逐步向以人民为中心转变，执法人员的程序意识越发浓厚，执法成果也越发朝着公正、公开以及人性化的方向大步迈进。不过，不可忽视的是，行政执法领域目前依旧面临诸多难题，其中，不同区域间行政执法水平存在的不均衡状况仍较为明显，综合执法事项、职责划分不够明确，行政执法案件移送及行刑衔接机制不够健全。执法协调协作机制相对欠缺，重点领域执法沟通协作尚未形成常态，执法培训缺乏针对性，执法裁量基准公开更新不及时，影响了执法质量和效率。

关键词：　综合执法　重点领域执法　执法质量

---

* 张莉，中国政法大学法治政府研究院教授，法学博士，研究方向：中国行政法、法国公法、比较行政法。中国政法大学法学院 2023 级宪法学与行政法学硕士研究生丘碧娴、中国政法大学中欧法学院 2023 级宪法学与行政法学硕士研究生李名蕊、中国政法大学法学院 2024 级法律（法学）硕士研究生管正、中国政法大学法学院 2024 级法律（法学）硕士研究生周心怡协助进行数据检索、分析及图表制作等工作。

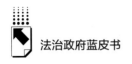
一 指标设置及评估标准

（一）指标体系

在法治政府的建设与评估进程中，行政执法始终占据着极为关键的位置，在总体评估框架里，行政执法部分的占比举足轻重。本次评估所涉及的行政执法一级指标，总分设定为130分，在这之下又细分为5项二级指标以及13项三级指标。值得一提的是，其中的"行政执法效果"二级指标，由中国司法大数据研究院负责提供数据，并基于这些数据展开考察，最终出具相应报告。具体指标设置详见表 B.6-1。

表 B.6-1 行政执法指标体系

一级指标	二级指标	三级指标（观测点）
行政执法 （130分）	（一）行政执法体制改革（20分）	1. 部门综合执法改革情况（10分）
		2. 基层执法体制改革情况（10分）
	（二）重点领域执法（20分）	3. 加大重点领域执法力度（以文化新业态领域为考察对象）（10分）
		4. 加大重点领域执法力度（以畜禽养殖用药领域为考察对象）（10分）
	（三）行政执法制度建设（40分）	5. 完善"行政执法三项制度"（10分）
		6. 具体行政执法制度建设情况（10分）
		7. 行政执法具体开展情况（10分）
		8. 创新行政执法方式情况（10分）
	（四）行政执法状况（20分）	9. 违法行为投诉体验情况（10分）
		10. 市政设施损坏投诉情况（10分）
	（五）行政执法效果（30分）	11. 非诉执行申请被否定情况（10分）
		12. 行政机关不履行法定职责情况（10分）
		13. 行政处罚、行政强制、行政许可行为违法情况（10分）

从体系架构层面来看，本次评估着重从五个维度对市一级政府的行政执法状况展开全面考察，这五个维度分别为：行政执法体制改革、重点领域执法、行政执法制度建设、行政执法状况以及行政执法效果。在这之中，"行

政执法体制改革"这一维度主要聚焦自行政执法体制改革开展以来，市级政府在跨部门与跨层级执法改革工作方面的具体推进情况，深入探究其在打破部门与层级壁垒、优化执法资源配置、提升执法协同效率等方面所采取的举措、取得的阶段性成果以及面临的实际挑战。

"重点领域执法"结合了《法治政府建设实施纲要（2021—2025年）》着重提出的关键要求，这一要求涵盖的考察内容广泛且多元。在本次评估中，充分结合当下社会热点，精心挑选出其中两个极具代表性的领域：其一为文化新业态领域，重点关注新兴业态，旨在深入了解在文旅产业蓬勃发展、新形态不断涌现的背景下，执法如何跟进，以保障行业规范有序发展；其二是畜禽养殖用药领域，聚焦畜禽养殖用药情况，以此强化对农产品质量安全源头的把控，维护农业生产与民众食品安全。

"行政执法制度建设"结合了《法治政府建设实施纲要（2021—2025年）》中对于行政执法制度提出的新的要求，并综合考察了已经开展了较长时间的"行政执法三项制度"的制度建设成果，分别设立"完善'行政执法三项制度'""具体行政执法制度建设情况""行政执法具体开展情况""创新行政执法方式情况"四个观测点进行考察。

"行政执法状况"的考察视角与往年保持一致，在关注制度建设的基础上，从实践层面审视城市的执法实际状况。此次评估继续保留"市政设施损坏投诉情况"这一观测点，凭借该观测点，能够直接、清晰地对各个被评估城市的执法效能以及市政服务水平作出判断。

"行政执法效果"则是法治政府研究院携手中国司法大数据研究院共同开展的项目。借助中国司法大数据研究院提供的技术支撑，从大数据视角对行政执法成效展开评估。具体而言，主要从三个反向维度考察行政机关依法行政情况：一是非诉执行申请被否定情况，二是行政机关不履行法定职责情况，三是行政处罚、行政强制、行政许可行为违法情况。

（二）设置依据和评估标准

本部分主要依据国务院《全面推进依法行政实施纲要》第七项"理顺

行政执法体制，加快行政程序建设，规范行政执法行为"、《国务院关于加强市县政府依法行政的决定》第五项"严格行政执法"、《国务院关于加强法治政府建设的意见》第五项"严格规范公正文明执法"、《法治政府建设实施纲要（2021—2025年）》第五项"健全行政执法工作体系，全面推进严格规范公正文明执法"和第八项"健全行政权力制约和监督体系，促进行政权力规范透明运行"以及司法部《市县法治政府建设示范指标体系》（2021年版）第四项"行政执法严格规范公正文明"的要求进行设计。

本次的指标设计总体而言调整不大，相比上年主要调整了不同指标的考察领域。依托2021年8月中共中央、国务院印发的《法治政府建设实施纲要（2021—2025年）》，继续重点考察了《法治政府建设实施纲要（2021—2025年）》中重点要求的"行政执法体制改革"。强化重点领域执法考察，在回应《法治政府建设实施纲要（2021—2025年）》中"加大重点领域执法力度"的同时注重以实践和执法的实效导向考察当前我国的执法情况。对于"行政执法三项制度"，鉴于各地已开展较长时间相应的制度建设、培训等，本次指标体系设计对其进行精简，并融合了《法治政府建设实施纲要（2021—2025年）》中"完善行政执法程序"一节中的要求，设计了"行政执法制度建设"综合性指标。在往年考察过程中被证明卓有成效的"违法投诉体验"方面继续设置"市政设施损坏投诉情况"三级指标，考察各个城市的市政服务水平。最后，本次评估继续与中国司法大数据研究院进行合作，采用大数据分析形式，对行政执法的情况特别是违法情况进行考察。

1. 部门综合执法改革情况

【设置依据】本项指标旨在考察部门综合执法改革具体落实情况。

【测评方法】网络检索。登录市政府及交通运输部门网站，分别以"综合执法+交通运输""综合执法+交通""交通运输综合执法""交通运输执法改革""交通运输综合执法总队""联合执法""局队合一""执法人员培训""执法大比武""权责清单""职责划分""职责权限""行刑衔接"等为关键词进行检索，并借助百度、谷歌等搜索相关新闻报道。

【评分标准】本项满分为 10 分：（1）县（市、区、旗）实行"局队合一"体制的，加 2 分；（2）全面梳理、规范和精简执法事项的，加 1 分，细化市、区执法职责划分，构建权责清晰、协调联动、运转高效的执法体系，明确层级职责的，加 1 分；（3）组织交通运输综合执法人员培训、比武，提升执法人员素质、加强执法人员队伍建设的，加 2 分；（4）大力推进跨领域跨部门跨层级跨地区联合执法，实现违法线索互联、执法标准互通、处理结果互认，出台相应文件的，加 2 分，有新闻报道证实的，加 1 分；（5）出台行刑衔接机制的具体落实文件的，加 1 分。

2. **基层执法体制改革情况**

【设置依据】本项指标旨在考察基层执法力量的整合和执法力量的协调协作机制。

【测评方法】网络检索。登录市政府及城管部门网站，分别以"基层综合（行政）执法""街乡镇执法""城市管理（城管）综合行政执法""城市管理（城管）综合执法""城市管理（城管）执法改革""城市管理（城管）执法大队""一支队伍管执法""交由""职权下放""评估调整"等为关键词进行检索，并借助百度、谷歌等搜索相关新闻报道。

【评分标准】本项满分为 10 分：（1）整合乡镇（街道）执法力量和资源，组建统一的综合行政执法机构，实现"一支队伍管执法"的，加 2 分；（2）出台相关文件同步实现权力下放、编制划转、钱随事转的，加 3 分；（3）对已经下放乡镇、街道的行政执法事项进行评估和调整的，加 2 分；（4）建立健全乡镇（街道）与上一级相关部门行政执法案件移送及协调协作机制的，加 3 分。

3. **加大重点领域执法力度（以文化新业态领域为考察对象）**

【设置依据】本项指标旨在考察各地文化新业态领域专项整治执法情况，观察是否制定市级统一的行业管理规范，是否形成多部门协同监管机制，以及是否有效开展行政执法和刑事司法衔接。

【观测方法】网络检索。登录被评估城市市政府网站及文化和旅游局网站，以"电竞酒店/点播影院（私人影院）/剧本杀/密室逃脱+执法检查"

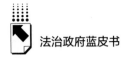

"管理规范""规范性文件（清理情况）""（文化市场）协同监管""（文化市场）联合检查""行刑衔接""案件移送""2023年法治政府建设年度情况报告"等为关键词进行检索；结合百度、新浪、谷歌等搜索相关新闻报道。

【评分标准】本项满分为10分：（1）开展电竞酒店/点播影院（私人影院）/剧本杀/密室逃脱（以下简称"相关行业"）集中专项整治活动的，加3分；（2）制定市级统一的相关行业管理规范的，加2分，方案内容详细、有配套措施的，酌情再加1分；（3）针对相关行业与相关部门建立未成年人保护协同监管机制，落实跨部门联合执法的，加2分，形成协同监管、联合检查实施方案，梳理相关执法权限与责任的，再加1分；（4）有效开展行政执法和刑事司法衔接，全面执行信息共享、案情通报、案件移送制度，查处大案要案的，加1分。

4. 加大重点领域执法力度（以畜禽养殖用药领域为考察对象）

【设置依据】本项指标旨在考察被评估城市在畜禽养殖用药（兽药）领域的执法合法合理性，是否重视兽药执法培训，是否细化量化行政裁量基准，以及是否执行兽药领域"谁执法谁普法"的普法责任制、开展规范政策宣传活动。

【观测方法】网络检索。登录被评估城市市政府网站及农业农村局网站，以"畜禽养殖用药""兽药执法检查""农资打假""兽药/农业执法培训""（农业）裁量基准""兽药信息追溯""2023年法治政府建设年度情况报告"等为关键词进行检索；结合百度、新浪、谷歌等搜索相关新闻报道。

【评分标准】本项满分为10分：（1）开展畜禽养殖用药领域集中专项整治的，加3分；（2）组织开展执法人员培训，讲解兽药执法程序、注意事项等执法重点要点难点内容的，加2分；（3）对企业落实兽药出库信息追溯进行随机调取、日常巡查的，加2分；（4）细化量化本地区畜禽养殖用药违规行为行政处罚的裁量范围、种类、幅度等的，加2分；（5）评估周期内进行畜禽养殖用药规范政策宣传活动的，加1分。

5. 完善"行政执法三项制度"

【设置依据】本项指标以国务院 2018 年提出的"行政执法三项制度"要求为依托，挑选"行政执法三项制度"建设中的薄弱环节进行重点考察，旨在考察被评估城市在"行政执法三项制度"建设上的阶段性成果。

【观测方法】网络检索。登录市政府及其卫生健康部门相关网站，查找"执法公示"专栏或"执法信息公示平台"，或者分别以"生活饮用水监督检查""职业卫生监督检查""医疗机构传染病防控监督检查""消毒产品监督检查"等为关键词进行检索。

【评分标准】本项满分为 10 分：（1）公布本部门行政执法权限、依据、程序、救济渠道的，加 2 分；（2）执法结果于政府门户网站公示，未跳转"信用中国"网站的，加 3 分；（3）执法决定信息在执法决定作出之日起 20 个工作日之内公开的，加 1 分，行政处罚的执法决定信息在执法决定作出之日起 7 个工作日之内公开的，加 1 分；（4）公布重大执法决定事项目录或法制审核事项清单的，加 3 分。

6. 具体行政执法制度建设情况

【设置依据】本项指标旨在考察被评估城市在执法人员管理制度、执法事项编制和执法裁量基准制度上的建设情况。

【测评方法】网络检索。登录应急管理部门及相关部门网站或新闻网站，分别以"执法事项""裁量基准""指导目录""执法人员""执法辅助人员""安全监督（检查）人员"等为关键词进行检索。

【评分标准】本项满分为 10 分：（1）健全行政执法人员管理制度，实现执法人员资格动态更新的，加 1 分，具有执法辅助人员管理规范的，加 1 分，具有安全监督人员管理规范、工作培训的，加 1 分；（2）梳理规范应急管理领域依据法律、行政法规设定的行政处罚和行政强制事项，以及部门规章设定的警告、罚款的行政处罚事项，编制行政执法事项指导目录的，加 1 分，按程序进行动态调整的，加 1 分，对外公布的，加 1 分；（3）全面更新行政裁量权基准制度的，加 1 分，细化量化本地区行政处罚的裁量范围、种类、幅度等的，加 1 分，对外公布的，加 1 分，在处罚文书中实际应用

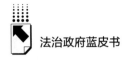

的，加 1 分。

7. 行政执法具体开展情况

【设置依据】本项指标以生态环境部 2021 年 4 月发布的《关于加强生态环境监督执法正面清单管理推动差异化执法监管的指导意见》有关规定为抓手，旨在考察被评估城市在涉企检查活动中是否开展清单式执法检查、非现场执法、对企业进行差异化监管等情况。

【观测方法】网络检索。登录生态环境部门及相关部门网站，以"排污许可年度执法计划""正面清单""现场执法检查""一证式""非现场监管""非现场执法"等为关键词进行检索，考察是否采取相关监管性措施。结合百度、谷歌等搜索相关新闻报道。

【评分标准】本项满分为 10 分：（1）切实开展分类监管、差异化监管，规范对企业现场执法检查的，加 3 分；（2）将排污许可证执法检查纳入年度执法计划，根据排污许可管理类别、排污单位信用记录等因素，确定检查频次和检查方式的，加 3 分；（3）监督检查过程体现"一证式"监管，以排污许可证、环境管理台账记录、排污许可证执行报告等材料作为依据的，加 2 分；（4）通过物联网监控系统和全国排污许可证信息平台、利用各类监控数据与非现场手段开展非现场执法监管的，加 2 分。

8. 创新行政执法方式情况

【设置依据】本项指标旨在考察被评估城市的新型执法方式创新情况，选择了创新性强、执法面广、对国民经济发展影响重大的工业和信息化领域对新型执法方式的创新情况和推行情况进行考察。

【观测方法】网络检索。登录被评估城市市政府网站及工业和信息化部门网站，以"柔性执法""非强制性执法""服务型执法""免罚清单""说服教育""劝导示范""指导约谈""指导案例"等为关键词进行检索，结合百度、谷歌等搜索相关新闻报道。

【评分标准】本项满分为 10 分：（1）运用说服教育、劝导示范、警示告诫、指导约谈等柔性执法方式执法的，加 3 分；（2）推行并公布初次违法且危害后果轻微并及时改正，可以不予行政处罚的免罚清单的，加 3 分；

（3）将服务理念融入执法实践，指导市场主体整改到位的，加 2 分；

（4）建立行政执法案例指导制度，定期发布指导案例的，加 2 分。

9. 违法行为投诉体验情况

【设置依据】本项指标旨在考察被评估城市履行法定职责情况。

【测评方法】委派调查员在各城市进行实际体验。由其在发现违法行为后向相关行政部门进行举报，并对相关部门接到举报后的行政执法行为进行全程记录，形成体验报告。评估组根据调查报告赋分。

【评分标准】本项满分为 10 分，执法部门在接到违法行为举报或投诉后：（1）查处及时，使问题得到实质性解决的，加 10 分，查处不够及时，未能从根本上解决问题，或存在显著合法性、合理性瑕疵的，加 5 分，接到投诉后，不予理睬或未处理的，不加分；（2）投诉渠道不畅通，需要公民自行寻找各种渠道，或 12345 拒不处理，告知其他部门电话另行投诉的，扣 2 分；（3）12345 电话打不通，或 12345 及其他电话拨打至接通次数一共在 5 次以上的，扣 1 分，接线员服务态度欠佳的，再扣 1 分；（4）未对投诉进行短信、电话或其他方式回访的，扣 2 分。

10. 市政设施损坏投诉情况

【设置依据】本项指标旨在考察被评估城市履行法定职责情况。

【测评方法】委派调查员在各城市进行实际体验。由其在发现市政设施损坏后向相关行政部门进行举报，并对相关部门接到投诉后的行为进行全程记录，形成体验报告。评估组根据调查报告赋分。

【评分标准】本项满分为 10 分，相关部门在接到市政设施损坏举报或投诉后：（1）查处及时，使问题得到实质性解决的，加 10 分，查处不够及时，或未能从根本上解决问题的，加 5 分，接到投诉后，不予理睬或未处理的，不加分；（2）投诉渠道不畅通，需要公民自行寻找各种渠道，或 12345 拒不处理，告知其他部门电话另行投诉的，扣 2 分；（3）12345 电话打不通，或 12345 及其他电话拨打至接通次数一共在 5 次以上的，扣 1 分，接线员服务态度欠佳的，再扣 1 分；（4）未对投诉进行短信、电话或其他方式回访的，扣 2 分。

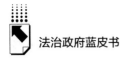

11. 非诉执行申请被否定情况

【设置依据】本项指标旨在通过分析被法院裁定不予执行的行政机关非诉执行案件数据，考察行政机关执法行为的合法性。

【测评方法】数据分析。由中国司法大数据研究院检索相关数据后进行大数据处理并赋分。（1）统计全国 2019~2023 年度行政机关申请所有非诉执行的案件总数（①）、行政机关被法院裁定不准予强制执行的非诉执行案件数量（②）；（2）统计各城市 2019~2023 年度行政机关申请所有非诉执行的案件总数（①）和行政机关被法院裁定不准予强制执行的非诉执行案件数（②）；（3）将②所得数据除以①所得数据，计算出全国和各市 2019~2023 年度的行政机关申请非诉执行案件被否定率。

【评分标准】本项满分为 10 分，采取比值赋分法。各市得分 = 基准分（5 分）/（当地案件被否定率/全国案件被否定率），负向指标，被否定率越高，比值越大，分数越低。得分区间为 [0, 10]，低于 0 分的赋 0 分，高于 10 分的赋 10 分。若某城市在评估年度没有相关涉诉案件，评估组推定行政相对人因认可其行为合法性而自觉履行义务，赋其满分 10 分。

12. 行政机关不履行法定职责情况

【设置依据】本项指标旨在考察被评估城市行政机关不履行法定职责的情况，尤其是通过法院以数据的形式对不履行法定职责情况和不履行法定职责案件的诉讼情况进行评估。

【测评方法】数据分析。（1）由中国司法大数据研究院统计全国 2019~2023 年度行政机关不履行法定职责的案件总数（①）和行政机关不履行法定职责的案件胜诉数量（②）；（2）统计各城市 2019~2023 年度行政机关不履行法定职责的案件总数（①）和行政机关不履行法定职责的案件胜诉数量（②）；（3）将②所得数据除以①所得数据，计算出全国和各市 2019~2023 年度行政机关不履行法定职责的案件胜诉率。

【评分标准】本项满分为 10 分，采取比值赋分法。各市得分 = 基准分（5 分）×（当地案件胜诉率/全国案件胜诉率），正向指标，胜诉率越高，比值越大，分数越高。得分区间为 [0, 10]，低于 0 分的赋 0 分，高于 10

分的赋 10 分。若某城市在评估年度没有相关涉诉案件，评估组推定行政相对人因认可其行为合法性而自觉履行义务，赋其满分 10 分。

13. 行政处罚、行政强制、行政许可行为违法情况

【设置依据】本项指标旨在通过对行政处罚、行政强制、行政许可行为违法情况进行分析，考察被评估城市的行政行为总体合法性水平。

【测评方法】数据分析。（1）由中国司法大数据研究院统计全国 2019~2023 年度行政机关行政处罚、行政强制以及行政许可的案件总数（①）和行政机关行政处罚、行政强制、行政许可案件胜诉的数量（②）；（2）统计各城市 2019~2023 年度行政机关行政处罚、行政强制、行政许可的案件总数（①）和行政机关行政处罚、行政强制、行政许可案件胜诉的数量（②）；（3）将②所得数据除以①所得数据，计算出全国和各市 2019~2023 年度的行政机关行政处罚、行政强制、行政许可的胜诉率。

【评分标准】本项满分为 10 分，赋分方式采取线性增减法。（1）行政处罚案件胜诉率情况，满分 4 分。全国平均水平赋基础分 2 分，每高于全国平均水平 1 个百分点加 0.05 分，加满 4 分为止，每低于全国平均水平 1 个百分点减 0.05 分，减至 0 分为止。行政处罚胜诉率的评分公式为：2 分+ 0.05 分×（各市行政处罚案件胜诉率-全国行政处罚案件胜诉率）。（2）行政强制案件胜诉率情况，满分 3 分。全国平均水平赋基础分 1.5 分，每高于全国平均水平 1 个百分点加 0.05 分，加满 3 分为止，每低于全国平均水平 1 个百分点减 0.05 分，减至 0 分为止。胜诉率的评分公式为：1.5 分+0.05 分×（各市行政强制案件胜诉率-全国行政强制案件胜诉率）。（3）行政许可案件胜诉率情况，满分 3 分。全国平均水平赋基础分 1.5 分，每高于全国平均水平 1 个百分点加 0.05 分，加满 3 分为止，每低于全国平均水平 1 个百分点减 0.05 分，减至 0 分为止。胜诉率的评分公式为：1.5 分+0.05 分×（各市行政许可案件胜诉率-全国行政许可案件胜诉率）。加总各城市得分为该项总分，即各城市得分 =（1）+（2）+（3）的得分。另外，若某城市在评估年度没有相关涉诉案件，评估组推定行政相对人因认可其行为合法性而自觉履行义务，赋其满分 10 分。

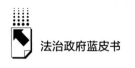

二 总体评估结果分析

本次评估面向全国 100 个城市的行政执法工作，从 13 个观测点入手进行综合评价。从整体评估结果分析，各项指标具备明显的区分度，能够在一定程度上精准呈现被评估城市的行政执法实际状况。

该项一级指标的总分设定为 130 分，参与评估的 100 个城市总得分率为 64.12%。与 2023 年的评估数据对比，总得分率提升了 0.7 个百分点，整体波动幅度较小。在这 100 个城市中，得分超过平均分的城市共计 57 个，占总数的 57%；得分低于平均分的城市有 43 个，占比 43%。相较于 2023 年，得分在平均分之上的城市数量增加了 9 个。

在行政执法这一指标下，各城市的得分情况差异显著。最高得分率达到 84.56%，最低得分率为 38.97%，两者之间存在较大差距。与 2023 年的数据相比，最高得分率上升了 1.02 个百分点，而最低得分率下降了 2.49 个百分点，最高得分率与最低得分率之间的差值相较于 2023 年扩大了 3.51 个百分点。这一数据变化清晰地表明，当前不同城市间法治政府建设水平的差距有所增大，部分城市在法治政府建设进程中的动力明显减弱，迫切需要采取有力措施加以强化，以推动全国法治政府建设工作更加均衡、高效地开展。得分率较高的 5 个城市分别是杭州（84.56%）、宁波（80.70%）、济宁（80.50%）、天津（80.28%）和北京（79.70%）（见图 B.6-1）。与 2023 年相比，沧州、青岛、衡阳、兰州、贵阳、宜春、赣州、吉林、合肥在本年度的评估中进步明显。

本项一级指标共包括 5 项二级指标，从二级指标的得分情况来看，行政执法体制改革总分 20 分，平均得分 15.87 分，平均得分率 79.35%；重点领域执法总分 20 分，平均得分 12.38 分，平均得分率 61.90%；行政执法制度建设总分 40 分，平均得分 25.77 分，平均得分率 64.41%；行政执法状况总分 20 分，平均得分 13.45 分，平均得分率 67.25%；行政执法效果总分 30 分，平均得分 15.89 分，平均得分率 52.96%。

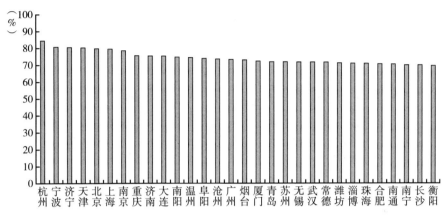

图 B.6-1 "行政执法"得分率较高的 30 个城市

本项一级指标共包括 13 项三级指标（观测点），各三级指标的得分情况如下：部门综合执法改革情况，总分 10 分，平均得分率 82.80%；基层执法体制改革情况，总分 10 分，平均得分率 75.90%；加大重点领域执法力度（以文化新业态领域为考察对象），总分 10 分，平均得分率 49.70%；加大重点领域执法力度（以畜禽养殖用药领域为考察对象），总分 10 分，平均得分率 74.10%；完善"行政执法三项制度"，总分 10 分，平均得分率 59.10%；具体行政执法制度建设情况，总分 10 分，平均得分率 72.80%；行政执法具体开展情况，总分 10 分，平均得分率 72.50%；创新行政执法方式情况，总分 10 分，平均得分率 53.30%；违法行为投诉体验情况，总分 10 分，平均得分率 59.20%；市政设施损坏投诉情况，总分 10 分，平均得分率 75.30%；非诉执行申请被否定情况，总分 10 分，平均得分率 57.90%；行政机关不履行法定职责情况，总分 10 分，平均得分率 50.30%；行政处罚、行政强制、行政许可行为违法情况，总分 10 分，平均得分率 50.70%。从各个观测点分析，如图 B.6-2 所示，各评估对象在部门综合执法改革、基层执法体制改革、农业农村领域执法以及市政设施损坏投诉处理等方面成绩突出，这些指标的得分率较高。然而，在文化新业态领域执法、完善"行政执法三项制度"、创新行政执法方式、违法行为投诉体验以及行政执

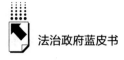

法效果等方面，得分率偏低，这反映出不少地方政府在具体落实行政执法制度的过程中仍存在一些问题。

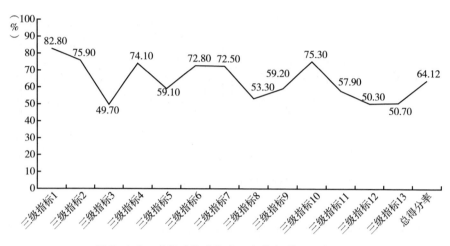

图 B.6-2 "行政执法"各三级指标的平均得分率

三 三级指标评估结果分析

（一）部门综合执法改革情况

1.总体表现分析

本项指标为考察综合执法深化改革的实施情况而设置，总分为 10 分。100 个城市的总体得分情况见表 B.6-2。

表 B.6-2 "部门综合执法改革情况"指标 100 个城市得分情况

得分（分）	10	9	8	7	6
城市（个）	16	21	42	17	4

2.分差说明和典型案例

本项指标下被评估对象的平均得分为 8.28 分。在 100 个城市中，得分为 10 分的城市有 16 个，占总数的 16%；得分在平均分以上的城市有 37 个，占总数的 37%；得分在平均分以下的城市有 63 个，占总数的 63%。

本次评估结果显示，得分在 9~10 分区间的 37 个城市较为出色地完成了部门综合执法改革的相关任务，通过制定并落实综合执法改革相关文件，以切实行动推动乡镇（街道）以及市、区两级的综合执法改革深入实施；得分处于 7~8 分的 59 个城市基本达成了部门综合执法改革的目标，但在具体落实相关改革文件以及推进跨部门、跨领域联合执法方面，仍有进一步提升的空间；而得分为 6 分的 4 个城市在本行政区域内基本未能完成综合执法改革的任务，尤其是在梳理执法事项、明确职责分工以及完善行刑衔接机制等方面，还存在较为明显的不足。

本项指标下得到 10 分的城市有北京、上海、沧州等。北京市交通委积极召开行刑衔接工作协调会议，就交通运输领域行刑衔接移送规程的具体制定、移送标准等明确工作思路；上海市全面梳理、规范和精简执法事项，并分领域、层级确定法定公开事项，执法体系权责清晰、协调联动；沧州市两部门共同制定行动方案，联合发布《关于治理国省干线公路违法占路经营行为告知书》，明确线索移交、案件移送及协查机制，建立起高效联动机制。

在本项指标下，各城市在"局队合一"体制改革和"执法培训"方面均未出现失分，表现较为优秀。此外，大部分城市能做到全面梳理、规范和精简执法事项，细化市、区执法职责划分，构建权责清晰、协调联动、运转高效的执法体系并积极推进联合执法。但是，部分城市或缺少明确的执法事项清单，或未能厘清综合行政执法的职责边界，对于跨部门执法事项定位模糊，致使各部门权责不清。小部分城市对于联合执法认识不到位，基本不能检索到有关联合执法的文件或有效新闻报道。在行刑衔接方面，不少城市未制发相关的指导文件、实施方案，未落实常态执法监管。

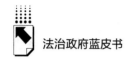

（二）基层执法体制改革情况

1. 总体表现分析

本项指标为考察基层执法体制改革的实施情况而设置，总分为 10 分。100 个城市的总体得分情况见表 B.6-3。

表 B.6-3　"基层执法体制改革"指标 100 个城市得分情况

得分（分）	10	9	8	7	6
城市（个）	5	19	35	12	29

2. 分差说明和典型案例

被评估对象的平均得分为 7.59 分。在参与评估的 100 个城市中，得到 10 分的有 5 个，占比为 5%；得分高于平均分的城市有 59 个，占比为 59%；而得分低于平均分的城市共有 41 个，占比为 41%。

本次评估结果显示，被评估的 100 个城市中，有 59 个城市建立了乡镇（街道）城市管理综合行政执法队伍，实现权力下放、编制划转、钱随事转，并对已下放事项进行定期评估和调整，乡镇（街道）与上一级相关部门行政执法案件移送及协调协作机制建立健全；有 41 个城市未体现出对已经下放乡镇、街道的行政执法事项进行评估和调整，行政执法案件移送及协调协作机制也未建立健全。

数据显示，全部城市均整合乡镇（街道）执法力量和资源，组建起统一的综合行政执法机构，实现了"一支队伍管执法"。大部分城市也能出台相关文件同步实现权力下放、编制划转、钱随事转。但在检索过程中仍然发现一些城市对已经下放乡镇、街道的行政执法事项未进行评估和调整，或在建立行政执法案件移送及协调协作机制方面关注不足，缺少相应文件指引。该指标下得到满分的城市有北京、大连、广州、贵阳、兰州。比如，广州市不仅对事权下放调整作出情况说明，制定工作方案，征求各方意见，还定期组织调研评估工作，了解下放事项的实施情况，及时进行调整。

（三）加大重点领域执法力度（以文化新业态领域为考察对象）

1. 总体表现分析

本项指标为考察加大重点领域执法力度的实施情况而设置，以文化新业态领域执法情况为观测点，总分为 10 分。100 个城市的总体得分情况见表 B. 6-4。

表 B. 6-4 "加大重点领域执法力度（以文化新业态领域为考察对象）"指标 100 个城市得分情况

得分（分）	10	9	8	7	6	5	4	3	2	1	0
城市（个）	2	2	2	7	17	47	3	14	1	1	4

2. 分差说明和典型案例

本项指标重点观察 100 个城市在文化新业态领域的执法情况。被评估对象的平均得分为 4. 97 分。得分为 10 分的城市有 2 个，占总数的 2%；得分在平均分以上的城市有 77 个，占总数的 77%；得分在平均分以下的城市有 23 个，占总数的 23%。

近年来，文化新业态作为文化产业中最富活跃度和成长性的力量之一，不断满足人民日益增长的美好生活需要。我国重视文化产业的高质量发展，围绕文化新业态相继出台《关于加强剧本娱乐经营场所管理的通知》《关于加强电竞酒店管理中未成年人保护工作的通知》等文件，规范各地政府部门对该领域的执法监管。通过网络检索得知，几乎所有城市均开展了以电竞酒店/点播影院（私人影院）/剧本杀/密室逃脱等为代表的文化新业态领域专项治理，通过"扫黄打非"、节假日执法检查、日常巡查等对文化新业态实施监管。多数城市积极开展跨部门联合执法行动，落实信息通报、线索移送和执法联动工作，提高监管效能，同时通过多部门"综合查一次"避免重复检查，减轻企业负担。部分城市通过开展多部门联合部署会、出台行动方案梳理执法权限，力戒多头执法，推进专项治理工作顺利进行。在本次评

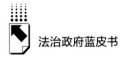

估中，有的城市积极组织行政机关和司法机关开展联席会议，商讨建立信息通报、案件移送工作机制，联合实施专项检查、印发工作办法。但总体来说，行政机关和司法机关在文化新业态领域的沟通协作仍未形成常态，行刑衔接工作任重道远。

在本项指标下，得分较高（7~10分）的城市有衡阳、南通、成都、上海、广州、重庆、包头、北京、福州、宁波、石家庄、温州、烟台。

（四）加大重点领域执法力度（以畜禽养殖用药领域为考察对象）

1.总体表现分析

本指标为考察加大重点领域执法力度的实施情况而设置，涉及畜禽养殖用药（兽药）领域执法情况，总分为10分。100个城市的总体得分情况见表B.6-5。

表 B.6-5　"加大重点领域执法力度（以畜禽养殖用药领域为考察对象）"指标100个城市得分情况

得分（分）	10	9	8	7	6	5	3	0
城市（个）	10	27	22	19	13	1	2	6

2.分差说明和典型案例

本项指标重点观测各地在畜禽养殖用药（兽药）领域的执法情况。被评估对象的平均得分为7.41分。得分为10分的城市有10个，占总数的10%；得分在平均分以上的城市有59个，占总数的59%；得分在平均分以下的城市有41个，占总数的41%。

按照《遏制微生物耐药国家行动计划（2022—2025年）》《食用农产品"治违禁　控药残　促提升"三年行动方案》《全国兽用抗菌药使用减量化行动方案（2021—2025年）》等文件的要求，农业农村部决定开展为期十个月的规范畜禽养殖用药专项整治行动，为兽药领域规范治理收尾工作做好准备。为此，各城市政府应当坚持开展兽药领域执法监督工作，发现问题、总结问题、解决问题。通过网络检索得知，几乎所有城市均开展了畜禽养殖用药（兽药）领域的集中专项整治工作。各城市农业农村执法队伍落实"谁执法谁普法"普法责任制，督促兽药经营企业依法依规从事生产经营活动，并通过线上线下各种渠道，制作多种宣传材料对养殖场、户进行科学用药指导。

当前，以法治化和专业化武装执法队伍是加强畜禽养殖用药（兽药）执法工作、提高解决兽药使用和经营问题能力的应然之举。为促进执法队伍能力建设，各地积极开展兽药领域执法培训。通过网络检索得知，多数城市都开展了执法培训的活动，但其中有48个城市以农（牧）业综合执法业务培训的形式展开，缺乏对兽药执法重点要点难点的针对性讲解，不利于执法队伍专业化建设。与此同时，部分城市出台并组织学习农业执法文明规范和服务指南，为文明执法设置统一标准；一些城市以考促练、以赛带练，通过组织参加执法练兵比武活动推进执法队伍建设，其执法培训开展方式值得借鉴。

细化量化本地区农业行政处罚裁量基准，有利于规范农业行政执法行为，更好地保护农业市场主体和人民群众合法权益，切实维护公平竞争市场秩序，稳定市场预期。通过网络检索得知，仅有53个城市在政府或相关部门门户网站公开农业行政裁量权基准，其中7个城市的裁量基准相关文件无法获取，3个城市的相关文件已失效，2个城市的相关文件仅规定裁量权行使的原则性问题。随着政府信息公开工作和服务型政府建设的推进，及时更新完善政府信息、依法应当公开的政策文件及时上网，是保障公民知情权和推动政府治理能力现代化的必然要求。

在本项指标下，得分较高（10分）的城市有菏泽、济南、济宁、昆明、兰州、青岛、沈阳、天津、襄阳、盐城。

（五）完善"行政执法三项制度"

1. 总体表现分析

本项指标为评测"行政执法三项制度"落实情况而设置，总分为10分。100个城市的总体得分情况见表 B.6-6。

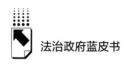

表 B.6-6　"完善'行政执法三项制度'"指标 100 个城市得分情况

得分(分)	10	9	8	7	6	5.5	5	4	3	2	1
城市(个)	3	11	14	11	18	1	20	8	3	7	4

2. 分差说明及典型事例

本项指标重点观测卫生健康部门对行政执法公示、执法全过程记录、重大执法决定法制审核制度的完善及落实情况。被评估对象平均得分为 5.905 分。得分为 10 分的城市有 3 个，占总数的 3%；得分在平均分以上的城市有 57 个，占总数的 57%；得分在平均分以下的城市有 43 个，占总数的 43%；无观测对象得 0 分。

通过网络检索得知，100 个城市均能够较为全面完整地公示部门执法依据、权限、程序，少数城市未公示救济渠道，70 个城市能够将执法结果于政府门户网站公示，28 个城市能够依法及时公开行政执法决定信息，35 个城市编制并公布了重大执法决定法制审核事项清单。

本项指标下，得分较高（8~10 分）的城市有保定、北京、沧州、大同、抚顺、阜阳、衡阳、济南、济宁、荆州、聊城、洛阳、南充、南宁、南阳、厦门、深圳、沈阳、石家庄、苏州、天津、武汉、邢台、徐州、烟台、宜春、玉林、长春。这些城市得分较高的原因是建立了较为完善的"行政执法三项制度"，卫生健康部门执法权限、依据、程序、救济渠道公示得较为全面，在政府门户网站设置了独立的行政执法结果公示栏，而未跳转"信用中国"网站，并能够及时公布行政处罚信息，且大部分均建立并公布了部门重大执法决定法制审核事项清单，能够较好地督促行政机关依法行政。

得分较低城市的主要问题在于，仅公布执法权限及依据，而未明确行政相对人的救济渠道，或是执法结果公示栏查找难度较大，或是抽查结果与处罚信息公示不完整、不及时，或是尚未制定重大执法决定法制审核事项清单。

（六）具体行政执法制度建设情况

1. 总体表现分析

本项指标为评测具体行政执法制度建设情况而设置，总分为 10 分。100 个城市的总体得分情况见表 B.6-7。

表 B.6-7　"具体行政执法制度建设情况"指标 100 个城市得分情况

得分（分）	10	9	8	7	6	5
城市（个）	2	14	29	24	27	4

2. 分差说明和典型事例

本项指标聚焦于应急管理部门，评估内容包括应急管理领域执法人员、执法辅助人员和安全监督人员的管理情况、规范梳理情况以及行政裁量基准的细化和应用情况。被评估对象的平均得分为 7.28 分。有 2 个城市的得分为 10 分；得分高于平均分的城市有 45 个，占总数的 45%；得分低于平均分的城市则有 55 个，占总数的 55%。

本项指标下，得分较高（9~10 分）的有杭州、合肥、北京、大同、温州、洛阳、济南等 16 个城市。例如，大同市制发《山西省人民政府办公厅关于印发山西省矿山安全监管专员制度的通知》和《山西省安全生产委员会办公室关于做好矿山安全监管专员制度贯彻落实工作的通知》，积极落实安全监管员制度，明确了应急管理领域安全员的职责范围、工作方式、考核管理，强化了监督保障。北京市出台《北京市安全生产行政处罚自由裁量基准》，并在处罚文书中实际适用。

本项指标下，尽管大部分城市均能完善应急管理领域执法人员、执法辅助人员、安全监督人员管理制度，推进规范梳理，细化本地区行政裁量基准，但也有部分城市未对行政执法事项指导目录进行动态调整，甚至未对外公布，难以通过公开渠道检索到具体执法事项。此外，在细化裁量基准方面，小部分城市并未落实细化裁量基准的要求，或是未对外公布裁量基准。

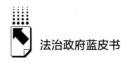

（七）行政执法具体开展情况

1. 总体表现分析

本项指标为评测行政执法具体开展情况而设置，主要考察各市生态环境部门在涉企执法检查过程中开展差异化监管、排污许可证执法检查、"一证式"监管、非现场执法监管的情况，总分为10分。100个城市的总体得分情况见表 B.6-8。

表 B.6-8 "行政执法具体开展情况"指标 100 个城市得分情况

得分(分)	10	9	8	7	6	5	4	3	2
城市(个)	23	8	11	25	13	11	2	5	2

2. 分差说明及典型事例

本项指标重点观测生态环境部门规范涉企检查活动开展情况、排污许可证执法检查推行情况。被评估对象平均得分为 7.25 分。得分为 10 分的城市有 23 个，占总数的 23%；得分在平均分以上的城市有 42 个，占总数的 42%；得分在平均分以下的城市有 58 个，占总数的 58%；无观测对象得 0 分。

通过网络检索得知，66 个城市的生态环境部门能够切实开展涉企执法检查差异化监管，50 个城市将排污许可证执法检查纳入年度执法计划，81 个城市在监督检查过程中落实"一证式"监管，以排污许可证、环境管理台账记录、排污许可证执行报告等材料作为依据，81 个城市积极开展非现场执法监管。

本项指标下，得分较高（10 分）的城市有包头、北京、阜阳、赣州、杭州、合肥、黄冈、吉林、济南、济宁、荆州、六安、南昌、南京、南通、南阳、厦门、上饶、深圳、襄阳、宜春、银川、湛江。这些城市得分较高的原因在于公示正面清单体现差异化监管，在日常执法检查活动中积极运用非现场执法手段、开展"一证式"监管，定期公布年度执法计划，并将排污许可证执法检查纳入其中，确定企业检查频次和检查方式。

得分较低城市的主要问题在于其生态环境部门未定期公布年度执法计划，或年度执法计划未能根据排污许可证明确规划企业检查频次，未能通过正面清单制度对企业进行分类监管、差异化监管。

（八）创新行政执法方式情况

1. 总体表现分析

本项指标为考察创新行政执法方式情况而设置，总分为 10 分。100 个城市的总体得分情况见表 B.6-9。

表 B.6-9　"创新行政执法方式情况"指标 100 个城市得分情况

得分（分）	10	8	7	6	5	4	3	2	1	0
城市（个）	6	18	12	9	22	4	12	14	1	2

2. 分差说明及典型案例

本项指标重点观测工业和信息化部门创新行政执法方式的情况。被评估对象的平均得分为 5.33 分。在 100 个城市中，得分为 10 分的城市有 6 个，占总数的 6%；得分在平均分以上的城市有 45 个，占总数的 45%；得分在平均分以下的城市有 55 个，占总数的 55%；有 2 个城市得 0 分。

通过网络检索得知，被评估的 100 个城市中，有 74 个城市能够运用说服教育、劝导示范、警示告诫、指导约谈等柔性方式执法；有 33 个城市制定并公布了"首违不罚"免罚清单；有 31 个城市将服务理念融入执法实践，创新"服务型执法"；有 69 个城市建立行政执法案例指导制度，并定期发布指导案例。

本项指标下，得分较高（8～10 分）的城市有沧州、大连、大同、衡阳、吉林、昆明、聊城、六安、南昌、南宁、宁波、上海、邵阳、沈阳、泰安、天津、无锡、武汉、岳阳、长春、郑州、重庆、淄博、遵义。其中，大连、大同、南昌、南宁、宁波、天津在创新行政执法方式上表现尤为突出，

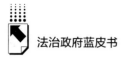

能够采取柔性方式执法，公布初次违法可以免予行政处罚的免罚清单，积极创新"服务型执法"，将服务理念融入执法实践，创建并完善行政执法案例指导制度。

得分较低城市的主要问题在于其工业和信息化部门未能出台并公布初次违法且危害后果轻微并及时改正，可以不予行政处罚的免罚清单，或未能将服务理念融入执法实践，指导市场主体整改到位。

（九）违法行为投诉体验情况

1. 总体表现分析

本项指标为考察行政机关查处被举报违法行为的合法性和合理性而设置，总分为10分。100个城市的总体得分情况见表 B.6-10。

表 B.6-10　"违法行为投诉体验情况"指标 100 个城市得分情况

得分（分）	10	8≤X<10	6≤X<8	4≤X<6	2≤X<4	0<X<2	0
城市（个）	1	13	40	31	13	0	2

2. 分差说明和典型案例

这一指标的考察依据来源于调研员在各个城市进行违法投诉后所撰写的违法投诉体验报告。经统计，所有被评估城市在此指标上的平均得分为5.92分。仅有1个城市获得了满分10分；得分低于平均分的城市有46个，而得分高于平均分的城市有54个；还有2个城市得分为0分，占城市总数的2%。综合来看，该指标的整体状况良好。

本次评估沿用了与上年相同的打分模式，运用"对所有合格样本逐一打分，再计算最终平均得分"的方式。虽然这种方法工作量繁重，但获取的数据更为精准、全面。在该打分机制下，被评估城市只要出现一个得0分的样本，就会对其整体得分产生明显影响，这也是部分城市得分偏低的原因。从指标总体得分情况来看，许多城市的执法人员在处理违法投诉时表现出色。与上一轮评估相比，平均分以上的城市数量有了一定程度的增长。杭州、济宁、南阳、南充、合肥等获得高分的城市,执法人员在处理相关投诉时,都做到了快速响应、程序合规、执法合理且反馈及时。然而,仍有46%的城市表现不尽如人意,得分处于较低区间。

(十)市政设施损坏投诉情况

1.总体表现分析

本项指标为考察行政机关处理公民投诉市政设施损坏的工作情况而设置,总分为10分。100个城市的总体得分情况见表 B.6-11。

表 B.6-11 "市政设施故障投诉情况"指标 100 个城市得分情况

得分(分)	10	8≤X<10	6≤X<8	4≤X<6	2≤X<4	0≤X<2
城市(个)	18	28	35	13	4	2

2.分差说明和典型案例

这一指标的考察依据是调研员在各个城市开展市政设施损坏投诉体验活动后撰写而成的市政设施损坏投诉体验报告。经统计,参与评估的所有城市在该指标上的平均得分为7.53分。在这些城市里,有18个城市斩获了满分10分;得分低于平均分的城市共计46个;而得分高于平均分的城市则有54个。值得一提的是,所有城市中没有出现得0分的情况。总体而言,该指标所反映的城市表现状况较为理想。

此指标设立的目的在于全面考察被评估城市的总体市政服务水平。评估流程从市政务服务热线受理投诉启动,一直追踪到市政设施完成修理、问题得到实质性解决的整个过程。在全国选取的100个样本城市里,绝大多数城市在市政服务方面都有着出色表现。相较于违法投诉处理情况,市政服务在处理结果、事后反馈以及服务质量等维度都更能让民众满意。这一现象充分表明,近年来我国服务型政府建设成效显著,各地行政机关在市政服务水平与服务意识层面都有了大幅提升。不少中小城市在本次评估中崭露头角,如常德、阜阳、黄冈、济宁、聊城等。

然而，不可忽视的是，仍有 6 个城市的得分处于低分段。这些城市得分偏低，主要归因于市政部门在面对市政设施损坏投诉时，反应速度迟缓，或者采取了处理措施，却未能切实有效地解决问题。这就使得各城市间市政服务水平呈现较大差异，高低不一，最终拉低了整体得分。在当前市政服务整体向好发展的大环境下，处于低分段的城市亟须奋起直追，大力提升自身的市政服务水平。要牢固树立服务意识，积极主动地解决群众生活中遇到的各种"急难愁盼"问题，将以人民为中心的发展思想切实贯彻到实际工作中，不断增强群众的获得感与幸福感。

（十一）非诉执行申请被否定情况

1. 总体表现分析

本项指标旨在通过收集、整理和统计被测评对象行政机关申请非诉执行的被否定率，逆向考察被测评对象 2019～2023 年度行政执法的质量，以此来观测其法治政府建设中行政执法效果指标绩效。2019～2023 年度，全国行政机关非诉执行申请被否定率为 4.73%，各市行政机关非诉执行被否定率等于全国平均水平时，比值为 1，得分为 5 分。被否定率为负向指标，被否定率越高，则各市行政机关与全国的比值越大，分数越低。100 个被评估城市的总体得分情况见表 B.6-12。

表 B.6-12 "非诉执行申请被否定情况"指标 100 个城市得分情况

被否定率	高于全国平均水平			低于全国平均水平		
得分（分）	0≤X<2	2≤X<4	4≤X<5	5≤X<7	7≤X<9	9≤X≤10
城市（个）	11	25	14	13	9	28
合计	50			50		

2. 分差说明和典型事例

本项指标着重关注 2019～2023 年各市行政机关向法院申请的非诉执行案件被裁定不予执行的具体情形。在被评估的 100 个城市中，平均分达到

5.79 分，比全国平均分高出 0.79 分，整体得分态势良好。在这 100 个城市中，有 50 个城市的非诉执行申请被否定率低于全国平均水平，占比为 50%；另外 50 个城市的非诉执行申请被否定率高于全国平均水平，同样占比 50%。

从得分区间分布来看，28% 的分数位于 9≤X≤10 分区间，高分城市较多，有 27 个城市获得了满分，分别为北京、沧州、常德、大连、佛山、杭州、临沂、南京、南通、宁波、青岛、曲靖、深圳、苏州、台州、泰安、唐山、潍坊、温州、无锡、徐州、烟台、盐城、长沙、重庆、珠海、淄博，这些城市的非诉执行申请被否定率均低于 2.30%。而 11% 的分数位于 0≤X<2 分区间，在该区间内的城市有 11 个，这些城市的非诉执行申请被否定率均高于 12.01%。从地域分布状况分析，地处东南沿海的城市以及经济发展程度较高的区域，其行政执法队伍具备更高的专业素养，相关制度建设更为完善，行政机关在应对诉讼方面能力突出，所以行政执法的执行效率也较高。与之形成对比的是，中西部地区或者经济发展水平相对落后的区域，行政执法的质量尚存在提升空间，这使得这些地区行政机关申请非诉执行时，被否定的比例偏高。

非诉执行申请所涉行政管理领域集中分布于资源（占比为 22.68%）、公安（占比 8.52%）、劳动社会保障（占比 7.63%）。但非诉执行申请被否定率较高的行政管理领域为内外贸（被否定率达 21.43%）、烟草专卖（被否定率达 10.68%）、电力（被否定率达 10.34%）。从裁定不予执行的原因来看，多为行政行为适用错误、行政程序违法、主体不适格。

（十二）行政机关不履行法定职责情况

1. 总体表现分析

本项指标旨在通过收集、整理和统计被测评对象行政机关不履行法定职责案件的胜诉率，来考察被测评对象 2019~2023 年度行政机关依法履行法定职责的质量，以此来观测其法治政府建设中行政执法效果指标绩效。2019~2023 年度，全国行政机关不履行法定职责案件的行政机关胜诉率为 69.08%，各市行政机关不履行法定职责案件胜诉率等于全国平均水平时，比值为 1，得分为 5 分。胜诉率为正向指标，胜诉率越高，则各市行政机关与全国的比值越大，分数越高。100 个被评估城市的总体得分情况见表 B.6-13。

表 B.6-13 "行政机关不履行法定职责情况"指标 100 个城市得分情况

胜诉率	低于全国平均水平			高于全国平均水平		
得分（分）	1≤X<3	3≤X<4	4≤X<5	5≤X<6	6≤X<7	7≤X≤10
城市（个）	6	16	23	37	16	2
合计	45			55		

2. 分差说明和典型事例

本项指标主要聚焦 2019~2023 年度各市行政机关不履行法定职责的情况。在被评估的 100 个城市中，平均得分是 5.03 分，比全国平均分高出 0.03 分，整体而言，行政机关在不履行法定职责这方面的表现不错。在这 100 个城市中，有 55 个城市行政机关的胜诉率高于全国平均水平，占比达 55%；而 45 个城市行政机关的胜诉率低于全国平均水平，占比为 45%。

从得分区间来看，60%的分数位于 4≤X<6 分区间，在全国平均水平上下浮动。高分区间城市较少，除获得满分（10 分）的克拉玛依和拉萨外，无其他城市分数达到 7 分。16 个城市的分数位于 6≤X<7 分区间，分别为成都、抚顺、杭州、呼和浩特、淮南、济南、六安、宁波、青岛、上海、苏州、唐山、徐州、烟台、宜春、长春。

就所涉及的行政部门而言，在行政机关不履行法定职责方面，涉案率位居前三的部门依次为综合执法部门、公安部门以及各级人民政府。它们的案件量占比分别为 13.51%、13.03%和 12.43%。这三个部门的胜诉率各有不同，综合执法部门胜诉率为 53.08%，公安部门胜诉率是 69.63%，各级人民政府胜诉率则为 36.02%。进一步分析发现，在各类被诉行政行为中，政府信息公开领域的占比最高，达 27.78%，且在此领域行政机关的败诉率为 49.10%。这一数据表明，综合执法部门、公安部门以及各级人民政府需要格外留意依法履行自身的法定职责，特别是在政府信息公开领域，要更加重视法定职责的履行情况。

（十三）行政处罚、行政强制、行政许可行为违法情况

1.总体表现分析

本项指标系对受评估对象行政处罚、行政强制、行政许可案件进行收集、整理与统计分析后所得出的结果，基于以上三类案件在2019～2023年度的胜诉情况，进一步观察并衡量相关对象在法治政府建设过程中行政执法的综合效果。本指标共10分，其中行政处罚占比40%（4分），行政强制和行政许可各占30%（各3分）。2019～2023年度，全国行政机关行政处罚、行政强制、行政许可案件的胜诉率分别为72.94%、25.26%、55.07%，各市行政机关行政处罚、行政强制、行政许可案件胜诉率等于全国平均水平时，行政处罚、行政强制、行政许可分别可得2分、1.5分、1.5分。行政机关胜诉率为正向指标，胜诉率越高，分数越高。100个被评估城市的总体得分情况见表B.6-14。

表B.6-14 "行政处罚、行政强制、行政许可行为违法情况"
指标100个城市得分情况

胜诉率	低于全国平均水平				高于全国平均水平			
得分（分）	0≤X<2	2≤X<3	3≤X<4	4≤X<5	5≤X<6	6≤X<7	7≤X<8	8≤X<9
城市（个）	4	6	18	18	26	13	10	5
合计（个）	46				54			

2.分差说明和典型事例

本项指标重点观测2019～2023年度各市行政处罚、行政强制、行政许可行为违法情况，该项指标总体得分不高，被评估的城市平均得分为5.07分，高于全国平均水平0.07分。其中，54个城市的胜诉率高于全国平均水平，占总数的54%；46个城市的胜诉率低于全国平均水平，占总数的46%。

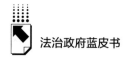

在 100 个城市中，没有出现满分（10 分）的城市。8 分及以上的城市有 5 个，分别为上海、盐城、潍坊、克拉玛依、东莞。其中，克拉玛依因评估年度内无行政许可案件，因此评估组推定行政机关自觉履行义务且获得行政相对人的认可，赋其满分 3 分，克拉玛依整体案件量较少，导致其胜诉率水平较高。2 分以下的城市有 4 个。得分较低的城市多是因为行政处罚、行政强制、行政许可案件胜诉率三项指标均远低于全国平均水平，个别城市在其中有一项或多项得分为 0 分。以西北某市为例，该市行政强制类案件胜诉率仅为 2.17%，行政许可类案件胜诉率仅为 20%，其行政强制类案件中 71.43% 的违法情形为强制拆除，违法的原因主要有实施强制拆除的主体不适格、强拆程序违法①，此外还存在采取强制扣押措施后没有及时作出行政处罚决定而违法等情况。

另外，评估发现，有 87 个城市的三种行政行为胜诉率呈 "U" 形分布，即行政处罚、行政许可胜诉率高，行政强制胜诉率低。全国平均胜诉率分布情况也具有这一特征，即全国行政机关行政处罚、行政强制、行政许可案件的胜诉率分别为 72.94%、25.26%、55.07%。可见在当前实践中，行政强制领域执法质量偏低，存在明显短板，亟须专项提升执法水平与效率。

四　评估结论与建议

（一）存在的问题

1. 综合行政执法协作机制效果不佳

在部门综合执法改革方面，本次评估以交通运输部门为考察对象。数据显示，有 61 个城市能做到全面梳理、规范和精简执法事项，并细化市、区执法职责，构建起权责清晰、协调联动、运转高效的执法体系，并明确各层

---

① 在实施强制拆除前，未依法履行催告、发布公告等程序；在实施强制拆除时，未核实被拆房屋是否有人员居住、房屋内物品是否腾空等。

级职责。据检索，有 39 个城市未建立良好的执法运作体系。有 66 个城市在推进综合行政执法部门与业务部门之间、不同业务部门之间、跨区域和跨层级部门之间的联动制度，实现执法协同方面有待进一步改进。许多城市存在多部门交叉管理、执法权责不明确的情况，易导致推诿扯皮或执法重复，将直接影响行政执法的规范性和有效性。职责模糊还会降低执法联动效率，在跨区域、跨部门的联合执法工作中，各级执法单位之间如果没有明确的权责界限和协调机制，往往难以形成联动合力，影响案件处理的整体效果，更难以彰显执法效果。此外，部分地区的协作机制停留在文件层面，缺乏具体的操作流程和监督机制。

2. 执法事项下放后未进行充分评估、科学调整

行政执法权下放乡镇和街道是政府深化行政体制改革、增强基层治理能力的重要举措。但由于基层执法力量和资源有限，部分下放事项在实际执行中面临诸多挑战。为了保持基层执法的有效性，对已经下放的事项进行全面的评估和优化调整显得尤为重要。国务院办公厅印发的《提升行政执法质量三年行动计划（2023—2025 年）》中有明确要求："各级行政执法部门要于 2024 年底前研究制定本部门行政执法事项目录，并对已经下放乡镇、街道的行政执法事项至少进行一次评估和调整。"在本次评估中该项指标整体完成情况欠佳，仅有 6 个城市得到满分，27 个城市基本完成评估及调整任务，有 67 个城市在检索过程中未发现任何对下放事项进行评估和调整的内容。

3. 文化新业态管理规范有待完善，管理制度落实不到位

完善管理规范有利于增强行政执法活动的确定性。充分利用政府网站、社交媒体等公开管理规范，加强与公众的交流和互动，有利于降低新业态行业违规风险，也有助于降低行政成本。通过网络检索，发现仅有小部分城市针对文化新业态相关行业制定管理规范，另有部分城市通过转发国务院有关部门出台的规范性文件等方式对行业经营者进行规范指引，其他城市无法查询到相关政策文件，行政执法前端服务落实不到位。

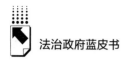

4.行刑衔接工作缺乏规范指引,"正向衔接"主动性不足

在评估周期内,过半数城市并未出台行刑衔接机制的具体落实文件或者相关的政策指引。没有具体行刑衔接落实文件的制度供给,行政执法机关和司法机关在案件移送和处理上可能缺乏统一的标准和规范流程,导致衔接过程不流畅、移送程序延误、案件处理时间拉长,甚至会引发案件未移送或移送后未及时处理等问题。有关文件的缺位,还可能造成行政执法人员对需移送案件的范围无法形成清晰判断,进而在面对严重违法案件时出现推诿、畏惧等情况。尤其是在没有具体考核或责任机制的情况下,部分执法人员可能只实施行政处罚,而不将符合刑事标准的案件移送司法处理,降低了行刑衔接的实际效果。经检索,在文化新业态执法领域,仅两成城市对行刑衔接的工作有所报道,其中半数以司法机关为主导,以司法机关对行政部门提出司法建议、检察建议或检察意见等"反向衔接"的形式呈现:司法机关在其日常工作或有关专项行动中收集线索、总结问题,并据此向行政部门提出司法建议、检察意见或检察建议。相比之下,行政机关主动移送案件的情况较少。

5.执法人员业务能力难以适应综合执法需求,执法专业化培训仍需加强

在对畜禽养殖用药(兽药)领域的执法工作进行评估后发现,当前兽药执法培训工作仍存在诸多不足。具体来看,超过1/4的城市缺乏针对兽药执法的专业培训报道。在开展培训的城市中,近半数以农业系统综合执法培训的形式进行,主要围绕农业综合执法的共性问题展开,如行政执法案卷文书制作、农业农村相关法律法规的讲授。然而,这种培训模式难以有效满足兽药执法专业化能力提升的需要。例如,兽药执法涉及的专业性强、工艺流程复杂,需要执法人员具备高水平的专业技能。此外,兽药执法还需重点关注兽药使用记录的规范性、兽用处方药管理制度的落实等具体问题。因此,当前的培训内容和形式亟待优化,以更好地适应兽药执法工作的实际需求。

6.行政裁量基准管理不善,裁量基准公开工作有待加强

《国务院办公厅关于进一步规范行政裁量权基准制定和管理工作的意见》中规定,"行政机关在作出行政执法决定前,要告知行政相对人有关行政执法行为的依据、内容、事实、理由，有行政裁量权基准的，要在行政执法决定书中对行政裁量权基准的适用情况予以明确"。构建并优化行政处罚等领域的行政裁量权基准体系，以合理制约行政机关的裁量权力，能够针对性地缓解行政处罚中存在的处罚不均衡、同类案件不同判等现象，进而提升行政执法的效率与公正性。评估周期内，仍有部分城市未能及时细化并公示所属地区现行有效的行政处罚等领域裁量基准。少数城市存在以下问题：（1）公示网站无法打开；（2）法治政府建设年度情况报告等信息公开证明裁量基准已实施却无法检索到具体文件；（3）裁量基准未以附件形式公示，而是直接将裁量基准全文以文字形式粘贴在网页，公民查询难度大。裁量基准管理不善，容易导致裁量权任意武断行使，致使执法工作出现偏差，偏离严格规范公正文明执法要求。

7. 年度执法计划未公示，计划内容不具体细致

本年度在行政执法的具体开展情况方面选取了生态环境部门为考察对象，以"将排污许可证执法检查纳入年度执法计划，根据排污许可管理类别、排污单位信用记录等因素，确定检查频次和检查方式"为观测点，考察各城市生态环境部门的行政执法具体开展情况。有50%的城市较好地完成了这一指标，其他城市出现的主要问题在于未公示年度执法计划，或年度执法计划对于排污单位的检查频次和检查方式规划并不细致。还有一部分城市会在季度执法检查规划中对企业执法检查进行说明。年度执法计划作为一个部门全年执法的总括性目标，应当对本年度的执法作出较为具体的规划和指导，未规划或规划内容不具体均不利于行政执法工作的开展。生态环境执法部门应当按照生态环境执法年度计划进行执法检查，避免生态环境执法检查的任意性和盲目性，并对执法计划和执法信息进行公开，确保环境执法公平公正。

8. 未将服务理念融入执法实践，执法方式有待创新

本年度以工业和信息化部门为研究对象，聚焦于探索创新执法途径，特别是围绕"服务型执法"这一新颖概念进行了深入检索与分析。服务型执法旨在通过实施一套涵盖"预防为主、轻微违规免罚、严重违法严惩、处

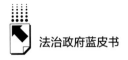

罚与教育相适应、事后跟踪回访"的执法框架,将"服务理念"深度融入执法活动的每一步骤与细节中,力求实现惩戒与教育并重、宽严相济的目标。此举旨在促进裁量标准的统一性和处罚的合理性,有效平衡执法强度与人文关怀,确保执法行动既遵循法律原则,又兼顾情理考量,从而实现政治、法律与社会效果的高度融合与统一。但是,仅有33%的城市制定并公布了"首违不罚"清单,不利于实现轻微免罚、过罚相当的执法效果。行政机关在执法过程中服务意识不足,执法多为事后纠错型执法,不能做到事先预防违法行为的发生。

9. "接诉即办"紧急/非紧急事项分类机制亟待优化

在调研实践中,多数投诉举报都是通过拨打当地12345市民热线进行,基本实现了违法投诉举报热线的统一归并。但一些地区在处理投诉时采取了"一刀切"的方式,将非急救、火警、治安类案件一律归类为"非紧急事项",缺乏必要的细致甄别。这种做法导致诸如占道经营、违法停车等亟须迅速响应的执法事项也被无端搁置,需等待长达3~5个工作日的处理。这种僵化的分类方法,看似遵循执法规范,实则引发了行政执法滞后和举报违法行为与实际查处不匹配的问题,严重影响执法效率和公信力。

10. 投诉反馈机制落实不严、不实,亟须加大执行力度

及时回应反馈市民的投诉,不仅是对市民基本的尊重,更是对执法工作进行有效监督的必要手段。然而,评估发现,在"违法行为投诉"和"市政设施损坏投诉"方面,不同城市在回访过程中的表现呈现两极化的趋势。有的城市在投诉处理后未进行任何形式的回访,有的城市在回访时机、回访主体、回访内容以及回访流程等多个方面存在问题,导致回访工作有名无实或"多足并行"。

具体来说,一些城市在执法还未进行时对投诉内容进行了确认,却在事后未对处理结果进行跟进回访;部分城市仅通过12345市民热线进行回访,而实际执法的部门却置身事外;更有城市在回访时仅进行表面的满意度调查,而未对具体的执法结果进行详细解释;此外,多头回访的现象也屡见不鲜,导致整个回访过程效率低下。这些现象反映出当前投诉反馈机制落实水

平有待提升，满意度调查的准确性不足，亟须相关部门加强管理，确保每一项投诉都能得到认真对待和妥善解决。

11. 行政机关证据意识、程序意识不强，应诉水平有待提升

其一，在行政执法活动中，对行政相对人涉嫌的违法行为，只有在证据确凿、事实清楚时，才能给予行政处罚。目前，部分行政机关在作出行政行为时依然欠缺证据意识，例如制作现场检查笔录时，没有让当事人签名也未注明原因；在当事人的违法行为尚未形成证据链时，直接依靠现场检查笔录作出行政处罚决定；关键违法事实认定过于简单，违法事实与证据反映的事实无法有效对应；等等。此外，还有行政机关虽然在调查取证过程中严格按照程序和规定获取证据，但不重视证据留存工作，导致其在应诉中举证不能而败诉。其二，正当程序原则是法治政府建设的题中应有之义，然而实践中依旧存在行政机关执法程序不合法、执法程序有瑕疵的现象。部分行政机关遗漏法定步骤、在执法中颠倒关键环节的顺序；部分行政机关超过法定期限履行职责，且不能提供延长期限的合理依据；部分行政机关对行政相对人的法定权利保障不充分，告知内容不全面，如在行政处罚告知笔录中，仅告知违法事实及法律依据，不告知陈述权利或具体处罚幅度。

12. 执法人员业务能力尚需提高，难以适应需求

当前，综合行政执法队伍对"依法行政"的要求理解不到位，业务能力不足以达到规范化执法标准。一方面，基层行政执法人员学历、年龄、背景差异较大，素质参差不齐，执法过程中对法律规范适用规则把握不准，在传统"以罚代管"理念的影响下，部分执法人员存在不作为、不规范作为、作为态度粗暴的问题。另一方面，随着综合行政改革的推进，执法人员的业务范围拓展至多个执法领域，身负多项执法职责，这也对其执法能力提出了更高要求。部分基层执法人员对此存在消极应付情绪，在一定程度上影响了执法效能。

13. 各类行政行为间的执法效果仍然存在差距

各样本城市在非诉执行申请案件中的执行率高低，以及在不履行法定职责、行政处罚、行政强制和行政许可等各类案件中的胜诉率表现，均从侧面

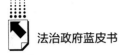

体现出当地行政机关依法行政所达到的水平。一方面，近年来，行政机关执法效果不均衡、依法行政有短板的问题仍然存在。2019~2023年度，全国行政处罚、行政强制、行政许可案件胜诉率的"U"形分布态势更加明显。相较于2018~2022年度统计结果，在本周期内，行政机关在行政处罚与行政许可领域的执法能力有所提升，两类行政诉讼案件的行政机关胜诉率均出现小幅提升，但行政强制案件胜诉率从42.16%大幅下跌至25.26%，原有的业务短板更加明显，应当引起各市行政机关的重视。

另一方面，每一项得分实则是对多项行政执法工作的综合考量。为切实提升各市行政机关法治政府建设水平，除重视总分之外，还需关注构成总分的各项得分。就拿非诉执行申请来讲，整体而言，全国范围内非诉执行申请的被否定率处于较低水平，但具体到各个城市，情况就大相径庭。比如，南方某市在非诉执行申请方面，被否定率高达31.66%。

（二）完善建议

1. 完善联动机制，优化协同治理

综合行政执法协作机制指通过整合不同部门、不同领域、不同层级的行政执法资源，建立信息共享、执法协同、联合监管的工作机制，形成一体化、协作化的执法模式。其目标是提升行政执法效能，降低执法成本，解决单一部门执法权能有限、"信息孤岛"和执法冲突等问题。综合行政执法协作路径的构建需从多方面入手。例如，明确权责，科学划分执法范围，动态调整综合执法清单，厘清监管与执法的界限；建立权威高效的协调机构，专门负责执法协调工作，为综合行政执法提供强有力保障；打造信息共享平台，完善信息共享机制，实现执法数据的实时互通与全程追溯；健全综合行政执法考核与责任监督机制，构建责任机制，加强全过程监督，并制定科学的考核标准，以绩效和评优为激励，全面提升综合行政执法协作的效能与水平。

2. 开展行政执法事项评估，建立健全动态调整机制

行政机关应对已经下放至乡镇、街道的执法事项进行系统评估，重点考

察这些事项在基层的执行效果，包括执法效率、民众满意度及执法过程中遇到的实际困难。通过收集并分析数据，划定适合继续由基层负责执法的事项范围，其他执行难度较大的事项，则由上级部门提供支持或收回。在评估执法效果的同时，应评估乡镇、街道的执法资源是否充足，是否具有承接能力。如果基层执法力量不足，将直接影响执法任务的完成质量。评估后，对确实不适合在基层执行的执法事项，应及时调整、收回，由上级部门统筹管理，确保执法工作有序开展。同时，建立动态调整机制，灵活调整执法事项的下放或收回。为确保下放事项的调整符合基层实际，也可以建立群众和基层意见反馈机制，定期收集群众与基层意见，并根据实际情况及时优化下放政策，提升行政执法的公信力和执行效果。

3. 着手新业态管理规范制定工作，及时回应新业态监管需求

制定新业态领域管理规范，一方面有利于提升行政权力运用的合法性、合理性，另一方面能够为行业经营者提供指引，减轻后端执法负担和争议解决成本。鉴于文化等领域新业态的"新"，政府及其部门可以深入研究国务院及其组成部门制定的政策文件，结合本地区实际，以开展专项行动或者阶段性整顿、部署有关工作为契机，出台明确有关部门工作职责、工作要求及行政相对人的权利义务的工作方案。借鉴《国务院办公厅关于加强行政规范性文件制定和监督管理工作的通知》确立的工作原则，规范制发程序，避免照抄照搬照转上级文件，以文件"落实"文件，同时做好文件及时公开和动态清理工作。

4. 完善行刑衔接机制，积极推进"正向衔接"工作

《中华人民共和国行政处罚法》第 27 条规定："违法行为涉嫌犯罪的，行政机关应当及时将案件移送司法机关，依法追究刑事责任。对依法不需要追究刑事责任或者免予刑事处罚，但应当给予行政处罚的，司法机关应当及时将案件移送有关行政机关。行政处罚实施机关与司法机关之间应当加强协调配合，建立健全案件移送制度，加强证据材料移交、接收衔接，完善案件处理信息通报机制。"在完善行刑衔接机制方面，行刑衔接落实文件应包含清晰、可操作的移送标准、移送程序、移送时限、所需文件、相关责任人等

全流程具体安排。同时，行政机关与司法机关也应加强协作配合，完善案件处理信息通报机制，对于复杂案件或者重大违法行为可以进行联合审核；行政机关发现重大疑难且涉嫌犯罪的案件时，可以主动邀请公安机关、检察机关提前介入，指导案件办理。此外，各地可以积极推动行刑信息共享平台建设，行政机关在日常巡查工作中将查处、移送的案件信息及时录入信息平台，实现行政执法与刑事司法信息互联互通。不同部门应当在各自职权范围内各司其职、相互配合、相互支持，在移送中减少摩擦，规范行为，提高效率。

5. 创新法治人才培养机制，加强执法专业化培训

一方面，执法培训应突破传统模式，结合专题授课、实务操作、案例分析、研讨交流等多种形式，全面覆盖某一执法领域的政策法规、执法程序、现场检查技巧、证据收集与处理等关键内容，有效提升执法人员的专业能力。同时，培训内容需紧密结合执法领域的实际需求，强化执法人员对执法对象活动各环节的专业知识掌握，特别是对常见执法技能的实战训练。此外，通过开展执法大练兵、技能比武等活动，进一步提高执法人员的现场执法能力和水平。另外，培训还应注重跨部门协作能力的培养，帮助执法人员学会与执法对象进行有效沟通，重视教育式执法，提升执法效率和服务质量。另一方面，在充分兼顾"大综合一体化"执法队伍改革进程和专业化培训的基础上，树立复合型人才培养理念，同时按执法内容编组定岗，合理分配执法力量。

6. 细化本地区裁量基准，推进行政裁量基准公开

完善行政裁量权基准制度，是推进依法行政、提升行政执法精准度和规范化水平的重要举措。细化本地区裁量基准时，要依法合理细化具体情节、量化罚款幅度，坚决避免乱罚款，严格禁止以罚款进行创收，严格禁止依照罚款数额排名或者将其作为绩效考核的指标，并对已细化的裁量基准及时进行有效公示。在地方行政裁量基准的基础上，在实际执法中，要根据具体案件类型、情节严重程度等因素合理运用裁量标准，确保执法公正。严格适用行政处罚等领域裁量权基准适用规范，在行政处罚文书中载明行政处罚裁量

权基准，有效实现行政主体的自我预防、自我发现、自我遏制、自我纠错，最终达到限制行政权力和保障公民权利之目的。

7. 将涉企执法检查列入年度执法计划，实现科学依法监管

根据《排污许可管理条例》第25条的规定，生态环境主管部门要将排污许可证执法检查纳入年度执法计划，通过执法监测、随机抽查等方式监督监管排污单位的污染排放行为，对持证排污的相关违法行为进行界定、清理、处罚。针对不同企业的具体情况，实施差异化的执法监管策略，可依据排污许可管理等级、企业社会信用记录以及生态环境保护的实际需求等多方面因素，灵活确定检查频率及采取适宜的检查手段。针对这一情况，生态环境管理部门可以规划详尽的年度生态环境执法方案，并明确执法检查的具体标准与条件，将正面清单企业纳入"双随机、一公开"污染源监管动态信息库，并列入执法计划，环境执法人员要按照年度计划和执法检查条件对排污单位进行执法检查。各城市生态环境部门需要在年末对上一年的工作情况进行总结，同时也应当在下一年的年初就本年度的执法工作作出计划，便于执法队伍把握企业检查的频次和方式，也有利于排污单位配合行政机关的执法检查工作。

8. 创新行政执法方式，将服务理念融入执法实践

服务型执法将服务贯穿于执法全过程，强调"监管为民"的执法理念。事前阶段应强化预警机制，重视源头防控，实现"关口前置"；事中阶段需创新执法手段，推行全链条说理式执法，彰显执法的人文关怀；事后则要加强跟踪辅导，确保免责不免责任的落实。在此过程中，应秉持执法与服务并行不悖的原则，妥善平衡管理与服务、管理与发展的关系，既不可因追求严格执法而忽视服务型执法的推进，亦不可借强化服务型执法之名违背法律法规的基本准则。以轻微免罚、过罚相当理念为例，各城市应当落实不予处罚清单，并对其进行公布和施行。落实服务理念不能停留在口头笔端，而是需要政府部门将其化入日常执法实践，坚持"监管为民"的态度，在不违反法律的前提下为民众提供便利，助力执法监管的创新性发展。

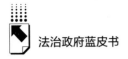

9. 推动"接诉即办"机制精准化，切实增强紧急事项执法效能

在本次评估中，指标设计与 2023 年度一致但违法投诉体验得分却有显著提升，无疑是行政执法水平和执法人员素质提升的直接体现，也是各级政府对法治政府建设重视的结果。然而，"接诉即办"在总体向好发展的同时，问题却依旧存在。尽管"接诉即办"机制的建立旨在简化民众参与行政执法的流程，促进社会和谐，但在处理非急救、火警、治安等紧急事项之外的次要紧急事项时，其效率和效果却大打折扣。特别是在行政执法领域，违法行为往往短暂易逝，需要立即处理，这就要求我们必须对"接诉即办"机制进行精准化改革。当前，亟须压缩诉求转交耗时，精简信息流转流程。可借助引入类型化识别标识、开启特别程序处理，以及设置专门热线转接服务等方式，提升"接诉即办"工作的响应速率与处理效能。只有这样，我们才能确保行政执法的及时性和有效性，真正实现对违法行为的快速、精准打击，从而提升行政执法整体效率。

10. 严格落实投诉反馈机制，确保处理过程和结果使人民满意

如何对待市民的投诉建议，让市民的每一份建议都得到应有的重视，除了踏踏实实地为市民解决"急难愁盼"问题，还应该通过及时回访群众满意率，确保处理过程、结果使人民满意。诉求办理时限期满，市民热线服务工作机构应当通过电话、短信、网络等方式对诉求人进行回访，了解诉求办理的响应、解决、满意度等情况。回访的主体除了市民热线服务工作机构以外，还可包括最终的执法主体。执法主体需要对处理的结果及其满意度、处理的方式、处理的时间进行告知反馈。在具体程序的设置上，可由具体负责机关反馈具体情况，再由接诉机构对具体负责机关的执法满意度进行回访。回访主体数目不宜过多，由前述两主体进行反馈回访即可。若问题复杂导致经转机构过多，也不宜多头、多重反馈回访，给诉求人带来额外负担。

11. 着力推动执法全流程规范化建设，体系化提升执法法治化水平

在执法前端，行政机关要纠正"重实体轻程序"的思想顽疾，按照相关法律法规规定的办案程序和时限办结案件，以法治思维、法治方式解决实际问题。在执法过程中，要对每一条违法线索进行调查核实，按照规定标准对执法各领域、各环节的证据进行提取、调查与留存，加强执法流程节点管控，完成对执法活动的全过程留痕，既能确保严格依法依规全面正当履行职责，又能提高行政机关应诉能力。在执法后端，行政机关可以定期自查、互查行政执法案卷，落实行政监督，及时查摆问题。针对在行政诉讼案件中存在的重点问题、普遍问题，法院应及时发出司法建议书，对行政机关的执法行为及参加诉讼行为予以规范和指导，促进行政机关依法行政、依法应诉。

12. 创新法治人才培养机制，全面提高执法队伍业务水平

基层行政执法人员处于法治政府建设的第一线，对依法治国建设具有重要意义，政府应通过人才培养提升基层执法"软"实力。一方面，各市政府应在既有的执法人员配置基础上，结合不同岗位所需要的专业技能和工作特点，精准配备业务匹配度高、人员结构合理的执法队伍，以此实现对行政执法资源的科学利用；另一方面，各级行政机关要重视职业化队伍建设，通过案例教学、旁听庭审、交叉检查、挂职锻炼等形式，切实开展业务培训，助力基层办案人员提高理论水平，积累实践经验，让行政执法既有力度又有温度，为依法治国的全面落实和持续推进提供坚实的人力资源支持。

13. 深度优化基层执法资源分配

各市行政机关应当结合自身具体情况，因地制宜地聚焦辖区内的痛点问题，在考评得分较高的执法领域做好经验总结工作，巩固既有法治建设成果；在考评得分较低的执法领域合理倾斜资源，改善办案条件并配备完整的执法装备，对执法过程中的薄弱环节加强节点管控，破除行政执法发展不协调的弊病。

B.7

政务公开

林 华*

摘 要： 2024 年，我国地方政府不断扩展政务公开的广度和深度，政务公开工作质量稳步提升，阳光政府、服务型政府建设卓有成效。同时，一些地方政府在政务公开便捷性、互动性、规范性等方面仍有待提升，便民实效不足、互动渠道不畅、规范程度不高等问题亟须解决。应当进一步优化政府信息公开申请和检索流程，强化政务公开专门队伍建设，建立健全政府信息答复的办结和监督机制，提升政务公开质效，更好助力法治政府建设，推进国家治理体系和治理能力现代化。

关键词： 政务公开 主动公开 依申请公开 政民互动

一 指标设置及评估标准

（一）指标体系

2016 年 2 月，中共中央办公厅、国务院办公厅发布了《关于全面推进政务公开工作的意见》，国务院办公厅也将每年的政府信息公开工作要点改为政务公开工作要点。因此，为适应我国政务公开工作的新趋势和新要求，

* 林华，中国政法大学习近平法治思想研究院教授，法学博士，研究方向：行政法、教育法、互联网法。中国政法大学法学院 2023 级宪法学与行政法学硕士研究生袁明扬、中国政法大学法学院 2024 级宪法学与行政法学硕士研究生石培、中国政法大学法学院 2024 级宪法学与行政法学硕士研究生王芷彤协助进行数据收集、分析及图表制作等工作。

自 2016 年度评估起，评估组将往年的"政府信息公开"一级指标名称修改为"政务公开"。本次测评在"政务公开"一级指标下，设置了 2 项二级指标和 5 项三级指标，具体指标设置详见表 B.7-1。一级指标总分延续上一年度，为 80 分。其中，二级指标"主动公开"共 40 分，下设 2 项三级指标，分别为：（1）重点领域信息主动公开（20 分），具体包括公开办理行政许可的依据、条件、程序以及办理结果（10 分）和公开行政事业性收费项目及其依据、标准（10 分）；（2）政府门户网站的咨询服务功能（20 分）。二级指标"依申请公开"共 40 分，下设 3 项三级指标，分别为：（1）政府提供所申请信息的情况（20 分）；（2）答复文书格式的规范性（10 分）；（3）政府信息公开诉讼的胜诉率（10 分）。

评估组根据国务院办公厅发布的《2023 年政务公开工作要点》，向地方自然资源和规划部门申请公开 2023 年度当地的国有土地出让金总额，向地方教育部门申请公开当地的公办小学数量。通过抽样申请方式，评估 2023 年地方政府依申请公开工作的实施状况，共提交申请 200 份。

表 B.7-1　政务公开指标体系

一级指标	二级指标	三级指标
政务公开（80 分）	主动公开（40 分）	1. 重点领域信息主动公开(20 分) (1)公开办理行政许可的依据、条件、程序以及办理结果(10 分) (2)公开行政事业性收费项目及其依据、标准(10 分)
		2. 政府门户网站的咨询服务功能(20 分)
	依申请公开（40 分）	3. 政府提供所申请信息的情况(20 分)
		4. 答复文书格式的规范性(10 分)
		5. 政府信息公开诉讼的胜诉率(10 分)

（二）设置依据和评估标准

本项指标主要根据《全面推进依法行政实施纲要》、《国务院关于加强市县政府依法行政的决定》、《法治政府建设实施纲要（2021—2025 年）》、《中共中央关于全面推进依法治国若干重大问题的决定》、《关于全面推进政

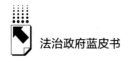

务公开工作的意见》、《中华人民共和国政府信息公开条例》（以下简称《政
府信息公开条例》）、《2023 年政务公开工作要点》等行政法规、政策文件
进行设置。在本次测评中，评估组所依据的材料与数据主要通过检索各市政
府门户网站、相关部门的政务网站以及发起信息公开申请等方式获得，评估
工作开展时间为 2024 年 9 月 2 日至 11 月 5 日。

本次测评中采用的"政务公开"指标体系设置思路与 2022 年度测评时
基本相同。在具体测评内容与赋分方式方面，共涉及两项内容的修改：一是
将测评"政府门户网站的咨询服务功能"指标时的具体咨询内容调整为当
地的公办幼儿园入园政策；二是将依申请公开的具体申请内容调整为分别向
地方自然资源和规划部门、教育部门申请公开当地 2023 年度的国有土地出
让金总额、当地公办小学数量。具体的设置依据、测评方法和评分标准
如下。

1. 重点领域信息主动公开

【设置依据】本项指标是针对政府职能部门主动公开的专项评价。2019
年修订的《政府信息公开条例》第 20 条规定："行政机关应当依照本条例
第十九条的规定，主动公开本行政机关的下列政府信息……（五）办理行
政许可和其他对外管理服务事项的依据、条件、程序以及办理结果……
（八）行政事业性收费项目及其依据、标准……"评估组据此设置了两项具
体评测内容：（1）公开办理行政许可的依据、条件、程序以及办理结果；
（2）公开行政事业性收费项目及其依据、标准。

【测评方法】测评员通过以下方法进行测评。（1）在当地政府门户网站
的政务公开专栏或政府信息公开专栏以及办事服务板块进行检索，观察是否
公布本地的行政许可项目名称以及对应的办理依据、条件、程序。此外，还
在每个城市专属的"信用中国"网站搜索是否公开了已经办理的行政许可
结果。（2）通过当地政府门户网站中的政府信息公开专栏进行检索，观察
是否主动公开当地执行的行政事业性收费的项目名称、政策依据以及收费
标准。

【评分标准】总分为 20 分，每项为 10 分。（1）公开行政许可的依据、

条件、程序以及办理结果，每项要素为 2.5 分，累计得分。（2）公开行政事业性收费项目 4 分，依据 3 分，标准 3 分，累计得分。

2. 政府门户网站的咨询服务功能

【设置依据】《政府信息公开条例》第 5 条规定，行政机关公开政府信息，应当遵循公正、公平、合法、便民的原则。《〈关于全面推进政务公开工作的意见〉实施细则》提出，积极探索公众参与新模式，不断拓展政府网站的民意征集、网民留言办理等互动功能，积极利用新媒体搭建公众参与新平台。《2023 年政务公开工作要点》强调，务实推进政务公开专区建设，为基层群众提供政府信息网上查询、政府信息公开申请接收、政策咨询等服务，明确要求优化政策咨询服务以"更好解答生育、上学、就业、创业、养老、医疗、纳税、疫情防控等方面与人民群众切身利益密切相关的问题"。

【测评方法】通过网络咨询方式，观察政府门户网站的咨询服务功能是否存在以及是否有效运行。登录当地政府的门户网站，点击"我要咨询"或者相关名称的栏目，就当地政府的公办幼儿园入园政策进行咨询，观察是否及时回复。

【评分标准】总分为 20 分，根据被咨询单位答复的相关性和及时性赋分。政府门户网站上有咨询服务功能，答复的内容与咨询事项直接相关，且在 15 天内及时答复的，得 20 分；有咨询服务功能但在 15 天后（评估组汇总所有数据之前）答复的，或者虽然在 15 天内答复，但是答复内容是与其他部门联系而没有直接解答咨询事项的，得 10 分；没有咨询服务功能的，或者在评估组汇总所有数据之后答复的，不得分。

3. 政府提供所申请信息的情况

【设置依据】本项指标是评价政府能否切实依法落实依申请公开制度，认真对待申请人的各项申请。《政府信息公开条例》第 6 条规定，行政机关应当及时、准确地公开政府信息。行政机关发现影响或者可能影响社会稳定、扰乱社会管理秩序的虚假或者不完整信息的，应当在其职责范围内发布准确的政府信息予以澄清。《2017 年政务公开工作要点》指出要围绕促进房地产市场平稳健康发展推进公开，指导、督促各地及时规范发布土地供应计

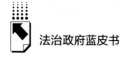

划、出让公告、成交公示和供应结果信息。《2019 年政务公开工作要点》在强化重点民生领域信息公开方面，明确提出县级以上地方政府要多渠道扩大学前教育供给的相关信息，促进发展更加公平更有质量的教育。

【测评方法】通过信息公开申请，观察政府提供所申请信息的情况。具体的信息公开申请内容为：（1）向当地的自然资源和规划部门申请 2023 年度当地的国有土地出让金总额；（2）向当地的教育部门申请当地的公办小学数量。

【评分标准】总分为 20 分，每项申请 10 分，累计得分。按照被申请单位答复的及时性（5 分）和内容（5 分）赋分。在单项申请中，被申请单位完整提供信息的，得 5 分，在法定时限内答复的，得 5 分；被申请单位提供部分信息的，按提供的信息数量酌情给分；被申请单位没有回复信息的，或者无正当理由拒绝提供的，不得分。

4. 答复文书格式的规范性

【设置依据】《2020 年政务公开工作要点》提出，以完善内部制度为抓手，以规范答复文书格式为重点，全面提升政府信息公开申请办理工作质量，依法保障公众合理信息需求。《2021 年政务公开工作要点》进一步提出，切实转变观念，强化服务理念，把依申请公开工作作为服务人民群众生产生活、支持市场主体创业创新的重要方式，更好满足申请人对政府信息的个性化合理需求。加强业务培训和案例指导，提升答复文书规范化水平。

【测评方法】通过信息公开申请，观察答复文书是否明示法律救济途径，是否通过编号方式进行区分。具体的信息公开内容同三级指标 3 "政府提供所申请信息的情况"。

【评分标准】总分为 10 分，每项申请为 5 分，累计得分。明示法律救济途径，得 2.5 分，通过编号方式进行区分，得 2.5 分。

5. 政府信息公开诉讼的胜诉率

【设置依据】《政府信息公开条例》第 51 条规定，公民、法人或者其他组织认为行政机关在政府信息公开工作中侵犯其合法权益的，可以向上一级行政机关或者政府信息公开工作主管部门投诉、举报，也可以依法申请行政复议或者提起行政诉讼。

【测评方法】通过最高人民法院司法案例数据库，观察政府2023年度政府信息公开诉讼的胜诉率。

【评分标准】在司法案例数据库中检索各个城市2023年度政府信息公开案件的生效判决书，从中筛选出被告行政机关胜诉的案件，除以当地2023年度政府信息公开案件的总数，就是各个城市2023年度行政机关政府信息公开的案件胜诉率。同样地，检索得到全国2023年度行政机关政府信息公开的案件胜诉数，除以全国行政机关政府信息公开的案件总数，计算出全国2023年度行政机关政府信息公开的案件胜诉率。

赋分方式采取比值赋分法。各市得分=基准分（5分）×（各个城市案件胜诉率/全国案件胜诉率）。该项指标为正向指标，各市行政机关胜诉率越高，比值越大，分数越高。得分区间为［0，10］，低于0分的赋0分，高于10分的赋10分。此外，若某城市在评估年度没有相关涉诉案件或胜诉率为100%，评估组推定行政相对人因认可当地政府信息公开行为的合法性而自觉履行义务，赋其满分10分。

二　总体评估结果分析

本次测评的对象是全国100个城市的政务公开情况，评估方式是基于5个三级指标，检测和评价各个城市政府信息公开工作的开展和落实情况。评估组经由网站检索与申请、邮寄申请、电话沟通等途径获取测评信息，然后按照统一的赋分标准进行评分。从指标设置来看，本年度指标体系侧重于评价政务公开工作的实效性、便民性、互动性和时效性；从评估结果来看，各城市的得分存在一定区分度。因此，本年度评估指标能够在相当程度上反映政府信息主动公开和依申请公开工作的实施情况。

在2023年度评估中，"政务公开"指标的总分为80分，所有城市的平均分为67.45分，平均得分率为84.31%。有60个城市得分高于平均分，另有40个城市得分低于平均分。其中，得分最高的城市为杭州市（76.99

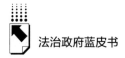

分），其与得分最低的城市相差 33.59 分。在 2022 年度评估中，"政务公开"指标的总分为 80 分，所有城市的平均分为 66.26 分，平均得分率为 82.82%。有 58 个城市得分高于平均分，另有 42 个城市得分低于平均分。其中，得分最高的城市为南京市（77.21 分），与得分最低的城市相差 34.73 分。相较于 2022 年度的评估结果，2023 年度"政务公开"指标的平均得分率提升了 1.49 个百分点，得分高于平均分的城市数量增加了 2 个，最高分与最低分之间的分差减少了 1.14 分。

2023 年度，在各三级指标中，指标 1 的得分率提升 1.02 个百分点，指标 2 的得分率提升 0.50 个百分点，指标 3 的得分率提升 0.27 个百分点，指标 4 的得分率提升 3.45 个百分点，指标 5 的得分率提升 2.22 个百分点，因此平均得分率最终呈现稳中有升的态势。其中，三级指标 4（答复文书格式的规范性）的得分率上升幅度较为明显，从 2022 年度的 68.80% 跃升至 2023 年度的 72.25%。

2023 年度，本项一级指标平均得分率较高的 30 个城市依次是杭州、上海、长春、佛山、盐城、大连、南京、广州、温州、宁波、厦门、苏州、北京、赣州、齐齐哈尔、济南、六安、重庆、揭阳、贵阳、福州、天津、长沙、克拉玛依、曲靖、郑州、昆明、潍坊、淄博、菏泽（见图 B.7-1）。

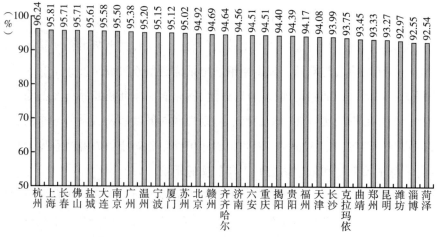

图 B.7-1 "政务公开"得分率较高的 30 个城市

从二级指标的得分情况来看，主动公开指标总分 40 分，平均得分 38.61 分，平均得分率 96.53%，共有 85 个城市得满分，3 个城市得 37 分，11 个城市得 30 分，1 个城市得 20 分（得分率较高的 30 个城市见图 B.7-2）。相比 2022 年度平均得分 38.31 分，平均得分率 95.76%，只有 80 个城市得到满分，2023 年度该二级指标表现有所提升。

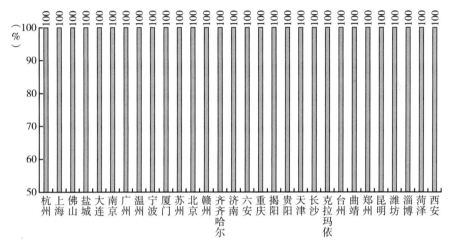

图 B.7-2　二级指标"主动公开"得分率较高的 30 个城市

依申请公开指标总分 40 分，平均得分 28.84 分，平均得分率 72.10%，得分率较高的 30 个城市依次是拉萨、杭州、上海、佛山、盐城、大连、南京、广州、温州、宁波、厦门、苏州、赣州、齐齐哈尔、济南、六安、重庆、揭阳、贵阳、天津、长沙、克拉玛依、台州、毕节、曲靖、郑州、昆明、潍坊、淄博、菏泽（见图 B.7-3）。就得分情况而言，主动公开和依申请公开两项工作的实施情况差别较大，前者的实施情况明显优于后者。

从三级指标的得分情况来看，对比 2022 年度，2023 年度平均得分率最高的仍然是指标 1 "重点领域信息主动公开"，达到了 99.55%；而平均得分率最低的指标是指标 5 "政府信息公开诉讼的胜诉率"，平均得分率仅为 49.08%。各三级指标的平均得分率见图 B.7-4。

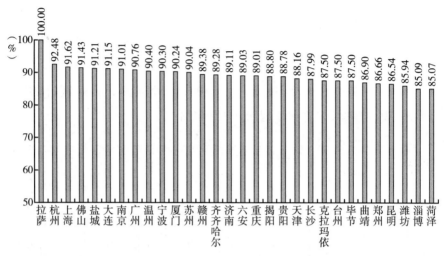

图 B. 7-3　二级指标"依申请公开"得分率较高的 30 个城市

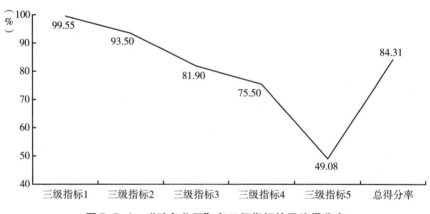

图 B. 7-4　"政务公开"各三级指标的平均得分率

三　三级指标评估结果分析

（一）重点领域信息主动公开

1.总体表现分析

本项指标测评针对 100 个城市通过政府门户网站公布的行政许可和行政

事业性收费的相关信息，主要考察各个城市是否在其政府门户网站上公布了各项行政许可的办理条件、程序、设立依据、已经办理的行政许可的结果以及行政事业性收费的项目及其设立依据和收费标准。需要说明的是，在政府门户网站设置了可查询到相关信息的网址链接亦可得分。总分为 20 分，100 个城市的总体得分情况见表 B.7-2。

表 B.7-2　"重点领域信息主动公开"指标 100 个城市得分情况

得分（分）	20	17
城市（个）	97	3

2. 分差说明和典型事例

本项三级指标总分 20 分，平均得分 19.91 分，较 2022 年度提升 0.22 分，平均得分率为 99.55%，在各项三级指标中位列第一。其中，共有 97 个城市获得满分，这些城市完整公开了当地所有行政许可的设立依据、办理条件、程序以及已经办理的行政许可的审批结果，并且公开了执行的行政事业性收费项目及其设立依据和收费标准。

有 3 个城市获得 17 分，其共同特征表现为在行政事业性收费信息公开环节仅公布了收费项目名称及政策依据，但未披露具体收费标准。具体存在两种典型情况：一是直接引用省级行政事业性收费目录清单作为公开内容，但该文件本身缺少收费标准细则；二是采用市级编制的收费目录清单，然而其内容要素仅包含项目名称与设立依据。

通过纵向对比分析发现，2023 年度地方政府的重点领域信息公开工作在以下三方面有显著提升。首先，行政许可信息呈现方式实现系统化整合。多数城市在政府信息公开专栏的"法定主动公开内容"板块下增设"行政许可"专项模块，将审批条件、办理流程、法律依据及结果公示等信息集中展示。这种集约化呈现方式使公众能够一站式获取所需信息，有效提升了信息获取效率。其次，行政许可业务流程实现线上贯通。部分地方政府网站通过技术优化，在"行政许可"专栏设置"在线申请"与"结果查询"功能入口，例如郑州市政府门户网站已实现政策查询与业务办理的无缝衔接，申请人完成信息检索后可直接跳转至办事系统，避免了跨平台操作带来的效率损耗。最后，行政事业性收费信息公开质量持续提升。尽管仍有少数地区存在收费标准缺失、信息要素披露不完整等问题，但相较于往年测评数据，未达标城市数量已呈现明显下降趋势。需要指出的是，当前仍有部分城市在收费项目信息公示方面存在要素缺失问题，建议相关部门加强标准化建设，确保信息公开的完整性和实效性。

（二）政府门户网站的咨询服务功能

1. 总体表现分析

本项指标主要考察行政机关公开政府信息是否遵循便民原则，侧重评估政府制定的政策、方针，以及政府部门办事制度和程序等信息在公开过程中的及时性与全面性。具体方式是，由测评员登录当地政府的门户网站，点击"我要咨询"或者相关名称的互动栏目（如市长信箱、部门信箱、网上 12345 等），就当地某一区县的公办幼儿园入园政策进行咨询，观察是否及时回复、回复的内容是否详细全面。总分为 20 分，各城市的总体得分情况见表 B.7-3。

表 B.7-3　"政府门户网站的咨询服务功能"指标 100 个城市得分情况

得分（分）	20	10	0
城市（个）	78	11	1

2. 分差说明和典型事例

本项三级指标总分 20 分，平均得分 18.70 分，较 2022 年度提升 0.10 分。平均得分率为 93.50%，在三级指标中排名第二。其中，共有 78 个城市获得满分，这些城市开设了"我要咨询""市长信箱""部长信箱""网上12345"等咨询渠道或相关政民互动栏目，并且能及时进行回复，回复内容也与咨询事项直接相关。

基于实证研究数据，政府门户网站咨询服务效能评估呈现以下特征：在参评的城市中，有 11 个城市获得 10 分，其得分较低主要受双重因素制约。从服务时效维度分析，38.2% 的咨询件处理周期超过法定的 15 个工作日（以数据采集截止日为基准）；从答复质量视角观察，存在选择性回复或转介式应答现象，典型案例如某市仅回复"请咨询区教育局（办结）"并附联系方式，未能提供实质性解决方案。

特别值得关注的是，有 1 个城市本项评估未得分。其核心症结在于咨询系统存在功能缺陷：在数据采集周期内，77.8% 的咨询请求处于"待受理"状态；另有 22.2% 显示"已办结"却无法调取处理记录；且存在系统稳定性问题，导致咨询入口访问成功率仅为 12.3%。这种现象折射出数字政务服务中的"僵尸应答"问题。

评估指标体系揭示出三个维度的制度性缺陷。第一，服务可得性障碍显著。实证数据显示，72.7% 的样本城市采用第三方平台（支付宝/微信）快捷认证，但仍有 27.3% 的城市设置多重验证程序（需下载政务 App 并完成生物识别认证）。值得注意的是，个别城市在注册环节强制采集户籍信息、居住证明等非必要数据，导致 50 岁以上用户咨询放弃率高达 43.6%。第二，应答机制标准化不足。具体表现在：首先，22.4% 的咨询件采用非规范回复方式，其中 8.3% 使用智能语音应答系统，3.1% 以私人号码进行回访；其次，34.5% 的办件生成受理凭证编码后，未在门户网站设置明确查询路径，形成"信息孤岛"；最后，17.8% 的工作人员要求咨询人完成结果确认后需主动撤销咨询记录，存在服务流程倒置问题。第三，信息供给完整性欠缺。评估发现：81.2% 的城市未建立咨询补正机制，且 64.3% 的提交界面缺乏要素指引，导致 28.5% 的咨询因形式瑕疵被直接办结；19.6% 的回复以"政策制定中"为由，建议通过微信公众号获取信息，形成责任转嫁，典型案例如某市将 63.4% 的教育咨询转介至下级部门，仅提供联系方式而未作政策解释。

（三）政府提供所申请信息的情况

1.总体表现分析

本项指标着重评价 100 个受测评城市的自然资源和规划部门、教育部门是否及时、依法、完整对信息公开申请作出答复。总分为 20 分，各城市的总体得分情况见表 B.7-4。

表 B.7-4 "政府提供所申请信息的情况"指标 100 个城市得分情况

得分(分)	20	17.5	15	10	0
城市(个)	57	3	15	22	3

2. 分差说明和典型事例

本项三级指标总分 20 分，平均得分 16.38 分，平均得分率为 81.90%，在各项三级指标中排名第三。其中，有 57 个城市获得满分。这些城市的自然资源和规划部门、教育部门在法定期限内及时、详细且完整地提供了测评员所申请的信息。需要说明的是，个别城市的某一部门因故无法按期答复，依法作出延期答复告知书，或因申请内容指向不明而作出补正信息告知书，之后作出答复符合要求的，得满分；在出具正式答复文书之前，先行采取短信、电话、邮件等形式与测评员沟通或说明具体情况的，亦得满分。

共有 3 个城市在政府信息公开测评中获得 17.5 分。相关城市行政主体虽在法定期限内履行了政府信息公开答复义务，但自然资源和规划部门未实质性公开申请内容，转而采取信息指引方式。具体表现为三种差异化处理模式。第一，援引《政府信息公开条例》第 37 条①和第 38 条②，对申请内容作出不予公开决定，同时提供关联信息获取渠道。典型案例包括：A 市以"信息需二次加工"为由拒绝公开，指引申请人通过市公共资源交易中心土地交易系统查阅竞买信息；B 市强调申请内容非既有政府信息，但提供地块成交数据查询平台；C 市指引登录省级土地交易系统获取出让信息。第二，

---

① 《政府信息公开条例》第 37 条规定："申请公开的信息中含有不应当公开或者不属于政府信息的内容，但是能够作区分处理的，行政机关应当向申请人提供可以公开的政府信息内容，并对不予公开的内容说明理由。"

② 《政府信息公开条例》第 38 条规定："行政机关向申请人提供的信息，应当是已制作或者获取的政府信息。除依照本条例第三十七条的规定能够作区分处理的外，需要行政机关对现有政府信息进行加工、分析的，行政机关可以不予提供。"

依据《政府信息公开条例》第 36 条第 1 项①，将申请信息与已公开关联信息等同处理。如 D 市将出让金信息与挂牌结果公告混同，E 市将"出让金总额"解释为单宗成交金额，均仅提供既有公开平台查询路径。第三，依据《政府信息公开条例》第 36 条第 5 项②，建议向其他部门申请但提供辅助信息。典型如 F 市指引向税务部门申请，同时告知中国土地市场网已逐宗公开价款信息。

获得 15 分的 15 个城市存在部门协同缺失问题，自然资源和规划部门或教育部门存在不当拒绝公开情形。拒绝事由集中于两类法律适用：第一，援引《政府信息公开条例》第 38 条，受测评城市的自然资源和规划部门以"所申请信息需要行政机关对现有政府信息进行加工、分析"为由拒绝提供，占比 53.3%；第二，依据《政府信息公开条例》第 36 条第 5 项，受测评城市以"所申请公开信息不属于本行政机关负责公开"为由拒绝提供。除某市简单退回申请外，其他城市均履行了转介指引义务，其中 82.4% 的案例详细提供了税务、财政等部门的联系方式，14.3% 的答复特别强调国有土地出让收入征管职能划转税务部门的政策背景。

测评中 22 个城市得到 10 分，主要归因于双重制度缺陷：教育部门存在逾期未答复（18.2%）或不当拒绝（63.6%）情形，自然资源和规划部门则普遍适用信息豁免条款。值得关注的是，有 2 个城市的教育部门在评估周期结束时仍处于行政不作为状态，另有 8 个城市的自然资源和规划部门以"非职责范围"（37.5%）、"数据敏感性"（25%）等为由拒绝公开，其对应的教育部门则出现"内部数据不公开"（62.5%）、"申请性质误判"（37.5%）等程序瑕疵。

3 个城市在该项指标上未得分，其突出问题是自然资源和规划部门与教育

---

① 《政府信息公开条例》第 36 条第 1 项规定，对政府信息公开申请，行政机关根据下列情况分别作出答复：所申请公开信息已经主动公开的，告知申请人获取该政府信息的方式、途径。

② 《政府信息公开条例》第 36 条第 5 项规定，对政府信息公开申请，行政机关根据下列情况分别作出答复：所申请公开信息不属于本行政机关负责公开的，告知申请人并说明理由；能够确定负责公开该政府信息的行政机关的，告知申请人该行政机关的名称、联系方式。

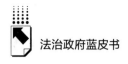

部门均履行迟延。此类案例暴露出基层政府部门在信息公开协同机制、时限管控等方面存在系统性缺陷，亟待通过完善内部督办制度、建立跨部门响应平台等措施加以改进。特别需要指出的是，在土地出让金信息公开领域，部门间职能划转后的信息衔接机制缺失已成为影响政府透明度的关键因素。

（四）答复文书格式的规范性

1. 总体表现分析

本项指标考察的是受测评城市的自然资源和规划部门、教育部门在回复申请时使用答复文书的规范性，即是否按照《2020 年政务公开工作要点》的规定，使用正式文书进行答复，要求：（1）明示法律救济途径；（2）通过编号方式进行区分。两个得分项各 2.5 分，总分为 10 分，各城市的总体得分情况见表 B.7-5。

表 B.7-5　"答复文书格式的规范性"指标 100 个城市得分情况

得分（分）	10	7.5	5	2.5	0
城市（个）	53	8	32	2	5

2. 分差说明和典型事例

本项三级指标总分 10 分，平均得分 7.55 分，平均得分率为 75.50%，在三级指标中排名第四。其中，有 53 个城市得满分，这些城市均使用了正式文书进行答复，不仅在内容上明示了法律救济途径，在形式上也通过编号方式进行区分。

基于政府信息公开答复文书规范性的实证分析，本研究样本城市呈现显著的差异性评分特征。得分为 7.5 分的城市有 8 个，其失分原因集中于行政机关履行信息公开职责时存在程序性瑕疵。具体而言，涉评城市中自然资源和规划部门或教育部门的答复文件存在未完整载明法律救济渠道或缺失规范性文号标识等情形。典型案例如 G 市教育部门出具的答复书虽规范标注文号，但未列明行政复议、行政诉讼等救济途径，而自然资源和规划部门在告知书中完整履行法定告知义务，基于部门履职差异综合评定扣除 2.5 分；H 市自然资源和规划部门答复文书完全达标，但教育部门因未按规定进行文号标识，尽管完整公示救济渠道仍扣除 2.5 分。

评估结果显示，得分为 5 分的城市群体达 32 个，其失分原因主要体现为四种类型：其一，行政机关未在法定期限内作出有效答复；其二，至少一个主管部门未采用制式文书进行回复，存在救济渠道与文号标识双重缺失；其三，两部门答复文书同时缺失文号标识或救济渠道公示；其四，部门间存在文号规范与救济公示的交叉性缺陷。特别需要指出的是，I 市教育部门未予回复且自然资源和规划部门救济途径中未明确管辖法院，构成双重程序瑕疵。

2 个城市获得 2.5 分，其失分原因为单一部门仅满足文号标识或救济公示中的基本要求。以 J 市为例，自然资源和规划部门答复文书既无文号标识又缺失复议机关及管辖法院信息，而教育部门虽规范编号却未公示救济渠道。K 市自然资源和规划部门将复议机关表述为 "K 市人民政府或 K 市自然资源局"，教育部门则存在文号缺失及诉讼时效未明示等突出问题，此类表述不规范情形均被判定为不符合法定要求。

值得关注的是，5 个城市在本项评估中未得分，其原因具有典型性：一是两主管部门均未作出有效回复；二是单一部门虽作出回复但文书形式要件双重缺失。本报告建议，行政机关应当建立信息公开答复标准化流程，重点规范文号管理系统，强化救济途径的完整公示，以确保行政相对人合法权益的有效保障。

（五）政府信息公开诉讼的胜诉率

1. 总体表现分析

本项指标旨在通过检索最高人民法院司法案例数据库，整理并统计受测评城市政府信息公开案件的判决结果，考察相关城市 2023 年度政府信息公开诉讼胜诉率情况。2023 年度全国行政机关信息公开案件胜诉率为 78.34%，各市行政机关政府信息公开案件胜诉率等于全国平均水平时，比值为 1，得分为 5 分。胜诉率为正向指标，各市行政机关胜诉率越高，其与全国胜诉率的比值越大，分数越高。该项指标总分为 10 分，100 个城市的总体得分情况见表 B.7-6。

表 B.7-6　"政府信息公开诉讼的胜诉率"指标 100 个城市得分情况

得分（分）	高于全国平均水平				低于全国平均水平				
得分（分）	10	7≤X<8	6≤X<7	5≤X<6	4≤X<5	3≤X<4	2≤X<3	1≤X<2	0≤X<1
城市（个）	5	1	16	30	21	14	5	6	2

2. 分差说明和典型事例

本项三级指标总分 10 分，平均得分 4.908 分，平均得分率在各项三级指标中最低，为 49.08%。共有 52 个城市的胜诉率高于全国平均水平，其中 5 个城市得满分，分别是克拉玛依、拉萨、台州、东莞、毕节，说明这 5 个城市 2023 年度的案件胜诉率达到了全国平均胜诉率的 2 倍以上。1 个城市得分在 7~8 分，16 个城市得分在 6~7 分，30 个城市得分在 5~6 分。

另有 49 个城市的案件胜诉率低于全国平均水平，其中 21 个城市得分在 4~5 分，14 个城市得分在 3~4 分，5 个城市得分在 2~3 分，8 个城市得分在 2 分以下。此外，2023 年度有 1 个城市由于案件胜诉率为零该项指标不得分，而 2022 年度测评中没有案件胜诉率为零的城市。

四　评估结论与建议

2023 年度法治政府评估工作中，"政务公开"指标的平均分为 67.45 分，平均得分率为 84.31%。为了全面地掌握和更好地评价各地政务公开工作的实施情况和发展态势，在此首先对这一指标在近年来数次法治政府评估工作中的总体得分情况进行回顾，如图 B.7-5 所示。

通过纵向观察历年评测数据，可以发现"政务公开"这一指标的平均得分率整体呈现上升趋势，特别是在 2013~2015 年，平均得分率累计增长

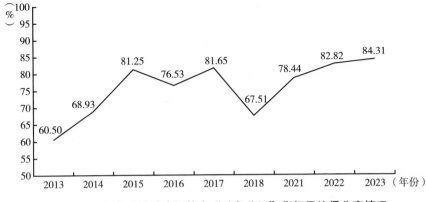

图 B.7-5　历年法治政府评估中"政务公开"指标平均得分率情况

超过 20 个百分点，之后虽然在个别年份出现了些许起伏和波动①，但总体上仍然保持较高水平。尤其就单一年度来看，2015 年、2017 年、2022 年和 2023 年的平均得分率都突破了 80%。相较于 2022 年，2023 年的平均得分率增长幅度较小，但各项指标均取得了一定进步。

（一）存在的问题

近年来，我国地方政府开展政务公开工作取得了显著成效，绝大部分地方政府能够主动、完整地公开重点领域信息，及时回复相对人的咨询和信息公开申请。但根据 2023 年度的测评结果可知，部分老问题仍未得到解决，亦有新的问题涌现。各地政务公开水平参差不齐，在提升便民实效、顺畅沟通渠道、规范答复形式和内容等方面，仍然存在较大不足，亟待有效治理和彻底解决。

1. 便民实效不强，信息获取效率有待提升

（1）政务信息公开标准化建设存在区域异构性

实证研究表明，当前地方政府门户网站虽普遍落实《中华人民共和国

---

① 2018 年度的平均得分率同上一年度相比减少了约 14 个百分点，其主要原因在于当年的指标体系中新增了三级指标"政府网站检索的便利性"与"答复文书格式的规范性"，二者的平均得分率分别为 30.5%、29.75%。

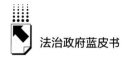

行政许可法》第 30 条关于行政许可基础信息的公示要求，但在板块架构设计层面存在显著的标准化建设滞后情形。调查数据显示，约 63% 的受测评城市在行政许可专题专栏建设中存在信息架构失范现象。典型的良性实践可见于 A 省辖市政务平台，其系统化设置"许可要件—法律依据—办理流程—审批结果—在线申办"五位一体功能模块，实现信息获取路径的线性化导引。反观部分城市政务平台则存在结构性缺陷，如 B 市将"审批结果公示"嵌套于"机构概况"二级目录，C 市将"设定依据"归类至"动态资讯"板块，此类非逻辑性架构设计导致了栏目内容的语义模糊，显著增加了信息检索的时间成本。

行政许可结果公示的易获取性指标的合格率仍有待提升。例如，采用"信用中国"地方站直连机制的政务平台，其信息获取效率较传统路径显著提升，但仍有 14 个城市未建立有效的信息导引路径。这些实证数据揭示出地方政府在数字治理能力建设中存在的深层次矛盾，即顶层设计缺位导致的专栏设置碎片化、标识体系非标准化等问题，实质上构成了政务信息公开的"最后一公里"障碍。

（2）在线政务咨询服务的普惠性面临技术障碍

基于数字政务服务可及性评估框架的检测结果显示，所有受测评城市均存在咨询服务的准入性壁垒。从技术实现路径分析，78.6% 的城市采用第三方身份认证接口（如支付宝、微信扫码）完成快速核验，符合关于简化登录程序的要求。但值得警惕的是，仍有 9 个城市强制要求用户下载政务 App 并完成生物特征识别，该做法不仅违反了《移动互联网应用程序信息服务管理规定》第 9 条关于不得强制捆绑下载的规定，更造成老年群体"数字鸿沟"指数明显上升。

深度调研发现，D 市政务咨询系统要求填报职业属性、户籍地址等 14 项非必要字段，超出《中华人民共和国个人信息保护法》第 6 条规定的"最小范围"原则范畴。此类过度采集行为导致三项合规风险：其一，用户平均放弃率提升；其二，咨询流程耗时增加；其三，存在敏感信息泄露的潜在法律风险。建议参照《互联网信息服务算法推荐管理规定》第 23 条，建立政务服务系统的分级分类管理机制，对基础咨询业务实行免注册办理，切实消除数字时代的服务获取壁垒。

2. 互动渠道不畅，政民沟通体验有所下降

（1）行政程序时效存在制度性迟滞

政府信息公开的响应效能是衡量服务型政府建设成效的核心指标，其时效管控机制直接影响公众对行政效能的感知度。根据《政府信息公开条例》第 33 条第 2 款确立的"20 个工作日"答复规则，结合《国务院办公厅关于全面推进政务公开工作的意见》（国办发〔2016〕80 号）关于优化服务流程的要求，本项研究构建了包含"申请响应—实质处理—结果送达"三阶段的政务服务响应效能评估模型。测评数据显示，27.3%的样本城市存在程序性迟延现象，其中 13.6%的案例超出法定时限未作合理解释，另有 8.2%的咨询事项在 15 日测评周期内未获任何反馈。这种"程序空转"现象导致行政相对人平均等待周期延长至 23.7 天（较法定基准增加 18.5%），背离了政府提升政务服务效率的要求。

（2）政民互动机制存在结构性缺陷

基于政务咨询全流程追踪系统的监测分析，64.8%的受测评城市未建立规范的补正救济机制，其运作模式与《政府信息公开条例》第 30 条规定的"补正告知"要求存在显著偏差。实证研究表明，当咨询内容存在要素缺失时，78.3%的政务平台直接作出"申请不明确"的终结性处理，而未依照《政府信息公开条例》第 30 条设置补正告知程序。这种单向度的处置方式引发多重负面效应，包括行政相对人重复申请率上升、咨询事项平均办结周期延长、政府公信力指数下降等。

更深层次的制度困境体现为政民互动渠道的碎片化建设。尽管所有受测评城市均设置了"市长信箱""12345 热线"等多元化反馈入口，但 36.5%的平台存在"有入口无通路"的技术障碍。典型表现为：咨询编码生成系统与结果查询模块未实现数据对接，导致部分咨询人无法有效追踪办理进度；公众意见反馈路径隐匿于三级页面以下，信息可及性指数不足。建议参照《政府信息公开工作年度报告编制指南》建立"处理进度可视化—补正

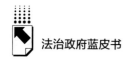

机制智能化—结果反馈实时化"的全流程管理系统，通过技术赋能破解当前存在的"二次申请困境"。

3. 规范程度不高，信息获取实效亟须强化

（1）政务公开完整性不足

在法定公开义务履行层面，存在关键信息要素缺失现象。部分城市公布的行政事业性收费目录清单存在结构性缺陷，收费标准等重要参数未予列示。具体表现为：多数政府门户网站仅公示省级统一定价标准，而市级政府制定的差异化收费标准长期处于隐匿状态。作为涉及公众切身利益的法定公开事项，此类核心信息的缺失直接导致社会公众知情权保障机制失效，与《政府信息公开条例》确立的"公开为常态"原则明显背离。

在依申请公开领域，行政回复质量存在显著瑕疵。其一，行政机关存在以程序性指引替代实体性答复的倾向。典型情形包括要求申请人通过非官方渠道（如商业平台公众号）自助查询，或建议关注未完成政策制定的部门账号。此类转介行为实质上增加了信息获取的行政成本，且第三方平台信息的法律效力存疑。其二，存在信息范畴混淆现象。行政机关将申请标的与关联信息混同处理，例如将"土地出让金总额"解释为"单宗交易明细"，要求申请人自行汇总省级平台公示的碎片化数据。其三，存在非正当性拒绝披露问题。部分行政机关未履行法定说明义务，既未提供申请信息，亦未指引替代性获取途径，构成行政不作为。

（2）行政答复规范性存在缺陷

在交互程序方面，非标准化沟通方式普遍存在。测评数据显示，约35%的咨询事项未通过法定渠道进行书面答复，转而采用私人号码回访或自动化语音应答。更值得关注的是，23%的案例出现行政相对人被要求撤销正式咨询记录的情况，反映出程序合规意识薄弱。此类非正式沟通方式不仅影响行政行为的可追溯性，更可能导致关键信息传递失真。

在文书制作方面，形式要件缺失问题突出。尽管较往年有一定的改进，但仍有19个受测评城市的答复文书存在编号缺失、救济途径告知不全等基础性瑕疵。特别值得注意的是，不予公开决定的说明义务履行不到位：42%

的拒复决定未援引具体法律条款，61%的案例仅作条文转引而未进行适用性解释，这种程式化处理方式严重削弱了行政决定的公信力。

（二）完善的建议

为深化政务公开工作实效，落实以人民为中心的根本要求，各地政府应当进一步优化行政机关和人民群众的互动交流，不断提升人民群众在政务公开工作中的满意度，推进法治政府的有序建设。以便民高效为根本目标，以有效互动为基本要求，以规范统一为重要遵循，不断提高政务公开质效，完善政务公开工作运行机制。

1. 以高效便民为根本目标，优化申请和检索流程

第一，开展数字门户界面优化工程。优化政务门户平台视觉交互体系，科学规划政府信息公开、在线事务处理、政民双向沟通等核心功能模块的布局架构。重点强化行政许可结果公示机制，在显著位置设置动态公示专栏并建立多维度检索通道，切实降低公众信息获取成本。建议建立政府网站适老化改造长效机制，定期开展无障碍使用测试，确保数字政务服务覆盖全年龄段群体。

第二，开展信息壁垒破除专项行动。推行"一码通办"身份认证体系，优先接入主流第三方认证平台，精简非必要个人信息采集项目。构建线上服务容缺受理机制，通过智能预审系统实现材料补正线上流转，将"最多跑一次"改革成果延伸至数字服务领域，有效杜绝线上程序空转现象。

2. 以有效互动为基本要求，提升政民政企沟通满意度

第一，提升政府网站咨询服务的时效性。明确对网站上群众咨询事项的回复时间，主动"自我施压"，自行设立回复的期限，从而促进政府网站咨询服务功能的实用化，尤其是对于争议不大、难度不高以及对申请人权益极其重要的申请事项，应当定期查看并尽快回复。定期核查各级政府部门对咨询事项的回复情况，对不及时回复、回复无效内容等情形进行整改，对咨询事项进行汇总和分析。

第二，明确政府网站咨询窗口的功能定位。将"投诉举报"和"我要

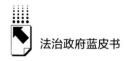

提议"与"信息咨询"进行区分，避免政府网站的咨询栏目成为信访部门的"网上办事处"，节省相关人力物力，集中资源对群众的政策咨询进行回复。

第三，进行数字资源整合完善。打造跨域政务数据共享中枢，构建"一云多端"信息服务体系。创新政策解读融媒体矩阵，采用智能问答机器人、三维政策沙盘等交互形式，形成人工服务与智能服务协同互补的新型服务模式。针对民生关注度高、处置难度低的咨询事项设立"即时响应"通道。开发智能咨询分析系统，通过语义识别技术实现高频问题自动归类，动态更新智能知识库内容。实施咨询工单全流程追踪机制，对超期未办结事项启动预警督办程序。

3. 以规范统一为重要遵循，强化政务公开法治保障

第一，加大法定主动公开力度。在推动法定主动公开内容全部公开到位的同时，聚焦重点政务信息，及时、准确公开容易涉诉、涉访领域的相关信息，预防潜在性纠纷。提升信息公开及时性。开发政务信息智能推送系统，实现政策文件与解读材料同步关联发布。构建规范性文件全生命周期管理体系，确保从制定到废止各环节信息实时更新。

第二，强化政务公开队伍建设。答复规范性程度不足的现象，暴露出政务公开的专门机构和人员缺位，尤其是对于依申请公开的答复，部门内部对于公开申请存在推诿塞责的情况，不利于维护行政部门的公信力与权威。设立政务公开专员岗位体系，建立阶梯式人才培养机制。创新"理论+实践+考核"三维培训模式，将典型案例分析与模拟实操纳入培训课程。构建岗位能力评估指标体系，将服务对象满意度纳入绩效考核范畴。

第三，提升公开答复规范程度。标准化流程构建，制定政务公开答复规程手册，建立文书质量管控机制。与此同时，应当实现全流程监督体系，构建"申请—办理—反馈—评价"闭环管理系统，设立办结确认前置程序，建立电子监察预警机制，对临近办理时限事项自动触发督办提醒。创新"双随机、一公开"质量抽查制度，定期开展答复文书合规性审查。在确认相关答复能够满足申请人需求之前，不得要求申请人在答复后即刻撤回申请，或要求先撤销申请、后予以答复，严格限制办结程序要件，避免出现懒政怠政空间；在答复群众前，应对相关答复文书的规范性进行检查，避免出现答复文书没有编号、答复文书没有提示法律救济途径等问题的出现，并对答复的内容进行核实，确保答复形式正式、内容真实、程序合法、文书正确。

B.8
行政权力的制约与监督

郝倩 冯健*

摘 要： 在2024年法治政府评估中，"行政权力的制约与监督"一级指标的平均得分为49.14分，平均得分率为61.43%，在平均分之上的城市有47个，占城市总数的47%。本年度在基本维持外部监督的4项三级指标基础上，结合经济发展及国家政策需要对内部监督指标进行了修改完善，增设了"行政执法协调监督作用的体现"这一三级指标。2024年评估结果表明，我国在法治政府建设进程中，在行政权力的制约与监督方面取得了突出成效。行政复议主渠道作用稳步发挥，行政执法协调监督工作扎实推进，重大行政决策向党委报告制度稳步向好发展，各地政协建议案、提案办理与公开情况总体较好。但同时也应关注到，行政权力的制约与监督仍面临诸多挑战：行政复议主渠道作用有待提升，相关机制有待完善；部分城市经行政复议案件的胜诉率偏低，行政复议机关审查不够严格；部分城市行政执法协调监督机制不健全，创新举措和实际成效不明显；地方政府规章、行政规范性文件制定及修改过程中就重大问题向党委报告制度仍不完善；对本级人大及其常委会的监督决定执行需进一步落实；接受司法监督文件响应不足，司法监督落实、反馈机制有待加强。为进一步推进法治政府建设，建议各地加强行政复议能力建设，完善案件办理机制；规范行政复议案件审理，提高行政复议机关审查质量；健全行政执法协调监督机制，加

* 郝倩，中国政法大学法治政府研究院副教授，法学博士，研究方向：行政法、反垄断法、劳动法和社会保障法；冯健，中国政法大学博士后、法学博士，研究方向：行政法学、金融法、教育法。中国政法大学法学院2022级宪法学与行政法学硕士研究生阚瑞欣、中国政法大学法学院2023级宪法学与行政法学硕士研究生陈宇珺、中国政法大学法学院2025级宪法学与行政法学博士研究生郭竞捷、中国政法大学法学院2023级宪法学与行政法学硕士研究生李鸿英、中国政法大学法学院2023级宪法学与行政法学硕士研究生吴玉祥、中国政法大学法学院2023级宪法学与行政法学硕士研究生石嵘、中国政法大学法学院2024级宪法学与行政法学硕士研究生李昕洋协助进行数据检索、分析及图表绘制等工作。

强监督能力建设；推动地方政府规章、行政规范性文件在制定及修改过程中就重大问题请示报告制度的落地实施；落实执行本级人大及其常委会监督决定，提升执行情况公开透明度；推动在《法治政府建设工作报告》中公开接受司法监督的具体情况，深入落实判决、职责的履行、违法行为的纠正，建立、完善接受司法监督的反馈机制。

关键词： 权力制约　权力监督　内部监督　外部监督

一　指标体系及评估标准

（一）指标体系

本评估年度"行政权力的制约与监督"核心指标体系由两大维度及八项观测点构成。较往期评估框架，本版方案在实施结构性优化的基础上，着重在监督机制维度新增"行政执法协调监督作用的体现"指标，具体指标架构见表 B.8-1。

一级指标总分为 80 分，包含"内部监督"和"外部监督" 2 项二级指标。其中，"内部监督"设置 4 项三级指标，共 40 分。（1）行政复议主渠道作用的体现（10 分），具体包括：是否将调解、和解贯穿行政复议全过程（2分）；是否通过听证、专家咨询等形式公开公正办案（1 分）；是否采取督察、回访、通报等措施督促行政复议决定有效执行（3 分）；是否通过发布行政复议意见书、建议书、白皮书、年度报告等方式扩大和延伸复议效果（4 分）。（2）经行政复议案件的再诉讼率（10 分）。（3）经行政复议案件的胜诉率。（4）行政执法协调监督作用的体现（10 分），具体包括：是否制定年度行政执法监督工作方案，对行政执法工作情况开展经常性监督（3 分）；是否对重大行政执法案件进行专项监督调查处理（3 分）；是否与 12345 政务服务便民热线等监督渠道建立信息共享工作机制（4 分）。"外部监督"共 40 分，设置 4 项三级指标。（1）是否建立地方政府规章或行政规范性文件制定、修改及重大行政决策过程中就重大问题向本级党委会请示报告制度（10分），具体包括：是否建立地方政府规章、行政规范性文件向本级党委请示制度（5分）；是否建立重大行政决策向本级党委报告制度（5分）。（2）是否执行本级人大及其常委会的监督决定；对人大代表的批评、意见和建议是否认真及时答复；是否及时办理政协建议案、提案；是否公开办理情况报告（10分），具体包括：是否执行本级人大及其常委会的监督决定（2分）；是否对人大代表的批评、意见和建议认真及时答复（3分）；是否及时办理政协建议案、提案（2分）；是否公开办理情况报告（3分）。（3）是否及时履行法院生效裁判，支持配合检察院开展行政诉讼监督、行政公益诉讼，积极主动履行职责或纠正违法行为，及时落实、反馈司法建议、检察建议（10分），具体包括：被评估城市是否出台接受司法监督的工作文件（5分）；是否积极落实文件要求，在工作报告中明确其及时履行人民法院生效裁判、支持人民法院审理案件（3分）；是否明确其有支持配合检察院开展行政诉讼监督、行政公益诉讼，积极主动履行职责或纠正违法行为，及时落实、反馈司法建议、检察建议情况（2分）。（4）行政机关负责人出庭应诉率（10分）。

表 B.8-1 行政权力的制约与监督指标体系

一级指标	二级指标	三级指标
行政权力的制约与监督（80分）	内部监督（40分）	1. 行政复议主渠道作用的体现（10分）
		2. 经行政复议案件的再诉讼率（10分）
		3. 经行政复议案件的胜诉率（10分）
		4. 行政执法协调监督作用的体现（10分）
	外部监督（40分）	5. 是否建立地方政府规章或行政规范性文件制定、修改及重大行政决策过程中就重大问题向本级党委会请示报告制度（10分）
		6. 是否执行本级人大及其常委会的监督决定；对人大代表的批评、意见和建议是否认真及时答复；是否及时办理政协建议案、提案；是否公开办理情况报告（10分）
		7. 是否及时履行法院生效裁判，支持配合检察院开展行政诉讼监督、行政公益诉讼，积极主动履行职责或纠正违法行为，及时落实、反馈司法建议、检察建议（10分）
		8. 行政机关负责人出庭应诉率（10分）

综观此指标体系下的内容与分值，相较于往年，在基本维持外部监督的4项三级指标基础上，结合经济发展及国家政策需要对内部监督指标进行了修改完善，增设了"经行政复议案件的再诉讼率"指标，以进一步评估行政复议主渠道作用的发挥效果。通过对政府内部监督效果以及外部监督途径的反馈情况和具体信息披露的范围与程度的评估，反映各地法治政府建设工作成果，评估的结果也更具客观性与时效性。

（二）设置依据和评分标准

测评工作主要以政府门户网站、相关职能部门网站以及司法裁判文书数据库中的信息为依据，同时借助百度、谷歌等搜索引擎展开辅助查询。检索时间范围是 2023 年 5 月 1 日至 2024 年 4 月 30 日，在此期间若未能检索到相关内容，则认定该项工作未开展或未落实到位。本年度针对三级指标的测评方式与赋分标准相较以往年份有了部分变动，具体情况如下。

1. 行政复议主渠道作用的体现

【设置依据】《法治政府建设实施纲要（2021—2025 年）》指出，发挥行政复议化解行政争议主渠道作用。全面深化行政复议体制改革，整合地方行政复议职责，按照事编匹配、优化节约、按需调剂的原则，合理调配编制资源，2022 年年底前基本形成公正权威、统一高效的行政复议体制。全面推进行政复议规范化、专业化、信息化建设，不断提高办案质量和效率。健全优化行政复议审理机制。

【测评方法】网络检索。在被评估市政府的官网上进行检索，在"行政复议"栏目中查找"行政复议决定书"或"调解书"、"和解协议书"等内容，并且在动态栏目中查找相关行政复议回访、督察的相关新闻报道及行政复议情况通报的通知，同时在相关市政府网站或利用搜索引擎检索行政复议意见白皮书，如果查找不到就用"年度报告""意见""建议书"等替换查找。

【赋分说明】本项指标满分为 10 分，具体评估标准为：

（1）能够将调解、和解贯穿行政复议全过程的，酌情得分，最高得2 分；

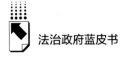

（2）能够通过听证、专家咨询等形式公开公正办案的，酌情得分，最高得 1 分；

（3）能够采取督察、回访、通报等措施督促行政复议决定有效执行的，酌情得分，最高得 3 分；

（4）能够通过发布行政复议意见书、建议书、白皮书、年度报告等方式扩大和延伸复议效果的，酌情得分，最高得 4 分。

本项指标的最终得分为上述四个观测点的得分总和。

2. 经行政复议案件的再诉讼率

【设置依据】《法治政府建设实施纲要（2021—2025 年）》指出，形成监督合力。坚持将行政权力制约和监督体系纳入党和国家监督体系全局统筹谋划，突出党内监督主导地位。积极发挥审计监督、财会监督、统计监督、执法监督、行政复议等监督作用。

【测评方法】网络检索、数据采集。以中国司法大数据研究院统计得出的数据为依据，统计被评估市政府 2023 年度经行政复议后再次提起诉讼的案件数量。登录被评估市政府的网站进行检索，查询 2023 年度被评估市政府受理行政复议数量。

【赋分说明】本项指标满分为 10 分。具体评估标准为：统计所得被评估市政府 2023 年度经行政复议后再次提起诉讼的案件数量，除以 2023 年度被评估市政府受理行政复议数量，得到经行政复议案件的再诉讼率。再诉讼率在 15% 以下的，得 10 分。再诉讼率每上升 2 个百分点，扣 1 分。

3. 经行政复议案件的胜诉率

【设置依据】《法治政府建设实施纲要（2021—2025 年）》指出，形成监督合力。坚持将行政权力制约和监督体系纳入党和国家监督体系全局统筹谋划，突出党内监督主导地位。积极发挥审计监督、财会监督、统计监督、执法监督、行政复议等监督作用。

【测评方法】数据采集。以中国司法大数据研究院统计得出的数据为依据，观察并计算得出被评估市政府 2023 年度经行政复议案件的胜诉率。

【赋分说明】本项指标满分为 10 分。具体评估标准为：在司法案例数据库中检索得到各个城市 2023 年度经行政复议案件的生效判决书，从中筛选出被告行政机关败诉的案件，除以当地 2023 年度经行政复议案件的总数，就是经行政复议案件的败诉率。（1−败诉率）×10 分＝最终得分。

4. 行政执法协调监督作用的体现

【设置依据】《提升行政执法质量三年行动计划（2023—2025 年）》要求"健全行政执法监督机制。强化上级行政机关对下级行政机关行政执法工作的全方位、全流程监督，严格履行常态化、长效化监督，2024 年底前基本建成制度完善、机制健全、职责明确、监督有力、运转高效的省市县乡四级全覆盖的行政执法协调监督工作体系"。

【测评方法】网络检索。登录被评估城市政府门户网站，以"行政执法协调监督""协调监督""监督调查"等为关键词进行检索，辅以百度等搜索引擎进行新闻检索。

【赋分说明】本项指标满分为 10 分。具体评估标准为：

（1）能够制定年度行政执法监督工作方案，对行政执法工作情况开展经常性监督的，得 3 分；

（2）能够对重大行政执法案件进行专项监督调查处理的，得 3 分；

（3）能够与 12345 政务服务便民热线等监督渠道建立信息共享工作机制的，得 4 分。

本项指标最终得分为上述三个观测点的得分总和。

5. 是否建立地方政府规章或行政规范性文件制定、修改及重大行政决策过程中就重大问题向本级党委会请示报告制度

【设置依据】《市县法治政府建设示范指标体系》（2021 年版）要求，坚持党对地方政府规章或者行政规范性文件制定工作的领导，制定、修改过程中遇有重大问题及时向本级党委请示报告。

【测评方法】网络检索。登录被评估城市政府门户网站，查询政府工作报告等形式，以"请示""汇报""批复"等为关键词进行检索，辅以百度等搜索引擎进行新闻检索。

【赋分说明】本项指标满分为 10 分，具体评估标准为：建立地方政府

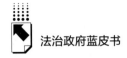

规章、行政规范性文件向本级党委请示制度得 5 分；建立重大行政决策向本级党委报告制度得 5 分。本项指标最终得分为上述观测点的得分总和。

6. 是否执行本级人大及其常委会的监督决定；对人大代表的批评、意见和建议是否认真及时答复；是否及时办理政协建议案、提案；是否公开办理情况报告

【设置依据】《法治政府建设实施纲要（2021—2025 年）》要求，坚持将行政权力制约和监督体系纳入党和国家监督体系全局统筹谋划，突出党内监督主导地位。推动党内监督与人大监督、民主监督、行政监督、司法监督、群众监督、舆论监督等各类监督有机贯通、相互协调。

《市县法治政府建设示范指标体系》（2021 年版）指出，认真研究办理人大及其常委会组成人员对政府工作提出的有关审议意见、人大代表和政协委员提出的意见和建议，办理后满意度达 95% 以上。

【测评方法】 网络检索。登录被评估城市政府官网、市人大常委会官网以及政协委员会官网，以"法治政府建设报告""政府工作报告""人大代表批评、意见和建议""政协建议案、提案""办理人大代表意见和政协提案的情况""执行人大及其常委会的监督决定"等为关键词进行检索，考察被评估城市是否认真及时接受本级人大及其常委会、政协以及人大代表的监督并予以反馈。

【赋分说明】 本项指标满分为 10 分，具体评估标准为：

（1）执行本级人大及其常委会的监督决定，得 2 分；

（2）对人大代表的批评、意见和建议认真及时答复，得 3 分；

（3）及时办理政协建议案、提案，得 2 分；

（4）公开办理情况报告，得 3 分。

本项指标最终得分为上述四个观测点的得分总和。

7. 是否及时履行法院生效裁判，支持配合检察院开展行政诉讼监督、行政公益诉讼，积极主动履行职责或纠正违法行为，及时落实、反馈司法建议、检察建议

【设置依据】《法治政府建设实施纲要（2021—2025 年）》要求，支持

法院依法受理和审理行政案件，切实履行生效裁判。支持检察院开展行政诉讼监督工作和行政公益诉讼，积极主动履行职责或者纠正违法行为。认真做好司法建议、检察建议落实和反馈工作。

【测评方法】网络检索。登录被评估城市政务网站，以年度"法治政府建设工作报告""行政应诉"等为检索词，考察行政机关是否有积极接受司法监督的工作文件和行政应诉的工作文件，是否及时履行法院生效裁判，支持配合检察院开展行政诉讼监督、行政公益诉讼，积极主动履行职责或纠正违法行为，及时落实、反馈司法建议、检察建议的情况。

【赋分说明】本项指标满分为10分，具体评估标准为：

被评估城市出台接受司法监督的工作文件的，得5分；积极落实文件要求，在政府工作报告中明确其及时履行人民法院生效裁判、支持人民法院审理案件的，累计得8分；明确其有支持配合检察院开展行政诉讼监督、行政公益诉讼，积极主动履行职责或纠正违法行为，及时落实、反馈司法建议、检察建议情况的，累计得10分。

8. 行政机关负责人出庭应诉率

【设置依据】《国务院办公厅关于加强和改进行政应诉工作的意见》规定："四、依法履行出庭应诉职责。被诉行政机关负责人要带头履行行政应诉职责，积极出庭应诉。不能出庭的，应当委托相应的工作人员出庭，不得仅委托律师出庭。对涉及重大公共利益、社会高度关注或者可能引发群体性事件等案件以及人民法院书面建议行政机关负责人出庭的案件，被诉行政机关负责人应当出庭。经人民法院依法传唤的，行政机关负责人或者其委托的工作人员不得无正当理由拒不到庭，或者未经法庭许可中途退庭。""六、积极履行人民法院生效裁判。被诉行政机关要依法自觉履行人民法院生效判决、裁定和调解书。对人民法院作出的责令重新作出行政行为的判决，除原行政行为因程序违法或者法律适用问题被人民法院判决撤销的情形外，不得以同一事实和理由作出与原行政行为基本相同的行政行为。对人民法院作出的行政机关继续履行、采取补救措施或者赔偿、补偿损失的判决，要积极履行义务。"

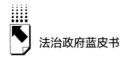

《中华人民共和国行政诉讼法》第 3 条规定："被诉行政机关负责人应当出庭应诉。不能出庭的，应当委托行政机关相应的工作人员出庭。"

【测评方法】数据采集。由中国司法大数据研究院统计各城市 2019～2023 年度一审审结的行政案件总数（①）、行政机关负责人出庭应诉的案件数量（②）。将②除以①，计算出各市 2019～2023 年度的行政机关负责人出庭应诉率。

【赋分说明】本项指标满分 10 分，评分公式为：10 分×行政机关负责人出庭应诉率＝最终得分。

二 总体评估结果分析

本部分总分为 80 分。从总体评估结果上看，在 100 个被评估对象中，平均分为 49.14 分，平均得分率为 61.43%。在平均分之上的城市有 47 个，占城市总数的 47%。本项评估下最高得分率为 87.86%，最低得分率为 39.26%，二者相差 48.6 个百分点。在本项评估中，表现较为优异的五个城市是北京（87.86%）、重庆（86.42%）、佛山（85.05%）、广州（81.92%）、上海（81.79%）。本年度得分率较高的 30 个城市见图 B.8-1。

本项指标共包含 8 项三级指标，三级指标各项满分均为 10 分。各三级指标的得分率情况如下：三级指标 1 "行政复议主渠道作用的体现"，平均得分率为 22.80%；三级指标 2 "经行政复议案件的再诉讼率"，平均得分率为 73.60%；三级指标 3 "经行政复议案件的胜诉率"，平均得分率为 51.80%；三级指标 4 "行政执法协调监督作用的体现"，平均得分率为 49.00%；三级指标 5 "是否建立地方政府规章或行政规范性文件制定、修改及重大行政决策过程中就重大问题向本级党委会请示报告制度"，平均得分率为 69.60%；三级指标 6 "是否执行本级人大及其常委会的监督决定；对人大代表的批评、意见和建议是否认真及时答复；是否及时办理政协建议案、提案；是否公开办理情况报告"，平均得分率为 84.80%；三级指标 7 "是否及时履行法院生效裁判，支持配合检察院开展行政诉讼监督、行政公

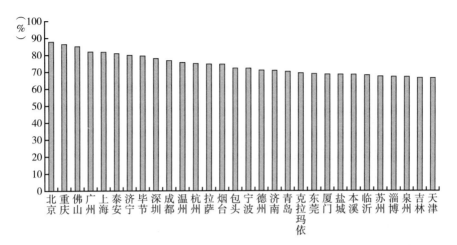

图 B. 8-1 "行政权力的制约与监督"得分率较高的 30 个城市

益诉讼,积极主动履行职责或纠正违法行为,及时落实、反馈司法建议、检察建议",平均得分率为 44.30%;三级指标 8 "行政机关负责人出庭应诉率",平均得分率为 95.50%。

其中,平均得分率最高的是三级指标 8,平均得分率最低的是三级指标 1。这反映出当前多数城市尚未形成公正、权威、高效的行政复议体制,行政复议的主渠道作用有待提升。本指标下各三级指标的平均得分率情况见图 B. 8-2。

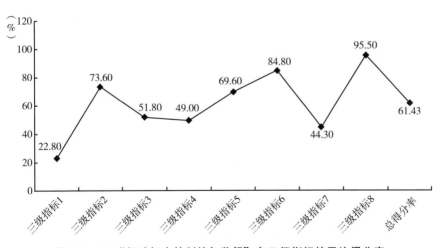

图 B. 8-2 "行政权力的制约与监督"各三级指标的平均得分率

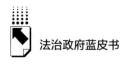

三　三级指标评估结果分析

（一）内部监督

1. 行政复议主渠道作用的体现

（1）总体表现分析

本次评估数据显示，获评满分的城市数量为 2 个（占比达 2%），整体评估均值为 2.28 分，平均得分率为 22.80%。从数据分布来看，优质表现区域（8～10 分区间）有 4 个城市，中等表现区域（5～7 分区间）有 21 个城市，基础达标区域（2～4 分区间）有 22 个城市，亟待改进区域（0～1 分区间）则有 53 个城市。100 个城市的总体得分情况见表 B.8-2。

表 B.8-2　三级指标 1 100 个城市总体得分情况

得分(分)	8～10	5～7	2～4	0～1
城市(个)	4	21	22	53

（2）分差说明及典型事例

本指标前述四个观测点中，观测点一平均得分率为 44%，观测点二平均得分率为 26%，观测点三平均得分率为 13.33%，观测点四平均得分率为 11.25%。三级指标 1 从整体来看，城市间表现出显著差异，0～1 分城市占比超过一半。

北京、广州、济宁、重庆等城市得分较高。2023 年度北京市行政复议案件办理统计数据显示，全年累计办结案件 15299 件，其中作出直接变更决定 1673 件，纠错率达 10.94%，通过多元化争议解决机制实现行政争议实质化解 5515 件，综合化解比例为 36.05%。广州在行政复议工作中，积极护航城市发展，于 2023 年市本级办理涉重点项目推进的征地拆迁类行政复议案件 115 件，调解率达 40%；同时强化跟踪问效，严格落实法律文书强制执行力，确保复议决定100%履行，稳固行政复议公信力与权威。济宁着力完善行政复议机制，精心打造行政争议化解"主渠道"。全面规范办案程序，编印标准体系，严谨把控受理、审理等关键环节，构建完备工作闭环；优化分流制度，提升案件处理效率；深入贯彻调解和解机制，使其贯穿办案全过程，融合多元资源化解群众诉求，凭借精细流程与务实举措赢得高分。重庆行政复议纠错613件，行政机关负责人出庭应诉率达90.45%，行政复议实质性化解率高达83.28%，通过强大的化解效能与严格的监督机制在评估中获得佳绩。上述城市在各自关键工作环节的突出表现，为其他城市提供了示范样本与改进方向指引。

2. 经行政复议案件的再诉讼率

（1）总体表现分析

本次评估数据显示，9~10分区间共有57个城市，其中获评满分的城市数量为48个（占比48%），整体评估均值为7.36分，平均得分率为73.60%。从层级分布来看，优质表现区域（9~10分区间）有57个城市，良好表现区域（7~8分区间）有9个城市，中等发展区域（5~6分区间）有12个城市，基础建设区域（3~4分区间）有7个城市，亟待改进区域（0~2分区间）则有15个城市。评估结果表明，多数城市行政复议机制运行效能较为良好，但局部仍存在争议实质性化解效能不均衡现象，100个城市的总体得分情况见表B.8-3。

表 B.8-3　三级指标2 100个城市总体得分情况

得分（分）	9~10	7~8	5~6	3~4	0~2
城市（个）	57	9	12	7	15

（2）分差说明及典型事例

本指标着重对被评估城市政府在2023年度经行政复议后又提起诉讼的案件数量状况予以评估。一般而言，再诉讼率越低，在相当程度上表明行政复议解决争议的成效越佳。各城市在行政复议案件的再诉讼率指标方面呈现

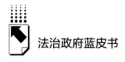

较大的差异。广州、佛山、达州等 48 个城市的再诉讼率相对较低，均获得满分 10 分。

以广州市为例，2023 年全市行政复议机关累计受理案件 9233 件，经行政复议审结后进入行政诉讼程序的数据由 2018 年的 30.7% 锐减至 14.6%。佛山市在 2023 年共受理行政复议案件 3187 件，其复议后起诉率为 14.06%，与上一年相比降低了近 8 个百分点。该市大力强化前端复议服务工作，积极开展"精准普法""复议上门"等宣传活动达 12 场次之多，同时推行繁简分流、小额速裁等机制，有效提升了复议的权威性与公信力，进而使再诉讼率得以降低。达州则率先出台国家工作人员旁听人民法院庭审办法，高规格召开府院联席会议，并开展行政复议质量提升年活动等。通过这些努力，提升了办案质量，增强了复议决定的权威性与公信力，极大地降低了当事人再次起诉的意愿。2023 年，达州共办理行政复议案件 417 件，其中提起诉讼的案件仅 30 余件。

3. 经行政复议案件的胜诉率

（1）总体表现分析

本次评估数据显示，获评 9~10 分的共有 10 个城市，其中获评满分的城市数量为 3 个（占比 3%），整体评估均值为 5.18 分，平均得分率为 51.80%。从层级分布来看，优质表现区域（9~10 分区间）有 10 个城市，良好表现区域（7~8 分区间）有 29 个城市，中等发展区域（5~6 分区间）有 18 个城市，基础建设区域（3~4 分区间）有 22 个城市，亟待改进区域（0~2 分区间）则有 21 个城市。评估结果表明，部分城市的工作机制显现成效，但整体而言行政复议争议化解效能的梯度差异特征显著，100 个城市的总体得分情况见表 B.8-4。

表 B.8-4　三级指标 3 100 个城市总体得分情况

得分（分）	9~10	7~8	5~6	3~4	0~2
城市（个）	10	29	18	22	21

（2）分差说明及典型事例

2023 年度行政复议制度运行的地域差异显著。全国行政机关 81.84% 的争议化解率指标，映射出行政系统内部监督机制的整体效能；参评城市 5.18 分的平均表现（超过全国平均水平 0.18 分）则凸显了地方治理能力的梯度分化现象。

在参与评估的 100 个城市中，56% 的城市实现制度效能溢出效应，而 44% 的城市仍存在治理效能损耗，这种近乎对半分布的格局有待未来逐步改变。其中，克拉玛依、绥化、泰安 3 市以满分绩效树立制度标杆，其经验对中西部欠发达地区具有特殊参照价值。更具启示意义的是，佛山、杭州等 6 个东部城市通过 95% 以上的超高化解率，在一定程度上验证了"经济发达地区法治政府建设先行"这一法治建设经验。

经行政复议案件的涉诉案件中，排名前三的行政领域是土地行政管理、治安管理、综合执法领域，占比分别为 27.66%、13.32%、9.38%。其中，土地行政管理领域行政机关胜诉率为 70.71%，治安管理领域行政机关胜诉率为 80.54%，综合执法领域行政机关胜诉率为 60.19%。结合以上三个行政领域的情况可见，综合执法领域的胜诉率较低，应引起重视。

4. 行政执法协调监督作用的体现

（1）总体表现分析

本次评估数据显示，获评满分的城市数量为 10 个（占比达 10%），整体评估均值为 4.90 分，平均得分率为 49.00%。从数据分布来看，优质表现区域（8~10 分区间）有 18 个城市，中等表现区域（5~7 分区间）有 29 个城市，基础建设区域（3~4 分区间）有 35 个城市，亟待改进区域（0~2 分区间）则有 18 个城市。评估结果表明，部分城市在行政执法协调监督方面形成有效实践，但多数城市仍存在机制完善与效能提升空间，100 个城市的总体得分情况见表 B.8-5。

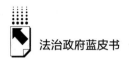

表 B. 8-5　三级指标 4 100 个城市得分总体情况

得分(分)	8~10	5~7	3~4	0~2
城市(个)	18	29	35	18

（2）分差说明及典型事例

本项指标共有三个观测点。观测点一为是否制定年度行政执法监督工作方案，对行政执法工作情况开展经常性监督，平均得分率为 30%，得满分的城市有 30 个。观测点二为是否对重大行政执法案件进行专项监督调查处理，平均得分率为 47%，得满分的城市有 47 个。观测点三为是否与 12345 政务服务便民热线等监督渠道建立信息共享工作机制，平均得分率为 58.5%，得满分的城市有 57 个。

北京、本溪等 10 个城市表现优异，获得满分 10 分。如本溪市司法局起草《本溪市提升行政执法质量三年行动工作方案（2023—2025）》，为长期监督工作锚定清晰方向与路径，确保监督工作连贯性与系统性；在案件专项监督层面，积极开展民生领域案件查办"铁拳"行动，加大食药、特种设备、产品质量等关键领域执法力度，在专项广告整治、网络交易监管、安全隐患排查、燃气具专项整治等诸多方面持续发力，实现对重大行政执法案件的全方位、多维度专项监督调查处理，有力维护市场秩序与公众权益。在信息共享机制构建方面，印发《本溪市 12345 热线平台诉求督办联动工作机制》，深度打通行政执法监督与 12345 热线信息壁垒，构建高效信息共享桥梁，使监督触角借助热线平台广泛延伸至社会治理末梢，实现监督信息实时交互、精准处置与快速反馈，全面提升行政执法监督效能与社会治理水平。北京市应急管理局在 2023 年通过累计检查单位 12.1 万家、立案侦查 724 起等系列扎实行动，深度彰显常态化监督工作力度与精度，构建起坚实监督闭环；市政务服务和数据管理局依托 12345 热线海量受理市民反映的 2143.8 万件信息资源，深度挖掘数据价值，与多部门高效协同、无缝对接，构建起以市民诉求为核心驱动的监督信息共享生态，有力推动民生问题高效解决、行政效能稳步提升、城市治理精细升级。

（二）外部监督

1. 是否建立地方政府规章或行政规范性文件制定、修改及重大行政决策过程中就重大问题向本级党委会请示报告制度

（1）总体表现分析

在本次评估的 100 个城市中，有 22 个城市获得满分，占总数的 22%。所有城市的平均得分为 6.96 分，平均得分率达 69.60%，整体得分状况较为理想。具体来看，得分在 9~10 分的城市共计 26 个；得分在 7~8.5 分的城市有 30 个；得分在 5~6.5 分的城市有 35 个；得分在 2.5~4.5 分的城市有 7 个；而得分在 0~2 分的城市仅有 2 个。从评估结果来看，在地方政府规章、行政规范性文件的制定、修改以及重大行政决策过程中，绝大多数城市能达到就重大问题向本级党委会进行请示报告的要求。100 个城市的总体得分情况见表 B.8-6。

表 B.8-6　三级指标 5 100 个城市总体得分情况

得分（分）	9~10	7~8.5	5~6.5	2.5~4.5	0~2
城市（个）	26	30	35	7	2

（2）分差说明及典型事例

本指标包含两个观测点。观测点一为是否建立地方政府规章、行政规范性文件向本级党委请示制度，平均得分率为 51.60%，有 21 个城市获得满分。在观测点一中，导致扣分的主要原因为部分城市未在政策文件或规范性文件制定规范中明确规定"制定、修改地方政府规章或行政规范性文件过程中应当就重大问题向本级党委会请示报告"的内容，甚至还有部分城市未在政策文件或法律规范中规定"制定、修改地方政府规章或行政规范性文件应当坚持党的领导、程序法定"。观测点二为是否建立重大行政决策向本级党委报告制度，该观测点的平均得分率为 87.50%，共有 65 个城市获得满分，多数城市已确立在重大行政决策过程中就重大问题向本级党委请示报告制度。观测点

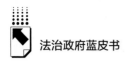

二的扣分点主要在于少数城市在政策文件或政府工作报告中未提及与"重大行政决策过程中应当就重大问题向本级党委会请示报告"相关的内容。

本指标的优秀城市为上饶市。2020年5月10日，上饶市人民政府发布《规章制定程序条例》。该条例第3条指出，规章的制定应落实党的路线方针政策和决策部署，第4条则进一步明确，制定政治方面法律的配套规章，应当依据有关规定及时向党中央或者同级党委（党组）报告；制定重大经济社会方面的规章，应当按照有关规定及时向同级党委（党组）报告。上述规定从宏观角度确立了规章制定过程中党的领导原则，并对不同类型规章的报告要求进行了具体区分：政治领域规章需向上级党委汇报，以确保统一协调；重大经济社会议题则强调在同级党委指导下操作的可行性。2020年12月21日，江西省人民政府颁布《江西省县级以上人民政府重大行政决策程序规定》，其中提到，政府可以根据职责范围和地方实际情况确定决策目录及标准，在获得同级党委批准后向社会公开，并根据需要进行调整。第4条重申了"重大行政决策必须坚持并加强党的全面领导，贯彻党的路线方针政策和决策部署，确保党的领导贯穿于整个决策过程"的原则，充分彰显出江西省人民政府在重大决策向党委请示报告方面作出的宏观部署。为贯彻落实省级人民政府要求，上饶市人民政府印发《关于进一步规范市政府重大行政决策的实施意见的通知》，该文件的"工作原则"部分第1条明确，要"坚持和加强党的全面领导，发挥党的领导核心作用，全面贯彻党的路线方针政策和决策部署，严格落实重大行政决策向党委请示报告制度，把党的领导贯彻到重大行政决策全过程"，以保障重大行政决策向党委请示报告制度的落实。这充分体现了该市为有效实施重大行政决策向党委请示报告制度作出的努力。

2. 是否执行本级人大及其常委会的监督决定；对人大代表的批评、意见和建议是否认真及时答复；是否及时办理政协建议案、提案；是否公开办理情况报告

（1）总体表现分析

在被评估的100个城市中，11个城市获得满分，占总数的11%。城市

平均得分为 8.48 分，平均得分率为 84.80%，整体得分处于较高水平，与上年相比稍有下滑。具体得分分布为：9~10 分的城市共计 50 个，7~8.5 分的城市有 47 个，5.5~6.5 分的城市仅有 3 个。基于评估结果分析，多数城市能够主动贯彻本级人大及其常委会的决议，认真回应人大代表所提的批评、意见及建议，及时处理政协建议案与提案，并将办理情况报告予以公开。100 个城市的总体得分情况见表 B.8-7。

表 B.8-7　三级指标 6 100 个城市总体得分情况

得分（分）	9~10	7~8.5	5~6.5	2.5~4.5	0~2
城市（个）	50	47	3	0	0

（2）分差说明及典型事例

本指标包含四个观测点。观测点一聚焦本级人大及其常委会监督决定的执行情况。此观测点的平均得分率为 66.25%，有 28 个城市获得满分，无得分为 0 分的城市。该观测点的扣分原因主要为部分城市的政府工作报告中未体现"执行本级人大及其常委会的监督决定"相关内容，甚至缺乏"接受人大监督"的相关表述。观测点二着重考察对人大代表批评、意见和建议的认真及时答复情况。这一观测点的平均得分率为 79.00%，36 个城市获得满分。部分城市因在政府工作报告或相关报道中未体现出答复的及时性而被扣分。观测点三关注的是对政协建议案、提案的及时办理情况。此观测点平均得分率高达 99.00%，97 个城市取得满分，这表明各地普遍高度重视及时办理政协建议案与提案。观测点四围绕办理情况报告的公开情况展开。该观测点平均得分率为 91.50%，74 个城市获得满分，这意味着大部分城市能够做到公开办理情况报告。然而，部分城市由于未能在政府信息公开等板块明确公示对人大代表批评、意见和建议的回应与答复而被扣分。

较多城市在本项指标上表现突出。泉州市人民政府在其关于 2023 年法治政府建设情况的报告中提出，该市"行政决策公信力执行力稳步提升……执行向本级人大及其常委会报告工作制度，依法接受人大法律监督和

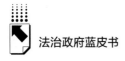

工作监督，主动接受政协民主监督，认真办理人大代表建议 333 件、政协委员会提案 497 件"。深圳市人民政府在该市 2023 年法治政府建设年度报告中提出，其构筑监督合力，做到主动接受人大依法监督和政协民主监督，并通过举例方式公布了办结人大代表建议与市政协提案的数量。武汉市人民政府在其工作报告中说明了其努力强化行政权力监督和制约的决心，表示其一年来办理市人大代表建议 370 件，市政协提案 559 件，并专门出台《2023 年全市人大议案、代表建议案、提案办理工作概况》，向社会报告了其办理数量，表明其实现了"走访率 100%、办复率 100%、满意度 95% 以上"的办理目标。

3. 是否及时履行法院生效裁判，支持配合检察院开展行政诉讼监督、行政公益诉讼，积极主动履行职责或纠正违法行为，及时落实、反馈司法建议、检察建议

（1）总体表现分析

在此次参与评估的 100 个城市中，仅有 4 个城市获得满分，占总数的 4%。所有城市的平均得分为 4.43 分，平均得分率为 44.30%，整体得分状况并不理想。具体来看，得分在 7～10 分的城市共有 21 个；得分在 5～6.5 分的城市有 33 个；得分在 2.5～4.5 分的城市有 16 个；得分在 0～2 分的城市有 30 个。通过对评估结果进行分析可知，仅有极少数城市能够迅速且高效地履行法院的生效裁判，同时积极配合检察院推进行政诉讼监督与行政公益诉讼工作，不仅主动履行自身职责，还能及时纠正违法行为，并按时落实司法建议与检察建议的要求。然而，多数城市仅能满足部分要求，甚至不少城市仅能符合单一观测点的标准。这说明，大多数城市在该领域仍存在较大的提升空间。100 个城市的总体得分情况见表 B.8-8。

表 B.8-8　三级指标 7 100 个城市总体得分情况

得分(分)	7～10	5～6.5	2.5～4.5	0～2
城市(个)	21	33	16	30

（2）分差说明及典型事例

该指标聚焦三个方面：其一，是否颁布了有关接受司法监督的工作文件；其二，能否切实落实文件规定，在政府工作报告中清晰阐述及时履行人民法院生效裁判以及支持人民法院案件审理的情况；其三，是否明确体现支持配合检察院开展行政诉讼监督、行政公益诉讼，主动履行职责或纠正违法行为，以及及时落实并反馈司法建议与检察建议的状况。该指标的主要扣分原因如下：首先，部分城市虽积极接受司法监督，但相关工作文件未对特定指标进行统计，或者政府工作报告中未体现接受司法监督的具体情形；其次，多数城市的报告中缺少主动履行职责或纠正违法行为的相关阐述；最后，在司法建议与检察建议的落实及反馈机制方面存在不足，且报告中未能体现这部分内容。

在评估过程中，项目组发现部分城市在本指标下有亮点做法。贵阳市在《贵阳市人民政府 2023 年度法治政府建设工作情况报告》中指出"认真执行法院生效判决，办理司法建议。全年市政府共计收到 76 份裁判文书。截至 12 月底，市区两级法院共发出司法建议书 165 件，回函反馈 161 件，反馈率 97.58%，未回复的 4 件司法建议均在回复期内"，"主动接受执法检察监督，对市区两级综合行政执法等 12 家重点行政执法部门的执法案卷共 6415 件开展评查。全面落实检察建议，截至 12 月底，全市两级检察机关共制发检察建议 1818 件，已收到回复 1671 件，反馈率 91.91%，未回复的检察建议均在回复期内"，"强化行政复议监督效能。截至 12 月底，贵阳贵安审结 678 件复议案件，纠错 46 件"，以具体的数据来说明其及时接受司法监督以及落实、反馈司法建议、检察建议的情况。海口市在《海口市人民政府关于 2023 年度法治政府建设情况的报告》中指出"建立行政复议案件办理情况通报制度，2022 年度市政府行政复议决定实现 100% 履行。着力解决行政诉讼案件'两高一低'问题，制定 22 项提升行政诉讼胜诉率的专项措施。全市各级行政机关负责人出庭应诉率达到 100%，创历史新高"，"发挥司法监督作用，司法建议及检察建议按期办复率达 100%"，以行政复议实现履行率及行政机关负责人出庭应诉率、司法建议及检察建议按期办复率的

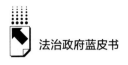

百分比形式直观展现接受司法监督的情况，并且建立行政复议案件办理情况通报制度，监督行政复议案件的及时办理。

4. 行政机关负责人出庭应诉率

（1）总体表现分析

本项指标的评估目的是借助对被测评对象涉及的行政诉讼案件进行收集、梳理与统计，审视 2019～2023 年被测评对象行政机关负责人出庭应诉的情况，进而评估其在法治政府建设进程中外部监督指标的绩效。100 个城市的总体得分情况见表 B.8-9。

表 B.8-9　三级指标 8 100 个城市总体得分情况

得分(分)	9~10	8~9	5~8	0~5
城市(个)	95	5	0	0

（2）分差说明及典型事例

本项指标重点观测 2019～2023 年各市行政机关负责人出庭应诉情况，100 个城市的平均得分率为 95.50%，总体得分情况较好，反映出行政机关负责人出庭应诉制度已渐趋完善，行政机关负责人出庭应诉的自觉意识基本形成。

在该项指标中，各城市得分差距并不显著。其中，95 个城市的分数在 9～10 分。数据分布表明，63% 的城市行政机关负责人出庭率达到 95.50% 及以上，这一比例高于全国平均水平。而行政机关负责人出庭应诉率低于全国平均水平的城市共有 37 个，占比为 37%，这些城市的分数多在 8.5～9.5 分。整体而言，2019～2023 年，全国行政机关负责人出庭应诉率处于较高水平，这充分彰显了我国行政机关在法治政府建设方面取得的显著成果。此次接受评估的 100 个城市，行政机关负责人出庭率普遍较高，不存在得分在 0～8 分的城市。举例而言，2019～2023 年，行政机关负责人出庭应诉率最低的城市得分率为 84.6%。尽管该数值略低于全国平均水平，但差距并不显著。对于该城市来说，应在维持现有状态的前提下，持续增强本市行政机关负责人的法治观念，进一步提升行政机关负责人出庭应诉率。

四　评估结论与建议

总体而言，"行政权力的制约与监督"一级指标的平均得分是 49.14 分（总分 80 分），平均得分率为 61.43%。2024 年发布的《中国法治政府评估报告（2023 年）》显示，该年度评估报告中，"行政权力的制约与监督"指标平均得分为 44.11 分（总分 80 分），平均得分率为 55.14%。2023 年发布的《中国法治政府评估报告（2021~2022 年）》显示，该年度评估报告中，"监督与问责"指标平均得分为 59.09 分（总分 80 分），平均得分率为 73.86%。2020 年发布的《中国法治政府评估报告（2019 年）》显示，该年度评估报告中，"监督与问责"指标平均得分率为 81.37%。2018 年发布的《中国法治政府评估报告（2018 年）》显示，该年度评估报告中，"监督与问责"指标平均得分率为 76.97%。2017 年发布的《中国法治政府评估报告（2017 年）》显示，该年度评估报告中，"监督与问责"指标平均得分率为 73.45%。2016 年发布的《中国法治政府评估报告（2016 年）》显示，该年度评估报告中，"监督与问责"指标平均得分率为 68.02%。2015 年发布的《中国法治政府评估报告（2015 年）》显示，该年度评估报告中，"监督与问责"指标平均得分率为 64.95%。该指标历年测评数据见表 B.8-10。

表 B.8-10　"行政权力的制约与监督"指标历年评估数据对比

年份	平均分（分）	平均得分率（%）	平均分以上的城市数量（个）	及格城市数量（个）
2015	64.95	64.95	48	71
2016	68.02	68.02	53	86
2017	73.45	73.45	58	94
2018	76.97	76.97	54	100
2019	81.37	81.37	53	100
2021~2022	59.09	73.86	56	89
2023	44.11	55.14	53	32
2024	49.14	61.43	47	52

注：2015~2019 年指标满分为 100 分，2021~2022 年、2023 年、2024 年指标满分为 80 分。

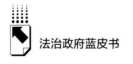
（一）主要的成绩

1.行政复议主渠道作用稳步发挥

一方面，复议化解争议效能显著提升。部分城市在行政复议工作中表现卓越，如北京、广州等。北京市 2023 年度直接纠错 1673 件行政复议案件（纠错率 10.94%），运用多元化解机制实现 5515 件争议实质性化解（综合化解率 36.05%），且审结案件中 87.6% 经复议后未再进入诉讼程序。广州市 2023 年市本级办理涉重点项目推进的征地拆迁类行政复议案件 115 件，调解率高达 40%。这些成果表明，这些城市的行政复议工作在依法纠正行政机关错误、解决行政争议、维护公民合法权益方面发挥了重要作用，行政复议的权威性和公信力不断增强。

另一方面，复议工作机制持续优化创新。诸多城市积极探索创新行政复议工作机制，以适应新时代法治政府建设需求。东莞市出台相关规定，建立"案前化解、案中协调、案后释疑"的纠纷实质性化解全覆盖机制，2023 年以来共调解和解案件 823 件。这种创新机制的建立，使行政复议在解决行政纠纷中的灵活性和有效性得到提升，不仅提高了行政效率，还促进了社会和谐稳定，为其他城市提供了有益借鉴。

2.行政执法协调监督工作扎实推进

第一，监督机制不断创新与完善。部分城市在行政执法协调监督方面成绩斐然，如青岛、泉州、徐州等。青岛市率先建立行政执法监督与 12345 热线、"青诉即办"联动"四项机制"，确定年度行政执法监督工作要点，组织开展案卷评查、执法检查等活动，并对重大执法案件挂牌督办。2023 年，全市市场监管系统查处"铁拳"行动案件 1720 件，移送公安部门 66 件，有力维护了市场秩序。这些举措表明，这些城市通过创新监督机制，加大了行政执法监督的力度，有效提升了行政执法的规范化水平。

第二，监督协作配合更加紧密高效。部分城市注重加强行政执法协调监督中的协作配合，取得良好效果。泉州市司法局印发工作要点，开展民生领域案件查办"铁拳"行动，2023 年以来，全市新收行政复议申请 2117 件，同比增长 65.52%，经复议后起诉 219 件，1898 件行政争议在复议阶段实质化解，行政争议实质化解率达 89.66%。徐州市加强与110 高效对接联动，接处移车诉求 57.86 万件，联合处置群众诉求 9920件，按时办结率 100%，满意率 99.81%。这种跨部门、跨领域的协作配合，整合了各方资源，形成了监督合力，显著提高了行政执法协调监督的整体效能。

3. 重大行政决策向党委报告制度稳步向好发展

在"是否建立重大行政决策向本级党委报告制度"这一观测点上，平均得分率为 87.50%，共有 65 个城市获得满分。依据评估结果可知，多数城市已构建起在重大行政决策时就重大问题向本级党委请示报告的制度。经查阅相关资料发现，一些城市参照《重大行政决策程序暂行条例》，并结合自身实际情况，制定了专门的重大行政决策程序规定。如德州市制定《德州市重大行政决策程序规定》、天津市制定《天津市重大行政决策程序规定》、遵义市制定《遵义市人民政府重大行政决策程序规定》、荆州市制定《荆州市人民政府重大行政决策程序规定》等。部分城市在市政府工作规则中规定了重大行政决策党委报告制度，如《本溪市人民政府工作规则》《西安市人民政府工作规则》《武汉市人民政府工作规则》等。

较多城市在法律规范中既规定了重大行政决策坚持党的领导、程序法定的基本原则，又规定了重大决策向本级党委请示报告的具体规则。如《上海市重大行政决策程序规定》第 3 条强调了在进行重大行政决策时必须坚持和加强党的全面领导，全面贯彻党的路线方针政策和决策部署，发挥党的领导核心作用，把党的领导贯彻到重大行政决策全过程。这一条款确立了重大行政决策过程中坚持党的领导这一基本原则。第 36 条进一步明确，重大行政决策出台前应当按照规定向同级党委请示报告。该条再次强调了重大行政决策向本级党委请示报告的具体要求，确保决策过程符合党的领导和监督机制。

4. 各地政协建议案、提案办理与公开情况总体较好

"是否及时办理政协建议案、提案"观测点平均得分率为 99.00%，得

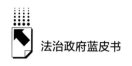
满分的城市有 97 个，说明各地普遍重视及时办理政协建议案与提案。经检索，大部分城市的政府工作报告中涉及"自觉接受人大和政协监督"相关内容，且许多城市能够在此基础上公布本市办理人大代表建议、市政协提案的具体数量，还有部分城市做到了公开办复率与满意率。例如，《石家庄市人民政府关于 2023 年度法治政府建设情况的报告》中指出，其"全年办理全国人大代表建议 1 件、省人大代表建议 49 件、省政协提案 29 件；承办市人大代表建议 523 件、市政协提案 396 件，按时办结率、答复函规范率 100%，代表委员满意率 99% 以上"。部分城市专门发布了人大代表建议与政协委员提案办理情况总结报告，如武汉市人民政府专门出台《2023 年全市人大议案、代表建议案、提案办理工作概况》，表明其实现了"走访率 100%、办复率 100%、满意度 95% 以上"的办理目标。为规范政协提案工作，部分城市发布政协提案工作条例，如北京市于 2024 年 3 月 14 日发布《政协北京市委员会提案工作条例》，以进一步发挥人民政协提案在履行政治协商、民主监督、参政议政职能中的重要作用。

"是否公开办理情况报告"观测点平均得分率为 91.50%，得满分的城市有 74 个，说明大部分城市能够公开办理情况报告。从形式层面分析，"人大代表建议及政协委员提案办理情况"公布得更加及时，布局更加醒目合理，有利于人民群众更加便捷地了解相关情况。关于公布及时，大多数城市能及时将办理情况上网，如泉州市于 2024 年 3 月 25 日成文的《关于推进泉州湾"都市"渔村建设　助力打造高颜值山水田园城市的建议提案》的办理情况于当日发布；长沙市于 2023 年 8 月 31 日成文的《长沙市人民政府对省政协十三届一次会议第 0738 号提案的答复》于 2023 年 9 月 2 日发布。在排版醒目程度方面，多数城市如鞍山市、包头市在"政务公开"下设的"政府信息公开"板块中设有"建议提案答复公开"栏目。部分城市如毕节市、大同市还对"人大建议"与"政协提案"做了进一步细分。从内容角度分析，公开的"人大代表建议及政协委员提案办理情况"在分类上更为科学合理，内容也更为丰富翔实，这有助于人民群众全面深入地知悉相关情况。

（二）存在的问题

1.行政复议主渠道作用有待提升，相关机制有待完善

首先，复议渠道与效率有待优化。部分城市在行政复议工作中面临诸多困境。复议渠道不够畅通，致使部分群众对行政复议的知晓度和申请便利性不足，影响了行政复议功能的充分发挥。同时，复议案件办理效率低下，案件积压、超期办理等问题时有发生，严重损害了当事人的合法权益，也削弱了行政复议的公信力和权威性。其次，调解和解与执行监督亟须加强。部分城市在调解和解工作方面存在明显不足，工作开展不够深入，缺乏有效的调解机制和专业的调解人员，导致调解和解在解决行政争议中的作用未能充分发挥。此外，对行政复议决定的执行监督力度不够，缺乏完善的跟踪回访和问责机制，导致复议决定难以有效执行，影响了行政复议工作的实际效果。

2.部分城市经行政复议案件的胜诉率偏低，行政复议机关审查不够严格

一方面，行政复议案件审理质量亟待提高。部分城市在经行政复议案件的再诉讼率方面面临严峻挑战。复议案件审理不够严谨，存在事实认定不准确、适用法律错误等问题，导致当事人对复议结果不满，进而引发诉讼。这不仅增加了当事人的诉累，也浪费了有限的司法资源，反映出这些城市在行政复议案件审理方面的专业能力和水平有待提升。另一方面，当事人权益保障与释法说理不足。在复议过程中，部分城市未能充分保障当事人的合法权益，未给予当事人充分的陈述和申辩机会，导致当事人对复议程序的公正性产生怀疑。同时，对复议决定的释法说理不够充分，未能清晰、易懂地向当事人解释决定的依据和理由，导致当事人对复议决定的理解和接受程度较低，容易引发后续诉讼。

3.部分城市行政执法协调监督机制不健全，创新举措和实际成效不明显

当前，各地监督工作方案与执行存在欠缺，部分城市在行政执法协调监督方面存在明显短板。如 A 市虽以国务院三年行动计划为指导，但未出台2023 年本地年度行政执法监督工作方案，在重大行政执法案件的专项监督调查处理方面依赖日常监督检查，缺乏针对性和深度，难以有效发现和解决

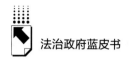

行政执法中的深层次问题。此外，各地还存在监督信息公开与创新力度不足的问题。如在网上检索中未查询到 B 市相关行政执法协调监督工作的有效开展信息，可能存在工作推进不力、信息公开不及时等问题，影响了公众对行政执法监督工作的了解；C 市在相关工作中的创新举措和实际成效不明显，在监督机制建设、监督方式创新等方面滞后，无法适应新时代行政执法监督的要求，制约了行政执法质量的提升。

4. 地方政府规章、行政规范性文件制定及修改过程中就重大问题向党委报告制度仍不完善

"是否建立地方政府规章、行政规范性文件向本级党委请示制度"观测点平均得分率 51.60%。79 个城市未能取得满分，主要原因在于，这些城市在地方政府规章或行政规范性文件的制定、修改相关规范中，没有清晰明确的规定，在地方政府规章、行政规范性文件制定与修改过程中，针对重大问题需向本级党委进行请示报告。相关表述多为"坚持党的领导"或者"遵循法定程序"之类的内容。另外，有 11 个城市得分为 0 分，主要是因为其尚未制定地方政府规章或行政规范性文件的制定、修改相关规范；或者即便制定了规范，其中也完全未涉及"坚持党的领导"以及"遵循法定程序"的内容。该制度的不完善，可能带来决策质量下降、地方政府规章及行政规范性文件合法性风险增加等问题。就前者而言，党委在很多情况下能够提供宏观指导和战略方向，缺少其参与可能会影响政策的整体性和前瞻性。就后者而言，如在涉及重要事项时未及时向党委请示报告，有可能导致所制定的规章或文件与党的方针政策相冲突，进而引发合法性争议。

5. 对本级人大及其常委会的监督决定执行需进一步落实

"执行本级人大及其常委会的监督决定"观测点虽然有 28 个城市获得了满分，但平均得分率仅为 66.25%，这表明大多数城市在执行人大监督决定方面还有很大的提升空间。大多数城市在政府工作报告中只是概括性地提到"接受人大监督"，而没有详细说明具体的监督措施，导致监督工作缺乏可操作性和实效性。许多城市未能在政府工作报告中明确说明执行人大及其常委会监督决定的具体情况，包括执行的数量或百分比，这影响了对执行情况的直观和有效评估。提高人大主动凝练监督议题的能力是提升监督工作质量的关键。城市需要更好地聚焦党中央决策部署和人民群众的期望,以提高监督议题的针对性和实效性。综上所述,部分城市在执行本级人大及其常委会监督决定方面存在执行力度不足、监督措施不具体、执行情况不透明等问题,是执行本级人大及其常委会的监督决定评估中需要重点解决的问题。

6. 接受司法监督文件响应不足,司法监督落实、反馈机制有待加强

"是否及时履行法院生效裁判,支持配合检察院开展行政诉讼监督、行政公益诉讼,积极主动履行职责或纠正违法行为,及时落实、反馈司法建议、检察建议"指标的平均得分率为44.30%,仅有4个城市获得满分。根据本指标的具体评估情况,平均得分率不理想的原因主要有以下几点。一是未主动在政府工作报告中体现接受司法监督的相关内容,只能在零散的文件中找到落实情况,或是虽在政府工作报告中提到积极接受司法监督,但未对如何接受司法监督进行具体评估、描述。二是部分城市在贯彻和落实接受司法监督的规定方面表现不够积极,具体体现为未能迅速执行法院已生效的裁判,在检察院开展行政诉讼监督与行政公益诉讼工作时,支持配合力度不足。面对自身职责范围内的事务或违法行为,缺乏主动履行职责与纠正错误的积极态度,同时对司法建议及检察建议的回应不够及时。三是未重视建立、完善接受司法监督反馈机制,未对相关指标构建统计、反馈体系,虽然积极接受司法监督,但未建立良好的反馈机制,导致公开的政府工作报告中没有相关内容的体现。当前的状况暴露了接受司法监督落实、反馈机制上的短板,不利于对实际接受司法监督情况的评估,也不利于法治政府的建设。

(三)完善的建议

1. 加强行政复议能力建设,完善案件办理机制

首先要畅通复议渠道与优化办理流程。行政复议工作存在问题的城市,应加大行政复议宣传力度,通过多种渠道广泛宣传行政复议的受案范围、申请条件和办理流程,提高群众对行政复议的认知度和信任度,拓宽复议申请

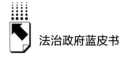

渠道，方便群众申请。同时，优化复议案件办理流程，明确各环节办理时限和标准，建立案件办理进度查询系统，加强对案件办理过程的跟踪和监督，确保案件及时、公正处理。其次要强化调解和解与严格执行监督。完善调解和解工作制度，加强调解人员培训，提高调解人员的专业素质和调解能力，建立健全调解和解工作激励机制，鼓励行政复议工作人员积极开展调解和解工作。加强对行政复议决定执行的监督，建立执行情况定期报告制度和跟踪检查机制，对拒不执行复议决定的行政机关依法依规严肃处理，确保复议决定得到有效执行。

2. 规范行政复议案件审理，提高行政复议机关审查质量

要持续提高案件审理质量，加强公正性保障，再诉讼率较高的城市应加强复议案件审理人员的业务培训和职业道德教育，建立健全复议案件审理质量把关机制，严格审查案件事实、证据和适用法律，确保审理结果公正合法。在复议过程中，充分保障当事人的知情权、参与权和陈述申辩权，提高复议程序的公正性和透明度。此外，应当加强释法说理与沟通反馈。完善复议决定的释法说理制度，要求复议决定书详细阐述认定事实的依据、适用法律的理由和推理过程，采用通俗易懂的语言向当事人解释清楚。加强与当事人的沟通反馈，在复议决定作出前，认真听取当事人的意见和诉求；在决定作出后，及时向当事人送达并解释决定内容，解答当事人的疑问，提高当事人对复议决定的认可度和接受度。

3. 健全行政执法协调监督机制，加强监督能力建设

各地应当进一步健全监督工作方案与强化专项监督。在行政执法协调监督工作方面较为薄弱的城市，应尽快制定科学合理、具有可操作性的年度行政执法监督工作方案，明确监督目标、任务、重点和措施，确保监督工作有序开展。加强对重大行政执法案件的专项监督调查处理，建立重大案件线索移送、挂牌督办和跟踪反馈制度，对重大违法执法行为依法严肃查处，提高行政执法监督的威慑力。在推进监督信息公开与创新监督方式方法上，应当加大行政执法协调监督工作信息公开力度，建立健全信息公开制度，及时将监督工作动态、监督检查结果、典型案例等向社会公开，接受公众监督。积

极探索创新行政执法监督方式方法，充分利用信息化技术手段，建立行政执法监督大数据平台，实现对行政执法行为的全过程实时监督、智能预警和数据分析评估，提高行政执法监督的科学性和精准性。加强与司法机关、纪检监察机关等其他监督主体的协作配合，建立健全信息共享、线索移送、联合执法等工作机制，形成监督合力，共同推进行政执法规范化建设。

4. 推动地方政府规章、行政规范性文件在制定及修改过程中就重大问题请示报告制度的落地实施

《市县法治政府建设示范指标体系》（2021 年版）再次强调，应坚持党对地方政府规章或者行政规范性文件制定工作的领导，制定、修改过程中遇有重大问题及时向本级党委请示报告。据此，可从以下方面着手改进。首先，建议各市政府积极出台有关本市行政规范性文件或政府规章制定程序的规定，从宏观层面上规范和指导本市规范性文件的制定流程。确保所有制定活动符合党的领导原则，并能及时响应和解决制定过程中的关键问题。其次，一方面，从宏观角度出发，确立坚持党的领导、遵循法定程序为规范性文件制定的基本准则；另一方面，在微观操作层面，明确将"在地方政府规章或行政规范性文件的制定、修改过程中，重大问题需向本级党委请示报告"写进相关规范性文件的制定程序内。最后，可进一步完善向本级党委请示报告的工作机制。例如，出台相关文件明确界定"重大问题"的范围、完善请示报告流程要求、设立标准化报告模板、明确报告接收部门及职责、强化监督机制，设立专门监察小组定期检查各部门的请示报告执行情况，建立反馈机制等。

5. 落实执行本级人大及其常委会监督决定，提升执行情况公开透明度

为保障本级人大及其常委会监督决定的执行，应督促执行切实落实，提升执行情况的公开透明度，具体措施如下：加强制度建设，确保每项监督决定都有明确的执行责任人、标准和时限；细化执行流程，制定详细的执行计划，包括决策、执行、监督和反馈等环节；量化执行成果，在政府工作报告中公布具体的执行成果和影响评估；强化监督和问责机制，对未能按时执行或执行不力的情况建立问责程序；提升透明度和公众参与度，通过多种渠道

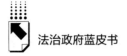

定期公布执行进展，鼓励公众监督；建立快速反馈机制，及时回应人大及其常委会的审议意见；加强跨部门协作，确保涉及多部门的监督决定得到有效执行；定期评估和改进执行情况，优化执行流程和方法；借鉴先进经验，结合本地实际创新执行方式；加强法治教育和培训，提高政府工作人员依法行政的意识和能力。通过这些措施，提高市政府执行人大监督决定的能力，确保政府工作更加透明、高效和法治化。

6. 推动在《法治政府建设工作报告》中公开接受司法监督的具体情况，深入落实判决、职责的履行、违法行为的纠正，建立、完善接受司法监督的反馈机制

各地行政机关应当进一步落实接受司法监督的信息公开，建立并完善接受司法监督的反馈机制。根据《法治政府建设实施纲要（2021—2025 年）》的规定，各地行政机关应当加强和规范行政应诉工作。积极履行生效裁判、主动履行职责或者纠正违法行为，做好司法建议、检察建议落实和反馈工作。根据行政机关接受司法监督文件规定的评估情况，大部分城市并未积极落实接受司法监督的文件规定，其主要原因是未建立、完善司法建议、检察建议的反馈机制。因此，为了推进落实接受司法监督的文件规定，应当建立起完善的接受司法监督的反馈机制，以信息公开的方式督促政府积极落实司法监督的文件规定。因此，应当引导各地政府在《法治政府建设工作报告》中公开及时履行法院生效裁判，协助配合检察院开展行政诉讼监督、行政公益诉讼，积极主动履行职责或纠正违法行为，及时落实、反馈司法建议、检察建议的数量或者完成率，以更直观的方式对落实情况进行评估。此外，在政府官网的"政务公开"一栏中，可设置专门的"接受司法监督情况"专栏，以更及时地分级、分类公开接受司法监督的情况。

B.9
法治政府对法治社会的带动

李红勃[*]

摘 要： 2024年度法治政府评估在一级指标"法治政府对法治社会的带动"下设置"坚持和发展新时代'枫桥经验'""推进公共法律服务体系建设""增强全社会法治观念"二级指标，系统考察了政府推进法治政府建设的情况。评估发现，在坚持和发展新时代"枫桥经验"方面，我国社会矛盾纠纷多元预防调处化解综合机制运行良好，体系日益健全，行政裁决工作有效推进；在推进公共法律服务体系建设方面，各地能够发挥多主体协同配合的优势，法律援助中心与群团组织积极开展专项法律援助活动，法律援助服务质量不断提升；在增强全社会法治观念方面，各地普法工作实施到位，以线上线下多种形式合力增强法治宣传教育的实效性，群众也能够切实参与到法治实践全过程。各地政府在取得成绩的同时，也存在可以改进的方面，如矛盾纠纷调处化解机制建设仍有改进余地，公共法律服务体系供给均衡性与实质化建设有待加强，普法和公众参与工作质量和效果尚存在提升空间等。为使法治政府建设持续带动法治社会进步，需要强化矛盾纠纷调处化解机制建设，推动实现共建共治共享社会治理新格局；推动公共法律服务均衡发展，构建高质量实质化服务体系；促进普法工作提质增效，推动公民在法治实践中的深度参与和学习。

关键词： 法治社会 "枫桥经验" 行政裁决 公共法律服务体系 法治宣传教育

---

* 李红勃，中国政法大学法治政府研究院教授，法学博士，研究方向：法理学、人权法、教育法。中国政法大学法学院2024级宪法学与行政法学博士研究生李佳瑶、中国政法大学法学院2023级宪法学与行政法学硕士研究生严静静、中国政法大学法律硕士学院2022级法律硕士研究生孙海珊协助进行数据检索、分析及图表制作等工作。

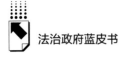

法治社会是法治国家、法治政府建设的基础和依托。在法治国家、法治政府、法治社会一体建设进程中，法治政府建设是全面依法治国的重点任务和主体工程，对法治社会建设具有示范带动作用。法治政府建设一方面能够通过严格依照法律法规行使行政权力、管理公共事务，为法治社会建设提供示范和引领；另一方面能够通过有效化解社会矛盾和纠纷、优化公共法律服务、推动社会参与和普法教育等措施，提升公众对法治的信任感和满意度，激发法治社会发展的内在动力。在此背景下，项目组设置了"法治政府对法治社会的带动"一级指标，全面反映新时代法治政府建设的深刻内涵。

在 2023~2024 年的评估中，项目组以国家最新法律法规、政策文件为依据，以往年的评估经验为参考，全面修订了评估指标，使评估指标体系更加贴近调研目的。围绕"法治政府对法治社会的带动"一级指标，项目组主要从坚持和发展新时代"枫桥经验"、推进公共法律服务体系建设、增强全社会法治观念三个方面对 100 个城市进行了评估。评估结果显示，各地政府在运用社会矛盾纠纷多元预防调处化解综合机制和行政裁决以化解社会矛盾，加强多元化法律服务供给和提升法律援助质量以推动公共法律服务均衡发展，以及落实普法宣传和社会参与以增强全社会法治观念等方面采取了有效措施，对法治社会发展起到显著带动作用，但在细化和落实方面有待进一步完善。

一　指标设置及评估标准

2023~2024 年"法治政府对法治社会的带动"指标的评估设计与上一年度的整体思路保持一致，同时考虑到评估项目之间的连贯性，对本指标体系有所调整，以期更加全面地考察法治政府对法治社会的各类影响。

（一）指标体系

在 2023~2024 年的评估中，"法治政府对法治社会的带动"一级指标下共设立 3 个二级指标，分别为"坚持和发展新时代'枫桥经验'""推进公共法律服务体系建设""增强全社会法治观念"，并在此二级指标下设立 6 个三级指标，共计 80 分（见表 B.9-1）。

"坚持和发展新时代'枫桥经验'"下设"健全社会矛盾纠纷多元预防调处化解综合机制"和"推进行政裁决" 2 个三级指标，各占 15 分；"推进公共法律服务体系建设"下设"公共法律服务体系全覆盖"和"法律援助与村（居）法律顾问" 2 个三级指标，各占 15 分；"增强全社会法治观念"下设"落实政府普法工作"和"培养社会参与意识" 2 个三级指标，各占 10 分。

表 B.9-1　法治政府对法治社会的带动指标体系

一级指标	二级指标	三级指标
法治政府对法治社会的带动（80分）	（一）坚持和发展新时代"枫桥经验"（30分）	1. 健全社会矛盾纠纷多元预防调处化解综合机制（15分）
		2. 推进行政裁决（15分）
	（二）推进公共法律服务体系建设（30分）	3. 公共法律服务体系全覆盖（15分）
		4. 法律援助与村（居）法律顾问（15分）
	（三）增强全社会法治观念（20分）	5. 落实政府普法工作（10分）
		6. 培养社会参与意识（10分）

（二）设置依据和评估标准

课题组主要依据 2015 年中共中央办公厅、国务院办公厅印发的《关于完善法律援助制度的意见》，2018 年最高人民法院、司法部、民政部等六部门联合印发的《关于加强人民调解员队伍建设的意见》，2019 年中共中央办公厅、国务院办公厅印发的《关于加快推进公共法律服务体系建设的意见》，2020 年中共中央印发的《法治社会建设实施纲要（2020—2025年）》，2021 年中共中央印发的《法治中国建设规划（2020—2025年）》，2021 年中共中央、国务院印发的《法治政府建设实施纲要（2021—2025 年）》，2021 年《中共中央　国务院关于加强基层治理体系

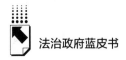

和治理能力现代化建设的意见》，2021年《中央宣传部、司法部关于开展法治宣传教育的第八个五年规划（2021—2025年）》以及2021年司法部印发的《全国公共法律服务体系建设规划（2021—2025年）》设计评估指标、依据和评价体系。

对比上一年的指标设计，为避免重复测量并增强区分度，本年度对评估指标进行了一定调整。第一，本年度评估将原有的二级指标"社会矛盾有效化解"更改为"坚持和发展新时代'枫桥经验'"，同时将该二级指标下的三级指标"调解组织建设"更改为"健全社会矛盾纠纷多元预防调处化解综合机制"，增加基层矛盾调解综合机制建设情况为评估对象，关注"枫桥经验"如何在基层实施，展现"问题解决在基层"的社会治理新局面。第二，本年度评估将原有的二级指标"推进法律公共服务体系建设"项下的三级指标"多元化公共法律服务供给建设"更改为"公共法律服务体系全覆盖"，扩充公共法律服务考察的范围，提升服务供给的细化程度。同时，增加原三级指标"法律援助与村（居）法律顾问"的考察内容，增设法律援助信息公开制度的考察项以及村（居）法律顾问新配置落实的考察项，进一步提高各指标得分的区分度，从而展现各城市法律援助制度惠及民生的新局面。第三，本年度评估将原有的二级指标"增强全社会法治观念"项下的三级指标"领导干部法治思维培养"更改为"落实政府普法工作"，全方位审视政府普法工作落实情况。同时，将三级指标"落实'谁执法谁普法'"更改为"培养社会参与意识"，增加社会公众通过参与法律实践以增强法治观念的情况为评估对象，展现政府与社会之间的互动往来如何增强社会法治观念。

各三级指标（观测点）的设置依据、测评方法以及评分标准如下。

1. 健全社会矛盾纠纷多元预防调处化解综合机制

【设置依据】《法治政府建设实施纲要（2021—2025年）》中指出："健全社会矛盾纠纷行政预防调处化解体系，不断促进社会公平正义。坚持将矛盾纠纷化解在萌芽状态、化解在基层，着力实现人民群众权益受到公平对待、尊严获得应有尊重，推动完善信访、调解、仲裁、行政裁决、行政复议、诉讼等社会矛盾纠纷多元预防调处化解综合机制。"《中共中央 国务院关于加强基层治理体系和治理能力现代化建设的意见》中指出："增强乡镇（街道）平安建设能力。坚持和发展新时代'枫桥经验'，加强乡镇（街道）综治中心规范化建设，发挥其整合社会治理资源、创新社会治理方式的平台作用。完善基层社会治安防控体系，健全防范涉黑涉恶长效机制。健全乡镇（街道）矛盾纠纷一站式、多元化解决机制和心理疏导服务机制。"

【测评方法】网络检索。以微信公众号、百度、必应等搜索平台或引擎为主渠道，以"矛调中心""综治中心""社会矛盾纠纷调处化解文件""综治中心文件""矛调小程序""综治小程序"等为关键词在各平台上进行检索，了解各地综治中心建设情况、出台指导文件情况。本指标的检索时间为2023年5月1日至2024年4月30日。

【评分标准】本项满分为15分。（1）随机抽取5个区县（不足5个的按实际数量），设置社会矛盾纠纷调处化解中心［以下简称"矛调中心（综治中心）"］的，每个得1分，最高得5分；实现综治中心建设全覆盖（省—市—县—乡/镇—村）的，得2分。（2）发布社会矛盾纠纷多元预防调处化解综合机制相关工作指南、指导意见等专门文件的，得3分。（3）矛调中心（综治中心）建成线上线下多渠道处理机制的，得5分（线下、电话、小程序渠道各2分、2分、1分）。

2. 推进行政裁决

【设置依据】《法治政府建设实施纲要（2021—2025年）》中指出："有序推进行政裁决工作。发挥行政裁决化解民事纠纷的'分流阀'作用，建立体系健全、渠道畅通、公正便捷、裁诉衔接的裁决机制。推行行政裁决权利告知制度，规范行政裁决程序，推动有关行政机关切实履行行政裁决职责。全面梳理行政裁决事项，明确行政裁决适用范围，稳妥推进行政裁决改革试点。强化案例指导和业务培训，提升行政裁决能力。研究推进行政裁决法律制度建设。"

【测评方法】网络检索。以各地政府官网、政务服务平台为主要搜索渠道，以百度、微信等为辅助搜索渠道，检索"行政裁决制度""行政裁决方案""行政裁决程序""行政裁决业务培训""行政裁决案例指导"等关键词，以此为基础展开评估。

【评分标准】本项满分为 15 分。（1）出台了行政裁决的规章制度、实施方案的，得 5 分。（2）发布了行政裁决事项与适用范围的，得 4 分。（3）以自然资源权属争议、知识产权纠纷为对象进行检索，能够查询到行政裁决办理机构、处理程序的，得 2 分；能够实现行政裁决在线立案、在线办理的，得 2 分；能够进行案例指导和开展业务培训的，得 2 分。

3. 公共法律服务体系全覆盖

【设置依据】《法治社会建设实施纲要（2020—2025 年）》提出"加强公共法律服务实体、热线、网络三大平台建设，推动公共法律服务与科技创新手段深度融合，尽快建成覆盖全业务、全时空的公共法律服务网络"。同时，针对法治社会建设的主体内容要求，提出要"加快律师、公证、仲裁、司法鉴定等行业改革发展，完善公共法律服务管理体制和工作机制，推进公共法律服务标准化、规范化、精准化，有效满足人民群众日益增长的高品质、多元化法律服务需求"。对于公证机构，《全国公共法律服务体系建设规划（2021—2025 年）》提出，对密切关系民生的公证服务事项，实行清单化管理，推动纳入基本公共服务体系，给予经费保障和资金支持。同时，《全国公共法律服务体系建设规划（2021—2025 年）》中提出，应发挥律师在公共法律服务中的主力军作用、营造法治化营商环境、坚持和强化公证的公益性以及健全完善司法鉴定管理使用衔接机制等，加强多主体服务供给建设。

【测评方法】网络检索。在评估时段内，首先在各市政府门户网站等平台检索该市公共法律服务中心覆盖率、《司法鉴定机构人员名册》公布、《公证服务事项清单》公布等情况，以及公共法律服务相关机构基本信息。然后，通过检索"公证服务事项清单""法治营商"等关键词，查找各市开展工作所依据的政策文件以及相关新闻消息，以此为基础展开评估。

【评分标准】本项满分为 15 分，主要考察公共法律服务建设及其实施效果，具体分为两部分。一是公共法律服务体系建设。主要考察公共法律服务中心（站）、网络平台建成率、公证机构、司法鉴定机构建设相关情况。二是为优化法治营商环境提供多元化、多主体的公共法律服务。具体而言，评分标准如下。（1）全市（含各区、县）公共法律服务中心（站）建成率达到100%的，得2分，未达到100%的，视覆盖情况酌情得1分。各市建成公共法律服务网络平台，并推动实体、热线、网络三大平台深度融合的，得4分；未建成本市独立的公共网络服务平台，但能依托省一级公共法律服务平台开展工作的，酌情得2分。（2）本市（含各区、县）公证机构能够发布关系民生的公证服务事项清单的，得2分。公证或司法鉴定机构能够根据公民经济情况减免收取费用的，得2分。司法鉴定机构能够实现市域内业务种类全覆盖的，得2分。（3）公共法律服务就优化法治营商环境开展专项活动，如提供涉企法治讲座、法治体检活动的，酌情得分，最高得2分。在提供上述服务时，能够发挥多主体作用，如律师带头为企业提供法律咨询、合规体检的，得1分。

4. 法律援助与村（居）法律顾问

【设置依据】《全国公共法律服务体系建设规划（2021—2025年）》提出，建立信息公开制度，定期向社会公布法律援助资金使用、案件办理、质量考核结果等情况，接受社会监督。加强服务质量监管，通过第三方评估等方式定期进行质量考核，综合运用庭审旁听、案卷检查、征询司法机关意见和回访受援人等措施，督促法律援助人员提升服务质量。《关于完善法律援助制度的意见》提出，综合法律援助资源状况、公民法律援助需求等因素，进一步放宽经济困难标准，降低法律援助门槛，使法律援助覆盖人群逐步拓展至低收入群体，惠及更多困难群众。《关于加快推进公共法律服务体系建设的意见》提出"加快推进村（居）法律顾问全覆盖"。2023年，司法部、全国普法办正式启动"1名村（居）法律顾问+N名法律明白人"行动，旨在把律师的专业优势和"法律明白人"的乡土优势结合起来，提升基层依法治理工作合力。

【测评方法】网络检索。在评估时段内，在各市政府门户网站等网络

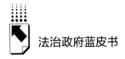
平台，以"信息公开""降低门槛""法律援助+"等为关键词进行检索，查找公开信息和相关的新闻报道，在此基础上进行评分。

【评分标准】本项满分为15分，具体标准如下。（1）各市法律援助机构能够建立信息公开制度的，得3分。其中能够定期向社会公布法律援助案件办理、质量考核结果等情况，接受社会监督的，得2分；公布法律援助资金使用情况、补贴发放情况的，得1分。（2）能够根据本市经济发展情况进一步扩大法律援助范围的，得1分；能根据司法部"法援护苗"行动针对未成年人开展专项法援活动的，得1分；能够联合社会各界力量开展援助专项活动的，每项得1分，最高得3分。（3）实现村（居）法律顾问配备比例100%的，得1分；实现村（居）法律顾问与法律明白人"1+N"配置的，得2分；村（居）法律顾问正确履职的，视其参与矛盾纠纷化解事项情况，每项得1分，最高得3分；对上述法律顾问和明白人开展培训的，得1分。

5. 落实政府普法工作

【设置依据】《法治社会建设实施纲要（2020—2025年）》要求落实"谁执法谁普法"普法责任制，实现国家机关普法责任制清单全覆盖。《中央宣传部、司法部关于开展法治宣传教育的第八个五年规划（2021—2025年）》提到，要推进法治文化阵地建设，扩大法治文化阵地覆盖面，提高使用率。着力提升市县法治文化阵地建设质量，推动从有形覆盖向有效覆盖转变。基本实现每个村（社区）至少有一个法治文化阵地。此外，《法治社会建设实施纲要（2020—2025年）》提出要运用新媒体新技术普法，推进"智慧普法"平台建设。《中央宣传部、司法部关于开展法治宣传教育的第八个五年规划（2021—2025年）》还强调要充分运用新技术新媒体开展精准普法，创新普法内容。适应人民群众对法治的需求从"有没有"向"好不好"的转变，提高普法质量，形成法治需求与普法供给之间更高水平的动态平衡。要拓展普法网络平台，建立全国新媒体普法集群和矩阵，发挥"学习强国"等平台优势，形成多级互动传播。要创新普法方法手段，使互联网变成普法创新发展的最大增量。

【测评方法】网络检索。以各地政府及其职能部门官网、信息公开网站为主要检索渠道，以搜狗、百度等搜索引擎和微博、微信等社交平台为辅助检索渠道，检索"普法责任制清单""普法责任清单""法治文化阵地""××司法""××普法"等关键词，并查询各地政府及其职能部门的政策文件、法治政府建设报告、新闻报道等，以此为基础展开评估。

【评分标准】本项满分为10分，标准设立如下。（1）普法责任制清单公开发布情况。在司法局、民政局、公安局、市场监管局等市级部门中随机抽取三个，能够检索到发布普法责任制清单的，每个得1分，最高得3分。声明已发布全市政府机关普法责任清单，但因内容未公开导致无法确定具体部门的，得2分。（2）法治文化阵地建设情况。在各市中随机挑选三个区县，已建立法治文化阵地的，每个得1分，最高得3分。（3）线上法治宣传矩阵运行情况。检索市级普法网站、微博、微信公众号等平台，专门开设2个及以上普法账号并予公示的，得2分；普法账号活跃度高（更新频率、阅读量高）的，得1分；普法账号内容及时、专业的，得1分。

6. 培养社会参与意识

【设置依据】《中央宣传部、司法部关于开展法治宣传教育的第八个五年规划（2021—2025年）》提到要在立法过程中开展实时普法，把普法融入立法过程。在法律法规制定、修改过程中，通过公开征求意见、听证会、论证会、基层立法联系点等形式扩大社会参与。《法治社会建设实施纲要（2020—2025年）》提出要促进社会规范建设，加强居民公约、村规民约、行业规章、社会组织章程等社会规范建设，推动社会成员自我约束、自我管理、自我规范；加强对社会规范制定和实施情况的监督，制定自律性社会规范的示范文本，使社会规范制定和实施符合法治原则和精神。《中央宣传部、司法部关于开展法治宣传教育的第八个五年规划（2021—2025年）》还提到，要充分运用社会力量开展公益普法，壮大社会普法力量。发挥群团组织和社会组织在普法中的作用，畅通和规范市场主体、新社会阶层、社会工作者和志愿者等参与普法的途

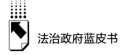

径，发展和规范公益性普法组织。《法治社会建设实施纲要（2020—2025年）》还提到，要培育壮大普法志愿者队伍，形成人民群众广泛参与普法活动的实践格局。

【测评方法】网络检索。以地方政府及其职能部门官网、人大官网等为主要检索渠道，以百度、搜狗等搜索引擎为辅助检索渠道，检索"立法座谈会""立法听证会""村规民约""居民公约""协商议事平台""普法志愿者"等关键词，并查询各地政府及其职能部门的政策文件、新闻报道等，以此为基础展开评估。

【评分标准】本项满分为10分，标准设立如下。（1）民众参与立法过程情况。设立公开征求意见专栏并对意见进行有效反馈的，得2分；有民众参与立法前座谈会或论证会的，得2分。（2）民众参与社会自治情况。出台市级居民公约、村规民约等社会规范示范文本或指导意见的，得1分；组织修订、执行工作的，得1分；创设如协商议事平台等村民、居民自治制度化渠道的，得1分。（3）群团组织参与公益普法情况。在评估时段内有工会、妇联、共青团、残联等组织举办或参与过普法活动的，每个得1分，最高得2分；有群众志愿者参与过普法志愿活动的，得1分。

二　总体评估结果分析

本项指标评估总分为80分，共有100个被评估的城市，平均得分为70.27分。其中，共有56个城市得分在平均分之上，占被评估城市总数的56%；共有44个城市得分在平均分之下，占44%。在本项指标评估中，最高得分为79分，最低得分为53分，总体区分度较大。大多数城市的得分在65~75分，共计85个城市在此分数区间，在所有被评估城市中占85%。在本级指标下，得分较高的4个城市依次是佛山（79分）、成都（79分）、上海（77分）、广州（77分）。

本年度得分率较高的30个城市见图B.9-1。

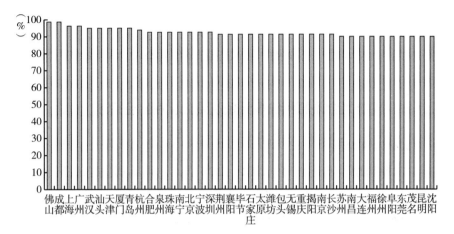

图 B.9-1 "法治政府对法治社会的带动"得分率较高的 30 个城市（含并列）

"法治政府对法治社会的带动"一级指标包含 6 个三级指标（观测点），各三级指标（观测点）的得分率情况如下：（1）健全社会矛盾纠纷多元预防调处化解综合机制，平均得分率为 86.33%；（2）推进行政裁决，平均得分率为 85.67%；（3）公共法律服务体系全覆盖，平均得分率为 93.60%；（4）法律援助与村（居）法律顾问，平均得分率为 85.33%；（5）落实政府普法工作，平均得分率为 85.20%；（6）培养社会参与意识，平均得分率为 91.10%（见图 B.9-2）。

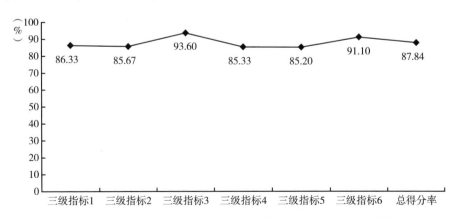

图 B.9-2 "法治政府对法治社会的带动"各三级指标的平均得分率

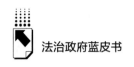

三　三级指标评估结果分析

（一）健全社会矛盾纠纷多元预防调处化解综合机制

1. 总体表现分析

《法治政府建设实施纲要（2021—2025年）》明确提出，健全社会矛盾纠纷行政预防调处化解体系，不断促进社会公平正义，坚持将矛盾纠纷化解在萌芽状态、化解在基层，推动完善信访、调解、仲裁、行政裁决、行政复议、诉讼等社会矛盾纠纷多元预防调处化解综合机制。根据实施纲要的要求，项目组在三级指标"健全社会矛盾纠纷多元预防调处化解综合机制"下以基层社会矛盾纠纷调处化解综合机制为重点进行指标设计，主要观察地方政府是否设立了矛调中心（综治中心），是否出台了相关的指导意见和专门指南，是否建立了多渠道反映机制，以此来评估社会矛盾纠纷多元预防调处化解综合机制完善情况。

在本次评估中，三级指标"健全社会矛盾纠纷多元预防调处化解综合机制"平均得分为12.95分，平均得分率为86.33%，得分为15分的城市仅有4个，所有城市得分都在8分以上（见表B.9-2）。从中可见，各地基本已建立起体系健全的矛调中心（综治中心），并通过出台指导文件不断完善机制运行。各地方政府在该项指标上差距较小，发展较为平均，但总体与社会矛盾纠纷多元预防调处化解综合机制的健全仍有一定的距离。

表B.9-2　"健全社会矛盾纠纷多元预防调处化解综合机制"指标总体得分情况

得分（分）	15	12~14	9~11	8分及以下
城市（个）	4	91	5	0

2. 分差说明与典型事例

在矛调中心（综治中心）设置方面，100个城市的平均得分为6.22分，平均得分率为88.86%。其中，获得满分7分的城市有29个，获得6分的城市有67个，获得5分的城市有2个，获得4分及以下的城市有2个。大部分城市在区县一级都完成了矛调中心（综治中心）建设，但仍有极少数城市区县一级矛调中心（综治中心）覆盖不足。超七成城市在这一得分点上未获得满分，主要是因为暂未实现矛调中心（综治中心）建设五级（省—市—县—乡/镇—村）全覆盖，大部分城市矛调中心（综治中心）建设仅实现"市—县—乡"三级覆盖，村矛调中心（综治中心）建设仍在进行中。

在是否发布社会矛盾纠纷多元预防调处化解综合机制相关工作指南、指导意见等专门文件方面，100个城市的平均得分为2.54分，平均得分率为84.67%。其中，获得满分3分的城市有59个，获得2分的城市有36个，仅得1分的城市有5个。超一半城市为推进社会矛盾纠纷多元预防调处化解综合机制的良好运行，出台了专门的指导意见或工作指南，如江西省上饶市相继出台《上饶市综治中心实体化运行工作调度机制》《关于推进建立矛盾纠纷诉调对接工作运行机制的意见》《关于建立矛盾纠纷诉调对接工作运行机制的规定》，对矛盾纠纷调处化解综合机制进行了详细的部署；贵州省遵义市针对综治中心建设出台了《关于规范全市"多网合一"工作的实施意见》《关于市、县两级社会治安综合治理服务中心、乡镇（街道）综合治理服务中心、村（社区）综治中心规范化建设的实施意见》等文件，为综治中心发挥基层矛盾纠纷调处化解作用提供了组织和法律保障。近四成城市虽未出台专门的文件，但其现有的一般性文件为纠纷解决机制的良好运行提供了指导，如上海市出台了《上海市促进多元化解矛盾纠纷条例》，对多元化解矛盾纠纷工作进行了整体部署。但仍有少数城市既未出台专门的指导意见和工作指南，也缺少一般性的多元纠纷化解文件兜底。

在矛调中心（综治中心）建成线上线下多渠道处理机制方面，100个城市的平均得分为4.19分，平均得分率为83.80%。其中，获得满分5分的城市有20个，获得4分的城市有79个，获得3分及以下的城市有1个。所有城市在矛调中心（综治中心）建设方面均建立了"线下固定场所接待+电话热线联系"双渠道处理机制。部分城市在该模式的基础上，利用互联网平台和大数据开发专门的"矛调"小程序，或利用已有的政务服务程序，实现纠纷当事人足不出户"在线解决"矛盾纠纷。如温州市委政法委和鹿城矛调中心联合打造了数字法治应用平台"温州矛调在线"，该平台通过线上渠道实现资料提交、法律咨询、纠纷调解等功能。

（二）推进行政裁决

1.总体表现分析

《法治政府建设实施纲要（2021—2025年）》指出，要有序推进行政裁决工作，发挥行政裁决化解民事纠纷的"分流阀"作用。本项指标针对各城市是否有效推进行政裁决工作而设计，满分为15分。根据评估结果，推进行政裁决的平均得分为12.85分，平均得分率为85.67%。具体分值分布见表B.9-3。

表B.9-3 "推进行政裁决"指标总体得分情况

得分（分）	15	12~14	9~11	8分及以下
城市（个）	5	82	13	0

2.分差说明与典型事例

在"推进行政裁决"这一指标下，项目组主要针对"行政裁决规章制度和实施方案出台情况""行政裁决事项和适用范围发布情况""行政裁决在线立案和办理情况以及案例指导和业务培训情况"三方面设立了得分点。

在是否出台行政裁决的规章制度、实施方案方面，100个城市的平均得分为4.19分，平均得分率为83.80%，其中，获得满分5分的城市有38个，获得4分的城市有43个，获得3分的城市有19个。近四成城市在这一得分点上获得满分，但仍有少部分城市未能出台行政裁决的规章制度和实施方案，这既不利于实现行政裁决的规范化实施，也不利于行政裁决的推广适用。而已出台的规章制度和实施方案主要针对专利侵权纠纷、自然资源权属争议、政府采购等，如上海市的《上海市财政局政府采购行政裁决工作规程（试行）》，其主要目的是推进政府采购行政裁决示范点建设，探索建立政府采购行政裁决工作机制。

在是否发布行政裁决事项与适用范围方面，100个城市的平均得分为3.98分，平均得分率为99.50%。绝大多数城市已通过各种渠道发布了行政裁决事项清单，但仍有个别城市无法检索到相关信息。

在能否查询到行政裁决办理机构、处理程序，能否实现行政裁决在线立案、在线办理，能否进行案例指导和开展业务培训方面，100个城市的平均得分为4.68分，平均得分率为78.00%，其中，获得满分6分的城市有9个，获得5分的城市有50个，获得4分的城市有41个。城市之间的差距主要集中在是否进行了案例指导和业务培训上，部分城市既未发布案例指导也未开展业务培训，而部分城市虽然开展了案例指导和业务培训，但存在开展周期过长、频率较低的问题。

（三）公共法律服务体系全覆盖

1.总体表现分析

本项指标旨在评估各市公共法律服务供给建设的基本情况，满分为15分，100个城市的平均得分为14.04分。如表B.9-4所示，本项指标得分为满分的城市有45个，占比45%，最低分为10分。绝大多数城市得分在13~15分区间。总体而言，各地均能落实《法治社会建设实施纲要（2020—2025年）》以及《全国公共法律服务体系建设规划（2021—2025年）》的相应要求，发挥多主体协同配合优势开展公共法律服务，树立以人民为中心的公共法律服务供给理念提供优质服务。

表B.9-4 "公共法律服务体系全覆盖"指标总体得分情况

得分（分）	15	13~14	11~12	10分及以下
城市（个）	45	41	13	1

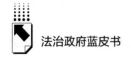
2. 分差说明及典型事例

本三级指标侧重考察城市公共法律服务供给的全面性、多元性、惠民性。

第一，在公共法律服务中心覆盖率和推动实体、热线、网络三大平台深度融合方面，评估结果显示，各城市均能实现市、县、乡三级公共法律服务中心全覆盖和三大平台深度融合，该项满分为 6 分，各城市得分率为 100.00%。

第二，公证机构和司法鉴定机构提供公共法律服务的考核项下设置了三个细分考核项。一是公证机构发布服务事项清单，满分为 2 分，各城市均得到满分，得分率为 100.00%。各城市均能以"高效办成一件事"为标准，以"清单之外无证明"为抓手，规范和精简公证证明材料，切实提升公证机构的公证能力。发布公证服务事项清单的途径多样化。（1）以司法部发布的《公证服务事项清单（2024）》为标准，增加符合本市发展情况的公证事项。如重庆市将"最多跑一次"公证事项扩大至 140 项，并且能为行动不便的当事人开通"绿色通道"，不断提升群众的满意度。（2）依托在线公证服务平台。大部分城市均开通了线上公证服务平台，采取发布公证服务事项清单与开通在线公证平台的双重便民措施，公证事项、所需材料均陈列于在线公证平台。二是公证或司法鉴定机构能够减免收取费用，满分为 2 分，各城市平均分为 1.58 分，平均得分率为 79.00%，呈现较为明显的差异。有 79 个城市的公证机构或司法鉴定机构能够根据本市公民的经济情况减免收取费用，其中，成都公证机构坚持连续十一年在重阳节免费为老年人开展遗嘱公证，并减免其他费用，实现公证服务暖心便民、助力打造适老化社会的改革，充分展现其社会责任感。整体而言，大部分城市均能开通公证服务绿色通道，采取司法鉴定费用减免举措，发挥公证机构在公共法律服务提供中的重要作用。三是司法鉴定机构实现市域内业务种类全覆盖，满分为 2 分，各城市平均分为 1.57 分，平均得分率为 78.50%，呈现较为明显的差异。司法鉴定主要包括法医类鉴定、物证类鉴定、声像资料鉴定以及根据诉讼需要，由国务院司法行政部门商最高人民法院、最高人民检察院确定的鉴定事项。本考核项中的种类全覆盖是指各城市市域内司法鉴定机构的业务种类能否实现三大类全覆盖,考核依据为各省、市司法局公布的《国家司法鉴定人和司法鉴定机构名册》。根据评估结果,有58个城市满足三大类鉴定业务齐全的标准。未满足三大类全覆盖的城市中,大部分缺少声像资料一类。

第三,公共法律服务助力法治营商环境考核项中有两个考核点,一是各市公共法律服务开展法治体检、涉企法治讲座等专项活动,二是在法治体检、法治讲座等活动中能够发挥多元主体作用。在开展专项活动中,各城市平均分为1.93分,平均得分率为96.50%,绝大多数城市能够在公共法律服务开展过程中优化法治营商环境,助力中小微企业的发展,积极开展法治体检,直面企业在运营过程中遇到的法律难点。各城市均积极发挥多主体作用,比如宜春市宜丰县成立律师行业综合党委,引导党员律师带头参与,用榜样的力量带动全县律师在优化法治化营商环境中贡献智慧和力量;绥化市工商联、市律师协会联合成立绥商律公益法律服务团;江苏盐城成立法律服务产业园,举办律师沙龙,律师为企业提供法律服务,开展各类法治活动68次,举办长三角知识产权线上论坛等。

(四)法律援助与村(居)法律顾问

1.总体表现分析

本项指标旨在评估各城市推进、完善法律援助制度以及落实村(居)法律顾问制度建设的情况。该指标满分为15分,100个城市平均得分为12.8分。如表B.9-5所示,本指标满分城市仅有27个,占比27%,各城市分数集中分布于12~14分区间,有53个城市。最低分为8分,有2个城市。本指标分差较大,近四成城市在平均分以下。主要拉开差距的考核项为法律援助案件质量情况和经费使用的公示以及村(居)法律顾问与法律明白人"1+N"配置的落实情况。总体而言,各城市能较好落实《全国公共法律服务体系建设规划(2021—2025年)》中关于提高法律援助服务质量的要求,能积极组织法律援助中心同群团组织开展专项法律援助活动。各城市基本满足了《法治社会建设实施纲要（2020—2025 年）》《关于加快推进公共法律服务体系建设的意见》中提出的"加快推进村（居）法律顾问全覆盖"的要求。部分城市尚未完全建立法律援助案件质量、经费和人员补贴公示制度，未能及时响应司法部"村（居）法律顾问与法律明白人'1+N'配置"行动。

表 B. 9-5   "法律援助与村（居）法律顾问"指标总体得分情况

得分（分）	15	12~14	9~11	8 分及以下
城市（个）	27	53	18	2

2. 分差说明及典型事例

本三级指标分为法律援助和村（居）法律顾问两个部分。法律援助部分设置五个考核项。第一，定期向社会公布法律援助案件办理、质量考核结果等情况。满分为 2 分，各市平均分为 1. 38 分，平均得分率为 69.00%，有 69 个城市获得满分。长沙市在法援案件质量监督方面取得优秀成果，将法律援助案卷评查纳入常规司法案卷评估中，指出法律援助案卷存在的细节问题。北京市公布案件质量评估结果以季度为单位，体现出北京市法律援助力量充足、资源丰富的优势，并且切实有效遵循法律援助信息公开制度，打造公开、公平的法律援助环境。第二，公布法律援助资金使用情况和补贴发放情况。满分为 1 分，各城市平均分为 0.64 分，平均得分率为 64.00%。与定期公布案件办理、质量考核情况结果基本持平，大部分城市也在公布案件质量评估结果的同时公布本年度资金使用和补贴发放的情况。有 36 个城市未公布相关资金使用情况，在统计结果中呈现较为集中的地域性。总体而言，结合第一项和第二项考核指标，六成以上城市能够遵循法律援助信息公开制度，体现了国家近年来在法律援助中投入多方力量的成果。第三，能够根据本市经济发展情况进一步扩大法律援助范围，满分为 1 分，各城市平均分为 0.89 分，平均得分率为 89.00%。法律援助惠及更多困难群众，如武汉市司法局推进法律援助"一次办好"，对于申请支付劳动报酬或者请求工伤事故人身损害赔偿的，免予核查经济困难状况，切实降低法律援助的门槛；天津市发布《天津市法律援助若干规定（征求意见稿）》，创新性提出符合因见义勇为行为主张相关民事权益等六项情形之一，当事人申请法律援助的，不受经济困难条件的限制；南京市浦口区充分做好妇女权益保障的法律援助工作，针对农村留守妇女、高龄妇女以及家暴受害的重点人群提供法援服务并免予审查。第四，能够针对未成年人开展专项法律援助活动。满分为 1 分，各城市均获满分，得分率为 100.00%。第五，能够和群团组织联合开展专项法律活动。满分为 3 分，各城市均获满分，得分率为 100.00%。其中，100 个城市均相继开展为农民工讨薪法律援助、妇女权益维护法律援助、残疾人法律援助等。各种专项活动基本覆盖常见弱势群体，切实维护人民群众权益。

村（居）法律顾问部分设置四个考核项，分别为村（居）法律顾问覆盖率、村（居）法律顾问与法律明白人"1+N"配置情况、村（居）法律顾问参与矛盾纠纷化解服务村（居）情况以及对其开展培训情况。第一，村（居）法律顾问覆盖率，满分为 1 分，得分率为 100.00%。第二，村（居）法律顾问与法律明白人"1+N"配置情况，满分为 2 分，各城市平均分 1.01 分，平均得分率为 50.50%，获得满分的城市有 50 个。该考核项是四个考核项中得分率最低、获得满分城市最少的一项，原因可能在于该项政策最初落实时为试点形式，且发布时间在 2023 年底，各地难以及时推行配套政策。落实并推行政策的城市均普遍取得良好的成效，有的城市还在"1+N"的基础上更新形式。例如，上海市奉贤区构建"1+N+X"依法治理队伍培育新机制，依托"两人一户"扎根基层、贴近群众的天然优势，潜移默化地引导结对群众用法治方式规范自身行为、维护合法权益、解决问题和困难，提升尊法守法意识；宁波市鄞州司法局创新性发展培育校园法律明白人，在甲南小学开展"'1+1+N'云法育苗"计划，设立"佳佳楠楠学法记"理论课程与"校园说法"审判课、调解课等 20 余门实践课程，保证每日有"法治角色体验"，每周有"模拟法庭"，每月有"学法评比"。第三，村（居）法律顾问参与矛盾纠纷化解服务村（居）情况，满分为 3 分，各城市平均分为 2.89 分，平均得分率为 96.33%，94 个城市在此项上获得满分。评估结果表明，村（居）法律顾问参与矛盾纠纷化解、提供法律咨询和服务已经成为普法新常态下的重要一环，村（居）法律顾问以其专业知识和能力切实参与基层治理，为公共法律服务贡献力量。第四，对村（居）法律顾问、法律明白人开展培训情况，满分为 1 分，各城市平均分为 0.99 分，平均得分率为 99.00%。99 个城市能有序、深度开展相关培训，投入时间、经费等不断提升法律顾问的水平，深入反馈给辅导的群众，从而达成人民群众法律意识不断提升的优良社会效果。

（五）落实政府普法工作

1. 总体表现分析

本指标是为了评估政府的普法工作落实情况。2023 年是"八五"普法规划实施的中期之年，建设社会主义法治文化、加强基层依法治理和落实普法责任制是普法依法治理工作的重心。

该指标满分为 10 分，100 个城市平均得分为 8.52 分，满分率为 29%，79% 的城市获得 8～10 分的高分，仅有 4% 的城市在及格分以下。总体而言，各地方政府普法工作实施到位，能够对照《法治社会建设实施纲要（2020—2025 年）》《中央宣传部、司法部关于开展法治宣传教育的第八个五年规划（2021—2025 年）》的要求积极开展普法依法治理工作，完善国家机关普法责任清单制度，扩大法治文化阵地覆盖面，充分运用新技术新媒体开展精准普法，以线上线下多种形式合力增强法治宣传教育的针对性、实效性。

表 B.9-6 "落实政府普法工作"指标总体得分情况

得分（分）	10	9	8	6～7	0～5
城市（个）	29	31	19	17	4

2. 分差说明与典型事例

本指标项下设计了三个观测点。

第一，普法责任制清单公开发布情况。本项满分为 3 分，100 个城市的平均得分为 2.37 分，满分率达 57%，仍有 5 个城市未发布普法责任清单。总体而言，大多数城市能够发布普法责任清单。在发布普法责任清单的城市中，在形式上，有的以汇总的形式发布共性清单和个性清单，有的则是由各部门发布。在内容上，有的会详细公开清单的具体内容，有的则未公开内容，只是在政策文件或新闻报道中有所提及。所公布清单的详略程度也不一致，以黄冈市为例，清单中不限于各部门负责的普法内容（即具体的法律法规），还包括普法对象和普法计划。在频次上，部分城市发布的清单年份已比较久远，部分城市则能够发布年度普法清单，每年根据法律法规的修订情况进行更新，如成都市、岳阳市等。

第二，法治文化阵地建设情况。本项满分为 3 分，100 个城市的平均得分为 2.92 分，满分率达 93%，基本实现了市县两级法治文化阵地的全覆盖，能够为群众学习理解法律提供固定平台，为开展法治实践活动提供基础设施。部分地方甚至已实现市、县、乡、村四级法治文化阵地全覆盖，辽宁省则已经实现省、市、县、乡、村五级法治文化阵地全覆盖。

第三，线上法治宣传矩阵运行情况。本项满分为 4 分，100 个城市的平均得分为 3.23 分，满分率为 45%，37 个城市获得 3 分，14 个城市获得 2 分，另有 4 个城市获得 1 分。总体而言，大部分城市开通了普法宣传账号，部分普法媒体真正做到了普法产品供给的精准性和有效性。北京等城市在政府官网或者微信公众号汇总公示普法新媒体矩阵，使群众易于了解和获取。在形式上，综合采用图文、短视频、案例解析等多种形式进行普法宣传。在内容上，集中于贴近群众生活的法律问题，能够运用平实生动的语言切实为群众解决困惑。"广州普法"等公众号更新频率高，阅读量高，对热点案件有及时的解读与回应，普法内容产生了广泛影响。

（六）培养社会参与意识

1.总体表现分析

本指标是为了评估社会各方力量参与法律实践的意识。群众参与立法、

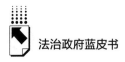
执法、司法等法律实践的过程也同样是学习、宣传法律法规的过程，能够使其成为社会主义法治的忠实崇尚者、自觉遵守者、坚定捍卫者。

该指标满分为 10 分，100 个城市的平均得分为 9.11 分，满分率为 44%，所有城市均达到及格分数。总体而言，各地政府具有开放民众参与的意识，群众也能够切实参与到法律实践当中。根据《法治社会建设实施纲要（2020—2025 年）》《中央宣传部、司法部关于开展法治宣传教育的第八个五年规划（2021—2025 年）》的要求，通过立法参与、自我治理、志愿普法等活动，充分发挥公民、企事业单位、人民团体、社会组织等在推进法治社会建设中的积极作用。

表 B. 9-7　"培养社会参与意识"指标总体得分情况

得分（分）	10	9	8	6~7	0~5
城市（个）	44	34	12	10	0

2. 分差说明与典型事例

本指标项下设计了三个观测点。

第一，民众参与立法过程情况。本项满分为 4 分，100 个城市的平均得分为 3.54 分，满分率达 78%。大部分城市在政府官网或者人大官网设有法律法规公开征求意见专栏，并公布反馈结果。部分城市还会详细说明意见是否予以采纳并说明理由，甚至作出实质性修改，西安市、杭州市等均有此类做法。除个别城市外，绝大多数城市会召开有群众参与的立法座谈会，倾听群众意见。同时，基层立法联系点也在征集群众意见方面发挥了重要作用。

第二，民众参与社会自治情况。本项满分为 3 分，100 个城市的平均得分为 2.57 分，满分率为 57%。所有城市均曾组织修订、执行村规民约、居民公约等自治规范，为社会自治提供指导、引领方向，使社会规范的制定和实施符合法治原则和精神。所有城市均已创设居民议事厅、红白理事会等居民、村民协商议事平台，让人民群众充分参与社会治理，解决热点、难点和焦点问题。通过自我约束、自我管理、自我规范，在潜移默化中完成对法律法规和村规民约的遵守与执行。

第三，群团组织参与公益普法情况。本项满分为 3 分，100 个城市的平均得分为 3 分，满分率达 100%。这一结果说明，各城市社会组织、群团组织能够充分发挥普法作用，我国社会普法力量正在不断壮大。群众志愿者也能够积极参与普法活动，在主动普法中更好地理解法律、运用法律。

四　评估结论与建议

总体而言，一级指标"法治政府对法治社会的带动"的平均得分为 70.27 分（总分为 80 分），平均得分率为 87.84%。与上一年的平均得分（69.06 分）相比，多数城市在这项指标上保持上升趋势。就"坚持和发展新时代'枫桥经验'"而言，该项指标满分为 30 分，平均得分为 25.80 分，平均得分率为 86.00%，有 60 个城市的得分高于平均分，各地正在逐步落实"枫桥经验"，推动基层矛盾纠纷调处化解。就"推进公共法律服务体系建设"而言，该项指标满分为 30 分，平均得分为 26.84 分，平均得分率为 89.47%，有 63 个城市的得分高于平均分。与上一年（平均分 23.36 分）相比，平均分显著提升，反映出多数城市的公共法律服务供给水平有了实质性的提高。就"增强全社会法治观念"而言，该项指标满分为 20 分，平均得分为 17.63 分，平均得分率为 88.15%，有 56 个城市的得分高于平均分，可见多数政府能够有效推进普法教育工作，群众能够广泛参与法治实践，全社会法治观念显著增强。

（一）存在的问题

1.矛盾纠纷调处化解机制建设仍有改进余地

第一，矛盾纠纷调处化解的基层联动和信息化不足。根据本次评估数据，在"健全社会矛盾纠纷多元预防调处化解综合机制"这项指标上，大部分城市未获得满分，主要存在以下两方面问题。一是矛盾纠纷调处化解的

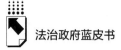

基层联动不足。虽然大部分城市的矛调中心（综治中心）已实现"市—县—乡"全覆盖，但各级矛调中心（综治中心）缺少联动，尤其是县、乡矛调中心（综治中心）同村委会之间。未能有效发挥矛调中心（综治中心）、村委会、人民法庭等部门"多位一体"协调化解作用，实现解决矛盾纠纷和群众诉求"最多跑一地"，真正实现纠纷解决在基层。二是矛盾纠纷调处化解的信息化不足。虽然目前所有的矛调中心（综治中心）都已实现"线下固定场所接待+电话热线联系"双反映渠道建设，但仍无法满足"高效便民"的要求，无法适应"矛盾纠纷复杂化"的趋势，在传统渠道下还存在传达信息有限等弊病。部分城市为了解决这一问题，在"线下固定场所接待+电话热线联系"双渠道外，利用互联网平台开发"矛调"小程序（板块），实现了矛盾纠纷调处化解的信息化和便民化，最大限度地传递有效信息，真正实现了"足不出户"解决矛盾纠纷。

第二，行政裁决面临实践困难。一是行政裁决欠缺整体性的安排和实施方案。部分城市并未专门出台行政裁决规章制度和实施方案，而是依赖《法治政府建设实施纲要（2021—2025年）》等一般性文件中的行政裁决条款作为下位替代，这种做法的直接后果是行政裁决的整体运行仅具有方向性而缺少细节，有碍于行政裁决标准化、高效化、法治化等目标的实现。另有部分城市仅出台了某一领域的行政裁决文件，对其他领域的行政裁决重视不足，难以实现行政裁决整体工作的推进和完善。二是行政裁决欠缺专业化、高素质的工作人员队伍。行政裁决囿于其适用范围的特性，对工作人员的能力和素质提出了较高的要求，当前行政裁决工作人员专业能力的提升主要依赖定期的业务培训和相关的案例指导。但从实践来看，仅有不足一成的城市定期开展行政裁决业务培训、定时发布指导案例，难以实现行政裁决工作人员专业能力和个人素质的全面提高。专业化、高素质的工作人员队伍建设缺位，不利于行政裁决的有效运行和矛盾纠纷的实质化解。

2. 公共法律服务体系供给均衡性与实质化建设有待加强

第一，公共法律服务供给不均衡。100个城市的公共法律服务供给平均得分较高，有45%的城市得到满分，但仍有个别城市得分较低。这说明公证服务、司法鉴定服务的地域性差异较大、发展不平衡，大多数城市能够按照相关政策要求提供公共法律服务，但仍有个别城市在公共法律服务供给方面存在不足。评估结果显示，公共法律服务供给得分的高低与省级层面、较发达的城市的带头作用有关，集中表现在公证、司法鉴定的供给方面。司法鉴定业务种类覆盖全面的城市更多是发达的大城市，未获得满分的多数为中小城市。由此可见，公证、司法鉴定服务均等性仍有较大的提升空间。

第二，法律援助实施过程中存在信息不完全公开的情况。根据评估结果，多数城市能较好地落实提高法律援助服务质量的要求，但仍有近四成城市的得分在平均分以下。主要差距体现在法律援助案件的质量情况、经费使用的公示以及村（居）法律顾问与法律明白人"1+N"配置的落实情况。部分城市尚未完全建立法律援助案件质量、经费和人员补贴的公示制度。评估结果显示，各城市公共法律服务中心、法律援助中心的覆盖率已达100%，对于每年承办的案件数量也均可检索到相关报道。但就其开展工作的制度层面，仅六成左右城市的法律援助中心能够定期公示案件质量评估情况和经费使用、补贴发放情况。法律援助信息公示制度既是公共法律服务深入民心的重要举措，也是社会监督、国家监督的重要内容，建立健全法律援助信息公开制度是提升公共法律服务供给质量的当务之急。

第三，村（居）法律顾问与法律明白人"1+N"配置尚未贯彻落实。部分城市未能及时响应司法部关于"村（居）法律顾问与法律明白人'1+N'配置"行动的号召，未能结合地域优势、人才优势壮大法律人队伍，进一步扩大公共法律服务的供给面。具体而言，各城市村（居）法律顾问和法律明白人均实现全覆盖，但是未落实二者结合的资源配置要求，存在实践中法律顾问与法律明白人各行其是的情形。法律顾问是专业的法律人才，而法律明白人有其本土优势，对当地的居民情况较为了解，可以弥补法律顾问对基层社会了解程度的不足，二者相辅相成，不可偏废。

3.普法和公众参与工作质量和效果尚存在提升空间

第一，普法责任清单制尚未实现全覆盖且内容简单陈旧、形式化严重。

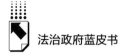

《法治社会建设实施纲要（2020—2025年）》提出，2020年年底前应基本实现国家机关普法责任制清单全覆盖。但截至2023年，仍有43%的城市未完全达到要求。普法清单制度是落实"谁执法谁普法"普法责任制的有力举措和基本要求，当前已发布的普法责任清单还存在诸多问题：部分地方不公布清单的具体内容，不利于压实部门责任，不便于群众监督；部分清单的年份过于久远，无法反映法律法规的最新变化；部分清单内容过于简单，仅作法律法规的简单罗列，导致"谁执法谁普法"年度履职评议活动缺少实质基准。

第二，线上线下普法工作的实质内容有所欠缺。线下方面，尽管法治文化阵地的建设在市县两级取得了一定的进展，仍未实现村（居）全覆盖，更遑论市、县、乡、村四级。当前法治文化阵地的建设也过于形式化，所谓的"法治宣传栏""法治长廊"等很多只是简单的口号宣传和图文展示，内容较为单一陈旧，难以发挥普法效用。线上方面，缺乏专门的普法集群和矩阵。普法资源分散在司法局、法院、检察院等各个机构中，使用的平台也各不一致，缺乏有效的整合和系统的管理。这也导致普法工作效率不高，难以形成统一的普法声音和影响力。普法的形式相对单一，缺乏创新性和吸引力，无法激发群众主动学习和了解法律知识的欲望。普法内容的针对性不足，忽略各类人群的具体需求，导致普法效果不尽如人意。

第三，公众参与社会治理机制发挥的作用有限。在公众参与立法方面，目前有公开征求意见、立法座谈会及听证会、基层立法联系点等多种渠道，但是由于宣传不足，群众对于如何参与立法和政策制定的了解有限。同时，部分地方对群众意见不能及时有效地进行实质性反馈，这在一定程度上阻碍了公众参与献策的积极性。在参与自治方面，虽然很多地方在村规民约和居民公约的修订和执行上已经积累了较为丰富的经验，但仍缺少市一级的示范文本或指导意见。点对点的修改难以形成系统性的指导和规范，将影响村规民约的实际效果和导向性。此外，在参与志愿活动方面，尚未组建常态化的普法志愿者队伍，缺乏持续推动普法教育和法治文化建设的民间力量。

（二）改进建议

1.强化矛盾纠纷调处化解机制建设，推动实现共建共治共享社会治理新格局

第一，加快推进综治中心协调联动，强化对互联网等信息平台的利用。一是加快推进矛调中心（综治中心）协调联动。充分发挥村干部、网格员的作用，通过走访入户，及时收集矛盾纠纷信息，对发现的风险点、矛盾点第一时间介入。能当场化解的当场化解，不能当场化解的上报矛调中心（综治中心），由矛调中心（综治中心）联动村委会、人民法庭等部门进行化解。二是强化对互联网等信息平台的利用。为进一步推进矛盾纠纷的实质性化解，实现纠纷化解的高效便民，各地政府可以参照"浙里办"建设这一优秀范例，强化对互联网平台的利用，在原有政务服务平台上开设"矛调"板块或开发专门的"矛调"小程序，实现"足不出户"解决矛盾纠纷。

第二，完善行政裁决制度，打造高素质行政裁决工作队伍。一是规范化行政裁决的适用。首先，明确行政裁决的适用范围，必要时适当扩张，以便充分发挥行政裁决在矛盾纠纷解决中的优势作用；其次，规范行政裁决的实施流程，行政裁决的实施流程具有特殊性，更贴近法院的司法模式，在流程设计上要保证行政裁决的"居中裁判""公正"等特质；最后，明确工作人员和当事人的权力（利），保证当事人享有相应的"申请回避权""听证权"，减少外界对工作人员行使裁决权的干扰。二是打造高素质行政裁决工作队伍。首先，加强对行政裁决工作人员的教育培训，将裁决执法培训作为行政机关和工作人员共同的考核指标；其次，引入高素质裁决人才和专家，通过工作队伍的壮大和能力的增强，强化行政裁决运行效果。三是强化行政裁决同其他纠纷化解方式的衔接。首先，建立健全行政裁决救济程序的衔接机制，告知当事人对行政裁决不服的可以提起相关诉讼；其次，搭建"一站式"纠纷解决服务平台。在行政裁决纠纷多发领域，一体化整合政府和社会调解资源。

2.推动公共法律服务均衡发展，构建高质量实质化服务体系

第一，均衡公共法律服务供给。加大对经济不发达城市的支持力度，确保公共法律服务供给均衡。一方面，应当摸排当地人民群众的法律资源需求，鼓励当地政府有的放矢，提供更符合人民需求的优质法律服务。另一方面，应当推广先进地区的经验，如江苏省、河南省、广东省的做法，鼓励其他城市学习并实施，学会"抄作业"。针对公证服务和司法鉴定服务的地域性差异，制定具体的区域发展计划，促进服务均等化。完善公众参与反馈机制，建立公众反馈渠道，鼓励民众对公共法律服务提出意见和建议。定期开展公众满意度调查，将调查结果作为改进服务的重要依据。

第二，完善法律援助信息公开机制。建立健全法律援助案件质量、经费和人员补贴的公示制度，确保透明度和公众监督。加强对法律援助中心的指导和监督，确保定期公示相关信息，提升服务质量。

第三，落实村（居）法律顾问配置制度。鼓励并支持各城市积极响应"村（居）法律顾问与法律明白人'1+N'配置"行动，结合地域和人员优势，扩大公共法律服务供给面。培训并提升法律明白人的业务能力，使其与村（居）法律顾问有效结合，共同发挥更大作用。注重对村（居）法律顾问和法律明白人的物质保障、能力提升等，不断提升制度实施效果。

3. 促进普法工作提质增效，推动公民在法治实践中的深度参与和学习

第一，全面落实年度普法责任清单制度。落实和细化普法责任清单制度是普法工作建章立制的基本要求，无论是采取统一发布还是分别发布的形式，都应当明晰各部门法治宣传教育主体责任，形成各司其职、各负其责的大普法格局。具体措施包括：提高普法责任清单的公开性和透明度，以便群众了解和监督普法工作的具体内容和进度，同时也倒逼各部门及时落实普法责任；强化普法责任清单的时效性，各部门应以年度为单位定期更新普法清单，避免因内容过时而失去普法效果；丰富普法责任清单的内容，提供具体的普法对象、普法内容、实施方案等；完善履职评估考核机制，对各部门普法工作进行效果评估，确保普法责任制得到有效执行，进一步推动法治社会建设。

第二，提升线上线下普法质量与效果。普法信息的准确性、易理解性和实用性如何，直接关系到普法工作能否达到预期效果。线下方面，法治文化阵地除广泛铺设外，也应及时更新普法内容，注重内容的深度和广度，使之能够引起群众的兴趣和关注，切实发挥其教育和引导作用。线上方面，应公示专门的普法集群与矩阵，既有利于形成普法合力，也便于群众获取。平台选择上，应当充分利用人民群众广泛使用的社交媒体和网络平台扩大普法的覆盖面，如微信公众号、微博、抖音等渠道，使之真正融入群众的日常生活。同时，可以利用技术手段提升普法效率，依托用户画像实现普法内容的精准推送和互动交流。普法方式上，促进由单向式传播向互动式、服务式、场景式传播转变，注重短视频在普法中的运用，将普法内容以更为生动有趣的形式呈现，提高普法的吸引力、参与度和有效性。

第三，确保公民参与法治实践的有效性。在参与立法方面，应当创新公众参与方式，完善意见反馈机制。通过电视、互联网等媒介普及立法知识、公示立法过程，公众可借此提高对参与立法重要性的认识，并能够及时了解立法动态。充分发挥基层立法联系点作为连接立法机关和基层群众的桥梁的作用，还可以利用新媒体平台收集公众意见，提高公众参与的便捷性和广泛性。对于公众提出的意见和建议，立法机关应及时给予反馈，无论采纳与否都应说明理由，提高公众参与的获得感和满意度。在参与基层自治方面，应主导制定和推广村规民约、居民公约的指导意见或示范文本，为基层社会治理提供明确的指导和规范。在参与普法活动方面，应持续广泛吸纳普通群众、社会组织、群团组织等社会力量进入普法队伍，建立常态化的普法志愿者队伍。

B.10
政务服务与诚信的法治保障

成协中*

摘　要：　在本次的法治政府评估中，一级指标"政务服务与诚信的法治保障"的平均得分率由2023年的60.87%提升至63.50%。总体来看，全国政务服务与诚信的法治保障建设取得了一定成效。本次"政务服务与诚信的法治保障"一级指标包含6项三级指标，各三级指标的评估标准未作调整。基于本次评估结果，总体上各地政府在推进市场准入服务优化与政企沟通制度的建立和落实方面的表现较优异。但各地政府在其他领域所开展的各项实践中也存在薄弱之处，如部分城市提供的市场准入服务存在一定滞后性，行政许可、行政登记中申请材料审核水平有待提升，政府合同中存在未履约或未按约定履约情况，政企沟通专门渠道供给不足，公平竞争保障机制具体实践的规范性有待提升，政府采购招标文件编制的规范化程度有待进一步完善等。为解决当前实践中所存在的各种问题，建议各地政府持续健全市场准入机制，放宽市场准入路径，依法审慎履行审查职责，规范政府缔约行为，落实信赖利益保护原则，增设政企沟通联系的针对性渠道和途径，持续提升公平竞争保障机制建设的规范性，多举措清除政府采购中的差别或歧视待遇现象，从而有效提升政务服务与诚信建设的法治保障水平。

关键词：　政务服务　政务诚信　营商环境　法治保障

---

*　成协中，中国政法大学法学院教授，研究方向：行政法基础理论、法治政府研究。中国政法大学习近平法治思想研究院2024级宪法学与行政法学博士研究生苗凌云、中国政法大学法学院2022级宪法学与行政法学硕士研究生姚清寻、中国政法大学法学院2023级宪法学与行政法学硕士研究生李彤、中国政法大学法学院2019级实验班硕士研究生方彦博、中国政法大学法学院2024级宪法学与行政法学硕士研究生王雨棋、中国政法大学法学院2024级宪法学与行政法学硕士研究生浩树奇、中国政法大学法学院2024级实验班硕士研究生郑舒尹协助进行数据检索、分析及图表制作等工作。

一　指标设置及评估标准

（一）指标体系

　　政务服务与诚信建设是构建和谐社会、推动国家发展的关键基石，意义深远而重大。高效的政府服务可以为企业打造优良的营商环境，简化行政审批流程，助力企业降本增效、创新发展，政务诚信建设更是经济稳定发展的"定心丸"，对于稳定市场预期、保障市场经济有序运行具有重要意义。政务服务与诚信建设是法治政府建设的内在要求，是发挥政府模范引领作用的关键基础。为提升政务服务与诚信建设的法治保障水平，国务院多次出台政策文件对相关工作予以规范，如《国务院关于加强政务诚信建设的指导意见》《优化营商环境条例》《国务院办公厅关于进一步优化营商环境更好服务市场主体的实施意见》《国务院关于加快推进政务服务标准化规范化便利化的指导意见》《国务院办公厅关于印发2022年政务公开工作要点的通知》《国务院办公厅关于进一步优化营商环境降低市场主体制度性交易成本的意见》《国务院关于进一步优化政务服务提升行政效能推动"高效办成一件事"的指导意见》等，对各地政务服务与诚信建设提出更为具体的要求和分工。因此，为观测各地政府在政务服务与诚信的法治保障领域的开展成效，项目组将上述法律法规和政策文件作为主要规范指引，在"政务服务与诚信的法治保障"下设置3项二级指标和6项三级指标。具体内容见表B.10-1。

表 B.10-1　政务服务与诚信的法治保障指标体系

一级指标	二级指标	三级指标
政务服务与诚信的法治保障（90分）	（一）完善行政审批与政务服务（30分）	1. 市场准入服务优化（15分）
		2. 行政许可、行政登记违法情况（15分）
	（二）政务诚信建设状况（15分）	3. 政府合同履约情况（15分）
	（三）优化营商环境的推进机制（45分）	4. 政企沟通制度建立与落实（15分）
		5. 完善公平竞争保障机制（15分）
		6. 获取公共资源的平等性（15分）

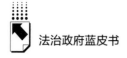

政务服务与诚信建设是一项长期任务和系统工程，必须系统谋划、整体推进，建立健全长期性的制度保障机制，各级政府应当提升企业和群众办事创业的便利程度，提高行政许可、行政登记等行政行为的法治化水平，畅通政府与企业间交流机制，打造公平高效的市场体系，营造诚信守诺的营商氛围，建立公开透明的法治机制，全面提升政务服务效能，稳步推进政务服务与诚信法治保障各项规则、标准的制度化建设。

"完善行政审批与政务服务"聚焦于各地政府出台的政务服务相关政策和管理举措，旨在持续精简审批环节流程，提升行政机关法治化管理效能，重点针对各地政府在市场准入服务、行政许可以及行政登记中的管理行为进行监督。"政务诚信建设状况"则通过评测各地政府合同履约情况，考察各级政府的诚信履职情况，原因在于政务诚信建设是社会信用体系建设的重要组成部分，直接关系着政府公信力建设水平。"优化营商环境的推进机制"则着眼于政企沟通、公平竞争和公共资源平等性，原因在于营商环境的建设水平在某种意义上可以直观反映各地政府政务服务的效率和质量，市场主体与政府的交融互动对于推动经济社会持续健康发展意义深远。

（二）设置依据和评估标准

本部分指标的主要依据为《法治政府建设实施纲要（2021—2025年）》《国务院关于加强政务诚信建设的指导意见》《优化营商环境条例》《国务院关于加快推进政务服务标准化规范化便利化的指导意见》《国务院办公厅关于印发2022年政务公开工作要点的通知》《国务院办公厅关于进一步优化营商环境降低市场主体制度性交易成本的意见》《国务院关于进一步优化政务服务提升行政效能推动"高效办成一件事"的指导意见》等文件中的相关内容和规定。在评估过程中，项目组主要依托各类官方网站平台，如政府门户网站、国家市场监督管理总局网站等，同时结合公共搜索引擎获取相关资料。为确保信息的准确性，项目组在必要时通过电话沟通等途径对关键数据进行验证。

1. 市场准入服务优化

【设置依据】《法治政府建设实施纲要（2021—2025 年）》规定："分级分类推进行政审批制度改革。""推行行政审批告知承诺制。大力归并减少各类资质资格许可事项，降低准入门槛。有序推进'证照分离'改革全覆盖，将更多涉企经营许可事项纳入改革。"《国务院关于加快推进政务服务标准化规范化便利化的指导意见》规定"进一步完善网上办事引导功能，优化页面设计、简化办事操作、提高系统稳定性，规范在线咨询、引导服务，提供更加简明易懂实用的办事指南和网上办事操作说明"。《优化营商环境条例》第 20 条规定："国家持续放宽市场准入，并实行全国统一的市场准入负面清单制度。市场准入负面清单以外的领域，各类市场主体均可以依法平等进入。各地区、各部门不得另行制定市场准入性质的负面清单。"《国务院关于实行市场准入负面清单制度的意见》指出"实行市场准入负面清单制度是发挥市场在资源配置中的决定性作用的重要基础"。因此，设置本指标的目的即在于观测各地市场准入优化和规范程度，观测各级政府及其职能部门是否积极落实市场准入清单制度和证照分离改革方案，是否为市场主体的经营行为提供必要指引。

【观测方法】网络检索。检索目标市政府官方网站，评估其信息透明度及政务服务效率。考察创办企业所需资料、条件及办理时限的可获取性，以及是否公布了本级政府或相关部门的负面清单，并分析其在推进证照分离改革方面的积极程度。鉴于企业类型繁多，本报告选取"有限责任公司设立"作为核心观测点。相关数据的检索与分析时间跨度为 2023 年 5 月 1 日至 2024 年 4 月 30 日。

【评分标准】本项满分为 15 分。（1）在官方网站上设立"企业设立"专栏，并对创办企业所需材料、条件、办结期限进行明确标识的，得 5 分；（2）在官方网站上公布本级政府或部门的负面清单的，得 5 分；（3）制定本级政府或部门证照分离改革的实施方案的，得 5 分。

2. 行政许可、行政登记违法情况

【设置依据】《国务院办公厅关于全面实行行政许可事项清单管理的通

知》规定"依法编制、严格实施行政许可事项清单，持续推进行政许可标准化、规范化、便利化，加强事前事中事后全链条全领域监管，不断提高审批效率和监管效能，更大激发市场活力和社会创造力，促进经济社会高质量发展"。《优化营商环境条例》第40条规定"国家实行行政许可清单管理制度，适时调整行政许可清单并向社会公布，清单之外不得违法实施行政许可"，第69条规定"政府和有关部门及其工作人员有下列情形之一的，依法依规追究责任：……（八）变相设定或者实施行政许可，继续实施或者变相实施已取消的行政许可，或者转由行业协会商会或者其他组织实施已取消的行政许可"。本指标主要对各地政府在行政许可、行政登记领域所作出的行政行为是否被诉以及胜诉率进行观测，从而倒逼各地政府提升其行政行为的规范化程度，为企业和群众打造更加公平高效的审批环境。

【观测方法】本项指标数据由中国司法大数据研究院采集和计算。首先，统计全国在2019~2023年行政机关经行政许可、行政登记的案件总数和案件胜诉数，以及被评估各城市在2019~2023年行政机关经行政许可、行政登记的案件总数和案件胜诉数。其次，将统计所得到的案件胜诉数除以统计所得到的案件总数，分别计算出全国和被评估城市的案件胜诉率。最后，用被评估城市案件胜诉率减去全国案件胜诉率得到差值，该项计算标准为正向指标，正值差值越大则被评估城市分数越高。

【评分标准】本项满分为15分。（1）行政许可案件胜诉率得分，以全国案件胜诉率平均值为基础赋分3.25分，被评估城市案件胜诉率每比全国案件胜诉率平均值高1个百分点则加上0.1分，加满为止。相反，每比全国案件胜诉率平均值低1个百分点则减去0.1分，减到0分为止。此项满分为7.5分。（2）行政登记案件胜诉率得分，以全国案件胜诉率平均值为基础赋分3.25分，被评估城市案件胜诉率情况每比全国案件胜诉率平均值高1个百分点则加上0.1分，加满为止。相反，每比全国案件胜诉率平均值低1个百分点则减去0.1分，减到0分为止。此项满分为7.5分。（3）各城市最终得分为行政许可案件胜诉率得分加上行政登记案件胜诉率得分。如果被评估城市在评估期间没有相关涉诉案件，则赋其满分15分。

3. 政府合同履约情况

【设置依据】《中华人民共和国地方各级人民代表大会和地方各级人民政府组织法》第 65 条规定："地方各级人民政府应当坚持诚信原则，加强政务诚信建设，建设诚信政府。"《法治政府建设实施纲要（2021—2025年）》规定："加快推进政务诚信建设。健全政府守信践诺机制。建立政务诚信监测治理机制，建立健全政务失信记录制度，将违约毁约、拖欠账款、拒不履行司法裁判等失信信息纳入全国信用信息共享平台并向社会公开。建立健全政府失信责任追究制度，加大失信惩戒力度，重点治理债务融资、政府采购、招标投标、招商引资等领域的政府失信行为。"《国务院关于加强政务诚信建设的指导意见》规定："规范地方人民政府招商引资行为，认真履行依法作出的政策承诺和签订的各类合同、协议，不得以政府换届、相关责任人更替等理由毁约。"《国务院办公厅关于进一步优化营商环境降低市场主体制度性交易成本的意见》规定："鼓励各地区探索建立政务诚信诉讼执行协调机制，推动政务诚信履约。"因此。政务诚信建设对于充分发挥政府在社会信用体系建设中的表率作用至关重要，而被评估城市政府对政府合同的履行情况，即政府是否及时、如约履约等，则可以直观展现出该地政府对于政务诚信建设的重视程度和落实水平。

【观测方法】本项指标数据由中国司法大数据研究院采集和计算。首先，统计全国在 2019~2023 年行政合同案件总数和行政机关作为当事人的民事合同案件总数以及行政机关在上述案件中的胜诉数，统计被评估城市在 2019~2023 年行政合同案件总数和行政机关作为当事人的民事合同案件总数以及行政机关在上述案件中的胜诉数。其次，将统计所得到的案件胜诉数除以统计所得到的案件总数，分别计算出全国和被评估城市 2019~2023 年的案件胜诉率。最后，用被评估城市案件胜诉率除以全国案件胜诉率得到差值，该项计算标准为正向指标，正值差值越大则被评估城市分数越高。

【评分标准】本项满分为 15 分。（1）行政机关行政协议履约情况得分，此项满分为 8 分。以全国案件胜诉率平均值为基础赋分 4 分，被评估城市行政合同履约情况得分 = 基准分 ×（当地案件胜诉率/全国案件胜诉率）。得分

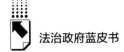

区间为 0~8 分，低于 0 分的赋 0 分，高于 8 分的赋 8 分。（2）行政机关作为当事人的民事合同履约情况，此项满分为 7 分。以全国案件胜诉率平均值为基础赋分 3.5 分，被评估民事合同履约情况得分＝基准分×（当地案件胜诉率/全国案件胜诉率），得分区间为 0~7 分，低于 0 分的赋 0 分，高于 7 分的赋 7 分。（3）各城市最终得分为行政许可案件胜诉率得分加上行政登记案件胜诉率得分。如果被评估城市在评估期间没有相关涉诉案件，则赋其满分 15 分。

4. 政企沟通制度建立与落实

【设置依据】《法治政府建设实施纲要（2021—2025 年）》规定："加强政企沟通，在制定修改行政法规、规章、行政规范性文件过程中充分听取企业和行业协会商会意见。"《优化营商环境条例》第 48 条规定"政府及其有关部门应当按照构建亲清新型政商关系的要求，建立畅通有效的政企沟通机制，采取多种方式及时听取市场主体的反映和诉求，了解市场主体生产经营中遇到的困难和问题，并依法帮助其解决"。《中共中央 国务院关于促进民营经济发展壮大的意见》规定："强化政策沟通和预期引导。依法依规履行涉企政策调整程序，根据实际设置合理过渡期。加强直接面向民营企业和个体工商户的政策发布和解读引导。支持各级政府部门邀请优秀企业家开展咨询，在涉企政策、规划、标准的制定和评估等方面充分发挥企业家作用。"本指标旨在通过观测各地政府是否建立政企沟通平台，是否通过各种途径及时听取企业和行业的意见，督促各地政府重视政企沟通机制建设的重要性，有效提升政务服务水平。

【观测方法】网络检索。登录被评估城市政府的官方网站及相关网站，查找地方政府是否公布了专门用于政企沟通交流的渠道、方式以及相关实例报道，并在必要时进行电话核实。检索的时间范围为 2023 年 5 月 1 日至 2024 年 4 月 30 日。

【评分标准】本项满分为 15 分。政府公布了专门用于企业的投诉、意见反馈平台等政企沟通联系渠道或途径的，得 5 分；在涉企相关政策、文件出台前发布征求意见公告的，得 5 分；检索到政府通过开展研讨会、座谈会、听证会等形式开展政企沟通实例的，得 5 分。

5. 完善公平竞争保障机制

【设置依据】《法治政府建设实施纲要（2021—2025 年）》规定"强化公平竞争审查制度刚性约束，及时清理废除妨碍统一市场和公平竞争的各种规定和做法，推动形成统一开放、竞争有序、制度完备、治理完善的高标准市场体系。依法平等保护各种所有制企业产权和自主经营权，切实防止滥用行政权力排除、限制竞争行为"。国家市场监管总局等印发《公平竞争审查制度实施细则》，对于全面落实公平竞争审查制度、健全公平竞争审查机制、规范有效开展审查工作作出具体规定。《公平竞争审查第三方评估实施指南》（2023 年修订）第 1 条规定"鼓励支持各级公平竞争审查工作联席会议（或者相应职能机构）办公室和各政策制定机关在公平竞争审查工作中引入第三方评估，提高审查质量和效果，推动公平竞争审查制度深入实施"。本指标通过考察各地政府公平竞争审查各项机制的建设情况，以及是否存在损害市场公平竞争的政府行为，客观评估各地政府是否构建了完善的公平竞争保障机制。

【观测方法】网络检索。检索途径主要为被评估城市政府及其职能部门官方网站，同时借助公共搜索引擎。检索时间范围为 2023 年 5 月 1 日至 2024 年 4 月 30 日。

【评分标准】本项满分为 15 分。被评估城市政府出台公平竞争保护各项政策措施，建立公平竞争审查联席会议、政策措施清理抽查、第三方评估等各项公平竞争保障机制的，得 5 分；涉及企业、营商环境的政策文件，在制定、公开征求意见、事后评估等环节经过公平竞争审查，并公布审查情况与结果的，或者能够检索到打击不正当竞争、保护市场公平竞争的新闻报道的，存在一例加 2 分，最多加 10 分。如果检索到被评估城市政府存在损害市场公平竞争的实例报道、诉讼案件或官方通告，存在一例扣 5 分，扣完为止。

6. 获取公共资源的平等性

【设置依据】《法治政府建设实施纲要（2021—2025 年）》规定"依法

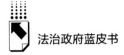

平等保护各种所有制企业产权和自主经营权，切实防止滥用行政权力排除、限制竞争行为"。《中华人民共和国政府采购法》第43条第1款规定："政府采购合同适用合同法。采购人和供应商之间的权利和义务，应当按照平等、自愿的原则以合同方式约定。"《优化营商环境条例》第12条规定"国家保障各类市场主体依法平等使用资金、技术、人力资源、土地使用权及其他自然资源等各类生产要素和公共服务资源。各类市场主体依法平等适用国家支持发展的政策。政府及其有关部门在政府资金安排、土地供应、税费减免、资质许可、标准制定、项目申报、职称评定、人力资源政策等方面，应当依法平等对待各类市场主体，不得制定或者实施歧视性政策措施"。国务院财政部办公厅印发《关于进一步提高政府采购透明度和采购效率相关事项的通知》，对政府采购活动的透明度和采购效率提出具体要求。本指标通过对各地政府在政府采购中是否存在差别、歧视待遇的情况，是否充分保障市场主体平等获取公共资源进行考察，客观评估各地政府采购市场秩序的规范化程度。

【观测方法】网络检索。通过检索被评估城市政府采购网站和所在省级政府采购网站上的政府采购投诉处理公开信息，同时结合公共搜索引擎和人民法院案例库等，观测被评估城市政府采购招标文件编制是否认定存在排除、限制竞争行为或者差别、歧视待遇，以便对被评估城市市场主体能否平等获取公共资源进行观测。检索时间范围为2023年5月1日至2024年4月30日。

【评分标准】本项满分为15分。如果检索到被评估城市制定的政府采购招标文件存在排除、限制竞争行为或者差别、歧视待遇实例，存在一例扣3分，扣完为止。

二　总体评估结果分析

"政务服务与诚信建设的法治保障"指标总分为90分，根据本项指标的评分标准对被评估城市在2023年5月1日至2024年4月30日的各项政府行为进行评估，平均得分为 57.15 分，平均得分率为 63.50%。在被评估的 100 个城市中，共 57 个城市得分在平均分以上，43 个城市得分在平均分以下，总体得分趋于正态分布，得分主要集中在 60~70 分。本项指标最高得分为 74.89 分，最低得分为 31.97 分，相差较大，表明政务服务与诚信建设的法治保障在不同城市间的建设水平与完善程度存在一定程度的不均衡性。本项指标下，得分较高的 5 个城市依次是北京市（74.89 分）、深圳市（73.11 分）、合肥市（72.92 分）、上海市（72.28 分）、武汉市（71.73 分）。

反观 2023 年的评估结果，2023 年本指标总分为 90 分，被评估的 100 个城市的平均得分为 54.78 分，平均得分率为 60.87%。得分在平均分以上的城市共 46 个，得分在平均分以下的城市共 54 个。最高得分为 80.22 分，最低得分为 26.25 分，总体区分度较大。得分主要集中在 50~60 分，共计 40 个城市。本项指标下，得分较高的 5 个城市依次是南京市（80.22 分）、汕头市（79.01 分）、上海市（73.67 分）、厦门市（72.56 分）、杭州市（71.11 分）。

对比发现，本年度的评估结果比较明显的变化是：平均得分率有一定提升，较之前上升了 2.63 个百分点，同时得分主要分布区间由 50~60 分提升为 60~70 分，说明被评估城市在政务服务与诚信建设的法治保障领域建设的实际效能以及规范化水平有一定提升。

本年度得分率较高的 30 个城市情况见图 B.10-1。

"政务服务与诚信的法治保障"一级指标下共包含 6 项三级指标，各三级指标满分均为 15 分。各三级指标得分情况如下：①市场准入服务优化，平均得分为 11.41 分；②行政许可、行政登记违法情况，平均得分为 7.64 分；③政府合同履约情况，平均得分为 7.19 分；④政企沟通制度建立与落实，平均得分为 11.75 分；⑤完善公平竞争保障机制，平均得分为 9.41 分；⑥获取公共资源的平等性，平均得分为 9.75 分。各三级指标的平均得分率见图 B.10-2。

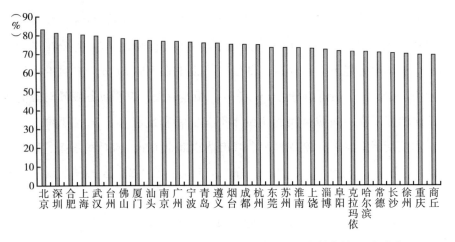

图 B.10-1 "政务服务与诚信的法治保障"得分率较高的 30 个城市

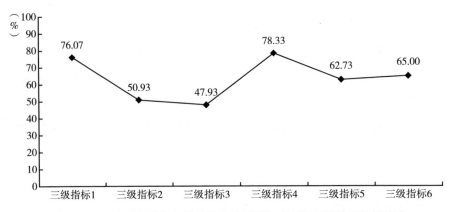

图 B.10-2 "政务服务与诚信的法治保障"各三级指标的平均得分率

三 三级指标评估结果分析

（一）市场准入服务优化

1.总体表现分析

本指标旨在通过对"企业设立相关专栏""负面清单""证照分离改革

实施方案"三项内容的检索,评估各城市在市场准入服务优化方面的成效。每项内容的评分标准设定为 5 分,该指标总分为 15 分。具体评估细则如下:第一,各城市应创建"企业设立"专栏,明确列出创办企业所需材料、条件以及办结期限;第二,各城市需制定并公开市场准入负面清单;第三,各城市应制定并公开证照分离改革实施方案。在本项指标中,"企业设立相关专栏""负面清单""证照分离改革实施方案"三项内容的得分率分别为100%、80%、65%。其中,各城市已基本创建"企业设立"相关专栏,明确列出创办企业所需材料、条件、办结期限,但对于制定并公开证照分离改革实施方案,各城市的落实效果需要提升,尤其是及时更新证照分离改革实施方案及相应落实工作的推进。在总分评估中,共有 29 个城市获得满分 15分,占总城市数的 29%;24 个城市得分在 11~14 分,占 24%;30 个城市得到 10 分,占 30%;9 个城市得分在 6~9 分,占 9%;8 个城市获得 5 分,占8%。本项指标得分的分布情况见表 B.10-2。

表 B.10-2 "市场准入服务优化"指标 100 个城市得分情况

得分(分)	15	11~14	10	6~9	5
城市(个)	29	24	30	9	8

2. 分差说明及典型事例

经本年度的综合评估与系统性观测,各城市在"企业设立相关专栏""负面清单""证照分离改革实施方案"三项内容方面的工作成效显著提升,尤其是在网站上创建"企业设立"相关专栏并明确标识创办企业所需材料、条件、办结期限,各城市均按照指标要求落实,得分率达 100%。制定并公布市场准入负面清单和制定并公布证照分离改革实施方案两项内容虽然得分率有待提高,但相比上一年度已经有较大提升,建议在相关内容的调整与深化方面持续发力。

其中,获得 15 分的城市有北京、大同、广州等,以北京市为例,可以检索到其政府网站上设置了开办企业专栏,能够便捷查找到关于创办企业的

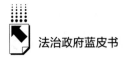

专门窗口、条件和期限，制定并公布了市场准入负面清单和证照分离改革实施方案，并根据相关政策进行动态调整。得分在 11~14 分的城市，主要问题体现在市场准入负面清单及证照分离改革实施方案的信息公开程度尚需提高。尽管公众可检索到相关报道与信息，但直接获取清单及制度文件的途径尚未完全开放。获得 10 分的城市在市场准入负面清单的制定与公开透明度方面存在不足，同时在证照分离改革的实施计划方面亦有欠缺。以某城市为例，尽管该城市市场准入负面清单的查询功能已实现，但尚未出台相应的证照分离改革实施方案。在得分在 6~9 分的城市中，地方政府或相关部门在制定和公布负面清单以及证照分离改革实施方案方面存在不足。得到 5 分的城市的失分原因在于市场准入负面清单及证照分离改革的实施与执行工作尚未启动或执行效果不佳。

（二）行政许可、行政登记违法情况

1. 总体表现分析

本项指标通过考察各城市政府是否存在涉企行政许可、行政登记被诉案件以及相应胜诉率情况，对被评估城市政府涉及企业的行政许可、行政登记行为的合法化、规范化程度进行检测和评估，客观展现各地在行政许可和行政登记领域提供的政务服务建设水平。

通过统计和计算，2019~2023 年全国行政许可、行政登记案件的胜诉率分别是 55.07%、37.30%。被评估城市胜诉率越高，则评估得分越高。本项指标得分的分布情况见表 B.10-3。

表 B.10-3 "行政许可、行政登记违法情况"指标 100 个城市得分情况

得分（分）	0~2.99	3~4.99	5~7.49	7.50~9.99	10~12.99	13~13.99	14~15
城市（个）	6	20	28	24	13	4	5

2. 分差说明及典型事例

经过系统性测算，100 个城市的平均分为 7.64 分，总体得分情况一般。

本项指标下，被评估城市得分在 5~7.49 分区间的最多，有 28 个城市。总体趋于正态分布，得分高于全国平均水平的城市有 46 个，得分低于全国平均水平的城市有 54 个。

首先，该项指标获得满分的城市为克拉玛依，克拉玛依市在评估年度内行政登记案件胜诉率达 100%，没有行政许可案件，因此项目组赋其满分 15 分。其次，盐城、杭州、上海和台州 4 个城市的行政许可和行政登记案件胜诉率都较高[①]，这 4 个城市的得分高于 14 分，表现较为优异。最后，得分较低的城市表明其在行政许可案件和行政登记案件中的胜诉率都比较低，如某市的行政许可和行政登记案件胜诉率分别为 30.77%、11.11%。

就行政许可违法情况而言，全国行政许可案件数量整体较少，主要分布在市场监督管理、土地行政管理、综合执法领域，所占比重分别为 40.50%、19.51%、7.23%。但行政许可案件的胜诉率并不高，全国平均胜诉率仅为 55.07%。具体而言，53.59% 的案件败诉的原因是主要证据不足，对于行政行为的证据是否确实充分的审查，不仅要审查行政机关作出行政行为时是否已经尽到审慎审查义务，而且要审查行政行为作出时查明的事实与真实情况是否相符，其中因当事人提交了虚假材料而行政机关仅作了形式审查导致作出不当行政行为的案件占 49.28%。23.27% 的案件败诉的原因是程序违法，包括超期作出行政行为、注册登记信息错误、未依法履行登记公告、未告知原告需要补正的内容而作出被诉不予受理决定等。

就行政登记违法情况而言，全国行政登记案件数量以年均 2.53% 的幅度下降，表明公民、社会对于各地政府作出的行政登记行为的满意程度有所提升。涉及的行政管理领域主要是土地行政管理、自然资源、公安行政管理领域，所占比重分别为 26.40%、18.32%、18.08%。但通过系统计算，全国行政登记案件胜诉率仅为 37.30%，较低的胜诉率表明各地政府行政登记行为的合法化和规范化程度仍有较大提升空间。在行政登记败诉案件中，

[①] 盐城市行政许可和行政登记案件胜诉率分别为 89.47%、72.06%，杭州市行政许可和行政登记案件胜诉率分别为 86.81%、74.19%，上海市行政许可和行政登记案件胜诉率分别为 90.59%、69.44%，台州市行政许可和行政登记案件胜诉率分别为 95.65%、65.71%。

64.13%的案件败诉的原因是行政机关作出行政登记所认定的事实不清、主要证据不足。此外，行政登记中同样存在程序违法较为严重的现象，占21.59%，主要情形包括没有公示、未能严格按照宅基地审批"三到场"的规定等。

（三）政府合同履约情况

1.总体表现分析

政府合同涉及公共资源配置及公共目标的实现，其履约情况直接关系到公共资金使用效益和公共服务水平，对于加强政务服务与诚信建设至关重要。本指标通过对被评估城市政府在行政合同案件以及行政机关作为当事人的民事合同案件（以下简称"民事合同案件"）中的胜诉率进行观测，客观展现各地政府对于政府合同的遵守与履行状况。

通过统计和计算，2019~2023年全国行政合同和民事合同案件的胜诉率分别是75.00%、82.25%。被评估城市胜诉率越高，则评估得分越高。本项指标得分的分布情况见表B.10-4。

表 B. 10-4 "政府合同履约情况"指标 100 个城市得分情况

得分(分)	0~3.99	4~5.99	6~7.49	7.50~8.99	9~10.99	11~12.99	13~15
城市(个)	5	17	36	34	5	2	1

2.分差说明及典型事例

经过系统性测算，100个城市的平均分为7.19分，低于全国平均水平，总体得分情况一般。本项指标下，被评估城市得分在6~7.49分区间的最多，有36个城市。总体趋于正态分布，得分高于全国平均水平的城市有42个，得分低于全国平均水平的城市有58个。

该项指标评分获得满分的城市为克拉玛依，克拉玛依市在2019~2023年没有行政合同、民事合同纠纷案件，因此项目组推定其能自觉履行合同约定，赋其满分15分。

就行政合同履约情况而言，其主要呈现以下几方面特征。其一，涉及行政管理领域范围广泛，主要分布在土地行政管理、乡政府、住房和城乡建设领域，占比分别为 52.28%、19.68%、12.91%。其二，行政合同胜诉率极差较大。被评估的 100 个城市行政合同平均胜诉率为 74.14%，但各城市间胜诉率情况相差较大，例如，上海胜诉率高达 100%，而最低的城市胜诉率则为 0%。其三，各地政府败诉结果各异。在各城市政府合同履约败诉案件中，35.93% 的案件为确认判决，其中 16.31% 的案件法院判决确认行政合同无效；32.66% 的案件为给付判决，法院判决行政机关限期支付行政相对人相关款项；23.78% 的案件为撤销判决，撤销内容包括撤销协议、撤销决定书等。

就民事合同履约情况而言，其主要呈现以下几方面特征。其一，涉及行政管理领域范围广泛，主要分布在土地行政管理、乡政府、住房和城乡建设领域，占比分别为 58.68%、14.07%、7.37%。其二，民事合同胜诉率极差较大。被评估的 100 个城市行政合同平均胜诉率为 68.19%，但各城市间胜诉率情况相差较大，例如，常德、汕头等胜诉率高达 100%，而最低的城市胜诉率则为 0%，可见不同城市间政府的契约精神和履约意识有较大差别。其三，行政机关在民事合同中的胜诉率高低与其所处诉讼地位有一定影响。当行政机关作为原告时，其胜诉率为 84.69%，而当行政机关作为被告时，其胜诉率仅为 41.44%。

（四）政企沟通制度建立与落实

1.总体表现分析

各城市关于政企沟通制度建立与落实的具体情况考察，包括"政府公布企业投诉平台、意见反馈平台等政企沟通联系专门渠道或途径""涉企相关政策、文件出台前发布意见征求公告""政府以开展研讨会、座谈会、听证会等形式进行政企沟通"三个观测点。第一，观测点"政府公布企业投诉平台、意见反馈平台等政企沟通联系专门渠道或途径"旨在观测政府是否设立了政企沟通的直接高效通道，从而提高政企沟通的针对性和有效性。

第二，观测点"涉企相关政策、文件出台前发布意见征求公告"旨在观测政府是否在制定出台涉企政策、文件前及时公开征求企业意见，在意见征求的过程中对企业意见进行考量和分析，在政企沟通中对涉企政策、文件进行调整，提高涉企政策、文件的质量。第三，观测点"政府以开展研讨会、座谈会、听证会等形式进行政企沟通"旨在观测政府是否与企业展开有效的线下沟通，以面对面的形式解决企业诉求，助企纾困。

综上所述，三个观测点主要聚焦于被评估城市是否建立健全并有效落实政企沟通制度，进而反映该城市对企业意见和企业诉求的关注与重视程度。在本项指标的评估中，共有 43 个城市获得满分 15 分，占比 43%；49 个城市获得 10 分，占比 49%；8 个城市获得 5 分，占比 8%。本项指标得分的分布情况见表 B.10-5。

表 B.10-5　"政企沟通制度建立与落实"指标 100 个城市得分情况

得分(分)	15	10	5	0
城市(个)	43	49	8	0

2. 分差说明及典型事例

在本项指标的评估中，各城市平均得分为 11.75 分。由观测结果可知，在检索时间范围内大部分被评估城市在制定和出台涉企相关政策、文件前都会发布意见征求公告，在意见征求的过程中对企业意见进行考量和分析，在政企沟通中对涉企政策、文件进行调整，整体上提高了涉企政策、文件的质量，绝大多数城市也都有各级政府通过开展研讨会、座谈会、听证会等形式与企业进行面对面沟通，进而实现精准施策、助企纾困的实例。但在"企业投诉平台、意见反馈平台等政企沟通联系专门渠道或途径的公布"方面，半数以上的城市未公布政企沟通的针对性渠道或途径。具体说明如下。

第一，关于获得 15 分的城市。在相关城市的政府网站上可以明确在"互动交流"模块查询到政府公布的企业投诉平台、意见反馈平台等专门用于政企沟通联系的渠道或途径，如大连市政府网站的相关栏目能够跳转到辽宁政务服务网的界面，可以查询到"政企直通车"这一政企沟通联系的专门平台等。在相关城市的政府网站上可以明确在"民意征集"模块查询到政府在涉企相关政策、文件出台前发布意见征求公告，如成都市于2024年4月13日对"成都市工业无人机产业链三年行动计划"公开征求意见和建议等。在相关城市的政府网站上可以检索到政府通过开展研讨会、座谈会、听证会等形式进行政企沟通的实例，如泉州市为加快推动资本市场"泉州板块"提质扩容，市政府与上市后备企业代表开展了座谈会等。第二，关于获得10分的城市。这些城市失分的原因主要是未检索到企业投诉平台、意见反馈平台等政企沟通联系专门渠道或途径。如某市发布了对《某市瓶装液化石油气行业标准化建设实施方案（征求意见稿）》等涉企政策、文件的公开征求意见，也常态化召开了民营企业座谈会，但未检索到该市公布的企业投诉平台、意见反馈平台等专门用于政企沟通联系的渠道或途径，仅存在市民诉求反映的一般通道，这一类诉求反映渠道在政企沟通联系事项方面针对性不足。第三，关于获得5分的城市。这些城市都无法检索到企业投诉平台、意见反馈平台等专门用于政企沟通联系的渠道或途径。部分被评估城市在检索时间范围内未在涉企相关政策、文件出台前发布意见征求公告，部分被评估城市未检索到通过开展研讨会、座谈会、听证会等形式与企业进行面对面沟通的实例。

（五）完善公平竞争保障机制

1.总体表现分析

本项指标满分为15分。各地政府可以通过出台维护市场公平竞争各项政策措施，向市场主体提供合理、高效的政务服务的方式，助推营商环境更加公平有序，从而有效激发市场活力，降低企业运营成本，提高资源配置效率，进而推动经济高质量发展。因此，公平竞争保障是政务服务与诚信建设的重要目标。本项指标通过检索被评估城市是否建立公平竞争审查各项机制，涉企政策文件是否开展公平竞争审查，是否存在公平竞争保障正面新闻报道等，采用累计加分的方式进行评测。同时，通过检索被评估城市是否存在损害市场公平竞争的实例报道或诉讼案件，采用负面扣分的方式进行评测。本项指标得分的分布情况见表 B.10-6。

表 B.10-6　"完善公平竞争保障机制"指标 100 个城市得分情况

得分(分)	15	11~14	10	6~9	5	1~4	0
城市(个)	9	28	18	29	8	8	0

2. 分差说明及典型事例

本项指标下，各城市平均得分为 9.41 分。在观测中发现，多数城市已基本建立公平竞争审查机制，各城市之间得分的差别主要体现在所建立的公平竞争审查机制的实际开展与功能发挥程度上。同时，评估时间段内各城市政府机关滥用行政权力排除、限制竞争行为的数量较往年有所减少。

首先，本项指标下取得 15 分的城市有 9 个，这些城市普遍建立了完善且高效的公平竞争审查制度，并积累了丰富的维护市场公平竞争的实例。例如，北京市出台多项政策文件对公平竞争审查工作的程序规定、会审工作等内容的落地落实进行高标准规范，同时也检索到多例打击不正当竞争、优化市场环境的新闻报道和事例。其次，得分在 10~14 分区间的城市较多，这些城市已建立相对完备的公平竞争保障机制，仅在个别环节存在薄弱之处，并且绝大多数不存在损害市场公平竞争的实例报道或诉讼案件。例如，南阳市已建立公平竞争审查联席会议机制并开展业务培训，开展政策措施公平竞争清理，引入"观市·问竞"公平竞争审查辅助平台，印发公平竞争审查操作指南，建立公平竞争审查举报绿色通道。再次，得分在 5~9 分区间的城市中，有个别城市是因为存在滥用行政权力排除、限制竞争案件而被扣分，有部分城市是因为未形成体系化的公平竞争审查保障机制，或较少开展维护市场公平竞争的活动与实践而被扣分。最后，得分在 5 分以下的城市在公平竞争审查各项保障机制设立，以及涉企政策文件经公平竞争审查、维护市场公平竞争的正面报道和实例等多个方面都表现欠佳。

（六）获取公共资源的平等性

1.总体表现分析

本项指标满分为 15 分，各城市平均得分为 9.75 分。本项指标聚焦于各城市在政府采购招标环节的公平公正性，核心在于衡量招标过程是否严格遵循公开透明、公平竞争的原则，是否为所有市场主体提供了平等参与机会。通过规范政府采购活动的公平性，防止政府滥用行政权力排除或限制市场竞争，为各类市场主体提供公平竞争平台，平衡竞争差距，维护公平环境，打破行业垄断和地方保护，服务构建新发展格局。因此，获得公共资源平等与否是衡量政务服务与诚信建设法治化水平的关键标准之一。本项指标得分的分布情况见表 B.10-7。

表 B.10-7 "获取公共资源的平等性"指标 100 个城市得分情况

得分（分）	15	12	10	9	6	3	0
城市（个）	30	21	0	18	15	7	9

2.分差说明及典型事例

本项指标下，得分主要集中在 12~15 分区间，说明多数城市至多仅存在 1 例因政府采购差别或歧视待遇引起的司法案件与新闻报道，总体而言得分情况较好。同时，在对 100 个城市进行评估的过程中，检索到的差别或歧视待遇实例均为在各省市政府采购网或者公共搜索引擎中检索到的投诉认定实例，尚未发现因政府采购差别或歧视待遇而引起的新闻报道和司法案件。

首先，有 30 个城市获得 15 分，表明在对这些城市进行评估时，在评测时间段内未检索到政府采购招标文件的编制存在差别或歧视待遇问题，如北京市、泉州市、呼和浩特市等。其次，在取得 12 分的 21 个城市中，在评测时间段内仅能检索到 1 例认定政府采购招标文件存在差别待遇或歧视待遇的实例。再次，得分在 3~9 分的城市中，可以检索到在评测时

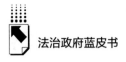

间段内，有 2~4 例经过职能部门认定确实存在差别或歧视待遇现象的实例。最后，在得分为 0 分的城市中，可以检索到 5 例及以上涉及政府采购招标文件编制存在差别待遇或歧视待遇引起的投诉认定、司法案件或新闻报道。

四　评估结论与建议

此次政务服务与诚信的法治保障评估结果显示，政务服务与诚信的法治保障一级指标总得分率为 63.50%，相较上一年度有一定提升，主要是政企沟通制度建立与落实和完善公平竞争保障机制两个指标得分率有较大提升。但在评估过程中发现，部分城市在开展政务服务与诚信的法治保障的具体实践中仍然存在一定的问题。如在行政许可与行政登记、政府合同履约、获取公共资源的平等性等方面，仍然存在审查不严、履约意识不强、规范性有待加强等问题。政务服务与诚信建设是一项长期任务和系统工程，各地政府需要结合在评估过程中发现的问题持续深入推进各项机制扎实落地，全面提升政务服务效能和诚信水平，推动政务服务与诚信建设提质增效。

（一）存在的问题

1.部分城市提供的市场准入服务存在一定滞后性

市场准入制度是推动有为政府和有效市场更好结合的关键，但评估发现，各地政府在开展市场准入服务优化环节还存在诸多问题。其一，有关市场准入服务的部分政策文件的公开性有待提升。在某些城市，市场准入负面清单及证照分离改革方案的新闻与信息可被检索到，然而，制定与发布的负面清单及改革方案的正式文件及其详细内容却难以查询。其二，市场准入服务建设环节有所缺漏。在某些城市中，市场准入负面清单制度与证照分离改革方案的实施未能实现同步协调推进。具体表现为部分城市仅出台了市场准入负面清单，而未同步制定相应的证照分离改革方案，或仅制定了证照分离改革方案，而未出台市场准入负面清单。其三，市场准入负面清单和证照分离改革方案调整缓慢。大多数城市均已制定市场准入负面清单和证照分离改革方案，但普遍存在"制定即完结"的现象，具体表现为未能及时更新负面清单内容以及调整证照分离的执行范围。

2. 行政许可、行政登记中申请材料审核水平有待提升

在行政许可和行政登记案件中，行政机关胜诉率较低的主要原因是行政机关未能对申请人提交的材料严格按照审批流程进行仔细审查，导致虚假材料或不实信息未被及时发现，最终被法院撤销或确认违法。例如，在行政许可和行政登记案件中，分别有 26.41% 和 18.82% 的败诉案件是由于申请人提交的申请材料虚假，法院由此认定行政机关作出行政行为缺乏事实依据，而判决撤销该行政行为。此外，部分行政机关可能还同时存在审核标准不统一、程序不规范、档案管理不完善等问题，进一步增加了行政机关工作人员在审核申请材料过程中出现问题的风险。

3. 政府合同中存在未履约或未按约定履约情况

在政府合同纠纷案件中，未履约或未按约定履约是行政机关败诉的主要原因。各地政府未履约或未按约定履约有多方面原因。其一，部分城市政府在签订合同时，为吸引投资而作出超出能力范围的承诺，但在后续履行中因政策调整、资金不足等无法兑现，无法推进项目进一步开展。其二，部分城市政府在签订合同时存在"想当然"心理，没有充分审核、评估合同内容，对合同条款缺乏深入研究，没有对可能会出现的风险与问题进行充分预测，导致合同在履行过程中陷入执行难的困境。其三，当政府合同出现不能履约或不能按约定履约问题时，部分城市政府为维护自身利益盲目使用行政优益权，加剧了对政府合同另一方当事人权益的侵害。各地政府在政府合同中的未履约或未按约定履约行为极大损害了政府公信力，不利于发挥政府在社会信用体系建设中的表率作用。

4. 政企沟通专门渠道供给不足

政府与企业间的沟通与交流是及时了解市场发展需求、提高政府决策科学性和有效性、推动经济发展的重要环节。国务院原总理李克强在全国深化"放管服"改革优化营商环境电视电话会议上的讲话中指出，要"建立健全

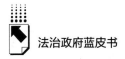

常态化政企沟通机制，充分听取各方面意见，对企业诉求'接诉即办'"。①为提高政企沟通的针对性和有效性，需要政府设立政企沟通、企业诉求提出和反馈的直接高效渠道。

在检索过程中发现，超过半数被评估城市的政府官方网站未公布企业投诉平台、意见反馈平台等专门用于政企沟通的渠道或途径，这一问题在一定程度上制约了企业与当地政府之间直接、有效的沟通，进而造成企业的意见和诉求缺乏向政府反映的专门渠道或途径。观测结果显示，部分地方政府的政企沟通渠道或途径供给不足，一般的诉求反映反馈通道在涉企诉求方面针对性不足，在构建畅通高效的政企沟通机制方面，部分地方政府在专门用于政企沟通的渠道设置上仍有待完善。

5. 公平竞争保障机制具体实践的规范性有待提升

公平竞争原则是社会主义市场经济体制的重要基础，各地政府需要从制度和措施上在市场体系中营造公平竞争的氛围，从而激发市场主体的主动性和创造性。但评估发现，公平竞争保障机制领域仍存在薄弱环节，集中体现为公平竞争保障各项机制在具体开展时的公开性有所缺失，具体体现在如下几个方面。其一，在部分城市政府门户网站以"公平竞争"为关键词进行检索，相关检索结果较少，且多为往年内容。其二，部分城市仅在年度工作报告中简单总结上一年度开展的所有公平竞争审查工作的数量，甚少会在具体开展公平竞争审查工作时对公平竞争审查措施、程序、结果等内容进行披露。其三，部分城市仅能检索到初步建立了公平机制审查各项机制，但检索到的涉企政策文件公平竞争审查、维护公平竞争的正面报道和事例等公平竞争保障具体工作事例较少。因此，部分城市政府未能对公平竞争保障机制工作开展情况进行主动公开，不利于社会和公众的监督，也导致难以把握公平竞争保障机制是否真正发挥实效。

---

① 李克强：《在全国深化"放管服"改革优化营商环境电视电话会议上的讲话》，中国政府网，http://www.gov.cn/xinwen/2020-09/29/content_5548388.htm，最后访问日期：2024年10月20日。

6.政府采购招标文件编制的规范化程度有待进一步完善

各类市场主体获得公共资源的平等性是政务诚信建设的关键环节，但各地政府在政府采购领域仍存在诸多不足。在市场经济体系中，公共资源的获取对市场主体发展至关重要，关乎其经济利益及在市场中的地位。然而，此次评估发现，在政府采购领域，部分采购人存在不合理行为。在被评估的100个城市中，仅有30个城市未出现针对不同市场主体设定差别或歧视待遇的情况，其余城市均不同程度地存在问题。这些差异或歧视性待遇的体现形式多种多样，如在招标文件的制定阶段，部分采购方刻意设定了一些不合理的资格条件，将与项目实际需求并无直接关联的因素强行纳入评审范围，从而限制了某些市场主体的参与机会；或者要求过大的企业规模、特定地域的业绩经验等条件，导致一些新兴企业或外地企业被排除在外。甚至，部分采购人还会通过突破法定程序的方式变相设定差别或歧视待遇，如在招标过程中不按规定流程操作，私自改变评审标准，为特定企业提供便利。

（二）完善的建议

1.持续健全市场准入机制，放宽市场准入路径

完善政务平台网上办事引导功能，提升政务服务水平，推进市场准入负面清单和证照分离改革工作持续深入，有效降低市场主体的准营成本，激发市场主体活力和社会创造力。具体而言：其一，建议各城市采取集中公开的方式，将已制定的市场准入负面清单和证照分离改革实施方案及时公布，使公众能够便捷查询相关文件；其二，部分尚未制定市场准入负面清单或证照分离改革实施方案的城市，应当按照国务院的要求尽快落实市场准入负面清单和证照分离改革实施方案的工作；其三，市场准入负面清单及证照分离改革实施方案的落实工作均未启动或落实效果较差的城市，建议借鉴其他优秀城市的工作经验，严格落实国务院和省级政府关于市场准入服务优化的要求。

2.依法审慎履行审查职责

行政机关在履行审查职责时，必须依法审慎行事。审查工作是行政流程中的关键环节，行政工作人员应提升审慎审查的意识，确保审查工作规范、高效；同时加强监督和问责机制，确保审查活动的合规性。在工商登记、公司登记或变更登记等关键环节，行政机关需特别加强材料审查，防止因程序疏忽或虚假材料而作出不当的行政决策。这不仅关系到保护公民、法人和其他组织的合法权益，也关系到行政机关自身的声誉和法律风险管理。

3. 规范政府缔约行为，落实信赖利益保护原则

其一，加强政府诚信建设，规范政府缔约行为至关重要。各地政府在缔结政府合同时，应当严格遵守法定程序，加强内部审核强度与实效，充分评估项目内容与预期风险，避免不合理承诺和超出权限的条款，确保政府合同条款的合法性、合理性和可操作性。此外，建立行政合同备案审查及监督管理制度，对合约履行情况进行全程监督，确保合约内容符合法律法规，避免违规约定的出现。通过这些措施，可以提高政府在缔约过程中的规范性和透明度，促进政府与社会资本的良性互动。

其二，落实信赖利益保护原则是提升政府公信力和执行力的关键。行政机关必须坚守诚信，严格履行对社会及行政相对人所作出的政策承诺和行政允诺。为防止由政府换届或领导人员更替导致的违约行为，行政机关应采取坚决措施，确保政策的连续性和稳定性，避免短期行为对企业和投资者造成不利影响。同时，各地行政机关应当严格规范和限制行政优益权的行使，遵循比例原则，仅在必要时行使行政优益权，以免给企业和投资者权益造成严重损害。同时，当因公共利益考量确实需要调整行政协议时，行政机关应依法对企业和投资者因此遭受的损失给予公正补偿。这不仅体现了政府对市场主体权益的尊重，也是营造公平、透明、可预期的商业环境的重要一环。

4. 增设政企沟通联系的针对性渠道和途径

行政机关应当为企业提供一个专门且针对性较强的诉求反映平台，这不仅是推进科学民主决策、提升政务服务效能、建设法治政府的关键措施，更是优化营商环境的重要保障。地方政府对企业诉求的收集与反馈的忽视，以及企业在涉企政策制定过程中的参与不足等问题，一方面将阻碍企业的健康发展，进而可能引发相关民生问题；另一方面可能导致相关政策与实际情况

脱节，影响政策的有效贯彻与实施。

为建立并有效落实政企沟通制度，一方面，地方政府需要重视对政企沟通联系常态化、长效化的重视，必须设立具有针对性的政企沟通渠道和途径，为企业与政府沟通提供必要的平台支持，以便企业及时反映诉求，政府高效反馈解决企业难题，提升政务服务水平。在政府网站和相关网站及时公布"政企直通车""企业诉求专线"等渠道或途径，直接收集企业的诉求并予以反馈。另一方面，地方政府应设置助企专员专门负责政企沟通事项，配备专业人员保障"接诉即办"，对接解决企业反映的问题和诉求，根据企业反映的诉求有针对性地调整涉企政策。

5. 持续提升公平竞争保障机制建设的规范性

评估发现，多数政府已设立公平竞争审查联席会议，但在公平竞争保障各项机制的落实上却存在差异，部分城市公平竞争保障实例的不足以及存在的滥用行政权力、限制竞争行为说明公平竞争保障机制的规范性有待提升。首先，部分城市尚缺少公平竞争审查机制细化实施的规范，这些城市应当根据相关法律法规的要求，结合本地实际情况，通过出台公平竞争实施办法、指导意见等方式，进一步细化公平竞争审查具体开展的任务与要求。其次，各地政府应当结合本地实际，通过多种形式持续深化公平竞争审查机制，如多个城市间开展公平竞争审查交叉互评、推进重大政策措施公平竞争审查会审机制、引入全链条公平竞争审查监测系统等。最后，《公平竞争审查条例》于 2024 年 5 月 11 日在国务院第 32 次常务会议上通过，并自 2024 年 8 月 1 日起施行，各地政府应当及时贯彻落实，制定实施方案并对照改进相关工作。

6. 多举措清除政府采购中的差别或歧视待遇现象

为解决部分城市在公共资源获取平等性保障方面存在的上述问题，提升政务服务与诚信的法治保障水平，需要多管齐下。首先，各地政府应持续优化相关规范，明确设定差别或歧视待遇的具体体现形式，并及时发布指导案例。针对实践中的争议问题，要进行清晰解答，增强规则的可操作性和指导性，确保采购人员及采购代理机构正确理解并严格遵守政府采购流程。其次，要强化监督管理，建立健全监督机制，加强对政府采购活动全过程的监督，及时发现并纠正可能存在的差别或歧视待遇行为。最后，针对隐性歧视问题，需加强宣传教育，加深采购人对公平竞争的认识，纠正其可能存在的认知偏差，培育尊重和维护各类市场主体合法权益的观念，尤其是重视对民营中小企业的权益保护。同时，构建合理的激励机制，鼓励采购人积极营造公平竞争的环境，对遵循公平原则的采购人给予一定奖励，对违规者予以相应处罚，从根本上消除或减少隐性歧视，实现公共资源公平分配，有效提升政务服务与诚信建设水平。

B.11

数字法治政府

刘　艺[*]

摘　要： 2024 年，"数字法治政府"评估指标体系全面更新，从"数字法治政府整体部署""数字政府平台建设""政府履职数字化""政务数据共享、开放与个人信息保护""权力监督数字化"五个维度对百城数字法治政府建设情况进行了全方位、立体化的深入考察。评估发现，我国数字法治政府建设正不断向纵深推进，数字政府建设对数字经济发展的引领作用凸显，数字技术在政府履职过程中得到广泛运用，个人信息保护力度不断加大，外部监督渠道的便利度明显提升。深圳、佛山、济宁、湛江、杭州等城市脱颖而出，成为百城数字法治政府建设的标杆。北京、重庆、南京、成都等城市数字法治政府建设水平大幅跃升，成效显著。评估也反映出数字法治政府建设还存在诸多不足：数字法治政府建设规划不够全面，数字政府平台建设不够完善，政府数字化履职能力有待提高，数字法治政府建设制度保障不足。根据评估结果，未来应加强规划引领，推动政府治理法治化与数字化深度融合；推进平台建设，走均衡化、智能化、集约化、精细化发展道路；转变治理理念，提升政府数字化履职

---

* 刘艺，中国政法大学法治政府研究院教授，法学博士，研究方向：行政法基础理论、行政程序制度、社会行政法、行政检察理论。中国政法大学法学院 2024 级宪法学与行政法学博士研究生孙俐、中国人民公安大学法学院 2024 级宪法学与行政法学博士研究生郭雨婷、中国政法大学法学院 2023 级宪法学与行政法学硕士研究生韩雨珊、中国政法大学法学院 2023 级军事法学硕士研究生初俊逸、西南政法大学行政法学院 2023 级宪法学与行政法学硕士研究生胡祖利、西南政法大学行政法学院 2023 级宪法学与行政法学硕士研究生谭馨、中央民族大学法学院 2023 级宪法学与行政法学硕士研究生王铁、中央民族大学法学院 2023 级宪法学与行政法学硕士研究生宋雪宁、西南政法大学行政法学院 2023 级法律（法学）硕士研究生吴建成、西南政法大学行政法学院 2023 级法律（非法学）硕士研究生罗淦钟、中国政法大学法学院 2024 级宪法学与行政法学硕士研究生郑茜予、中国政法大学法学院 2024 级宪法学与行政法学硕士研究生杜羽珂、中国政法大学法学院 2024 级法律（法学）硕士研究生李佳馨协助进行数据检索、分析及图表制作等工作。

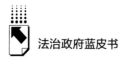

能力；强化规则意识，进一步弥补数字法治政府规范体系的欠缺与不足。

关键词： 数字法治政府　数字政府平台　政府数字化履职能力　政务数据共享　政务数据开放　政务数据安全

　　本次评估是"数字法治政府"指标设立以来的第三次评估。本年度评估指标体系设计仍然以《法治政府建设实施纲要（2021—2025年）》（以下简称《纲要》）和《国务院关于加强数字政府建设的指导意见》（以下简称《指导意见》）为主要依据。评估组在对标考察国内国际相关指标、充分研究前两次评估结果的基础上，对评估指标体系作出了一定调整。一是全面梳理《纲要》和《指导意见》对于数字法治政府建设的任务要求。2025年既是《纲要》的收官之年，也是《指导意见》对于数字政府建设完成第一阶段任务要求的关键节点。全面梳理这两份文件提出的任务要求，对于文件明确要求落地的指标应评尽评，可以为该阶段我国数字法治政府的建设进度提供参照。据此，在本年度的指标体系中，新增"政府履职数字化"二级指标，把对数字政府平台建设和政府数字化履职能力的考察相对分开，分别从形式和实质两个维度考察数字法治政府建设与运行情况。同时，增加了对法规规章行政规范性文件统一公开查询平台、"两法衔接"信息平台、政务数据共享平台、行政复议决定书网上公开制度等指标的考察。二是对标国内国际同类型的指标体系。数字政府建设不仅是我国在现代化进程中面临的重要任务，也是全世界各国政府改革、发展的趋势与潮流。目前，国际上有《联合国电子政务调查报告》《世界银行数字化进程和趋势报告》等与数字政府建设密切相关的评估报告，国内有国家网信办、中共中央党校（国家行政学院）、中国信通院、中国电子云等政府部门、高等院校与科研机构牵头调查、编写的《数字中国发展报告》《中国数字政府建设报告》《数字政府一体化建设白皮书》《中国数字政府建设与发展白皮书》等评估报告。在研读、比较这些评估报告的过程中，评估组关注到数据在数字政府建设和数字经济发展中的独特价值并对相关指标进行了细化。评估组也发现，由于"数字政府"的概念和内涵还不够清晰，目前在数字政府建设中存在更加强调数字政务的趋势，这使得其他政府数字化工作与政务服务数字化工作被技术性和制度化地隔离开来。然而，除数字政务以外，行政执法与执法监督信息化的发展速度也非常快。因此，本年度评估指标除了考察数字政务之外，还增加了其他政府治理环节，如行政执法数字化水平的评估，以期更加全面地考察数字法治政府建设情况。三是根据前两次的评估情况，对相关指标进行了删减和细化。数字法治政府建设是系统工程，需要稳步推进。因此，数字法治政府建设在不同阶段必然会面临不同的建设任务，拥有不同的发展方向。以平台为中心的数字政府基础设施在数字法治政府建设初期具有决定性价值，应予以重点考察。但随着数字法治政府建设不断向纵深推进，政府数字化建设的集约化与人性化程度、数据要素治理的规范化与开放程度、公众民主参与程度等将成为重点考察内容。

一 指标设置及评估标准

（一）指标体系

本次评估的"数字法治政府"一级指标之下设置 5 项二级指标，分别为"数字法治政府整体部署""数字政府平台建设""政府履职数字化""政务数据共享、开放与个人信息保护""权力监督数字化"（见表 B.11-1）。

表 B.11-1　数字法治政府评估指标体系

一级指标	二级指标	三级指标
数字法治政府（100 分）	（一）数字法治政府整体部署（10%）	1. 数字法治政府建设规划（60 分）
		2. 数字政府建设对数字经济的引领驱动（40 分）
	（二）数字政府平台建设（30%）	3. 数字政府平台的建设进度（60 分）
		4. 数字政府平台建设的集约化程度（20 分）
		5. 数字政府平台的无障碍建设（20 分）

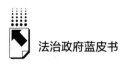

续表

一级指标	二级指标	三级指标
数字法治政府 （100分）	（三）政府履职数字化（30%）	6. 行政立法的数字化参与（20分）
		7. 数字化行政执法的规范程度（20分）
		8. 数字技术辅助行政决策水平（20分）
		9. 社会治理数字化水平（20分）
		10. 数字政务发展水平（20分）
	（四）政务数据共享、开放与个人信息保护（20%）	11. 政务数据共享情况（30分）
		12. 公共数据开放情况（50分）
		13. 个人信息保护情况（20分）
	（五）权力监督数字化（10%）	14. 内部监督渠道的建立（50分）
		15. 外部监督渠道的建立（50分）

15 项三级指标分别考察被评估城市的数字法治政府建设规划、数字政府建设对数字经济的引领驱动、数字政府平台的建设进度、数字政府平台建设的集约化程度、数字政府平台的无障碍建设、行政立法的数字化参与、数字化行政执法的规范程度、数字技术辅助行政决策水平、社会治理数字化水平、数字政务发展水平、政务数据共享情况、公共数据开放情况、个人信息保护情况、内部监督渠道的建立与外部监督渠道的建立。

相较于上一年度，本年度的指标体系发生了以下变化：一是提高对数字法治政府整体部署的考察标准，将指标（一）拆分为两个指标，主要从顶层设计角度考察数字政府建设与法治政府建设的融合程度以及数字政府建设对数字经济发展的带动作用；二是对指标（二）进行归纳整合，增加对数字政府平台的考察维度，从建设进度、集约化程度、无障碍建设三个角度对数字政府平台情况进行考察；三是新增"政府履职数字化"二级指标，从行政立法、行政执法、行政决策、社会治理、政务服务五个方面考察政府运用数字化手段履职的能力；四是在指标（四）下增加一个三级指标"政务数据共享情况"，并对其他两个三级指标的观察点进行了调整和补充；五是对指标（五）进行归纳整合，梳理、汇总现有的主流监督方式，从"内部监督渠道的建立"和"外部监督渠道的建立"两个角度展开评估。

在分数设置上,数字法治政府一级指标总分为100分。本次评估对计分方式进行了调整,采用加权求和的方法。各二级指标满分均为100分,将二级指标得分与其对应权重相乘得到乘积,乘积累加即为总分。加权求和是一种根据数据特性或特定评价标准对数值进行特殊处理的计算方法。将加权求和的计算方法运用于数字法治政府评估,一方面可以更加清晰地展示指标构成与分值分布情况,另一方面也可以体现评估的侧重点,便于今后根据数字法治政府建设进程对评估重点进行动态调整。

(二)设置依据和评估标准

1. 数字法治政府建设规划

【设置依据】数字法治政府建设需要以具有方向性、全局性的顶层设计为指引。《纲要》提出,"健全法治政府建设科技保障体系,全面建设数字法治政府","着力实现政府治理信息化与法治化深度融合"。《指导意见》提出,"注重顶层设计和基层探索有机结合、技术创新和制度创新双轮驱动","推动政府治理法治化与数字化深度融合"。两份文件为我国数字法治政府建设指明了方向:数字法治政府建设不是单向的法治政府数字化或数字政府法治化,而是数字政府建设与法治政府建设的深度融合。在贯彻落实中央文件精神、推行数字法治政府建设过程中,被评估城市必然需要制定符合地方治理情境与发展阶段的规划性文件,以确保数字法治政府建设有章可循。基于此,本指标分成两个层次进行评估:一是考察被评估城市法治政府建设规划中是否包含数字政府建设的相关内容;二是考察被评估城市数字政府建设规划中是否包含赋能法治政府建设或加强法治保障的相关内容。

【测评方法】通过网络检索,查找被评估城市是否存在现行有效的本级政府法治政府建设规划与数字政府建设规划,并对规划的实际内容进行考察。

【评分标准】满分60分。如果法治政府建设规划中包含数字政府建设的相关内容,且被评估城市数字政府建设规划中包含赋能法治政府建设或加

263

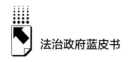
强法治保障的相关内容的，得 60 分；满足任意一项的，得 30 分。被评估城市已经出台相关规划，但不包括数字法治政府相关内容或文件内容未向社会公开的，每份规划得 10 分；未出台相关规划的，不得分。

2. 数字政府建设对数字经济的引领驱动

【设置依据】2023 年，中共中央、国务院印发了《数字中国建设整体布局规划》，从党和国家事业发展的战略高度，提出了新时代数字中国建设的整体战略。数字政府、数字经济、数字社会建设是数字中国建设的有机组成部分。《指导意见》提出"以数字政府建设全面引领驱动数字化发展"，"加强数字政府建设是适应新一轮科技革命和产业变革趋势、引领驱动数字经济发展和数字社会建设、营造良好数字生态、加快数字化发展的必然要求，是建设网络强国、数字中国的基础性和先导性工程，是创新政府治理理念和方式、形成数字治理新格局、推进国家治理体系和治理能力现代化的重要举措"。作为数字时代的经济新形态，数字经济已经成为推动新质生产力加快发展的重要抓手和战略引擎。在数字中国建设的总体布局下，数字政府建设应该对数字经济发展起到驱动、保障与服务的作用。因此，本指标将被评估城市是否在数字政府建设过程中对数字经济发展进行统筹或部署作为重要考察指标之一。该指标下设两个观察点，第一个观察点通过数字经济发展规划的制定情况考察被评估城市对于数字经济发展的重视与引领，第二个观察点抓住数据要素在数字经济发展中的核心地位，从法律法规和政策文件制定的角度考察数据要素市场建设状况与数据要素发展环境。考虑到地市级人大及政府虽具备一定自主立法权限，但较少涉及数字经济或者数字政府领域，本观察点将省级人大、政府出台的地方性法规、地方政府规章以及相关政策性文件也纳入了考察范围。

【测评方法】通过网络检索，考察被评估城市是否存在现行有效的本级数字经济发展规划，是否出台有关公共数据开放、数据要素市场建设、公共数据授权运营等活动的法律法规或政策文件。

【评分标准】满分 40 分。（1）被评估城市存在现行有效的本级政府数字经济发展规划的，得 25 分。（2）被评估城市已出台有关公共数据开放、数据要素市场建设、公共数据授权运营等活动的法律法规或政策文件的，得15分。直辖市主要考察市人大及其常委会、市政府及其职能部门是否出台相关法律法规与政策文件；其他城市除本级人大及其常委会、政府及其职能部门出台的法律法规与政策文件外，归属的省级人大及政府出台的地方性法规、地方政府规章及政策性文件也赋予相应分数。

3. 数字政府平台的建设进度

【设置依据】平台是数字政府建设的基石，完善数字基础设施是推进数字政府建设的首要任务。《指导意见》明确提出，要"整合构建结构合理、智能集约的平台支撑体系，适度超前布局相关新型基础设施，全面夯实数字政府建设根基"。该指标共设置四个观察点，分别考察行政执法信息公示平台、政务服务平台、法规规章行政规范性文件统一公开查询平台、"两法衔接"信息平台四个数字政府平台的建设情况。

第一个观察点是行政执法信息公示平台的建设进度。《国务院办公厅关于全面推行行政执法公示制度执法全过程记录制度重大执法决定法制审核制度的指导意见》提出，"建立统一的执法信息公示平台，及时通过政府网站及政务新媒体、办事大厅公示栏、服务窗口等平台向社会公开行政执法基本信息、结果信息"。据此，本指标将行政执法信息公示平台的建设进度作为一个观察点，主要考察被评估城市行政执法信息公示平台的建设情况与公示内容是否完善。

第二个观察点是政务服务平台的建设进度。政务服务平台是数字政府平台中建设较早、普及程度较高的平台。目前，全国各省市政务服务平台均已建成，故该观察点主要从便利、智能、高效的角度考察政务服务平台的建设情况。《指导意见》提出，"加快推进政务服务向移动端延伸，实现更多政务服务事项'掌上办'"，"全面推行审批服务'马上办、网上办、就近办、一次办、自助办'"，"大力推行'一件事一次办'，提供更多套餐式、主题式集成服务"。《国务院办公厅关于加快推进政务服务"跨省通办"的指导意见》提出，"鼓励区域'跨省通办'先行探索和'省内通办'拓展深化"。《国务院关于进一步优化政务服务提升行政效能推动"高效办成一件

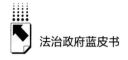

事"的指导意见》提出，"依托全国一体化政务服务平台打造政务服务线上线下总枢纽，强化公共应用支撑体系建设，提升统一的自然人和法人身份认证、跨域电子印章验签、办件调度、用户管理等支撑能力"。因此，各省市政务服务平台将大力推动政务服务平台移动端建设，逐步丰富和完善平台"秒批秒办""一件事一次办""跨省通办""电子印章"等服务。据此，本评估指标设置了该观察点。

第三个观察点是法规规章行政规范性文件统一公开查询平台的建设进度。近年来，由全国人大、司法部分别牵头，我国已先后建成国家法律法规数据库和国家规章库。而在地方层面，部分省市也陆续建立了地方性法规、地方政府规章及行政规范性文件数据库。但《纲要》提出，"建设法规规章行政规范性文件统一公开查询平台，2022年年底前实现现行有效的行政法规、部门规章、国务院及其部门行政规范性文件的统一公开查询；2023年年底前各省（自治区、直辖市）实现本地区现行有效地方性法规、规章、行政规范性文件统一公开查询"。《法治中国建设规划（2020—2025年）》提出，"建设全国统一的法律、法规、规章、行政规范性文件、司法解释和党内法规信息平台"。通过信息化平台建设实现地方立法公开查询，既是政府使用数字技术提高行政效率进而促进法治政府建设的表现，也是数字政府和法治政府建设相融合的一个面向。评估指标设置本观察点正是关注到建立统一公开查询平台的价值。恰好2023年也是该项改革任务的收官之年，应当予以考察。

第四个观察点是"两法衔接"信息平台的建设进度。该观察点是本次评估新增的观察点之一，也是《纲要》提出的明确要求："完善行政执法与刑事司法衔接机制，加强'两法衔接'信息平台建设，推进信息共享机制化、案件移送标准和程序规范化。"从数字法治政府建设角度来看，"两法衔接"信息平台建设不仅是以技术为支撑、以平台为纽带促进行政执法与司法信息互联共享的重要机制，更是数字政府赋能法治政府建设的重要内容之一。

【测评方法】通过网络检索、网络信息抓取，考察被评估城市是否建成行政执法信息公示平台、政务服务平台、法规规章行政规范性文件统一公开查询平台、"两法衔接"信息平台，以及各个平台的运行是否正常。

【评分标准】满分 60 分。四个观察点具体评分规则如下。

（1）行政执法信息公示平台的建设进度（18 分）

被评估城市已建成专门的行政执法信息公示平台的，得 3 分；被评估城市未建成专门的行政执法信息公示平台，但通过所属省份行政执法信息公示平台可查询被评估城市行政执法信息或被评估城市门户网站政府信息公开栏目可查询行政执法信息的，视为已具备行政执法信息公示平台的相关功能，得 3 分。

行政执法信息公示平台公示信息包含执法主体、人员、职责、权限、依据、程序、救济渠道和随机抽查事项清单信息的，每项得 1.5 分。行政执法信息公示平台公示重大行政执法决定法制审核目录清单的，得 1.5 分；公示行政许可、行政处罚、行政强制、行政征收等行政执法结果信息的，得 1.5 分。如平台只对被评估城市部分具备行政执法权限的部门清单进行公示，则该项不得分。

（2）政务服务平台的建设进度（18 分）

考察被评估城市政务服务平台是否已经完成政务服务移动端建设，实现政府服务事项"掌上办"。被评估城市已建成政务服务 App 或微信、支付宝小程序且具备在线办理业务功能的，得 3 分；若两者均有，得 4.5 分。

被评估城市政务服务平台专门开设"秒批秒办"窗口的，得 3 分。

被评估城市政务服务平台专门开设"高效办成一件事""一件事一次办""一件事主题服务""主题集成服务"窗口的，得 3 分。

被评估城市政务服务平台专门开设"跨省通办"窗口的，得 3 分；被评估城市政务服务平台专门开设"跨城通办""跨市通办""跨域通办"窗口的，得 1.5 分。

被评估城市在政务服务平台中提供面向自然人、法人身份认证的电子印章服务，或者设立专门的电子印章公共平台的，得 3 分。

（3）法规规章行政规范性文件统一公开查询平台的建设进度（18 分）

直辖市主要考察已经建成的平台检索是否便利、内容是否全面、功能是

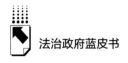

否完善。平台有清晰分类的，得 6 分；有模糊查询或高级检索功能的，得 6 分；有提出审查建议功能的，得 6 分。

其他城市主要考察市政府门户网站、市人大网站、市司法局网站是否全面公布本地区地方性法规、规章、行政规范性文件。网站中有相应类型文件专门公示页面的，每种类型得 4 分；公示页面有查询检索功能的，每种类型得 2 分。被评估城市省级统建的统一公开查询平台如具有清晰分类，能够查询到属地的地方性法规、地方政府规章、规范性文件制定情况，可按照前述直辖市标准赋分。

（4）"两法衔接"信息平台的建设进度（6 分）

通过网络检索、网络信息抓取，有新闻报告、司法案例或相关文件证明，被评估城市已经建成"两法衔接"信息平台的，得 6 分；省级统建平台中支持被评估城市开展"两法衔接"业务的，视为被评估城市已经建成"两法衔接"信息平台，得 6 分；被评估城市正在建设"两法衔接"信息平台或所属辖区及有关职能部门已经建成"两法衔接"信息共享平台的，得 3 分；被评估城市尚未建设"两法衔接"信息平台的，不得分。

4. 数字政府平台建设的集约化程度

【设置依据】提高数字政府平台建设的集约化程度，能够有效缓解政府工作信息化发展长期存在的重复投资、资源浪费问题，还可以在一定程度上打破数据壁垒、连通"信息孤岛"，是数字政府建设的进阶要求。对此，《指导意见》提出要"强化安全可信的信息技术应用创新，充分利用现有政务信息平台，整合构建结构合理、智能集约的平台支撑体系，适度超前布局相关新型基础设施，全面夯实数字政府建设根基"。《纲要》提出，"各省（自治区、直辖市）统筹建成本地区各级互联、协同联动的政务服务平台，实现从省（自治区、直辖市）到村（社区）网上政务全覆盖"。该指标共分为两个观察点，主要从平台建设角度考察被评估城市行政执法信息公示平台、政务服务平台、法规规章行政规范性文件统一公开查询平台的集约化程度。在此基础上，对兼具公众参与性与便民服务性的政务服务平台提出更高标准的业务集约层面的考察要求。

【测评方法】通过网络检索、实际体验，对被评估城市行政执法信息公示平台、政务服务平台、法规规章行政规范性文件统一公开查询平台这三个平台的集约化程度进行考察。

【评分标准】满分 20 分。

（1）平台集约层面：执法信息公示平台包含市、县两级信息的，得 5 分；政务服务平台包含市、县、乡、村四级应用的，得 5 分；直辖市法规规章行政规范性文件统一公开查询平台包含市本级、市辖区法规、规章、行政规范性文件数据的，得 5 分，其他城市所属省份法规规章行政规范性文件统一公开查询平台能够检索各地市法规、规章、行政规范性文件的，得 5 分。

（2）业务集约层面：政务服务平台能够实现线上线下信息初步联通，如通过线上平台能够实现线下办事取号与预约、线上平台能够收集线下政务服务好差评数据的，得 5 分。

5. 数字政府平台的无障碍建设

【设置依据】数字政府与法治政府的融合不仅体现在数字技术对法治政府建设的赋能上，还包括法律文本、法治理念对数字政府建设的规范和保障。平台的无障碍建设就是在数字政府建设中落实法律平等原则的体现。2023 年 9 月，《中华人民共和国无障碍环境建设法》正式实施。该法第 32 条第 1 款规定："利用财政资金建立的互联网网站、服务平台、移动互联网应用程序，应当逐步符合无障碍网站设计标准和国家信息无障碍标准。"目前，数字政府平台建设虽已初见成效，但囿于年龄、收入、教育等因素，"数字鸿沟"还广泛存在，数字政府平台的可及性仍有待提高。考虑到信息技术不断迭代更新，平台的无障碍建设也将是一个不断发展的过程，因此，作为新增指标，本次评估以政府门户网站与政务服务平台的适老化与无障碍改造为考察对象，对网站页面适老化与无障碍浏览功能的建设情况进行打分。

【测评方法】通过网络检索、实际体验，考察被评估城市政府门户网站与政务服务平台适老化与无障碍改造情况。

【评分标准】满分 20 分。政府门户网站与政务服务平台的无障碍建设情况各占 10 分。被评估城市政府门户网站或政务服务平台具备长者模式的，得 1 分；长者模式中具备语音播报、大字幕、大鼠标、放大镜功能的，每项得 1 分。具备无障碍浏览模式的，得 1 分；无障碍浏览模式包含多种视觉辅助和听觉辅助功能，如页面放大缩小、高对比度配色、语音播报、辅助线等无障碍辅助服务功能的，每项得 1 分。

6. 行政立法的数字化参与

【设置依据】 运用数字技术赋能行政立法是政府履职数字化的重要体现。由于立法工作是一项复杂的系统工程，专业性强、涉及面广，现阶段数字技术直接参与立法过程的情况较少，主要在立法工作末端发挥作用。其中，最具代表性的即在立法意见征集工作中为公众提供便捷的参与渠道。因此，该指标主要考察被评估城市立法意见征集工作中公众在线参与渠道的建设情况。

【测评方法】 通过网络检索，考察被评估城市在立法过程中公众通过线上渠道参与意见征集的便利度。

【评分标准】 满分 20 分。被评估城市在发布的立法意见征集公告、规范性文件清理公告中，提供了意见反馈邮箱，公众可通过发送邮件的方式提出意见与建议的，得 10 分；制定主体或公告发布主体在征集公告界面提供了专门窗口，或已经建成公开征集意见系统，可以实现公众意见即时提交的，得 15 分；在前两种方式基础上，制定主体或公告发布主体对意见征集情况与采纳情况进行反馈或再次公示的，在前述得分基础上加 5 分。

7. 数字化行政执法的规范程度

【设置依据】 数字化行政执法是新时代行政执法工作新的增长点。《指导意见》提出，"以新型监管技术提升监管智能化水平。充分运用非现场、物联感知、掌上移动、穿透式等新型监管手段，弥补监管短板，提升监管效能"。《纲要》指出，"按照行政执法类型，制定完善行政执法程序规范。全面严格落实告知制度，依法保障行政相对人陈述、申辩、提出听证申请等权利"。两份文件分别从数字政府和法治政府的角度对行政执法工作提出了新要求：一方面，行政监管效能的提升需要新型监管技术的介入；另一方面，行政执法应当具有完善的程序规范，充分保障相对人的合法权益。当前，数字化行政执法方式已经进入国家治理中的诸多领域，我们既要把数字化行政执法方式在必要的监管领域落实好、推广好，也要关注数字化行政执法方式进入监管实践后的程序规范问题。

【测评方法】通过网络检索、网络信息抓取，考察数字化行政执法手段在被评估城市市场监管、生态环境保护、道路交通、安全生产等领域的使用情况以及执法程序规范的完备程度。

【评分标准】满分20分。

（1）被评估城市在市场监管、生态环境保护、道路交通、安全生产领域运用数字化手段开展行政执法，有公开新闻报道的，每个领域得2.5分。

（2）直辖市政府及其职能部门、各地级市所属省级政府及其职能部门或各地级市政府及其职能部门存在现行有效的关于市场监管、生态环境保护、道路交通、安全生产领域在线执法程序、非现场执法程序、"互联网+"执法程序的规范性文件的，每个领域得2.5分；相关文件若只涉及技术层面的平台建设或只涉及某一领域的部分执法事项，每个领域得1分。若被评估城市尚未全面制定各领域非现场执法的具体性规范，但已经制定非现场执法整体性规范或平台技术性规范，根据文件的制定情况赋予相应分数。各市该观察点得分以10分为限。

8.数字技术辅助行政决策水平

【设置依据】《指导意见》提出"提升辅助决策能力。建立健全大数据辅助科学决策机制，统筹推进决策信息资源系统建设，充分汇聚整合多源数据资源，拓展动态监测、统计分析、趋势研判、效果评估、风险防控等应用场景，全面提升政府决策科学化水平"。《纲要》在"（三十）加快推进政务数据有序共享"这一部分内容中同样也提及"加强对大数据的分析、挖掘、处理和应用，善于运用大数据辅助行政决策、行政立法、行政执法工作"。大数据与智能技术的出现，能够在一定程度上帮助决策者更快发现问题并基于对问题更深层次的理解作出决策，从而提升决策的科学性、合理性、有效性。

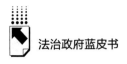

【测评方法】通过网络检索、网络信息抓取，考察被评估城市是否运用数字化手段辅助行政决策。

【评分标准】满分20分。检索被评估城市的政府文件中是否明确提及要通过数字化、大数据等手段赋能行政决策，若有，得10分；已在部分监管领域有所尝试或者建设了相关决策支撑数据库的，得15分；已经通过平台建设、文件制定等方式形成一定决策机制的，得20分。

9. 社会治理数字化水平

【设置依据】该指标主要考察政府在市域社会治理数字化中发挥的积极作用。《指导意见》提出，"积极推动数字化治理模式创新，提升社会管理能力。推动社会治理模式从单向管理转向双向互动、从线下转向线上线下融合，着力提升矛盾纠纷化解、社会治安防控、公共安全保障、基层社会治理等领域数字化治理能力"。矛盾纠纷化解、社会治安防控、公共安全保障、基层社会治理均是市域社会治理中面临的突出问题，通过技术手段化解治理难题，既是政府履职能力的体现，也是以技术方式赋能政府履行宪法和法律赋予的职责。

【测评方法】通过网络检索、网络信息抓取，考察被评估城市运用数字化手段推动社会矛盾化解、社会治安防控、智慧应急管理、基层社会治理状况。

【评分标准】满分20分。被评估城市在矛盾化解、治安防控、应急管理、基层治理等四个领域有数字化治理探索与实践的，每项得5分，共计20分。某一数字化方法或平台可以同时满足多领域治理需要的，按照多领域数量赋分。被评估城市尚未在全市范围内部署开展或尚处于规划建设阶段的，可得60%的分数。

10. 数字政务发展水平

【设置依据】我国数字政务发展以政务服务平台为基础，正在经历从无到有、从有到精的过程，政务服务的标准化、规范化、便利化也是数字法治政府便民化的体现。2022年，国务院印发《关于加快推进政务服务标准化规范化便利化的指导意见》，指出"要推进政务服务标准化。推进政务服务事项和实施清单标准化，明确事项范围，建立基本目录审核制度和动态管理机制，健全政务服务标准体系"。除政务服务事项清单化管理之外，国务院还多次发文，对政务服务跨省通办、一件事一次办、好差评工作提出具体要求，进一步明确了数字政的发展方向。《国务院办公厅关于加快推进政务服务"跨省通办"的指导意见》指出，"2021 年底前基本实现高频政务服务事项'跨省通办'"。在该文件基础上，2022 年，《国务院办公厅关于扩大政务服务"跨省通办"范围进一步提升服务效能的意见》指出，"聚焦便利企业跨区域经营和加快解决群众关切事项的异地办理问题，健全清单化管理和更新机制，按照需求量大、覆盖面广、办理频次高的原则，推出新一批政务服务'跨省通办'事项，组织实施《全国政务服务'跨省通办'新增任务清单》"。《国务院办公厅关于加快推进"一件事一次办"打造政务服务升级版的指导意见》指出，"2022 年底前，各地区要建立部门协同、整体联动的工作机制，完成企业和个人政务服务'一件事一次办'事项基础清单中的任务，并结合各地实际拓展本地区'一件事一次办'事项范围"。2019 年 12 月，《国务院办公厅关于建立政务服务"好差评"制度提高政务服务水平的意见》提出，"2020 年底前，全面建成政务服务'好差评'制度体系，建成全国一体化在线政务服务平台'好差评'管理体系"，"公开政务服务评价信息"。以上文件为该指标以及指标中各个观察点的设置提供了主要依据。

【测评方法】通过网络检索，考察被评估城市政务服务事项基本目录制定情况、政务服务平台"跨省通办"事项覆盖面、"一件事一次办"事项覆盖面与政务服务满意度情况。

【评分标准】满分 20 分。

（1）被评估城市已经制定本地区政务服务事项基本目录的，得 10 分。由于国家层面尚未正式发布政务服务事项基本目录，若被评估城市已经制定依申请办理的行政权力事项清单与公共服务事项清单，则视为已经具备政务服务基本目录的雏形，可得 6 分。

（2）被评估城市政务服务平台"跨省通办"的事项范围达到《全国政

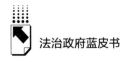

务服务"跨省通办"新增任务清单》要求的，不扣分。未达到《全国政务服务"跨省通办"新增任务清单》要求的，根据未达标比例依次扣分，最高扣 10 分。全省统筹的跨省通办平台可以统一赋分，被评估城市单独建立平台的，单独赋分。

（3）被评估城市政务服务平台"一件事一次办"的事项范围达到《个人政务服务"一件事一次办"事项基础清单（2022 年版）》要求的，不扣分。未达到《个人政务服务"一件事一次办"事项基础清单（2022 年版）》要求的，根据未达标比例依次扣分，最高扣 10 分。

（4）被评估城市政务服务好差评工作差评数为 0 且问题到期整改率为 100% 的，得 10 分。差评数不为 0 的，根据差评率与到期整改率依次赋分。被评估城市未建立政务服务"好差评"窗口，或政务服务"好差评"数据不向社会公开的，该项不得分。

11. 政务数据共享情况

【设置依据】《纲要》提出，"加快推进政务数据有序共享"，"在依法保护国家安全、商业秘密、自然人隐私和个人信息的同时，推进政府和公共服务机构数据开放共享"。《指导意见》提出，"构建开放共享的数据资源体系"，"充分发挥政务数据共享协调机制作用，提升数据共享统筹协调力度和服务管理水平"。数据开放和数据共享均是释放数据价值的有效途径，数据共享更加侧重于行政机关与履行公共管理职能的企事业单位之间内部的共享，以满足行政机关对跨层级、跨领域、跨部门的数据使用需求。由于该指标是本年度新增指标，因此仅对平台建成情况与检索便利度进行考察。

【测评方法】通过调研走访、平台数据搜集，考察被评估城市政务数据共享平台的建设进度与基本情况。

【评分标准】满分 30 分。

（1）被评估城市已经建成政务数据共享平台，通过平台实现政务数据共享的，得 20 分；政务数据共享平台尚未建成，但处于推进建设状态的，得 10 分。

（2）被评估城市已经建成的政务数据共享平台有专门的数据目录，方便数据共享使用的，得 10 分。

12. 公共数据开放情况

【设置依据】公共数据开放是行政机关以及履行公共管理职能的企事业单位面向市场主体与社会公众开放公共数据的行为。根据《指导意见》的明确要求，"构建统一规范、互联互通、安全可控的国家公共数据开放平台，分类分级开放公共数据，有序推动公共数据资源开发利用"。我国开放公共数据的主要途径是公共数据开放平台。因此，该指标主要基于平台考察被评估城市公共数据开放情况。指标下设四个观察点，第一个观察点是基础性指标，考察被评估城市公共数据开放平台是否建成；第二个观察点从被评估城市数据开放主体的全面性考察平台数据的全面性和整合度；第三个观察点主要考察平台开放数据更新的及时性；第四个观察点则从被评估城市公共数据开放平台数据需求征集功能的建设情况进行考察。

【测评方法】通过网络检索，考察被评估城市公共数据开放平台建设情况、数据来源的广泛程度、数据开放数量与开放力度。

【评分标准】满分 50 分。

（1）对被评估城市公共数据开放平台的建设情况进行考察，满分 20 分：被评估城市已经建成公共数据开放平台或依靠政府门户网站实现公共数据开放的，得 20 分；在被评估城市依靠政府门户网站进行数据开放的情况下，若开放数据仅包含本市经济、人口等宏观数据信息，得 10 分，且不再对下述其他指标进行考察赋分。

（2）对被评估城市数据开放主体的全面性进行考察，满分 10 分：考察开放主体中是否包括发展改革部门、教育行政部门、工信（经信）部门、公安部门、民政部门、司法行政部门、财政部门、人社部门、自然资源部门、住建部门、生态环境部门、城管部门、交通部门、商务部门、农业农村部门、卫健部门、应急管理部门、文旅部门、市场监管部门，每缺少以上任意一个开放主体，扣 1 分，扣至 0 分为止；开放主体只包含市级机关数据开放主体不包含区县的，起评分 6 分；公共数据开放平台首页展示的开放主体数量与实际开放情况不一致、不对应的，起评分 6 分；开放主体无专门列表

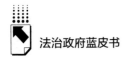

或无法通过归口部门查询数据信息的，起评分 6 分。

（3）对被评估城市开放数据更新的及时性进行考察，满分 10 分：被评估城市经济金融、劳动就业、教育科研、医疗卫生、文化旅游领域的开放数据中，每个领域都有近三个月内更新记录的，得 10 分；有一个领域没有近三个月内更新记录的，得 8 分。以此类推递减。

（4）对被评估城市公共数据开放平台数据需求征集功能的建设情况进行考察。被评估城市公共数据开放平台具有需求调查、需求征集功能的，得 10 分，没有专门的需求调查、需求征集功能，但有咨询建议、意见反馈窗口的，得 6 分。

13. 个人信息保护情况

【设置依据】在数字技术兴起过程中需要大规模利用个人信息，唯有构筑起强有力的安全屏障，才可能最大限度地保障公民个人信息权益。设置该指标是为了落实《中华人民共和国个人信息保护法》（以下简称《个人信息保护法》）、《中华人民共和国数据安全法》（以下简称《数据安全法》）、《中华人民共和国网络安全法》（以下简称《网络安全法》）等法律法规对于国家机关保护个人信息职责的规定和要求。《个人信息保护法》第 34 条规定"国家机关为履行法定职责处理个人信息，应当依照法律、行政法规规定的权限、程序进行，不得超出履行法定职责所必需的范围和限度"。《数据安全法》第 38 条规定"国家机关为履行法定职责的需要收集、使用数据，应当在其履行法定职责的范围内依照法律、行政法规规定的条件和程序进行；对在履行职责中知悉的个人隐私、个人信息、商业秘密、保密商务信息等数据应当依法予以保密，不得泄露或者非法向他人提供"。《网络安全法》第 41 条第 1 款规定："网络运营者收集、使用个人信息，应当遵循合法、正当、必要的原则，公开收集、使用规则，明示收集、使用信息的目的、方式和范围，并经被收集者同意。"

【测评方法】通过案例检索、平台信息查询，考察被评估城市个人信息保护行政案件的胜诉率以及政务服务平台个人信息保护政策的完备程度。

【评分标准】满分 20 分。

（1）按照被评估城市个人信息保护行政案件胜诉率依次赋分，满分 12 分。设定全国个人信息保护行政案件胜诉率为平均水平，赋基础分 6 分。被评估城市个人信息保护行政案件胜诉率每高于全国平均水平 1 个百分点加 0.1 分，加满 6 分为止，每低于全国平均水平 1 个百分点减 0.1 分，减至 0 分为止。评分公式为：6 分+0.1 分×（各市行政案件胜诉率−全国行政案件胜诉率）。

（2）被评估城市政务服务平台个人信息保护政策对以下内容有明确提示与说明的，每项得 1 分，满分 8 分：①告知平台收集个人信息的范围；②平台使用个人信息的主要方式；③告知处理、共享、转让、公开披露个人信息的主要情形；④告知使用者的个人信息权益；⑤平台保护个人信息的主要手段；⑥平台对于不满 14 周岁未成年人制定专门保护规则；⑦对敏感个人信息作出特别提示；⑧个人信息保护政策更新告知。

14. 内部监督渠道的建立

【设置依据】监督是权力正确运行的保证。依法推进数字法治政府建设，必须建立与政府数字化履职相对应的数字化监督机制。从内部监督渠道来看，数字化监督方式主要有行政复议监督与行政执法监督。《中华人民共和国行政复议法》第 22 条规定"行政机关通过互联网渠道送达行政行为决定书的，应当同时提供提交行政复议申请书的互联网渠道"。《纲要》提出，"全面推进行政复议规范化、专业化、信息化建设，不断提高办案质量和效率"，"全面落实行政复议决定书网上公开制度"。2023 年，国务院办公厅印发《提升行政执法质量三年行动计划（2023—2025 年）》，提出"要健全行政执法和行政执法监督科技保障体系，推进行政执法和行政执法监督信息系统建设、推进行政执法数据互联互通"。这些文件对行政复议服务平台与行政执法和行政执法监督一体化平台的建设提出了要求。目前，国家行政复议服务平台正逐步面向各地开通线上复议申请端口，文书公开等功能尚处于完善阶段。因此，本年度该指标主要以行政执法和行政执法监督一体化平台为考察重点。

【测评方法】通过网络检索、平台数据搜集，考察被评估城市行政复议服务平台建设情况、利用行政执法和行政执法监督一体化平台对行政执法工

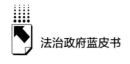

作进行监督的基本情况。

【评分标准】满分 50 分。

（1）行政复议服务平台的建立。已经向国家行政复议服务平台申请开通地方行政复议服务平台端口或可以通过被评估城市行政复议服务平台、政府门户网站在线提出复议申请的，得 3 分。被评估城市已经落实行政复议决定书网上公开制度且保持一定更新频率的，得 3 分。

（2）行政执法监督平台的建立。主要考察行政执法和行政执法监督一体化平台的建设情况和运行情况。

一是行政执法和行政执法监督一体化平台建设情况。被评估城市已经建成行政执法和行政执法监督一体化平台，或依托所属省份行政执法和行政执法监督一体化平台实现本市行政执法监督功能的，得 20 分。监督平台建成标准应当符合如下要求：平台应当包括执法队伍管理、事项管理、行为监督、案卷评查、预警监督、评议考核、大数据分析等功能，保障行政执法人员具备执法资格、执法过程规范、执法结果公平公正。如上述功能建设不完整，每缺少一个功能，扣 2 分。被评估城市执法一体化平台智能化应用丰富，除基本功能外，还包括智能案卷评查、复议风险预测两项智能监督功能的，每项额外加 3 分。

二是行政执法和行政执法监督一体化平台运行情况。通过被评估城市行政执法和行政执法监督一体化平台与其他平台数据共享、对接情况，考察一体化平台数据的利用程度与执法监督的覆盖面。在上级行政执法监督平台、"互联网+"监管平台、"双随机、一公开"监管平台、信用平台、行政执法信息公示平台以及省、市大数据中心等平台中，被评估城市一体化平台每实现与一个平台数据共享，得 1.5 分，总计 9 分。被评估城市一体化平台已经实现与其他执法平台数据共享对接的，得 9 分。

15. 外部监督渠道的建立

【设置依据】该指标从便利性角度对外部监督渠道数字化建设情况进行考察。《纲要》提出，"健全行政权力制约和监督体系，促进行政权力规范透明运行"，"加强和规范政府督查工作"，"鼓励开展政府开放日、网络问政等主题活动，增进与公众的互动交流"。《指导意见》强调，"优化完善'互联网+督查'机制，形成目标精准、讲求实效、穿透性强的新型督查模式，提升督查效能，保障政令畅通"，"发挥政务新媒体优势做好政策传播。积极构建政务新媒体矩阵体系，形成整体联动、同频共振的政策信息传播格局。适应不同类型新媒体平台传播特点，开发多样化政策解读产品。依托政务新媒体做好突发公共事件信息发布和政务舆情回应工作。紧贴群众需求畅通互动渠道。以政府网站集约化平台统一知识问答库为支撑，灵活开展政民互动，以数字化手段感知社会态势，辅助科学决策，及时回应群众关切"。

【测评方法】通过网络检索，考察被评估城市"互联网+督查"平台、行政执法监督批评建议平台、政府门户网站网络问政栏目与政务新媒体矩阵建设情况。

【评分标准】满分 50 分。

（1）被评估城市建设"互联网+督查"平台或页面，支持市场主体与社会公众对政府工作提出意见建议且相关功能能够正常使用的，得 15 分。

（2）通过行政执法监督批评建议平台能够对被评估城市行政执法普遍性问题和行政执法工作改进提出意见和建议的，得 10 分。

（3）被评估城市政府门户网站网络问政、政民互动栏目设有咨询建议、意见征集、在线访谈专栏，且近两个月内有内容更新的，每个符合条件的栏目，得 3.75 分。设有投诉举报栏目的，得 3.75 分。

（4）被评估城市及其职能部门运用微信、微博、抖音、头条等政务新媒体，多渠道发布政府工作信息，基本建成政务新媒体矩阵的，得 10 分；只有两种或更少的政务新媒体渠道的，得 5 分。

二　总体评估结果分析

数字法治政府一级指标评估总分为 100 分。经过评估，被评估城市得分符合正态分布，所有被评估城市的平均得分为 68.69 分。及格的城市共 77 个，及格率为 77%（见表 B.11-2）。最高分为 93.02 分，最低分为 44.00

分，总体区分度较大。得分较高的城市有深圳（93.02 分）、佛山（90.88 分）、济宁（85.63 分）、湛江（84.87 分）、杭州（84.65 分）、东莞（84.50 分）、汕头（84.15 分）、北京（83.70 分）、聊城（83.25 分）、茂名（82.23 分）（见图 B.11-1）。

表 B.11-2　数字法治政府一级指标分数分布

得分 （分）	不及格						及格	中	良	优
	[0,10)	[10,20)	[20,30)	[30,40)	[40,50)	[50,60)	[60,70)	[70,80)	[80,90)	[90,100)
城市 （个）	0	0	0	0	7	16	30	30	15	2
数字法治政府一级指标平均分（分）							68.69			

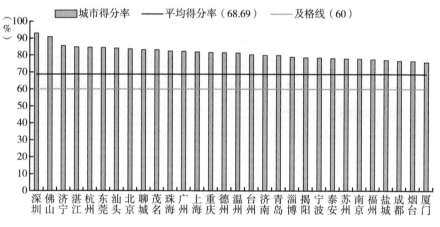

图 B.11-1　"数字法治政府"得分率较高的 30 个城市

数字法治政府一级指标共包含 15 项三级指标。各三级指标平均得分率如下：（1）数字法治政府建设规划，平均得分率 72.33%；（2）数字政府建设对数字经济的引领驱动，平均得分率 79.13%；（3）数字政府平台的建设进度，平均得分率 73.55%；（4）数字政府平台建设的集约化程度，平均得分率 81.75%；（5）数字政府平台的无障碍建设，平均得分率 94.35%；（6）行政立法的数字化参与，平均得分率 85.75%；（7）数字化行政执法的规范程度，平均得分率 55.98%;（8）数字技术辅助行政决策水平，平均得分率 63.00%;（9）社会治理数字化水平，平均得分率 89.90%;（10）数字政务发展水平，平均得分率 38.20%;（11）政务数据共享情况，平均得分率 50.33%;（12）公共数据开放情况，平均得分率 57.56%;（13）个人信息保护情况，平均得分率 78.02%;（14）内部监督渠道的建立，平均得分率 28.06%;（15）外部监督渠道的建立，平均得分率 82.20%（见图 B.11-2）。

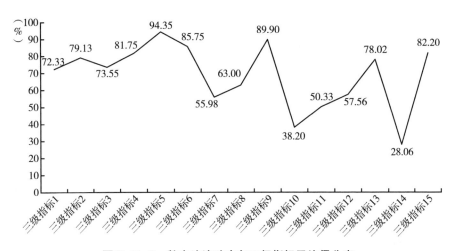

图 B.11-2　数字法治政府各三级指标平均得分率

三　三级指标评估结果分析

对照评估指标，评估组对被评估城市的数字法治政府建设情况进行了全面评估。各指标评估结果如下。

（一）数字法治政府建设规划

1.总体表现分析

本项指标针对 100 个城市数字法治政府建设规划制定情况进行观测，满分 60 分。本项指标下，共有 44 个城市得满分，数字法治政府建设规划制定情况总体表现一般。本项指标总体得分情况见表 B.11-3。

表 B.11-3　三级指标 1 总体得分情况

得分（分）	10	20	30	40	60
城市（个）	8	5	20	23	44

2. 分差说明及典型事例

本项指标下，各城市的平均得分为 43.40 分，得分在平均分以上的城市有 44 个，及格率为 67%。评估数据显示，2023 年共有 94 个城市存在现行有效的市级法治政府建设规划，有 6 个城市尚未制定市级法治政府建设规划或无现行有效的市级法治政府建设规划；有 78 个城市存在现行有效的市级数字政府建设规划或存在包含数字政府建设内容的"（新型）智慧城市""数字城市""数字强市""城市数字化"等综合性规划，有 22 个城市尚未制定数字政府建设规划。

数字法治政府建设是数字政府建设与法治政府建设的深度融合，而顶层设计是建设数字法治政府的总体战略和直接指引。因此，对该指标评估结果的分析需要综合考察被评估城市数字政府建设规划与法治政府建设规划的制定情况和具体内容。100 个城市中，有 72 个城市同时制定了两份规划文件，其中只有 44 个城市同时满足两个观察点的要求，在两份文件中明确提及了数字法治政府建设的相关内容，共同构筑起数字法治政府建设的基本框架。有 28 个城市虽制定了两份文件，但只满足一个观察点的要求或有规划文件未向社会公开发布。有 28 个城市只制定了其中一份规划文件，规划文件对于数字法治政府建设提出的规划和建议也相对有限。

（二）数字政府建设对数字经济的引领驱动

1. 总体表现分析

本项指标针对 100 个城市数字政府建设对数字经济的引领驱动作用进行观测，满分 40 分。本项指标下，共有 67 个城市得满分，数字政府建设对数字经济的引领驱动作用相对较好。本项指标总体得分情况见表 B.11-4。

表 B.11-4　三级指标 2 总体得分情况

得分（分）	0	15	25	40
城市（个）	2	29	2	67

2. 分差说明及典型事例

本项指标下，各城市的平均得分为 31.65 分，得分在平均分以上的城市有 67 个，及格率为 69%。评估数据显示，100 个城市中，已经有 69 个城市制定了专门的数字经济发展规划，96 个城市已经制定关于公共数据开放、数据要素市场建设、公共数据授权运营的法律法规、政策文件或依据所在省份省级人大及其常委会、省级人民政府及其职能部门出台的法规、规章与政策文件对公共数据进行管理和规范。

数字经济发展规划与数据管理相关规范性文件的制定可以间接反映，不同城市对数字经济建设的重视程度不同，数字经济发展在数字政府建设中的地位不同。目前，绝大部分城市对于公共数据开放、数据要素市场建设、公共数据授权运营等活动均已出台相关法律法规与政策文件，其中既有以《上海市数据条例》《山东省大数据发展促进条例》《福建省大数据发展条例》为代表的综合性数据条例，也有《南京市公共数据授权运营管理暂行办法》《温州市公共数据共享开放管理暂行办法》《湛江市贯彻落实广东省数据要素市场化配置改革的实施意见》等专门性规章和政策文件。这些文件的制定出台为数据要素在数字经济建设中进一步发挥价值奠定了基础。但遗憾的是，仍有近 1/3 的城市尚未出台本级政府的数字经济发展规划，区域数字经济发展缺乏全局性、针对性的政策指引。

（三）数字政府平台的建设进度

1. 总体表现分析

本项指标针对 100 个城市数字政府平台的建设进度进行观测，满分 60

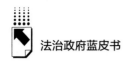
分。本项指标下，虽仅有 4 个城市得满分，但高分段相对集中，行政执法平台建设情况相对较好。本项指标总体得分情况见表 B. 11-5。

表 B. 11-5　三级指标 3 总体得分情况

得分（分）	[20,30)	[30,40)	[40,50)	[50,60)	60
城市（个）	2	28	43	23	4

2. 分差说明及典型事例

本项指标下，各城市的平均得分为 44.13 分，得分在平均分以上的城市有 50 个，及格率为 86%。该指标下设四个观察点，分别考察四个数字政府平台的建设情况，各观察点的表现之间具有一定差异，还需要逐一进行分析。

第一，行政执法信息公示平台（得分情况见表 B. 11-6）。行政执法信息公示平台建设时间相对较长，但效果并不理想。2019 年发布的《国务院办公厅关于全面推行行政执法公示制度执法全过程记录制度重大执法决定法制审核制度的指导意见》便明确要求"建立统一的执法信息公示平台"。评估发现，有 70 个城市已经建成独立的行政执法信息公示平台。该数据与前两次的评估情况相比，虽有所进步，但增长较缓，且已经建成的部分城市平台公示信息编排不够清晰合理，有待统一规划。根据"行政执法三项制度"的文件要求，行政执法信息公示平台应公示执法事前、事中和事后等诸多信息，本次评估增加了对平台信息公示情况的考察。评估数据显示，在执法主体、人员、职责、权限、依据、程序、救济渠道、随机抽查事项、重大行政执法决定法制审核目录清单以及行政执法结果信息等 10 项公示信息中，有包括广州、深圳、济宁、阜阳在内的 11 个城市对 10 项执法信息进行了全面公示，70 个城市平均公示信息数为 5.39 项，公示比例仅有 53.9%。未建成独立信息公示平台的城市主要将前述信息分散式公示，部分事前信息如执法主体权责依托于政府信息公开平台公开，部分事后信息如行政处罚、行政许可决定则依托于"信用中国""双随机、一公开"等平台公示。总体而言，统一的行政执法信息公示平台的建设还需加快步伐。

表 B.11-6　行政执法信息公示平台得分情况

得分（分）	0	3	4.5	6	7.5	9	10.5	12	13.5	15	16.5	18
城市（个）	30	3	5	7	4	7	13	8	4	5	3	11

第二，政务服务平台（得分情况见表 B.11-7）。从前两次的评估数据来看，我国政务服务平台建设起步较早，所有城市均已建成政务服务平台，且实现省级政务服务平台与地市级平台统建。同时，考虑到本年度的指标设置将平台建设与政府履职相对分开，因此该观察点主要对政务服务平台的功能进行形式考察。评估发现，本年度的政务服务平台建设呈现以下特点。首先，历次评估中该观察点得分所呈现的"东高西低"趋势仍然存在。得满分的 34 个城市中，除成都、呼和浩特为西部城市外，其余均为东部城市。其次，政务服务"移动办"进展迅速。100 个城市政务服务 App、支付宝小程序全部上线并投入运行。再次，平台的互联性与部门的协同性进一步增强，"一件事一次办"和"通办"业务推进成效明显。100 个城市政务服务平台均已开通"一件事一次办"服务窗口；94 个城市已在本级政务服务平台显著位置专门开设"跨省通办"服务窗口，83 个城市已探索开展"跨城通办""跨域通办""省内通办"业务。最后，政务电子化、智能化服务有待完善。"秒批秒办"和"电子印章"服务是政务服务平台利企便民举措的代表，"电子印章"服务是政务电子化实现的重要基石，"秒批秒办"则是电子化发展的高阶应用。但两项功能的平台上线率还不够理想，有 51 个城市开通了"秒批秒办"窗口，66 个城市可以通过政务服务网站、微信公众号等渠道向企业提供电子印章服务。同时，电子印章服务还存在各省市间平台分散建设的问题，不利于推进电子印章全国互联互通、互信互认。目前，全国电子印章管理与服务平台已经建成，并有 15 个省级平台正式发布。未来，各地探索建立的电子印章服务平台应逐步与省级平台实现功能对接、统一申请窗口。

表 B.11-7　政务服务平台得分情况

得分(分)	10.5	12	13.5	15	16.5	18
城市(个)	7	21	5	28	5	34

第三，法规规章行政规范性文件统一公开查询平台（得分情况见表 B.11-8）。截至 2024 年 3 月 15 日，全国 31 个省级法规规章行政规范性文件数据库全部建成并上线使用。由于该平台由省级统建，市级决策权较小，因此，本项指标评分标准在设计过程中对直辖市与各地市采取了差异化设计，对地市平台的建成标准适度放宽。评估数据显示，该观察点总分为 18 分，平均得分为 15.3 分，及格率为 97%，满分率为 35%。这说明被评估城市法规规章行政规范性文件统一公开查询平台建设情况与文件公开情况表现较好。但仍然存在可改进之处：首先，同类型平台建设需加强统筹，少数省份存在法规规章行政规范性文件数据库与政府规章库或规范性文件库并立的情况，既容易产生资源浪费，也会给社会公众检索信息带来不便；其次，查询端口设置应更加统一简明，部分省份的查询平台目前尚无法在搜索引擎中直接查询入口，而是需要进入省级人大或省级司法行政部门的门户网站进行检索，这导致平台查询端口不统一且检索方式不够直接，检索的便利化程度不足；最后，平台功能需逐步完善，评估发现，文件查询平台或网页虽已全面建立，但并未上线高级检索（模糊检索）功能和审查建议提交功能，部分城市虽提供审查建议提交窗口，但未嵌入查询平台或网页，有待进一步整合完善。

表 B.11-8　法规规章行政规范性文件统一公开查询平台得分情况

得分(分)	8	10	12	14	16	18
城市(个)	1	2	24	12	26	35

第四，"两法衔接"信息平台。"两法衔接"信息平台依托政务内网建设，不直接面向社会公众开放。因此，在该指标中分数占比相对较小。经过

评估，被评估城市均已建立"两法衔接"信息平台，为"两法衔接"业务开展奠定了坚实基础。

（四）数字政府平台建设的集约化程度

1.总体表现分析

本项指标针对100个城市数字政府平台建设的集约化程度进行观测，满分20分。本项指标下，共有37个城市得满分，90个城市得分在15分及以上，数字政府平台建设的集约化程度相对较好。本项指标总体得分情况见表B.11-9。

表 B.11-9　三级指标4总体得分情况

得分(分)	10	15	20
城市(个)	10	53	37

2.分差说明及典型事例

本项指标下，各城市的平均得分为16.35分，得分率为81.75%，及格率为90%。评估发现，在70个已经建成行政执法信息公示平台的城市中，有46个城市平台收录了市、县两级的执法信息，24个城市平台仅收录了市级机关执法信息。100个城市政务服务平台均实现了线上线下业务、数据的对接，其中，85个城市政务服务平台能够提供市、县、乡、村四级服务查询和业务办理，15个城市仅能够查询、办理市、县、乡三级信息。96个城市法规规章行政规范性文件统一公开查询平台包含省、市两级数据。数字政府平台集约化建设已经取得初步进展。

（五）数字政府平台的无障碍建设

1.总体表现分析

本项指标针对100个城市数字政府平台的无障碍建设情况进行观测，满分20分。本项指标下，有68个城市得满分，90个城市得分在18分及以上，数字政府平台的无障碍建设情况较好。本项指标总体得分情况见表 B. 11-10。

表 B. 11-10　三级指标 5 总体得分情况

得分(分)	8~10	11~13	14~16	17~19	20
城市(个)	8	0	0	24	68

2. 分差说明及典型事例

本项指标下，各城市的平均得分为 18.87 分，得分率为 94.35%，及格率为 92%。总体得分较高，不及格的情况较少。需要进一步说明的是，该指标为上一年度新增指标，本年度指标设计在上一年度指标的基础上进一步细化了评分标准、提高了考察要求，但纵向对比来看，本年度该指标得分率、及格率和总体表现水平与上一年度相比均有一定幅度提高，说明各城市政府门户网站与政务服务平台无障碍建设水平较上一年度同期有所提升。

但在评估过程中也发现如下两方面问题。一是"老年人模式"和"无障碍模式"区分不够清楚。部分城市平台"无障碍模式"中虽具备"老年人模式"的相关功能，但是未设置专门的"老年人模式"切换途径。二是该项指标虽得分率较高，但存在少数城市的分数"脱节"问题。评估数据显示，92个城市在该项指标获得 17 分及以上的分数，已经具备一定的无障碍建设基础，而剩下 8 个城市的得分则均在 10 分以下，说明还有一小部分城市数字政府平台的无障碍建设工作与其他城市有较大差距，应予以重视。

（六）行政立法的数字化参与

1. 总体表现分析

本项指标针对 100 个城市行政立法的数字化参与情况进行观测，满分20 分。本项指标下，有 60 个城市得满分，行政立法的数字化参与情况较好。本项指标总体得分情况见表 B. 11-11。

表 B. 11-11　三级指标 6 总体得分情况

得分(分)	10	15	20
城市(个)	17	23	60

2. 分差说明及典型事例

本项指标下，各城市的平均得分为 17.15 分，得分率为 85.75%，及格率为 83%。评估发现，62 个城市已经在立法意见征集专栏设置意见在线提交窗口，其中南宁市建立了专门的行政立法和决策公开征求意见平台。38 个城市虽未设置在线提交窗口，但可以通过电子邮件这一途径在线提出意见，征集方式相对便捷。81 个城市在意见征集结束后，会在意见征集页面的特定位置或专门的意见反馈页面向公众反馈意见征集信息和采纳情况。

（七）数字化行政执法的规范程度

1. 总体表现分析

本项指标针对 100 个城市数字化行政执法的规范程度进行观测，满分 20 分。本项指标下，所有城市得分均在 16 分以下，数字化行政执法的规范进度与力度较差。本项指标总体得分情况见表 B.11-12。

表 B. 11-12　三级指标 7 总体得分情况

得分(分)	[0,5)	[5,8)	[8,11)	[11,14)	[14,17)	[17,20)	20
城市(个)	0	3	24	72	1	0	0

2. 分差说明及典型事例

本项指标下，各城市的平均得分为 11.20 分，得分率为 55.98%，及格率为 55%。评估发现，数字化行政执法方式已经在生态环境、道路交通、市场监管领域的执法实践中得到广泛运用。还有 23 个城市未在安全生产领域推广运用数字化行政执法方式。

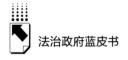

　　数字化行政执法方式的出现可以在一定程度上弥补传统行政执法方式的短板，有效提高执法效率与执法精度。但数字化行政执法与传统执法存在诸多不同，必须建立具有针对性的程序规范，才能更好地维护相对人的合法权利。评估结果显示，数字化行政执法程序规范的制定进度和完善程度并不乐观，主要体现在以下几个方面。一是数字化行政执法程序规范的制定进展较慢。现行有效的数字化行政执法程序规范以各领域的专门性规范为主。横向来看，被评估城市中，尚无城市对四个常见领域数字化行政执法的程序规范均作出规定，5个城市尚未制定各领域的数字化行政执法程序规范，大多数城市只对其中2~3个领域的执法程序规范作出规定。纵向来看，市场监管领域与安全生产领域数字化行政执法程序规范的制定情况不佳，分别仅有1个城市制定了相关程序规范。二是数字化行政执法程序规范的内容尚不完善。大多数省市制定的非现场执法程序规范，仅是针对数字政府平台管理或各领域中某一具体问题出台的管理办法，这些文件对于数字化行政执法工作的规范化管理虽具有一定价值，但应用范围相对有限。例如《A省一体化行政执法平台管理办法》《B省一体化大融合行政执法平台管理暂行办法》《C省"互联网+监管"系统运行管理办法》系针对各类执法平台出台的管理办法，虽能够在前端规范平台管理和运行，但未直接深入执法过程；再如《D省治理货运车辆超限运输非现场执法实施办法（试行）》《E自治区治理货物运输车辆超限超载办法》等文件虽为规范道路交通超限运输的非现场执法程序提供了参考，但对于数量更多、情况更复杂的道路交通安全违法行为，程序规范依然阙如。除大量具体领域的专门性规范外，评估中还检索到一部总体性规范——《F市非现场执法管理暂行办法》（以下简称《暂行办法》），《暂行办法》理论上可以作为全市所有领域非现场执法工作的指引，但从文件内容来看，《暂行办法》仅对非现场执法技术设备的设置进行了规定，实际规范效果亦相对有限。三是数字化行政执法程序规范的效力层级不高。除《A省一体化行政执法平台管理办法》《G市治理货物运输车辆超限超载条例》等小部分文件为地方政府规章或地方性法规外，绝大多数均是一般规范性文件，效力层级较低。

（八）数字技术辅助行政决策水平

1. 总体表现分析

本项指标针对 100 个城市数字技术辅助行政决策水平进行观测，满分 20 分。本项指标下，21 个城市得满分，数字技术辅助行政决策水平一般。本项指标总体得分情况见表 B.11-13。

表 B.11-13　三级指标 8 总体得分情况

得分（分）	0	10	15	20
城市（个）	11	36	32	21

2. 分差说明及典型事例

本项指标下，各城市的平均得分为 12.60 分，得分率为 63.00%，及格率为 53%。评估发现，21 个城市已经实现利用平台数据辅助政府决策或建立专门的智慧决策平台支持政府决策；32 个城市虽未在全市范围内推动数字技术辅助决策机制，但已经在部分区县或部分领域进行探索和尝试，具备在全市范围内推开的技术基础和实践基础；36 个城市的政府规划文件中提及"探索利用数字技术辅助行政决策""运用大数据赋能行政决策，提升政府决策科学性"等类似表述，具备在实践中推行的政策依据和行动方案，只不过尚未实施；11 个城市既无实际应用也未出台相关规划。

（九）社会治理数字化水平

1. 总体表现分析

本项指标针对 100 个城市社会治理数字化水平进行观测，满分 20 分。本项指标下，47 个城市得满分，社会治理数字化处于相对较高水平。本项指标总体得分情况见表 B.11-14。

表 B.11-14　三级指标 9 总体得分情况

得分(分)	11~13	14~16	17~19	20
城市(个)	5	23	25	47

2. 分差说明及典型事例

本项指标下，各城市的平均得分为 17.98 分，得分率为 89.90%，及格率为 97%。本项指标选取了矛盾化解、治安防控、应急管理、基层治理等四个社会治理的主要领域进行考察。评估发现，在矛盾化解领域，100 个城市均已全面建立数字化治理机制；在治安防控领域，90 个城市已经全面建立数字化治理机制，10 个城市仅在部分区县探索开展数字化治安防控或处于平台建设阶段；在应急管理领域，58 个城市已经全面建立数字化治理机制，26 个城市仅在部分区县探索开展数字化应急管理或处于平台建设阶段，16 个城市尚未在应急管理领域运用数字化治理方式；在基层治理领域，75 个城市已经全面建立数字化治理机制，25 个城市仅在部分区县探索开展数字化基层治理或处于平台建设阶段。总体而言，数字化治理方式在矛盾化解、治安防控、基层治理领域已经具有较为广泛的应用，应急管理领域的数字化治理尚未在被评估城市中全面推开。

（十）数字政务发展水平

1. 总体表现分析

本项指标针对 100 个城市数字政务发展水平进行观测，满分 20 分。本项指标下，没有城市得满分，数字政务发展水平有待提升。本项指标总体得分情况见表 B.11-15。

表 B.11-15　三级指标 10 总体得分情况

得分(分)	-9~-5	-4~0	1~5	6~10	11~15	16~20
城市(个)	6	7	18	40	22	7

2. 分差说明及典型事例

本项指标下，各城市的平均得分为 7.64 分，得分率为 38.20%，及格率为 26%。本项指标下设四个观察点，由于其中两个观察点实行扣分制，因此部分城市出现负分的现象，具体情况如下。

第一，政务服务事项基本目录制定（得分情况见表 B.11-16）。经过评估，51 个城市已经制定本地区政务服务事项基本目录并在政务服务平台公开，34 个城市依托政务服务平台公开了本地区行政权力事项清单与公共服务事项清单，虽具备政务服务事项基本目录的雏形，但尚未正式发布政务服务事项基本目录。评估还发现，当前政务服务平台的清单管理存在条目不够清晰、术语不够明确、内容区分度不高、职责区分不清楚的问题，具有进一步完善的空间。

表 B.11-16　政务服务事项基本目录制定得分情况

得分(分)	0	6	10
城市(个)	15	34	51

第二，"跨省通办"事项达标比例（见表 B.11-17）。该观察点以 2022 年国务院印发的《全国政务服务"跨省通办"新增任务清单》为对照。根据清单要求，2023 年年底前应当实现清单内所有事项"跨省通办"。因此，该观察点实行扣分制。评估发现，100 个城市"跨省通办"事项平均达标比例为 72.68%，13 个城市达标率为 100%，21 个城市达标率不足 60%。这说明部分城市跨省通办事项开通情况与清单要求相比还有一定距离，应当对照清单要求，尽快上线相关服务事项。

表 B.11-17　"跨省通办"事项达标比例

达标比例	0	(0,10%)	[10%,20%)	[20%,30%)	[30%,40%)	[40%,50%)
城市(个)	0	3	4	4	0	1
达标比例	[50%,60%)	[60%,70%)	[70%,80%)	[80%,90%)	[90%,100%)	100%
城市(个)	9	17	12	27	10	13
百城"跨省通办"事项平均达标比例				72.68%		

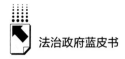

第三，"一件事一次办"事项达标比例（见表 B. 11-18）。该观察点以国务院办公厅印发的《个人政务服务"一件事一次办"事项基础清单》（2022 年版）为对照。根据清单要求，2022 年年底前各地区要完成个人政务服务"一件事一次办"事项基础清单中的任务。因此，该观察点实行扣分制。评估发现，100 个城市"一件事一次办"事项平均达标比例为64.03%，36 个城市达标率不足 60%，没有城市完全达标，该观察点总体表现一般。在评估方法的选择与评分标准的制定方面，本次评估对该观察点设置了较为严格的考察要求，既考察清单所列明的"一件事"的上线情况，也对"一件事"中所包含的事项范围进行了梳理。从评估情况来看，48 个城市政务服务平台还存在"一件事一次办"事项未完全上线的情况，52 个城市政务服务平台虽已上线清单要求的所有"一件事"，但整合程度不高，未囊括清单中"一件事"的所有事项范围。

表 B. 11-18   "一件事一次办"事项达标比例

达标比例	0	(0,10%)	[10%,20%)	[20%,30%)	[30%,40%)	[40%,50%)
城市（个）	3	1	2	4	6	9
达标比例	[50%,60%)	[60%,70%)	[70%,80%)	[80%,90%)	[90%,100%)	100%
城市（个）	11	12	22	15	15	0
百城"一件事一次办"事项平均达标比例				64.03%		

第四，政务服务满意度及问题整改率（见表 B. 11-19、表 B. 11-20）。评估发现，100 个城市中，有 86 个城市政务服务差评率在 1‰ 及以下，76 个城市差评按期整改率达 100%。各城市的平均得分为 7. 67 分。这说明该观察点总体表现较好。评估中还发现，仍有 7 个城市未按照国务院文件要求公开"好差评"信息与问题整改情况；有 3 个城市市级政务服务平台好差评数与省级政务服务平台所公示的各地市数据不一致，存在数据不实的情况。

表 B.11-19　政务服务差评率

差评率	0	(0,0.1‰]	(0.1‰,1‰]
城市(个)	21	32	33
差评率	(1‰,2‰]	(2‰,3‰]	未设置"好差评"专栏或数据不实
城市(个)	3	4	7

表 B.11-20　政务服务差评按期整改率

整改率	100%	[98.5%,100%)	[97%,98.5%)
城市(个)	76	8	3
整改率	[95.5%,97%)	[90%,95.5%)	未反馈"差评按期整改率"或数据不实
城市(个)	1	2	10

（十一）政务数据共享情况

1.总体表现分析

本项指标针对 100 个城市政务数据共享平台建设情况进行观测，满分 30 分。本项指标下，34 个城市得满分，政务数据共享情况不理想。本项指标总体得分情况见表 B.11-21。

表 B.11-21　三级指标 11 总体得分情况

得分(分)	0	10	20	30
城市(个)	31	21	14	34

2.分差说明及典型事例

本项指标下，各城市的平均得分为 15.10 分，得分率为 50.33%，及格率为 48%。100 个城市中，只有不到半数（48 个）城市已经建立政务数据共享平台，其中，34 个城市平台设置了专门的数据目录；21 个城市处于平台规划建设阶段；31 个城市尚未开展政务数据共享平台建设。

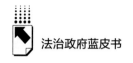

（十二）公共数据开放情况

1. 总体表现分析

本项指标针对 100 个城市公共数据开放平台建设情况进行观测，满分 50 分。本项指标下，13 个城市得满分，公共数据开放情况不理想。本项指标总体得分情况见表 B.11-22。

表 B.11-22　三级指标 12 总体得分情况

得分（分）	0	1~9	10~19	20~29	30~39	40~49	50
城市（个）	15	0	20	4	18	30	13

2. 分差说明及典型事例

本项指标下，各城市的平均得分为 28.78 分，得分率为 57.56%，及格率为 61%。评估数据显示，65 个城市已经建成独立的公共数据开放平台或专栏，达州、贵阳、上海、天津、北京、沈阳、济南、青岛、淄博、深圳、杭州、温州、台州等 13 个城市得到满分。20 个城市依托政府门户网站进行数据开放，但开放数据相对有限，仅包含地方经济、人口等宏观数据信息，而这些数据均可在各市年度国民经济和社会发展统计公报中直接查询，因此不属于真正意义上的公共数据开放。15 个城市尚未建立公共数据开放平台。

评估发现，已经建成的平台还存在以下问题。一是数据开放主体的覆盖面不够广泛。45 个城市存在仅公开市级职能部门数据而未将区县数据纳入公开范围，或仅公开部分市级职能部门数据的情况。二是数据更新不够及时。评估组对平台中涉及经济和民生的数据的更新情况进行了考察，只有约 1/3 的城市（33 个）能够做到及时更新，剩余城市绝大部分事项的更新频率为一年一次。三是平台功能不够完善。在公共数据开放平台设置数据需求调查、需求征集功能是各地在公共数据开放实践中作出的有益探索，是平台保持开放性、活跃性的重要表现。目前，已有 50 个城市平台具备需求调查、需求征集功能，15 个城市平台尚不具备该功能或仅有咨询建议、意见反馈功能，有待进一步完善。

（十三）个人信息保护情况

1. 总体表现分析

本项指标针对 100 个城市个人信息保护情况进行观测，满分 20 分。本项指标下，28 个城市得满分，个人信息保护情况相对较好。本项指标总体得分情况见表 B. 11-23。

表 B. 11-23　三级指标 13 总体得分情况

得分（分）	[0,5)	[5,10)	[10,15)	[15,20)	20
城市（个）	0	11	30	31	28

2. 分差说明及典型事例

本项指标下，各城市的平均得分为 15.60 分，得分率为 78.02%，及格率为 85%。指标下设两个观察点，分别考察政府侵害公民个人信息情况和政务服务平台个人信息保护政策制定情况。

第一，政府侵害公民个人信息情况。评估组委托中国司法大数据研究院对本年度个人信息保护行政案件进行了检索与分析，得到了百城个人信息保护行政案件的胜诉率数据（见表 B. 11-24）。为便于比较和赋分，指标引入了全国个人信息保护行政案件胜诉率进行比较。评估数据显示，38 个城市胜诉率达 100%，55 个城市胜诉率超过全国平均水平，7 个城市已经审结的案件中无胜诉案件。需要补充说明的是，胜诉率为 100% 的城市中，有一部分城市在评估年度没有相关涉诉案件或涉诉案件中已经判决结案的案件数量较少。[①] 评估组从统计学的角度推定行政相对人认可政府个人信息处理行为

---

① 在被评估城市中，鞍山、本溪、毕节、常德、达州、德州、淮南、黄冈、吉林、济宁、克拉玛依、聊城、拉萨、齐齐哈尔、汕头、上饶、邵阳、绥化、泰安、西宁、玉林、周口、淄博等 23 个城市在评估年度涉诉案件或涉诉案件中已经判决结案的案件不超过两件。

的合法性，赋其满分12分，这并不必然代表评估组对该市个人信息保护情况的完全认可。

表 B.11-24　个人信息保护行政案件胜诉率

胜诉率	0	(0,10%]	(10%,20%]	(20%,30%]	(30%,40%]	(40%,50%]
城市(个)	7	0	1	1	4	8
胜诉率	(50%,60%]	(60%,70%]	(70%,80%]	(80%,90%]	(90%,100%)	100%
城市(个)	4	5	16	6	10	38
全国个人信息保护行政案件胜诉率					76.28%	

第二，政务服务平台个人信息保护政策制定情况。评估发现，80个城市政务服务平台制定的个人信息保护政策已经较为完善，得到满分。该项评估未得到满分的城市多是因为政务服务平台隐私政策中没有对敏感个人信息作出特别提示，或没有对个人信息保护政策更新进行告知。有3个城市个人信息保护政策制定不够完善，仅得到2分。

（十四）内部监督渠道的建立

1.总体表现分析

本项指标针对100个城市内部监督渠道的建立情况进行观测，满分50分。本项指标下，1个城市得满分，综合来看，被评估城市内部监督渠道的建立情况不够理想。本项指标总体得分情况见表 B.11-25。

表 B.11-25　三级指标 14 总体得分情况

得分(分)	0	(0,10)	[10,20)	[20,30)	[30,40)	[40,50)	50
城市(个)	0	65	4	11	13	6	1

2.分差说明及典型事例

本项指标下，各城市的平均得分为14.03分，得分率为28.06%，及格率为 20%。指标下设两个观察点，分别考察行政复议服务平台、行政执法和行政执法监督一体化平台的建设情况。

第一，行政复议服务平台建设情况。评估发现，100 个城市均已向国家行政复议服务平台申请开通了地方行政复议服务平台端口。由于国家行政复议服务平台"文书公开"功能尚未开放，且《纲要》未明确要求文书必须通过行政复议服务平台公开，因此，评估对行政复议决定书网上公开情况的考察有一定程度的放宽。据统计，58 个城市已经落实行政复议决定书网上公开的要求，公开文书并保持一定更新频率；42 个城市尚未通过政府门户网站公开行政复议决定书或公开的文书较少。

第二，行政执法和行政执法监督一体化平台建设情况。该观察点主要从行政执法监督功能发挥的角度考察平台的建设情况。评估数据显示，目前仅有 35 个城市建立了一体化平台。这些平台已经具备一定的执法监督能力，有 8 个城市具备所有的基础性监督功能，3 个城市同时具备智能案卷评查、复议风险预测两项智能监督功能。此外，一体化平台的数据共享与对接还需要加强，35 个城市的一体化平台中，2 个城市的平台尚未实现与其他政府平台进行数据共享，19 个城市的一体化平台尚未实现与其他执法系统数据共享对接。由于一体化平台尚处于推进建设状态，因此还有较大的完善空间。

（十五）外部监督渠道的建立

1. 总体表现分析

本项指标针对 100 个城市外部监督渠道的建立情况进行观测，满分 50分。本项指标下，32 个城市得满分，59 个城市得分在 40 分及以上，外部监督渠道的建立情况较好。本项指标总体得分情况见表 B.11-26。

表 B.11-26　三级指标 15 总体得分情况

得分（分）	[0,10)	[10,20)	[20,30)	[30,40)	[40,50)	50
城市（个）	0	1	8	32	27	32

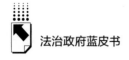
2.分差说明及典型事例

本项指标下，各城市的平均得分为 41.10 分，得分率为 82.20%，及格率为 91%。指标下设四个观察点，分别考察被评估城市"互联网+督察"平台、行政执法监督批评建议平台、政府门户网站网络问政及政民互动栏目、政务新媒体矩阵建设情况。

第一，"互联网+督察"平台。评估数据显示，"互联网+督察"平台在地方以省级统建为主，小部分城市除省级统建的平台之外，还有本市自建的"互联网+督察"平台。两种情形共包含 60 个城市。

第二，行政执法监督批评建议平台。该平台是司法部为加强和改进行政执法监督工作而设立的听取批评建议的专门渠道。评估组对该观察点采取了体验式评估的方法，针对各城市在"行政执法三项制度"落实过程中存在的问题提出了意见和建议。经过评估，可以通过行政执法监督批评建议平台向 100 个城市提出批评建议，且均得到回复，这说明该平台运行情况较好。

第三，政府门户网站网络问政及政民互动栏目。63 个城市在该观察点的评估中获得满分；36 个城市虽建立了相关栏目，但存在功能不全或更新不及时的问题；此外，还有 1 个城市政府门户网站未建立网络问政或政民互动栏目，政民沟通渠道有待完善。

第四，政务新媒体矩阵。评估发现，79 个城市具备 3 个及以上政务新媒体账号，已经基本完成政务新媒体矩阵建设，且保持一定更新频率；20 个城市正在探索建立政务新媒体账号矩阵，拥有 2 个政务新媒体账号；1 个城市尚未检索到政务新媒体账号。

四 评估结论与建议

（一）评估结论

数字法治政府一级指标的平均得分为 68.69 分，及格率为 77.00%。这说明我国数字法治政府建设还有一定提升空间。各城市得分仍有明显的区位差异，华南、华东地区城市得分明显高于其他地区城市（见表 B.11-27），得分在 90 分以上的两个城市深圳市和佛山市均属于华南地区，得分在 80 分及以上的 17 个城市中有 15 个属于华南、华东地区。

表 B.11-27　不同地区城市一级指标平均得分比较

地　区	华南地区	华东地区	华北地区	西南地区	华中地区	西北地区	东北地区
平均得分（分）	79.57	75.51	64.70	65.53	62.28	59.55	57.47

通过各三级指标平均得分的横向比较可以看出，我国数字法治政府建设已经具备一定基础。15 个三级指标中，9 个指标得分率在 70% 以上，5 个指标得分率在 80% 以上，得分在 70% 以下的 6 个指标均为本年度新增指标或细化指标。这说明数字法治政府建设还有很大的提升空间，应当由粗放式发展转向精细化发展。

通过近三次评估的纵向比较可以看出，我国数字法治政府建设正在逐步推进，数字政府平台普及率逐年提高，平台功能不断健全，硬实力得到显著提升。同时，随着数字法治政府建设进程不断向纵深推进，法律法规与政策环境对数字治理的规范性不断提出新的要求，社会公众对数字法治政府建设的期望值不断提高，数字法治政府的可用性、可接近性问题与数字权利保障问题受到越来越多的重视，数字法治政府建设软实力仍有待提升。

（二）存在的问题

1. 数字法治政府建设规划不够全面

"数字法治政府"是《纲要》和《指导意见》明确提出的概念，两份文件均对"数字法治政府"的内涵作出了阐释。《纲要》提出，要"健全法治政府建设科技保障体系，全面建设数字法治政府"，"坚持运用互联网、大数据、人工智能等技术手段促进依法行政，着力实现政府治理信息化与法治化深度融合，优化革新政府治理流程和方式，大力提升法治政府建设数字化水平"。《指导意见》提出，要"推动形成国家法律和党内法规相辅相成

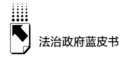

的格局，全面建设数字法治政府，依法依规推进技术应用、流程优化和制度创新，消除技术歧视，保障个人隐私，维护市场主体和人民群众利益。持续抓好现行法律法规贯彻落实，细化完善配套措施，确保相关规定落到实处、取得实效。推动及时修订和清理现行法律法规中与数字政府建设不相适应的条款，将经过实践检验之有效的做法及时上升为制度规范，加快完善与数字政府建设相适应的法律法规框架体系"。两份文件既从不同角度阐释了"数字法治政府"的内涵，也间接反映出数字法治政府是数字政府与法治政府的深度融合。

在落实两份文件的过程中，绝大部分城市都结合本地实际制定了本级"法治政府建设规划"和"数字政府建设规划"，作为法治政府建设与数字政府建设的主要纲领和依据。但从已经公开的规划文件内容来看，部分城市在文件制定过程中很少关注"数治"和"法治"的融合问题。尤其是综合性的智慧城市建设规划文件中，大部分只提及数字技术的赋能，而相对忽视法律的规范。这有可能造成数字政府改革举措与法治政府改革举措的割裂，甚至是数字技术风险外溢，继而影响数字法治政府建设实效。

2. 数字政府平台建设不够完善

平台既是载体也是枢纽，其在不同领域、不同场景下均能发挥作用。因此，在数字政府建设进程中，平台是先行的。即便如此，数字政府平台建设仍有进一步完善的空间。一是数字政府平台建设不够均衡。一方面体现在平台建设的区位差异仍然较为突出，东部地区城市数字政府平台的建设速度、建设质量普遍优于西部城市；另一方面体现在不同类型平台部署情况差异较为明显，政务服务平台、法规规章行政规范性文件统一公开查询平台、"两法衔接"信息平台等在100个城市均已完成部署，而建成行政执法信息公示平台、公共数据开放平台、政务数据共享平台、行政执法和行政执法监督一体化平台的城市则相对较少。二是数字政府平台建设不够智能高效。平台智能化应用上线率不高，以"秒批秒办"为代表的智能化审批应用在各地政务服务平台推进缓慢，行政执法和行政执法监督一体化平台尚处于前期建设阶段，智能化应用未全面接入。三是数字政府平台建设不够集约精简。

"数字政府平台建设的集约化程度"是本年度的新增指标,该指标在评估中表现较好。但考虑到指标体系的稳定性与考察的渐进性,本次评估主要从纵向维度对平台集约化建设进行考察。评估中也发现,从横向来看,由于具有路径依赖性,部分城市还存在法律法规查询平台与规章查询平台、规范性文件查询平台等同类型平台重复建设,政务服务平台与行政执法信息公示平台等不同类型平台功能交叉的现象,目前整合在一起存在难度,应当引起重视。四是数字政府平台建设不够精密细致。例如,平台信息排列不清晰。政务服务事项基本目录制定进度较缓,部分城市行政执法信息公示平台、法规规章行政规范性文件统一公开查询平台、公共数据开放平台、政务数据共享平台等数据性平台尚未制定检索目录,数据排列无规律性特征,不便于用户检索。又如,平台数据接口不统一。在对"一件事一次办"任务达成率进行测评过程中,评估组发现,部分城市从市本级政务服务网"一件事一次办"专栏进入获取的数据与从省级政务服务网"一件事一次办"专栏进入再查找的各市数据存在不一致的情况,说明省级平台中的市级数据与市级平台的本级数据未进行对接。甚至还有少数城市的本级政务服务平台存在两个"一件事一次办"栏目且两个栏目内容不一致的情况。这些都说明数字政府平台建设的精细度还存在不足。

3. 政府数字化履职能力有待提高

《指导意见》明确提出,要"构建协同高效的政府数字化履职能力体系"。数字技术的出现和应用,带来了诸多利企便民的改革创新,对政府职能的转变和优化起到了重要的推动作用。但评估发现,政府数字化履职能力还有待提升。一是协同性不足。"跨省通办"和"一件事一次办"两项改革任务的落地,涉及跨地区、跨部门的业务协同。评估数据显示,两项任务按期完成率并不高,这说明跨地区、跨部门的业务整合还存在一定阻力,数字政府的协同履职能力还有一定的提升空间。二是能动性不足。在政府治理过程中合理适当地利用数字技术可以提高政府履职的效率,部分城市在行政立法、行政执法、行政决策等领域对数字技术的运用相对滞后,可以借鉴其他城市的成功经验,积极探索数字治理方式在各个领域的应用。

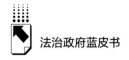
4. 数字法治政府建设制度保障不足

数字法治政府的兴起，不仅改变了传统的政务运行方式，也在一定程度上改变了政务运行的底层逻辑。一方面，数字政府建设具有较强的技术依赖性。随着数字政府平台运用不断向纵深推进，政府与平台企业的联系日益密切。但数字政府背景下，政府、平台与企业之间具有怎样的法律关系？政府利用数字政府平台开展行政执法、提供公共服务属于行政法上的授权还是委托？法律责任应如何分配？这些问题尚无定论。这是数字法治政府制度保障体系不足的体现。另一方面，当平台与数据在政府治理中发挥愈加重要的作用时，技术治理的风险便会逐步显现，如数字技术滥用风险、数据安全风险等。目前，针对数据共享开放、非现场执法程序、数据安全制定专门法律法规或规范性文件的城市较少，这也说明数字法治政府建设制度保障不足，缺乏自我约束与自我监督。

（三）完善建议

1. 加强规划引领，推动政府治理法治化与数字化深度融合

"数字法治政府"概念的提出为数字政府和法治政府建设提供了指引。一方面，法治政府建设需要数字技术的支持和赋能；另一方面，数字政府建设需要坚实的法治保障，两者相辅相成、互为表里。推进数字法治政府建设一定要高度重视并充分发挥规划的引领作用。尚未出台相关规划文件（尤其是仍未制定市级数字政府专门性规划）的城市，要在深刻理解、认识"数字法治政府"内涵的基础上推进相关规划文件的制定和实施；已经出台相关规划文件但内容还有待细化的城市，应当更加关注政策落实过程中可能存在的风险与难题，加强引导和规范，推动数字政府建设与法治政府建设深度融合。

2. 推进平台建设，走均衡化、智能化、集约化、精细化发展道路

平台建设是数字法治政府建设的重要任务。当前，数字政府平台建设正在紧锣密鼓地推进，既要注重速度，更要注重质量。首先，要注重平台建设均衡化。均衡数字资源配置，加快推进西部地区平台开发建设，传好用好东

部地区平台建设的有益经验；加快行政执法信息公示平台、行政执法和行政执法监督一体化平台建设进度，完善行政执法监督体系；加快公共数据开放平台、政务数据共享平台建设进度，不断提升数据共享、开放程度，充分发挥数字政府发展对数字经济的引领带动作用。其次，要提升平台建设智能化水平。丰富政务服务平台、行政执法和行政执法监督一体化平台的智能化应用，推进"秒批秒办""智能案卷评查""复议风险预测"等功能在平台上线，进一步提升办事效率与平台效能。再次，要加强数字政府平台集约化建设。从纵向角度，要加强平台建设省级统筹，争取实现省、市、县、乡、村各级互联，提升业务办理的便利度，尽可能减少"数据孤岛"现象；从横向角度，要对各市现有的数字政府平台及其功能进行详细的梳理、比较，对利用率不高、运行效果不佳的平台进行清理，对内容重叠、功能交叉的平台进行合并。最后，要提升平台建设的精细化程度。注重政府平台的数据发布、内容排列、功能设置的严谨性。加快政务服务基本目录、政务数据共享目录、公共数据开放目录等目录的制定。涉及不同层级、不同部门的同一业务的数据接口应该全面统一，尽快实现业务名称、办理流程的标准化。

3. **转变治理理念，提升政府数字化履职能力**

政府数字化履职能力是数字法治政府建设软实力的体现。面对数字时代的到来，政府应该主动应变、积极求变。一是要协同履职。以"跨省通办""一件事一次办"事项为抓手，重点分析和破除政务协同履职存在的困难和阻碍，实现不同地区、不同部门、不同领域间互联互通、协同联动。二是要能动履职。敢于、善于在适合的领域妥善运用数字化技术，提升工作质效。在行政立法领域，可以尝试设置在线建言与反馈窗口，提升立法工作效率与公众参与的积极性；在行政执法领域，可以在现场执法可能具有局限性的监管环节或执法环节探索运用数字技术；在行政决策领域，可以进一步推广大数据辅助决策机制。

4. **强化规则意识，进一步弥补数字法治政府规范体系的欠缺与不足**

"加快完善与数字政府建设相适应的法律法规框架体系"既是促进数字政府建设与法治政府建设深度融合的桥梁，也是数字法治政府建设顺利推进

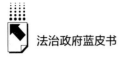

必须解决的问题。从评估情况来看，数字法治政府建设主要面临两对矛盾，一是数据处理与数据安全的矛盾，二是技术利用与权利保障的矛盾。据此，可以从四个方面完善数字法治政府制度规则体系。第一，明确政企合作法律关系。当前，数字政府建设普遍采取政企合作的方式进行，政府与企业的法律关系成为数字政府建设过程中的基础性法律关系。这一法律关系的明确有助于保障政府权力的统一行使、合理划分政府和企业的法律责任、有效规避技术风险。需要在扎实的理论研究基础上，通过法律规范的形式对政企合作法律关系的含义、性质、内容予以明确。第二，制定数据管理与使用规则。在数字时代，公共数据成为新型生产要素，具备独特的资源属性，是数字政府与数字经济发展重要的连接点。2022 年 12 月，中共中央、国务院印发《关于构建数据基础制度更好发挥数据要素作用的意见》，为数据要素合理利用指明了方向。制定数据管理与使用规则，建立明确的数据产权制度、数据要素流通和交易制度、数据要素收益分配制度、数据要素治理制度，有利于充分释放数据要素价值。第三，制定非现场执法程序规则。非现场执法具有较强的技术属性，技术的介入从事实上改变了传统行政执法模式与执法程序的运行逻辑，使传统的程序规则与程序规制方法在非现场执法的场域下不能与非现场执法程序有序衔接，不利于相对人权利的保障。立足非现场执法程序的特征，制定非现场执法程序规则，可以为非现场执法程序规范运行提供坚实基础。第四，完善数据安全保护规则。数据安全是提升国家数字竞争力、保障国家安全的重中之重。近年来，《网络安全法》《数据安全法》《个人信息保护法》相继制定和颁布，为我国数据安全保护筑起了"防火墙"。但数据安全风险依然存在，数据安全行政执法与法律适用尚存在诸多难点、堵点问题。应当在进一步完善数据安全法律规范体系的基础上，加强重点领域、重点行业的数据安全治理，推动建立数据分级分类保护、重点数据识别、数据安全预警、数据全周期安全防护等机制。既要强化监管，营造规范有序的市场环境，也要统筹发展与安全，平衡好数据安全与数据共享及开放的关系。

B.12
社会公众满意度调查

王　翔[*]

摘　要：　作为法治政府建设评估一级指标中唯一的主观评价指标，社会公众满意度在衡量法治政府建设成效方面具有无法替代的重要作用，是社会公众对法治政府建设进行评价的直观显现。自该项评估工作开展以来，项目组坚持回应人民关切，在兼顾人民性和专业性的基础上设置了普通市民和法律专家两套调查问卷，通过分层抽样和随机抽样相结合的方式，辅之以实地调研和访谈，从政务服务、行政执法、信息公开、行政决策和廉洁政府建设等方面，对被评估城市法治政府建设的社会公众满意度进行调查。项目组对获得的调查数据资料逐项进行详尽分析，并基于此提出提升社会公众对法治政府建设满意度的意见或建议。

关键词：　社会公众满意度　法治政府　普通市民　法律专家

习近平总书记强调，"坚持人民主体地位，必须坚持法治为了人民、依靠人民、造福人民、保护人民"。[①] 坚持以人民为中心，是贯穿习近平新时代中国特色社会主义思想的一条主线，是习近平法治思想的根本立场。这一立场具体到法治政府建设领域，就是要以保障最广大人民群众的根本利益为出发点，以提升最广大人民群众的满意度为落脚点。这是党的十八大以来习近平总书记提出的"人民对美好生活的向往，就是我们的奋斗目标"的

---

　*　王翔，中国政法大学法治政府研究院助理研究员。中国政法大学国际法学院 2023 级国际法学硕士研究生李泽坤协助进行数据检索、分析及图表制作等工作。
　①　《习近平谈治国理政》第二卷，外文出版社，2017，第 115 页。

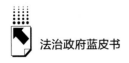

执政理念在法治政府建设中的具体体现，反映了中国特色社会主义法治的本质要求。因此，项目组把社会公众满意度列为法治政府评估体系的一级指标，全面调查社会公众对法治政府建设实际成效的主观感受与评价，以便在推进法治政府建设进程中凸显人民底色，切实提升群众福祉。

一 指标设置

依据中共中央、国务院印发的《法治政府建设实施纲要（2021—2025年）》和中央依法治国办发布的《市县法治政府建设示范指标体系》（2021年版），项目组结合往年社会公众满意度调查的具体情况，对社会公众满意度调查问卷的指标设置进行了一定的优化调整。总体来看，指标设置遵循了以下两方面的基本思路。一是回应人民关切，聚焦人民群众反映强烈或关注度高的突出问题，有针对性地设置法治政府建设中与社会公众的日常生活联系紧密且便于回答的问题。二是兼顾人民性和专业性，设置普通市民和法律专家两套调查问卷，每套调查问卷设置10个问题（见表 B.12-1、表 B.12-2），二者有所交叉、各有侧重，共同构成了被评估城市的社会公众满意度评价指标体系。在得分设置上，为体现社会公众满意度作为人民群众的主观评价对法治政府建设的重要性，该一级指标总分设置为100分。需要特别说明的是，为便利作答人填写问卷，精细化反映作答人对被评估城市法治政府建设的评价，普通市民和法律专家两套调查问卷的问题均设置为每题10分。

关于普通市民问卷中的指标设置，大致可以划分为三个方面：一是依法行政方面，主要包括对政府依法办事、公正处罚、廉洁奉公情况的评价；二是行政效能方面，主要包括对政府信息公开、重大决策听取公众意见、工作人员服务态度和办事效率情况的评价；三是其他公众关注方面，主要包括对政府进行社会救助、开展法治宣传、提供投诉或意见反馈渠道等情况的评价。关于法律专家问卷中的指标设置，亦可大致划分为三个方面：一是依法行政方面，主要包括对政府诚实守信、依法防范和化解社会矛盾、工作人员清正廉洁等情况的评价；二是行政效能方面，主要包括对政府行政效率、信息公开或政务公开、重大决策听取公众意见建议情况的评价；三是服务能力方面，主要包括对政府优化营商环境、开展法治宣传教育、严格规范公正文明执法情况的评价。

表 B.12-1　社会公众满意度调查问卷题目：普通市民

序号	问题
1	您认为,总的来看,市政府在依法办事方面的情况怎样？（10分）
2	您认为,政务大厅、服务中心窗口工作人员的服务态度怎样？（10分）
3	您认为,政务大厅、服务中心窗口工作人员的办事效率怎样？（10分）
4	您认为,该市在行政处罚过程中进行公正处罚的情况怎样？（10分）
5	您认为,市政府在政府信息公开方面的工作情况怎样？（10分）
6	您认为,市政府及其各职能部门工作人员的廉洁奉公情况怎样？（10分）
7	您认为,市政府在社会救助、社会福利(如扶贫、慈善等)方面的情况怎样？（10分）
8	您认为,市政府为市民提供投诉或意见反馈渠道的情况怎样？（10分）
9	您认为,市政府在作出重大决策时(如决定建设市政道路、规划公园和工业园区、改进教育举措、调整民生保障标准)听取社会公众意见的情况怎样？（10分）
10	您认为,市政府在开展法治宣传教育工作方面的情况怎样？（10分）

表 B.12-2　社会公众满意度调查问卷题目：法律专家

序号	问题
1	您认为,市政府的行政效率怎样？（10分）
2	您认为,市政府作出重大行政决策时听取社会公众的意见建议的情况怎样？（10分）
3	您认为,市政府的信息公开或政务公开的情况怎样？（10分）
4	您认为,市政府在依法防范和化解社会矛盾、解决争议方面的情况怎样？（10分）
5	您认为,市政府及其工作人员严格规范公正文明执法的情况怎样？（10分）
6	您认为,市政府在优化营商环境方面的工作情况怎样？（10分）
7	您认为,市政府诚实守信的情况怎样？（10分）
8	您认为,市政府工作人员的清正廉洁情况怎样？（10分）
9	您认为,市政府开展法治宣传教育工作的情况怎样？（10分）
10	总的来看,您认为,市政府依法行政或建设法治政府的情况怎样？（10分）

二　调查方法及数据处理

本年度法治政府建设的社会公众满意度评价延续了以问卷调查为主,同时结合访谈调查与实地观察的调研方法。自 2024 年 1 月调查工作启动后，项目组从北京大学、清华大学、中国人民大学、中国政法大学等 30 多所高校选拔了 200 多名在校学生担任调研员，并组织 300 多名志愿者辅助工作。[①]这些学生，或者生源地为被评估城市，或者正在被评估城市就读，对当地法治政府建设的基本情况较为熟悉。

本次问卷调查继续采取分层抽样与随机抽样相结合的方式，选取被评估城市行政服务中心、商业中心、镇街社区、司法机关、律师事务所等地，向 18 周岁以上在当地常住或居住三年以上的居民随机发放问卷并收集数据。其中，普通市民问卷主要向社会大众以及前往行政服务中心办事的市民发放；法律专家问卷主要向法官、检察官、律师和高校法学专家学者发放。在此基础上，调研员和志愿者对问卷填写者和当地居民进行访谈，撰写形成调研回访表、调研笔录、调研访谈等文字材料，为项目组更准确、更全面地了解和分析被评估城市的法治政府建设情况提供了珍贵材料。

项目组在每个被评估城市最终发放 330 余份问卷，回收问卷样本量总计为33457 份，有效样本量为 33326 份。参照 GB/T2828. 1—2003《计数抽样检验程序》第 1 部分对采用"独立双录入+独立校对"方式录入的数据进行抽查，结果显示录入错误率低于 0.05%。运用 SPSS 23.0 统计分析软件检验问卷信度，可知Cronbach's Alpha 为 0.952（见表 B.12-3），高于 0.8，问卷信度高。

表 B. 12-3　信度分析

可靠性统计	
Cronbach's Alpha	项数
0.952	10

① 其中，93%的调研员和志愿者所学专业为法学，其余7%的调研员和志愿者所学专业为行政学、管理学、传播学等；72%的调研员和志愿者为中国政法大学在校学生。项目组对各高校同学为调研工作作出的努力和贡献表示诚挚感谢。

三　调查结果分析

（一）总体情况

从调查过程和结果来看，问卷题目能够较为准确全面地反映被评估城市法治政府建设几个重要方面的基本情况。本次调查中，每个城市社会公众满意度的总分为 100 分。项目组分析评估结果时，将得分 90 分及以上评为"优"，80~90 分为"良"，70~80 分为"中"，60~70 分为"及格"，60 分以下为"不及格"。

分析 100 个被评估城市的得分可知，其社会公众满意度调查的平均分为 77.03 分，平均得分率为 77.03%。其中，襄阳市得分为"优"，齐齐哈尔等 29 个城市得分为"良"，拉萨等 63 个城市得分为"中"，6 个城市得分为"及格"，1 个城市得分为"不及格"。得分率较高的 30 个城市见图 B.12-1。

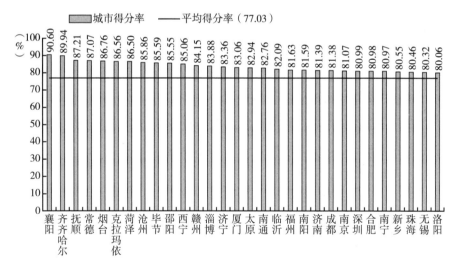

图 B.12-1　"社会公众满意度调查"得分率较高的 30 个城市

相比于 2023 年 100 个被评估城市的得分数据，本年度社会公众满意度调查的平均分上升 0.05 分，总体得分较为稳定。与整体平均分变化幅度较

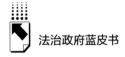

小不同，部分城市得分波动较大。其中，襄阳等 18 个城市的得分较上一年度上涨超过了 5 分，20 个城市的得分较上一年度下降超过了 5 分。得分上涨城市涨幅情况见图 B. 12-2。

综合上述得分情况分析，从 77.03% 的平均得分率来看，社会公众对当前法治政府建设情况的满意度评价处于中等偏上水平，仍存在一定的提升空间。在被评估的 100 个城市中，得分为"中"的城市多达 63 个，占城市总数的 63%，可见多数城市法治政府建设的社会公众满意度评价正在由中等水平向优良水平迈进。从与 2023 年得分的对比来看，被评估城市社会公众对法治政府建设的满意度总体较为稳定，但得分下降超过 5 分的城市仍然值得注意，需要在提升公众满意度上坚持作为、久久为功。

（二）普通市民问卷情况

1. 总分情况

在本次调查中，普通市民问卷共发放 28867 份，回收 28805 份，其中有效问卷 28728 份。该问卷平均得分为 76.93 分，平均得分率为 76.93%。总体而言，普通市民问卷得分与总体得分相当，处于中等水平，各城市普通市民问卷得分排名与总体得分排名差异不大。其中，有 48 个城市得分高于平均分，没有城市得分低于及格分，襄阳市、齐齐哈尔市、烟台市、常德市、抚顺市得分率较高。得分率较高的 30 个城市见图 B. 12-3。

2. 各项指标得分情况

为具体了解普通市民对问卷中十项指标问题的主观评价，项目组对十项指标问题的得分情况进行了逐一分析。分析发现，被评估城市十项指标问题的平均得分率在 74.19%～79.74%。其中，对政府开展法治宣传教育工作情况的评价得分最高，反映了普通市民对政府第八个"五年普法"工作的认可；对政府在作出重大决策时听取社会公众意见情况的评价得分最低，提醒各地政府要强化科学、民主、依法的决策理念，严格落实行政决策程序规定，不断提高决策质量和效率。具体各项指标的得分率情况见图 B. 12-4。

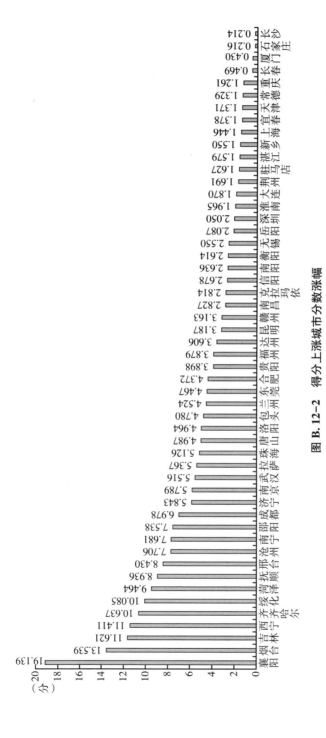

图 B.12-2　得分上涨城市分数涨幅

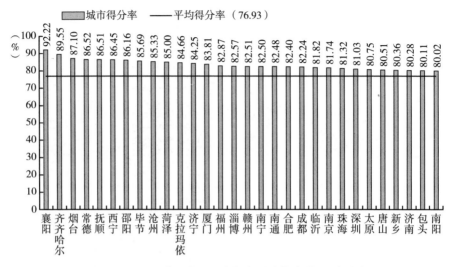

图 B.12-3 "普通市民问卷"得分率较高的 30 个城市

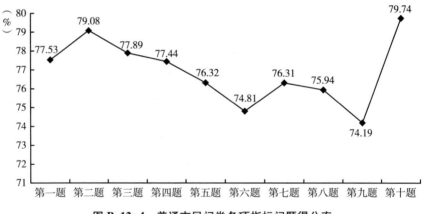

图 B.12-4 普通市民问卷各项指标问题得分率

第一项指标问题，市政府在依法办事方面的情况。调查数据显示，本项指标的平均得分为 7.753 分，在十项指标得分中列第四位。在被评估的 100 个城市中，该项指标得分高于平均分的城市有 50 个，得分在及格分以下的城市仅有 1 个。其中，得分较高的 5 个城市依次为襄阳市、常德市、齐齐哈尔市、邵阳市和抚顺市。总体来看，普通市民对政府机关依法办事的情况较为认可，但个别城市仍需提升政府工作人员的法治思维和依法办事能力。

第二项指标问题，政务大厅、服务中心窗口工作人员的服务态度情况。调查数据显示，本项指标的平均得分为 7.908 分，在十项指标得分中列第二位。在被评估的 100 个城市中，该项指标得分高于平均分的城市有 51 个，没有城市得分在及格分以下。其中，得分较高的 5 个城市依次为襄阳市、克拉玛依市、齐齐哈尔市、邵阳市和烟台市。总体来看，普通市民对政务大厅及服务中心窗口工作人员的服务态度给予了积极评价，这得益于政务服务"好差评"制度的建立，减少了政府工作人员"脸难看""口气粗"现象的发生。

第三项指标问题，政务大厅、服务中心窗口工作人员的办事效率情况。调查数据显示，本项指标的平均得分为 7.789 分，在十项指标得分中列第三位。在被评估的 100 个城市中，该项指标得分高于平均分的城市有 49 个，没有城市得分在及格分以下。其中，得分较高的 5 个城市依次为襄阳市、烟台市、齐齐哈尔市、邵阳市和沧州市。总体来看，普通市民对政务大厅、服务中心窗口工作人员办事效率的评价较往年有所提高，部门协同、系统联通和数据共享等政务服务效能提升举措推动了企业和群众办事由"多地、多窗、多次"向"一地、一窗、一次"的转变。

第四项指标问题，行政处罚过程中的公正处罚情况。调查数据显示，本项指标的平均得分为 7.744 分，在十项指标得分中列第五位。在被评估的 100 个城市中，该项指标得分高于平均分的城市有 47 个，没有城市得分在及格分以下。其中，得分较高的 5 个城市依次为襄阳市、常德市、烟台市、齐齐哈尔市和西宁市。总体来看，普通市民对政府在行政处罚过程中公正处罚情况的评价处于中间段，反映了执法人员管理制度、执法程序、执法责任制等方面的建设有了明显加强，但仍存在一定的完善空间。

第五项指标问题，市政府在政府信息公开方面的工作情况。调查数据显示，本项指标的平均得分为 7.632 分，在十项指标得分中列第六位。在被评估的 100 个城市中，该项指标得分高于平均分的城市有 55 个，得分在及格分以下的城市有 3 个。其中，得分较高的 5 个城市依次为襄阳市、常德市、齐齐哈尔市、菏泽市和福州市。总体来看，当前政府信息公开情况没有完全

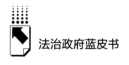

满足普通市民的关注和期待，还需要继续大力推进决策、执行、管理、服务和结果公开，用政府更加公开透明赢得人民群众更多理解、信任和支持。

第六项指标问题，市政府及其各职能部门工作人员的廉洁奉公情况。调查数据显示，本项指标的平均得分为 7.481 分，在十项指标得分中列第九位。在被评估的 100 个城市中，该项指标得分高于平均分的城市有 50 个，得分在及格分以下的城市有 2 个。其中，得分较高的 5 个城市依次为襄阳市、齐齐哈尔市、毕节市、西宁市和抚顺市。总体来看，虽然该指标得分高于及格分，但从与其他指标横向对比来看，普通市民对政府及其工作人员在廉洁奉公方面的期望与实际情况相比还存在较为明显的差距，需要综合运用构建完善的考核考评体系、强化行政问责机制、加强纪律约束、开展职业道德教育等多种措施来持续提升。

第七项指标问题，市政府在社会救助、社会福利方面的工作情况。调查数据显示，本项指标的平均得分为 7.631 分，在十项指标得分中列第七位。在被评估的 100 个城市中，该项指标得分高于平均分的城市有 49 个，得分在及格分以下的城市仅有 1 个。其中，得分较高的 5 个城市依次为襄阳市、齐齐哈尔市、毕节市、西宁市和抚顺市。总体来看，该指标得分较上一年度有所上涨，说明在全面脱贫之后的乡村振兴战略大背景下，各地政府积极作为施政，致力于共同富裕的工作取得了一定成效。

第八项指标问题，市政府为市民提供投诉或意见反馈渠道的情况。调查数据显示，本项指标的平均得分为 7.594 分，在十项指标得分中列第八位。在被评估的 100 个城市中，该项指标得分高于平均分的城市有 51 个，得分在及格分以下的城市有 3 个。其中，得分较高的 5 个城市依次为襄阳市、齐齐哈尔市、抚顺市、邵阳市和西宁市。总体来看，普通市民普遍感觉政府提供的投诉和意见反馈机制不够便捷，尽管在实体服务点、网站和官方应用程序中都设有投诉渠道，但实际操作中常出现投诉台无人值守、电话不接、老年用户操作 App 困难以及反馈延迟等问题，影响了公众对该指标的满意度。

第九项指标问题，市政府在作出重大决策时听取社会公众意见的情况。调查数据显示，本项指标的平均得分为 7.419 分，在十项指标得分中列最后一位。在被评估的 100 个城市中，该项指标得分高于平均分的城市有 51 个，得分在及格分以下的城市有 4 个。其中，得分较高的 5 个城市依次为襄阳市、齐齐哈尔市、西宁市、烟台市和常德市。总体来看，普通市民对政府在作出重大决策时听取社会公众意见情况的评分最低，这也是不及格城市数量最多的指标问题。各地政府需要充分意识到保持行政决策公众参与机制顺畅，不仅对于重大行政决策科学化、民主化意义重大，更是提升政府行政决策在社会公众心中满意度的关键之举。

第十项指标问题，市政府在开展法治宣传教育工作方面的情况。调查数据显示，本项指标的平均得分为 7.974 分，在十项指标得分中列第一位。在被评估的 100 个城市中，该项指标得分高于平均分的城市有 47 个，得分在及格分以下的城市仅有 1 个。其中，得分较高的 5 个城市依次为襄阳市、齐齐哈尔市、克拉玛依市、烟台市和抚顺市。总体来看，该项指标的高分反映了普通市民对政府开展法治宣传教育工作的满意和认可，这与党的二十大报告强调"要努力使学法尊法守法用法在全社会蔚然成风"密切相关，对引导全民"自觉守法、遇事找法、解决问题靠法"大有裨益。

3. 各项指标得分差异情况

为分析普通市民问卷十项指标中各城市得分的差异情况，项目组运用方差这一统计概念进行了分析，直观反映各项指标中各城市普通市民评价得分数据的离散程度。分析发现，十项指标问题的方差在 0.336~0.492。其中，政府在行政处罚过程中公正处罚情况的得分数据方差最小，表明各地在该方面的普通市民评价差异较小，结合该项指标得分在十项指标中处于中段，可知各地均需在此方面寻求改进；政府在作出重大决策时听取社会公众意见情况的得分数据方差最大，表明各地在该方面的普通市民评价差异较大，结合该项指标得分在十项指标中列最后一位，可知该方面得分较低的城市已经与其他得分较高的城市拉开了差距，需要切实将重大决策听取公众意见落到实处，避免走形式、走过场。具体各项指标得分的方差情况见图 B.12-5。

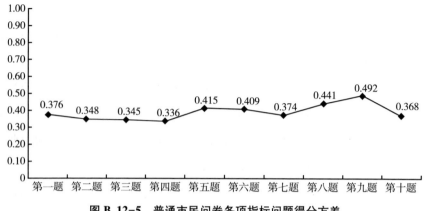

图 B. 12-5　普通市民问卷各项指标问题得分方差

（三）法律专家问卷情况

1. 总分情况

在本次调查中，法律专家问卷共发放 4665 份，回收 4652 份，其中有效问卷 4598 份。该问卷平均分为 77.13 分，平均得分率为 77.13%。总体而言，法律专家问卷得分处于中等水平，得分略高于总体得分且排名与总体得分排名差异较大。其中，有 50 个城市得分高于平均分，2 个城市得分低于及格分，玉林市、克拉玛依市、菏泽市、太原市、齐齐哈尔市得分率较高。得分率较高的 30 个城市见图 B. 12-6。

2. 各项指标得分情况

为具体了解法律专家对问卷中十项指标问题的主观评价，项目组对十项指标问题的得分情况进行了逐一分析。分析发现，被评估城市十项指标问题的平均得分率在 74.24%~80.16%。其中，对政府开展法治宣传教育工作情况的评价得分最高，反映了法律专家对政府法治教育工作的认可；对政府在作出重大决策时听取社会公众意见建议情况的评价得分最低，可知在与社会公众切身利益息息相关的重要规划、重大公共政策和措施以及重大公共建设项目上，应当进一步提升公众参与的深度和广度，积极主动地倾听利益相关群体的意见和建议。具体各项指标的得分率情况见图 B. 12-7。

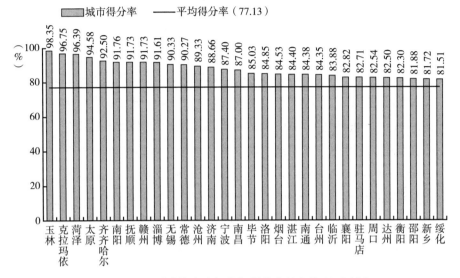

图 B.12-6 "法律专家问卷"得分率较高的 30 个城市

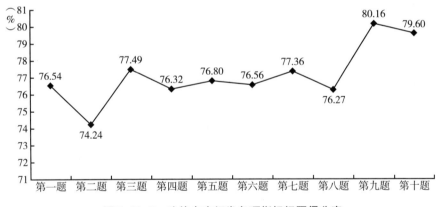

图 B.12-7 法律专家问卷各项指标问题得分率

　　第一项指标问题，市政府的行政效率情况。调查数据显示，本项指标的平均得分为 7.654 分，在十项指标得分中列第七位。在被评估的 100 个城市中，该项指标得分高于平均分的城市有 45 个，得分在及格分以下的城市有 3 个。其中，得分较高的 5 个城市依次为玉林市、菏泽市、齐齐哈尔市、太原市和抚顺市。总体来看，法律专家对政府的行政效率满意度较低，反映出市政府的行政工作存在服务意识和责任心不强、部门职责分工不明、工作人员业务不熟练等问题，各地应当切实从群众利益出发，通过明确责任清单、简化办事流程、共享政务数据等多种方式切实为群众提供优质高效的服务。

第二项指标问题，市政府作出重大行政决策时听取社会公众意见建议的情况。调查数据显示，本项指标的平均得分为 7.424 分，在十项指标得分中列最后一位。在被评估的 100 个城市中，该项指标得分高于平均分的城市有 47 个，得分在及格分以下的城市有 5 个。其中，得分较高的 5 个城市依次为玉林市、菏泽市、克拉玛依市、齐齐哈尔市和太原市。总体来看，政府作出重大行政决策时听取社会公众意见建议是法律专家评分最低的指标，表明各地依然存在公众对重大行政决策信息不了解、反馈意见建议途径不畅通、公众参与后政府不回应或不及时有效回应等问题，各地政府应该给予高度重视。

第三项指标问题，市政府信息公开或政务公开的情况。调查数据显示，本项指标的平均得分为 7.749 分，在十项指标得分中列第三位。在被评估的 100 个城市中，该项指标得分高于平均分的城市有 51 个，得分在及格分以下的城市有 3 个。其中，得分较高的 5 个城市依次为玉林市、克拉玛依市、菏泽市、太原市和齐齐哈尔市。总体来看，法律专家对政府信息公开的评价得分高于普通市民对该指标的评价得分，这反映了政府近年来对信息公开和政务公开工作的重视和加强，但存在公开方式较为专业以致普通公众难以获取的问题，后续应探索降低公开信息获取门槛，切实提高决策公开、执行公开、管理公开、服务公开、结果公开的实效。

第四项指标问题，市政府在依法防范和化解社会矛盾、解决争议方面的情况。调查数据显示，本项指标的平均得分为 7.632 分，在十项指标得分中列第八位。在被评估的 100 个城市中，该项指标得分高于平均分的城市有 50 个，得分在及格分以下的城市有 3 个。其中，得分较高的 5 个城市依次为玉林市、菏泽市、克拉玛依市、太原市和齐齐哈尔市。总体来看，法律专家认为政府在依法防范和化解社会矛盾、解决争议方面的工作不太理想，各地政府有必要积极促进信访、调解、仲裁、行政裁决、行政复议等系列社会矛盾纠纷多元预防调处化解综合机制的完善，始终秉持尽早解决矛盾纠纷的原则，并将矛盾化解在基层，切实保障人民群众的合法权益。

第五项指标问题，市政府及其工作人员严格规范公正文明执法的情况。调查数据显示，本项指标的平均得分为 7.680 分，在十项指标得分中列第五位。在被评估的 100 个城市中，该项指标得分高于平均分的城市有 45 个，得分在及格分以下的城市有 4 个。其中，得分较高的 5 个城市依次为玉林市、菏泽市、克拉玛依市、太原市和淄博市。总体来看，法律专家认为政府及其工作人员在严格规范公正文明执法方面处于中等水平，政府应当以《法治政府建设实施纲要（2021—2025 年）》为指引，继续深化行政执法体制改革、加大重点领域执法力度、完善行政执法程序、创新行政执法方式。

第六项指标问题，市政府在优化营商环境方面的工作情况。调查数据显示，本项指标的平均得分为 7.656 分，在十项指标得分中列第六位。在被评估的 100 个城市中，该项指标得分高于平均分的城市有 50 个，得分在及格分以下的城市有 4 个。其中，得分较高的 5 个城市依次为玉林市、克拉玛依市、菏泽市、衡阳市和太原市。总体来看，法律专家对政府优化营商环境工作的评价还有上升空间，调研反馈期望政府深入实施《优化营商环境条例》，紧紧围绕贯彻新发展理念、构建新发展格局，打造稳定公平透明、可预期的法治化营商环境。

第七项指标问题，市政府诚实守信的情况。调查数据显示，本项指标的平均得分为 7.736 分，在十项指标得分中列第四位。在被评估的 100 个城市中，该项指标得分高于平均分的城市有 48 个，得分在及格分以下的城市有 2 个。其中，得分较高的 5 个城市依次为太原市、玉林市、克拉玛依市、菏泽市和齐齐哈尔市。总体来看，法律专家对政府诚实守信的情况较为满意，政府公信力是社会公信"定盘星"的作用日益凸显，政府正在以强有力的公信力积极引领社会公信。

第八项指标问题，市政府工作人员的清正廉洁情况。调查数据显示，本项指标的平均得分为 7.627 分，在十项指标得分中列第九位。在被评估的

100 个城市中，该项指标得分高于平均分的城市有 50 个，得分在及格分以下的城市有 6 个。其中，得分较高的 5 个城市依次为玉林市、克拉玛依市、太原市、菏泽市和南阳市。总体来看，该指标得分不甚理想，是法律专家问卷中不及格城市数量最多的指标，法律专家认为要健全行政权力制约和监督体系，对行政机关公职人员违法行为严格追究法律责任，依规依法给予处分，从而提升政府工作人员的清正廉洁度，促进行政权力规范透明运行。

第九项指标问题，市政府开展法治宣传教育工作的情况。调查数据显示，本项指标的平均得分为 8.016 分，在十项指标得分中列第一位。在被评估的 100 个城市中，该项指标得分高于平均分的城市有 48 个，得分在及格分以下的城市仅有 1 个。其中，得分较高的 5 个城市依次为克拉玛依市、玉林市、菏泽市、赣州市、沧州市。总体来看，该指标是法律专家问卷中唯一得分超过 8 分的指标，表明法律专家深刻感受到了政府在法治宣传教育工作方面的付出和努力，也提出了创新法治教育途径、丰富法治教育方式等中肯建议。

第十项指标问题，市政府依法行政或建设法治政府的情况。调查数据显示，本项指标的平均得分为 7.960 分，在十项指标得分中列第二位。在被评估的 100 个城市中，该项指标得分高于平均分的城市有 51 个，得分在及格分以下的城市有 2 个。其中，得分较高的 5 个城市依次为驻马店市、玉林市、克拉玛依市、菏泽市和抚顺市。总体来看，法律专家对政府依法行政或建设法治政府情况的满意度较往年有所提升，这与党的二十大以来各地区各部门多措并举、改革创新，法治政府建设取得重大进展密切相关。

3. 各项指标得分差异情况

为分析法律专家问卷十项指标中各城市得分的差异情况，项目组运用方差这一统计概念进行了分析，直观反映各项指标中各城市法律专家得分数据的离散程度。分析发现，十项指标问题的方差在 0.690~1.027。其中，政府开展法治宣传教育工作情况的得分数据方差最小，表明各地在该方面的法律专家评价差异较小，结合该项指标得分在十项指标中最高，可知被评估城市在此方面的工作获得了法律专家较大程度的肯定；政府在作出重大决策时听取社会公众意见建议情况的得分数据方差最大，与该指标在普通市民问卷中的得分数据方差排名一致，表明各地政府在此方面的工作情况参差不齐、差距较大，得分较低的城市尤其应注意。具体各项指标得分的方差情况见图 B.12-8。

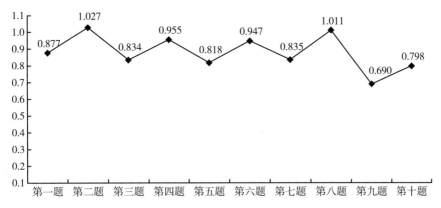

图 B.12-8　法律专家问卷各项指标问题得分方差

综合上述普通市民问卷和法律专家问卷情况，项目组初步得出如下结论。一是法治政府建设社会公众满意度评价得分较往年有所提高，普通市民满意度评价问卷的平均得分率为 76.93%，法律专家满意度评价问卷的得分率为 77.13%，均处于中等偏上水平，表明法治政府建设稳步推进，社会公众满意度评价朝优良方向发展的趋势明显。二是法律专家满意度评价得分近年来首次高于普通市民满意度评价得分，由于法律专家对法治政府建设的参与度和熟知程度一般较普通市民更高，因此其往往更能观察到细节改善与点滴进步，这也提醒地方政府在法治政府建设过程中要及时总结经验、提炼方法、推广成效，让更多普通民众感受到法治政府建设水平的日益提高。三是普通市民和法律专家对部分指标的评价具有一致性，政府作出重大行政决策时听取社会公众意见的情况的得分均为最低，政府开展法治宣传教育工作情况的得分均为最高，这表明普通市民和法律专家都对政府作出重大决策时听取公众意见的情况给予了莫大关切，也对地方政府持续开展法治教育宣传的成效给予了肯定。

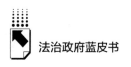

四 意见和建议

通过系统整合梳理两套社会公众满意度评价问卷的填写数据，仔细分析被评估城市的调研反馈情况，项目组对未来提升法治政府建设的社会公众满意度评价提出如下意见和建议。

一是深化依法行政理念，强化法治思维。深化依法行政理念是法治政府建设的首要任务。《法治政府建设实施纲要（2021—2025年）》指出，"法治政府建设是全面依法治国的重点任务和主体工程"。为强化法治思维，各级政府及其工作人员应当深入学习贯彻习近平法治思想，增强"四个意识"、坚定"四个自信"、做到"两个维护"，把法治政府建设放在党和国家事业发展全局中深刻理解、精准定位、统筹实施。同时，持续抓好党政主要负责人集中述法和法治建设目标考核工作，加大领导干部及政府工作人员法律素养培训力度，树立宪法和法律至上、法律面前人人平等的法治理念，提升领导干部及政府工作人员法治观念和依法行政意识，提升法治思维能力，严格按照法定权限、规则、程序使用权力、履行职责。

二是完善行政决策机制，保证民主科学。完善行政决策机制是实现民主科学决策的关键。《重大行政决策程序暂行条例》就决策过程中的公众参与予以了专门规定，为保证行政决策的民主性和科学性，各级政府在决策过程中应当充分听取各方面意见，保障人民群众通过多种途径和形式参与决策，确保决策内容符合法律、法规和规章规定。在此基础上，还要加强决策后评估阶段的公众参与，注重听取社会公众的意见，吸收人大代表、政协委员、人民团体、基层组织、社会组织参与评估。此外，建议各级政府建立健全决策问责机制，对违反决策规定、出现重大决策失误的，严格追究责任，以确保决策的质量和效果。

三是规范行政权力行使，推进制约监督。规范行政权力行使是法治政府建设的重要内容。《中共中央关于全面推进依法治国若干重大问题的决定》提出，要强化对行政权力的制约和监督，并明确了具体要求。为推进制约监督，各级政府应积极加强党内监督、人大监督、民主监督、行政监督、司法监督、审计监督、社会监督、舆论监督制度建设。同时，建立健全权力清单制度，明确权力边界，推进政务公开，让权力在阳光下运行，提高政府工作的透明度，保障公众的知情权。唯有如此，行政权力才能始终如一地体现人民意志，持续接受人民监督，切实做到永远为人民服务，维护和保障人民群众的根本利益。

四是重视行政争议解决，保障公民权利。党的十九大报告指出，要加强预防和化解社会矛盾建设，打造共建共治共享的社会治理格局。重视行政争议解决应当积极寻求多元化解，坚持和发展新时代"枫桥经验"，在矛盾源头预防、前端化解、关口把控等多方面寻求重点突破，完善社会矛盾纠纷多元预防调处化解综合机制。一方面，需要统筹社会各方在化解争议方面的资源优势，找准解决矛盾的切入点，因案、因时、因地制宜，健全行政机关与人民法院联动多元解纷工作机制；另一方面，注意充分保护公民、法人和其他组织的合法权益，确保当事人的公民权利和合法利益得到有效保障，不断提升人民群众对政府工作的信任感和满意度。

城市分报告

一　鞍山市人民政府

表 1　鞍山市人民政府一级指标评估得分率

单位：%

	政府职能依法全面履行	法治政府建设的组织领导	依法行政制度体系完善	行政决策	行政执法	政务公开	行政权力的制约与监督	法治政府对法治社会的带动	政务服务与诚信的法治保障	数字法治政府	社会公众满意度调查
该市得分率	82.50	66.25	70.00	60.00	54.65	76.10	47.11	88.75	53.63	47.10	72.52
全国平均得分率	72.43	72.15	74.73	83.86	64.12	84.31	61.43	87.84	63.50	68.69	77.03

　　本次评估中，鞍山市在政府职能依法全面履行、法治政府对法治社会的带动两个方面得分率高于全国平均水平，较往年得到了明显的提升。这一成绩对鞍山市意义重大，反映出鞍山市在法治政府建设中的不懈努力，在政府职能依法全面履行、法治政府对法治社会的带动等方面精准施策。

　　同时，该市在法治政府建设的组织领导、依法行政制度体系完善、行政执法、政务公开、行政权力的制约与监督、政务服务与诚信的法治保障、社会公众满意度调查这七个方面表现相对良好。这体现出鞍山市在相关领域的法治政府建设工作中稳中求进，不断完善制度规范建设，并取得了一定的成绩。该城市在行政决策、数字法治政府等方面继续发力，但仍存在较大进益空间，可以借鉴和吸收其他城市和地区的优秀经验，将有益成果因地制宜地转化为下一年度工作实践。

在全国法治政府建设深入推进的过程中，鞍山市法治政府建设工作扎实推进，呈现进步趋势，也面临新阶段突破发展的困难和挑战。面对下一年度法治政府建设工作的新要求新挑战，鞍山市需要保持定力，发挥优势，逐个解决困难，在法治政府建设中不断取得进步。

二　包头市人民政府

表2　包头市人民政府一级指标评估得分率

单位：%

	政府职能依法全面履行	法治政府建设的组织领导	依法行政制度体系完善	行政决策	行政执法	政务公开	行政权力的制约与监督	法治政府对法治社会的带动	政务服务与诚信的法治保障	数字法治政府	社会公众满意度调查
该市得分率	82.50	73.75	66.37	86.25	65.58	87.50	72.12	91.25	68.51	58.66	78.78
全国平均得分率	72.43	72.15	74.73	83.86	64.12	84.31	61.43	87.84	63.50	68.69	77.03

可以看出，该市政府职能依法全面履行、法治政府建设的组织领导、行政决策、行政执法、政务公开、行政权力的制约与监督、法治政府对法治社会的带动、政务服务与诚信的法治保障、社会公众满意度调查得分率高于全国平均水平，说明该市政府在这九个方面评价较高；在依法行政制度体系完善、数字法治政府这两个方面低于全国平均水平，说明该市政府在这两个方面尚需进一步提高。

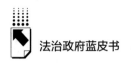

三　保定市人民政府

表3　保定市人民政府一级指标评估得分率

单位：%

	政府职能依法全面履行	法治政府建设的组织领导	依法行政制度体系完善	行政决策	行政执法	政务公开	行政权力的制约与监督	法治政府对法治社会的带动	政务服务与诚信的法治保障	数字法治政府	社会公众满意度调查
该市得分率	73.75	76.25	73.00	90.00	66.48	78.36	45.45	85.00	47.27	57.08	67.32
全国平均得分率	72.43	72.15	74.73	83.86	64.12	84.31	61.43	87.84	63.50	68.69	77.03

可以看出，该市政府职能依法全面履行、法治政府建设的组织领导、行政决策、行政执法得分率高于全国平均水平，说明该市政府在这四个方面评价较高；在依法行政制度体系完善、政务公开、行政权力的制约与监督、法治政府对法治社会的带动、政务服务与诚信的法治保障、数字法治政府、社会公众满意度调查这七个方面低于全国平均水平，说明该市政府在这些方面尚需进一步提高。

四　北京市人民政府

表4　北京市人民政府一级指标评估得分率

单位：%

	政府职能依法全面履行	法治政府建设的组织领导	依法行政制度体系完善	行政决策	行政执法	政务公开	行政权力的制约与监督	法治政府对法治社会的带动	政务服务与诚信的法治保障	数字法治政府	社会公众满意度调查
该市得分率	82.50	88.75	75.50	100	79.71	94.92	87.86	92.50	83.21	83.70	76.16
全国平均得分率	72.43	72.15	74.73	83.86	64.12	84.31	61.43	87.84	63.50	68.69	77.03

可以看出，该市政府职能依法全面履行、法治政府建设的组织领导、依法行政制度体系完善、行政决策、行政执法、政务公开、行政权力的制约与监督、法治政府对法治社会的带动、政务服务与诚信的法治保障、数字法治政府得分率高于全国平均水平，说明该市政府在这十个方面评价较高；在社会公众满意度调查这一个方面低于全国平均水平，说明该市政府在这方面尚需进一步提高。

五　本溪市人民政府

表5　本溪市人民政府一级指标评估得分率

单位：%

	政府职能依法全面履行	法治政府建设的组织领导	依法行政制度体系完善	行政决策	行政执法	政务公开	行政权力的制约与监督	法治政府对法治社会的带动	政务服务与诚信的法治保障	数字法治政府	社会公众满意度调查
该市得分率	76.25	82.50	63.00	77.50	52.12	61.46	68.33	81.25	63.58	44.93	61.37
全国平均得分率	72.43	72.15	74.73	83.86	64.12	84.31	61.43	87.84	63.50	68.69	77.03

本次评估中，本溪市在政府职能依法全面履行、法治政府建设的组织领导、行政权力的制约与监督、政务服务与诚信的法治保障四个方面得分率高于全国平均水平，较往年有了明显的提升。这一成绩对本溪市意义重大，反映出本溪市在法治政府建设方面的不懈努力与精准施策。

同时，该市在依法行政制度体系完善、行政决策、行政执法、法治政府对法治社会的带动、社会公众满意度调查这五个方面表现相对良好。这体现出本溪市在相关领域的法治政府建设工作中稳中求进，不断完善制度规范建设，并取得了一定的成绩。该市在政务公开、数字法治政府等方面继续发力，但仍存在较大进益空间，可以借鉴和吸收其他城

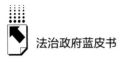

市和地区的优秀经验，将有益成果因地制宜地转化为下一年度工作实践。

在全国法治政府建设深入推进的过程中，本溪市法治政府建设工作扎实推进，呈现进步趋势，也面临新阶段突破发展的困难和挑战。面对下一年度法治政府建设工作的新要求新挑战，本溪市需要保持定力，发挥优势，逐个解决困难，在法治政府建设中不断取得进步。

六　毕节市人民政府

表6　毕节市人民政府一级指标评估得分率

单位：%

	政府职能依法全面履行	法治政府建设的组织领导	依法行政制度体系完善	行政决策	行政执法	政务公开	行政权力的制约与监督	法治政府对法治社会的带动	政务服务与诚信的法治保障	数字法治政府	社会公众满意度调查
该市得分率	67.50	63.75	90.50	85.00	57.00	81.25	79.44	91.25	54.20	53.30	85.59
全国平均得分率	72.43	72.15	74.73	83.86	64.12	84.31	61.43	87.84	63.50	68.69	77.03

可以看出，该市依法行政制度体系完善、行政决策、行政权力的制约与监督、法治政府对法治社会的带动、社会公众满意度调查得分率高于全国平均水平，说明该市政府在这五个方面评价较高；在政府职能依法全面履行、法治政府建设的组织领导、行政执法、政务公开、政务服务与诚信的法治保障、数字法治政府这六个方面低于全国平均水平，说明该市政府在这些方面尚需进一步提高。

七 沧州市人民政府

表7 沧州市人民政府一级指标评估得分率

单位：%

	政府职能依法全面履行	法治政府建设的组织领导	依法行政制度体系完善	行政决策	行政执法	政务公开	行政权力的制约与监督	法治政府对法治社会的带动	政务服务与诚信的法治保障	数字法治政府	社会公众满意度调查
该市得分率	62.50	67.50	60.00	80.00	73.47	91.73	60.92	86.25	57.20	60.58	85.86
全国平均得分率	72.43	72.15	74.73	83.86	64.12	84.31	61.43	87.84	63.50	68.69	77.03

可以看出，该市行政执法、政务公开、社会公众满意度调查得分率高于全国平均水平，说明该市政府在这三个方面评价较高；在政府职能依法全面履行、法治政府建设的组织领导、依法行政制度体系完善、行政决策、行政权力的制约与监督、法治政府对法治社会的带动、政务服务与诚信的法治保障、数字法治政府这八个方面低于全国平均水平，说明该市政府在这些方面尚需进一步提高。

八 长春市人民政府

表8 长春市人民政府一级指标评估得分率

单位：%

	政府职能依法全面履行	法治政府建设的组织领导	依法行政制度体系完善	行政决策	行政执法	政务公开	行政权力的制约与监督	法治政府对法治社会的带动	政务服务与诚信的法治保障	数字法治政府	社会公众满意度调查
该市得分率	62.50	60.00	68.00	95.00	64.02	89.46	55.14	81.25	35.52	54.73	76.37
全国平均得分率	72.43	72.15	74.73	83.86	64.12	84.31	61.43	87.84	63.50	68.69	77.03

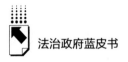
可以看出，该市行政决策、政务公开得分率高于全国平均水平，说明该市政府在这两个方面评价较高；在政府职能依法全面履行、法治政府建设的组织领导、依法行政制度体系完善、行政执法、行政权力的制约与监督、法治政府对法治社会的带动、政务服务与诚信的法治保障、数字法治政府、社会公众满意度调查这九个方面低于全国平均水平，说明该市政府在这些方面尚需进一步提高。

九 常德市人民政府

表9 常德市人民政府一级指标评估得分率

单位：%

	政府职能依法全面履行	法治政府建设的组织领导	依法行政制度体系完善	行政决策	行政执法	政务公开	行政权力的制约与监督	法治政府对法治社会的带动	政务服务与诚信的法治保障	数字法治政府	社会公众满意度调查
该市得分率	61.25	61.25	71.00	67.50	71.53	81.87	50.07	86.25	70.58	56.45	87.07
全国平均得分率	72.43	72.15	74.73	83.86	64.12	84.31	61.43	87.84	63.50	68.69	77.03

可以看出，该市行政执法、政务服务与诚信的法治保障、社会公众满意度调查得分率高于全国平均水平，说明该市政府在这三个方面评价较高；在政府职能依法全面履行、法治政府建设的组织领导、依法行政制度体系完善、行政决策、政务公开、行政权力的制约与监督、法治政府对法治社会的带动、数字法治政府这八个方面低于全国平均水平，说明该市政府在这些方面尚需进一步提高。

十 长沙市人民政府

表10 长沙市人民政府一级指标评估得分率

单位：%

	政府职能依法全面履行	法治政府建设的组织领导	依法行政制度体系完善	行政决策	行政执法	政务公开	行政权力的制约与监督	法治政府对法治社会的带动	政务服务与诚信的法治保障	数字法治政府	社会公众满意度调查
该市得分率	63.75	73.75	65.50	97.50	69.83	93.99	65.09	91.25	70.32	65.70	75.17
全国平均得分率	72.43	72.15	74.73	83.86	64.12	84.31	61.43	87.84	63.50	68.69	77.03

可以看出，该市法治政府建设的组织领导、行政决策、行政执法、政务公开、行政权力的制约与监督、法治政府对法治社会的带动、政务服务与诚信的法治保障得分率高于全国平均水平，说明该市政府在这七个方面评价较高；在政府职能依法全面履行、依法行政制度体系完善、数字法治政府、社会公众满意度调查这四个方面低于全国平均水平，说明该市政府在这些方面尚需进一步提高。

十一 成都市人民政府

表11 成都市人民政府一级指标评估得分率

单位：%

	政府职能依法全面履行	法治政府建设的组织领导	依法行政制度体系完善	行政决策	行政执法	政务公开	行政权力的制约与监督	法治政府对法治社会的带动	政务服务与诚信的法治保障	数字法治政府	社会公众满意度调查
该市得分率	77.50	77.50	63.00	78.75	68.92	85.22	76.62	98.75	74.96	76.59	81.38
全国平均得分率	72.43	72.15	74.73	83.86	64.12	84.31	61.43	87.84	63.50	68.69	77.03

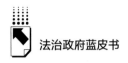

可以看出，该市政府职能依法全面履行、法治政府建设的组织领导、行政执法、政务公开、行政权力的制约与监督、法治政府对法治社会的带动、政务服务与诚信的法治保障、数字法治政府、社会公众满意度调查得分率高于全国平均水平，说明该市政府在这九个方面评价较高；在依法行政制度体系完善、行政决策这两个方面低于全国平均水平，说明该市政府在这些方面尚需进一步提高。

十二　重庆市人民政府

表 12　重庆市人民政府一级指标评估得分率

单位：%

	政府职能依法全面履行	法治政府建设的组织领导	依法行政制度体系完善	行政决策	行政执法	政务公开	行政权力的制约与监督	法治政府对法治社会的带动	政务服务与诚信的法治保障	数字法治政府	社会公众满意度调查
该市得分率	77.50	82.50	65.00	95.00	75.58	94.51	86.42	91.25	69.37	81.53	76.55
全国平均得分率	72.43	72.15	74.73	83.86	64.12	84.31	61.43	87.84	63.50	68.69	77.03

可以看出，该市政府职能依法全面履行、法治政府建设的组织领导、行政决策、行政执法、政务公开、行政权力的制约与监督、法治政府对法治社会的带动、政务服务与诚信的法治保障、数字法治政府得分率高于全国平均水平，说明该市政府在这九个方面评价较高；在依法行政制度体系完善、社会公众满意度调查这两个方面低于全国平均水平，说明该市政府在这些方面尚需进一步提高。

十三　达州市人民政府

表 13　达州市人民政府一级指标评估得分率

单位：%

	政府职能依法全面履行	法治政府建设的组织领导	依法行政制度体系完善	行政决策	行政执法	政务公开	行政权力的制约与监督	法治政府对法治社会的带动	政务服务与诚信的法治保障	数字法治政府	社会公众满意度调查
该市得分率	65.00	67.50	85.00	81.25	57.35	73.21	61.69	88.75	54.52	64.10	78.25
全国平均得分率	72.43	72.15	74.73	83.86	64.12	84.31	61.43	87.84	63.50	68.69	77.03

可以看出，该市依法行政制度体系完善、行政权力的制约与监督、法治政府对法治社会的带动、社会公众满意度调查得分率高于全国平均水平，说明该市政府在这四个方面评价较高；在政府职能依法全面履行、法治政府建设的组织领导、行政决策、行政执法、政务公开、政务服务与诚信的法治保障、数字法治政府这七个方面低于全国平均水平，说明该市政府在这些方面尚需进一步提高。

十四　大连市人民政府

表 14　大连市人民政府一级指标评估得分率

单位：%

	政府职能依法全面履行	法治政府建设的组织领导	依法行政制度体系完善	行政决策	行政执法	政务公开	行政权力的制约与监督	法治政府对法治社会的带动	政务服务与诚信的法治保障	数字法治政府	社会公众满意度调查
该市得分率	86.25	80.00	81.00	85.00	75.32	95.58	41.83	90.00	67.51	55.16	73.81
全国平均得分率	72.43	72.15	74.73	83.86	64.12	84.31	61.43	87.84	63.50	68.69	77.03

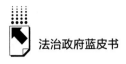

可以看出，该市政府职能依法全面履行、法治政府建设的组织领导、依法行政制度体系完善、行政决策、行政执法、政务公开、法治政府对法治社会的带动、政务服务与诚信的法治保障得分率高于全国平均水平，说明该市政府在这八个方面评价较高；在行政权力的制约与监督、数字法治政府、社会公众满意度调查这三个方面低于全国平均水平，说明该市政府在这些方面尚需进一步提高。

十五　大同市人民政府

表 15　大同市人民政府一级指标评估得分率

单位：%

	政府职能依法全面履行	法治政府建设的组织领导	依法行政制度体系完善	行政决策	行政执法	政务公开	行政权力的制约与监督	法治政府对法治社会的带动	政务服务与诚信的法治保障	数字法治政府	社会公众满意度调查
该市得分率	83.75	86.25	63.00	70.00	67.55	54.25	60.14	86.25	67.70	58.91	73.64
全国平均得分率	72.43	72.15	74.73	83.86	64.12	84.31	61.43	87.84	63.50	68.69	77.03

可以看出，该市政府职能依法全面履行、法治政府建设的组织领导、行政执法、政务服务与诚信的法治保障得分率高于全国平均水平，说明该市政府在这四个方面评价较高；在依法行政制度体系完善、行政决策、政务公开、行政权力的制约与监督、法治政府对法治社会的带动、数字法治政府、社会公众满意度调查这七个方面低于全国平均水平，说明该市政府在这些方面尚需进一步提高。

十六 德州市人民政府

表16 德州市人民政府一级指标评估得分率

单位：%

	政府职能依法全面履行	法治政府建设的组织领导	依法行政制度体系完善	行政决策	行政执法	政务公开	行政权力的制约与监督	法治政府对法治社会的带动	政务服务与诚信的法治保障	数字法治政府	社会公众满意度调查
该市得分率	71.25	70.00	87.50	92.50	63.97	89.29	70.88	82.50	61.15	81.53	76.73
全国平均得分率	72.43	72.15	74.73	83.86	64.12	84.31	61.43	87.84	63.50	68.69	77.03

可以看出，该市依法行政制度体系完善、行政决策、政务公开、行政权力的制约与监督、数字法治政府得分率高于全国平均水平，说明该市政府在这五个方面评价较高；在政府职能依法全面履行、法治政府建设的组织领导、行政执法、法治政府对法治社会的带动、政务服务与诚信的法治保障、社会公众满意度调查这六个方面低于全国平均水平，说明该市政府在这些方面尚需进一步提高。

十七 东莞市人民政府

表17 东莞市人民政府一级指标评估得分率

单位：%

	政府职能依法全面履行	法治政府建设的组织领导	依法行政制度体系完善	行政决策	行政执法	政务公开	行政权力的制约与监督	法治政府对法治社会的带动	政务服务与诚信的法治保障	数字法治政府	社会公众满意度调查
该市得分率	73.75	81.25	78.00	85.00	66.93	90.63	68.83	90.00	73.30	84.50	78.46
全国平均得分率	72.43	72.15	74.73	83.86	64.12	84.31	61.43	87.84	63.50	68.69	77.03

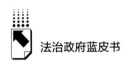

可以看出，该市政府职能依法全面履行、法治政府建设的组织领导、依法行政制度体系完善、行政决策、行政执法、政务公开、行政权力的制约与监督、法治政府对法治社会的带动、政务服务与诚信的法治保障、数字法治政府、社会公众满意度调查得分率高于全国平均水平，说明该市政府在这十一个方面评价较高。

十八　佛山市人民政府

表18　佛山市人民政府一级指标评估得分率

单位：%

	政府职能依法全面履行	法治政府建设的组织领导	依法行政制度体系完善	行政决策	行政执法	政务公开	行政权力的制约与监督	法治政府对法治社会的带动	政务服务与诚信的法治保障	数字法治政府	社会公众满意度调查
该市得分率	70.00	81.25	82.50	88.75	67.05	95.71	85.06	98.75	78.32	90.88	71.43
全国平均得分率	72.43	72.15	74.73	83.86	64.12	84.31	61.43	87.84	63.50	68.69	77.03

可以看出，该市法治政府建设的组织领导、依法行政制度体系完善、行政决策、行政执法、政务公开、行政权力的制约与监督、法治政府对法治社会的带动、政务服务与诚信的法治保障、数字法治政府得分率高于全国平均水平，说明该市政府在这九个方面评价较高；在政府职能依法全面履行、社会公众满意度调查这两个方面低于全国平均水平，说明该市政府在这些方面尚需进一步提高。

十九　福州市人民政府

表 19　福州市人民政府一级指标评估得分率

单位：%

	政府职能依法全面履行	法治政府建设的组织领导	依法行政制度体系完善	行政决策	行政执法	政务公开	行政权力的制约与监督	法治政府对法治社会的带动	政务服务与诚信的法治保障	数字法治政府	社会公众满意度调查
该市得分率	65.00	88.75	73.00	73.75	64.67	87.92	53.80	90.00	67.18	77.53	81.63
全国平均得分率	72.43	72.15	74.73	83.86	64.12	84.31	61.43	87.84	63.50	68.69	77.03

可以看出，该市法治政府建设的组织领导、行政执法、政务公开、法治政府对法治社会的带动、政务服务与诚信的法治保障、数字法治政府、社会公众满意度调查得分率高于全国平均水平，说明该市政府在这七个方面评价较高；在政府职能依法全面履行、依法行政制度体系完善、行政决策、行政权力的制约与监督这四个方面低于全国平均水平，说明该市政府在这些方面尚需进一步提高。

二十　抚顺市人民政府

表 20　抚顺市人民政府一级指标评估得分率

单位：%

	政府职能依法全面履行	法治政府建设的组织领导	依法行政制度体系完善	行政决策	行政执法	政务公开	行政权力的制约与监督	法治政府对法治社会的带动	政务服务与诚信的法治保障	数字法治政府	社会公众满意度调查
该市得分率	70.00	70.00	88.50	71.25	64.48	83.93	41.10	85.00	50.92	46.56	87.21
全国平均得分率	72.43	72.15	74.73	83.86	64.12	84.31	61.43	87.84	63.50	68.69	77.03

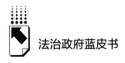

可以看出，该市依法行政制度体系完善、行政执法、社会公众满意度调查得分率高于全国平均水平，说明该市政府在这三个方面评价较高；在政府职能依法全面履行、法治政府建设的组织领导、行政决策、政务公开、行政权力的制约与监督、法治政府对法治社会的带动、政务服务与诚信的法治保障、数字法治政府这八个方面低于全国平均水平，说明该市政府在这些方面尚需进一步提高。

二十一　阜阳市人民政府

表 21　阜阳市人民政府一级指标评估得分率

单位：%

	政府职能依法全面履行	法治政府建设的组织领导	依法行政制度体系完善	行政决策	行政执法	政务公开	行政权力的制约与监督	法治政府对法治社会的带动	政务服务与诚信的法治保障	数字法治政府	社会公众满意度调查
该市得分率	73.75	73.75	80.00	85.00	73.88	86.91	56.66	90.00	71.45	72.76	77.00
全国平均得分率	72.43	72.15	74.73	83.86	64.12	84.31	61.43	87.84	63.50	68.69	77.03

可以看出，该市政府职能依法全面履行、法治政府建设的组织领导、依法行政制度体系完善、行政决策、行政执法、政务公开、法治政府对法治社会的带动、政务服务与诚信的法治保障、数字法治政府、社会公众满意度调查得分率高于全国平均水平，说明该市政府在这十个方面评价较高；在行政权力的制约与监督这一方面低于全国平均水平，说明该市政府在这方面尚需进一步提高。

二十二　赣州市人民政府

表 22　赣州市人民政府一级指标评估得分率

单位：%

	政府职能依法全面履行	法治政府建设的组织领导	依法行政制度体系完善	行政决策	行政执法	政务公开	行政权力的制约与监督	法治政府对法治社会的带动	政务服务与诚信的法治保障	数字法治政府	社会公众满意度调查
该市得分率	70.00	63.75	69.37	87.50	67.75	94.69	62.88	87.50	61.19	66.29	84.15
全国平均得分率	72.43	72.15	74.73	83.86	64.12	84.31	61.43	87.84	63.50	68.69	77.03

可以看出，该市行政决策、行政执法、政务公开、行政权力的制约与监督、社会公众满意度调查得分率高于全国平均水平，说明该市政府在这五个方面评价较高；在政府职能依法全面履行、法治政府建设的组织领导、依法行政制度体系完善、法治政府对法治社会的带动、政务服务与诚信的法治保障、数字法治政府这六个方面低于全国平均水平，说明该市政府在这些方面尚需进一步提高。

二十三　广州市人民政府

表 23　广州市人民政府一级指标评估得分率

单位：%

	政府职能依法全面履行	法治政府建设的组织领导	依法行政制度体系完善	行政决策	行政执法	政务公开	行政权力的制约与监督	法治政府对法治社会的带动	政务服务与诚信的法治保障	数字法治政府	社会公众满意度调查
该市得分率	83.75	91.25	77.50	95.00	73.18	95.38	81.92	96.25	76.71	82.29	72.08
全国平均得分率	72.43	72.15	74.73	83.86	64.12	84.31	61.43	87.84	63.50	68.69	77.03

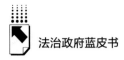
可以看出，该市政府职能依法全面履行、法治政府建设的组织领导、依法行政制度体系完善、行政决策、行政执法、政务公开、行政权力的制约与监督、法治政府对法治社会的带动、政务服务与诚信的法治保障、数字法治政府得分率高于全国平均水平，说明该市政府在这十个方面评价较高；在社会公众满意度调查这一个方面低于全国平均水平，说明该市政府在这方面尚需进一步提高。

二十四　贵阳市人民政府

表 24　贵阳市人民政府一级指标评估得分率

单位：%

	政府职能依法全面履行	法治政府建设的组织领导	依法行政制度体系完善	行政决策	行政执法	政务公开	行政权力的制约与监督	法治政府对法治社会的带动	政务服务与诚信的法治保障	数字法治政府	社会公众满意度调查
该市得分率	81.25	66.25	80.50	90.00	66.78	94.39	61.54	88.75	67.16	67.23	75.50
全国平均得分率	72.43	72.15	74.73	83.86	64.12	84.31	61.43	87.84	63.50	68.69	77.03

可以看出，该市政府职能依法全面履行、依法行政制度体系完善、行政决策、行政执法、政务公开、行政权力的制约与监督、法治政府对法治社会的带动、政务服务与诚信的法治保障得分率高于全国平均水平，说明该市政府在这八个方面评价较高；在法治政府建设的组织领导、数字法治政府、社会公众满意度调查这三个方面低于全国平均水平，说明该市政府在这些方面尚需进一步提高。

二十五　哈尔滨市人民政府

表 25　哈尔滨市人民政府一级指标评估得分率

单位：%

	政府职能依法全面履行	法治政府建设的组织领导	依法行政制度体系完善	行政决策	行政执法	政务公开	行政权力的制约与监督	法治政府对法治社会的带动	政务服务与诚信的法治保障	数字法治政府	社会公众满意度调查
该市得分率	68.75	77.50	78.50	90.00	49.18	74.04	58.42	87.50	71.07	73.43	72.40
全国平均得分率	72.43	72.15	74.73	83.86	64.12	84.31	61.43	87.84	63.50	68.69	77.03

可以看出，该市法治政府建设的组织领导、依法行政制度体系完善、行政决策、政务服务与诚信的法治保障、数字法治政府得分率高于全国平均水平，说明该市政府在这五个方面评价较高；在政府职能依法全面履行、行政执法、政务公开、行政权力的制约与监督、法治政府对法治社会的带动、社会公众满意度调查这六个方面低于全国平均水平，说明该市政府在这些方面尚需进一步提高。

二十六　海口市人民政府

表 26　海口市人民政府一级指标评估得分率

单位：%

	政府职能依法全面履行	法治政府建设的组织领导	依法行政制度体系完善	行政决策	行政执法	政务公开	行政权力的制约与监督	法治政府对法治社会的带动	政务服务与诚信的法治保障	数字法治政府	社会公众满意度调查
该市得分率	77.50	70.00	85.50	82.50	58.78	63.60	55.68	82.50	66.02	51.96	73.60
全国平均得分率	72.43	72.15	74.73	83.86	64.12	84.31	61.43	87.84	63.50	68.69	77.03

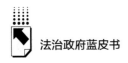

可以看出，该市政府职能依法全面履行、依法行政制度体系完善、政务服务与诚信的法治保障得分率高于全国平均水平，说明该市政府在这三个方面评价较高；在法治政府建设的组织领导、行政决策、行政执法、政务公开、行政权力的制约与监督、法治政府对法治社会的带动、数字法治政府、社会公众满意度调查这八个方面低于全国平均水平，说明该市政府在这些方面尚需进一步提高。

二十七　邯郸市人民政府

表27　邯郸市人民政府一级指标评估得分率

单位：%

	政府职能依法全面履行	法治政府建设的组织领导	依法行政制度体系完善	行政决策	行政执法	政务公开	行政权力的制约与监督	法治政府对法治社会的带动	政务服务与诚信的法治保障	数字法治政府	社会公众满意度调查
该市得分率	75.00	60.00	63.00	85.00	48.53	74.26	39.26	83.75	51.48	60.51	70.39
全国平均得分率	72.43	72.15	74.73	83.86	64.12	84.31	61.43	87.84	63.50	68.69	77.03

本次评估中，邯郸市在政府职能依法全面履行、行政决策两个方面得分率高于全国平均水平，较往年有了明显的提升。这一成绩对邯郸市意义重大，反映出邯郸市在法治政府建设中的不懈努力，在政府职能依法全面履行、行政决策等方面精准施策。

同时，该市在政务公开、法治政府对法治社会的带动、数字法治政府、社会公众满意度调查这四个方面表现相对良好。这体现出邯郸市在相关领域的法治政府建设工作中稳中求进，不断完善制度规范建设，并取得了一定的成绩。该城市在法治政府建设的组织领导、依法行政制度体系完善、行政执法、行政权力的制约与监督、政务服务与诚信的法治保障等方面继续发力，但仍存在较大进益空间，可以借鉴和吸收其他城市和地区的优秀经验，将有益成果因地制宜地转化为下一年度工作实践。

在全国法治政府建设深入推进的过程中，邯郸市法治政府建设工作扎实推进，呈现进步趋势，也面临新阶段突破发展的困难和挑战。面对下一年度法治政府建设工作的新要求新挑战，邯郸市需要保持定力，发挥优势，逐个解决困难，在法治政府建设中不断取得进步。

二十八　杭州市人民政府

表28　杭州市人民政府一级指标评估得分率

单位：%

	政府职能依法全面履行	法治政府建设的组织领导	依法行政制度体系完善	行政决策	行政执法	政务公开	行政权力的制约与监督	法治政府对法治社会的带动	政务服务与诚信的法治保障	数字法治政府	社会公众满意度调查
该市得分率	88.75	86.25	83.50	95.00	84.56	96.24	74.84	93.75	74.82	84.65	77.10
全国平均得分率	72.43	72.15	74.73	83.86	64.12	84.31	61.43	87.84	63.50	68.69	77.03

可以看出，该市政府职能依法全面履行、法治政府建设的组织领导、依法行政制度体系完善、行政决策、行政执法、政务公开、行政权力的制约与监督、法治政府对法治社会的带动、政务服务与诚信的法治保障、数字法治政府、社会公众满意度调查得分率高于全国平均水平，说明该市政府在这些方面评价较高。

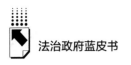

二十九　合肥市人民政府

表 29　合肥市人民政府一级指标评估得分率

单位：%

	政府职能依法全面履行	法治政府建设的组织领导	依法行政制度体系完善	行政决策	行政执法	政务公开	行政权力的制约与监督	法治政府对法治社会的带动	政务服务与诚信的法治保障	数字法治政府	社会公众满意度调查
该市得分率	80.00	87.50	78.00	92.50	70.51	78.83	55.91	92.50	81.02	74.89	80.98
全国平均得分率	72.43	72.15	74.73	83.86	64.12	84.31	61.43	87.84	63.50	68.69	77.03

可以看出，该市政府职能依法全面履行、法治政府建设的组织领导、依法行政制度体系完善、行政决策、行政执法、法治政府对法治社会的带动、政务服务与诚信的法治保障、数字法治政府、社会公众满意度调查得分率高于全国平均水平，说明该市政府在这一方面评价较高；在政务公开、行政权力的制约与监督这两个方面低于全国平均水平，说明该市政府在这些方面尚需进一步提高。

三十　菏泽市人民政府

表 30　菏泽市人民政府一级指标评估得分率

单位：%

	政府职能依法全面履行	法治政府建设的组织领导	依法行政制度体系完善	行政决策	行政执法	政务公开	行政权力的制约与监督	法治政府对法治社会的带动	政务服务与诚信的法治保障	数字法治政府	社会公众满意度调查
该市得分率	66.25	60.00	74.37	85.00	57.44	92.54	59.72	87.50	66.05	73.95	86.50
全国平均得分率	72.43	72.15	74.73	83.86	64.12	84.31	61.43	87.84	63.50	68.69	77.03

可以看出，该市行政决策、政务公开、政务服务与诚信的法治保障、数字法治政府、社会公众满意度调查得分率高于全国平均水平，说明该市政府在这五个方面评价较高；在政府职能依法全面履行、法治政府建设的组织领导、依法行政制度体系完善、行政执法、行政权力的制约与监督、法治政府对法治社会的带动这六个方面低于全国平均水平，说明该市政府在这些方面尚需进一步提高。

三十一　衡阳市人民政府

表31　衡阳市人民政府一级指标评估得分率

单位：%

	政府职能依法全面履行	法治政府建设的组织领导	依法行政制度体系完善	行政决策	行政执法	政务公开	行政权力的制约与监督	法治政府对法治社会的带动	政务服务与诚信的法治保障	数字法治政府	社会公众满意度调查
该市得分率	65.00	68.75	74.37	73.75	69.42	76.49	50.62	86.25	63.96	57.33	75.49
全国平均得分率	72.43	72.15	74.73	83.86	64.12	84.31	61.43	87.84	63.50	68.69	77.03

可以看出，该市行政执法、政务服务与诚信的法治保障得分率高于全国平均水平，说明该市政府在这两个方面评价较高；在政府职能依法全面履行、法治政府建设的组织领导、依法行政制度体系完善、行政决策、政务公开、行政权力的制约与监督、法治政府对法治社会的带动、数字法治政府、社会公众满意度调查这九个方面低于全国平均水平，说明该市政府在这些方面尚需进一步提高。

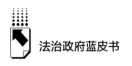
三十二　呼和浩特市人民政府

表32　呼和浩特市人民政府一级指标评估得分率

单位：%

	政府职能依法全面履行	法治政府建设的组织领导	依法行政制度体系完善	行政决策	行政执法	政务公开	行政权力的制约与监督	法治政府对法治社会的带动	政务服务与诚信的法治保障	数字法治政府	社会公众满意度调查
该市得分率	78.75	73.75	63.00	82.50	58.78	76.68	54.68	88.75	63.00	70.01	76.42
全国平均得分率	72.43	72.15	74.73	83.86	64.12	84.31	61.43	87.84	63.50	68.69	77.03

可以看出，该市政府职能依法全面履行、法治政府建设的组织领导、法治政府对法治社会的带动、数字法治政府得分率高于全国平均水平，说明该市政府在这四个方面评价较高；在依法行政制度体系完善、行政决策、行政执法、政务公开、行政权力的制约与监督、政务服务与诚信的法治保障、社会公众满意度调查这七个方面低于全国平均水平，说明该市政府在这些方面尚需进一步提高。

三十三　淮南市人民政府

表33　淮南市人民政府一级指标评估得分率

单位：%

	政府职能依法全面履行	法治政府建设的组织领导	依法行政制度体系完善	行政决策	行政执法	政务公开	行政权力的制约与监督	法治政府对法治社会的带动	政务服务与诚信的法治保障	数字法治政府	社会公众满意度调查
该市得分率	82.50	66.25	75.00	95.00	64.41	73.71	54.63	88.75	73.17	69.88	77.21
全国平均得分率	72.43	72.15	74.73	83.86	64.12	84.31	61.43	87.84	63.50	68.69	77.03

可以看出，该市政府职能依法全面履行、依法行政制度体系完善、行政决策、行政执法、法治政府对法治社会的带动、政务服务与诚信的法治保障、数字法治政府、社会公众满意度调查得分率高于全国平均水平，说明该市政府在这八个方面评价较高；在法治政府建设的组织领导、政务公开、行政权力的制约与监督这三个方面低于全国平均水平，说明该市政府在这些方面尚需进一步提高。

三十四　黄冈市人民政府

表 34　黄冈市人民政府一级指标评估得分率

单位：%

	政府职能依法全面履行	法治政府建设的组织领导	依法行政制度体系完善	行政决策	行政执法	政务公开	行政权力的制约与监督	法治政府对法治社会的带动	政务服务与诚信的法治保障	数字法治政府	社会公众满意度调查
该市得分率	62.50	76.25	78.00	91.25	61.38	86.46	55.94	88.75	63.94	70.30	75.81
全国平均得分率	72.43	72.15	74.73	83.86	64.12	84.31	61.43	87.84	63.50	68.69	77.03

可以看出，该市法治政府建设的组织领导、依法行政制度体系完善、行政决策、政务公开、法治政府对法治社会的带动、政务服务与诚信的法治保障、数字法治政府得分率高于全国平均水平，说明该市政府在这七个方面评价较高；在政府职能依法全面履行、行政执法、行政权力的制约与监督、社会公众满意度调查这四个方面低于全国平均水平，说明该市政府在这些方面尚需进一步提高。

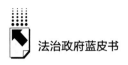

三十五　吉林市人民政府

表35　吉林市人民政府一级指标评估得分率

单位：%

	政府职能依法全面履行	法治政府建设的组织领导	依法行政制度体系完善	行政决策	行政执法	政务公开	行政权力的制约与监督	法治政府对法治社会的带动	政务服务与诚信的法治保障	数字法治政府	社会公众满意度调查
该市得分率	66.25	56.25	78.50	88.75	67.54	63.52	66.42	81.25	64.82	44.00	76.50
全国平均得分率	72.43	72.15	74.73	83.86	64.12	84.31	61.43	87.84	63.50	68.69	77.03

可以看出，该市依法行政制度体系完善、行政决策、行政执法、行政权力的制约与监督、政务服务与诚信的法治保障得分率高于全国平均水平，说明该市政府在这五个方面评价较高；在政府职能依法全面履行、法治政府建设的组织领导、政务公开、法治政府对法治社会的带动、数字法治政府、社会公众满意度调查这六个方面低于全国平均水平，说明该市政府在这些方面尚需进一步提高。

三十六　济南市人民政府

表36　济南市人民政府一级指标评估得分率

单位：%

	政府职能依法全面履行	法治政府建设的组织领导	依法行政制度体系完善	行政决策	行政执法	政务公开	行政权力的制约与监督	法治政府对法治社会的带动	政务服务与诚信的法治保障	数字法治政府	社会公众满意度调查
该市得分率	75.00	77.50	85.50	85.00	75.35	94.56	70.71	88.75	64.92	79.97	81.39

	政府职能依法全面履行	法治政府建设的组织领导	依法行政制度体系完善	行政决策	行政执法	政务公开	行政权力的制约与监督	法治政府对法治社会的带动	政务服务与诚信的法治保障	数字法治政府	社会公众满意度调查
全国平均得分率	72.43	72.15	74.73	83.86	64.12	84.31	61.43	87.84	63.50	68.69	77.03

可以看出，该市政府职能依法全面履行、法治政府建设的组织领导、依法行政制度体系完善、行政决策、行政执法、政务公开、行政权力的制约与监督、法治政府对法治社会的带动、政务服务与诚信的法治保障、数字法治政府、社会公众满意度调查得分率高于全国平均水平，说明该市政府在这些方面评价较高。

三十七　济宁市人民政府

表37　济宁市人民政府一级指标评估得分率

单位：%

	政府职能依法全面履行	法治政府建设的组织领导	依法行政制度体系完善	行政决策	行政执法	政务公开	行政权力的制约与监督	法治政府对法治社会的带动	政务服务与诚信的法治保障	数字法治政府	社会公众满意度调查
该市得分率	68.75	62.50	81.00	92.50	80.50	87.63	79.86	83.75	65.83	85.63	83.36
全国平均得分率	72.43	72.15	74.73	83.86	64.12	84.31	61.43	87.84	63.50	68.69	77.03

可以看出，该市依法行政制度体系完善、行政决策、行政执法、政务公开、行政权力的制约与监督、政务服务与诚信的法治保障、数字法治政府、

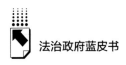

社会公众满意度调查得分率高于全国平均水平，说明该市政府在这八个方面评价较高；在政府职能依法全面履行、法治政府建设的组织领导、法治政府对法治社会的带动这三个方面低于全国平均水平，说明该市政府在这些方面尚需进一步提高。

三十八 揭阳市人民政府

表38 揭阳市人民政府一级指标评估得分率

单位：%

	政府职能依法全面履行	法治政府建设的组织领导	依法行政制度体系完善	行政决策	行政执法	政务公开	行政权力的制约与监督	法治政府对法治社会的带动	政务服务与诚信的法治保障	数字法治政府	社会公众满意度调查
该市得分率	81.25	85.00	83.00	75.00	52.95	94.40	46.09	91.25	44.82	78.46	70.46
全国平均得分率	72.43	72.15	74.73	83.86	64.12	84.31	61.43	87.84	63.50	68.69	77.03

可以看出，该市政府职能依法全面履行、法治政府建设的组织领导、依法行政制度体系完善、政务公开、法治政府对法治社会的带动、数字法治政府得分率高于全国平均水平，说明该市政府在这六个方面评价较高；在行政决策、行政执法、行政权力的制约与监督、政务服务与诚信的法治保障、社会公众满意度调查这五个方面低于全国平均水平，说明该市政府在这些方面尚需进一步提高。

三十九　荆州市人民政府

表39　荆州市人民政府一级指标评估得分率

单位：%

	政府职能依法全面履行	法治政府建设的组织领导	依法行政制度体系完善	行政决策	行政执法	政务公开	行政权力的制约与监督	法治政府对法治社会的带动	政务服务与诚信的法治保障	数字法治政府	社会公众满意度调查
该市得分率	61.25	72.50	73.00	87.50	69.01	86.61	56.68	91.25	68.18	70.10	75.63
全国平均得分率	72.43	72.15	74.73	83.86	64.12	84.31	61.43	87.84	63.50	68.69	77.03

　　可以看出，该市法治政府建设的组织领导、行政决策、行政执法、政务公开、法治政府对法治社会的带动、政务服务与诚信的法治保障、数字法治政府得分率高于全国平均水平，说明该市政府在这七个方面评价较高；在政府职能依法全面履行、依法行政制度体系完善、行政权力的制约与监督、社会公众满意度调查这四个方面低于全国平均水平，说明该市政府在这些方面尚需进一步提高。

四十　克拉玛依市人民政府

表40　克拉玛依市人民政府一级指标评估得分率

单位：%

	政府职能依法全面履行	法治政府建设的组织领导	依法行政制度体系完善	行政决策	行政执法	政务公开	行政权力的制约与监督	法治政府对法治社会的带动	政务服务与诚信的法治保障	数字法治政府	社会公众满意度调查
该市得分率	86.25	70.00	88.00	86.25	60.46	93.75	69.22	75.00	71.11	61.05	86.56

续表

	政府职能依法全面履行	法治政府建设的组织领导	依法行政制度体系完善	行政决策	行政执法	政务公开	行政权力的制约与监督	法治政府对法治社会的带动	政务服务与诚信的法治保障	数字法治政府	社会公众满意度调查
全国平均得分率	72.43	72.15	74.73	83.86	64.12	84.31	61.43	87.84	63.50	68.69	77.03

可以看出，该市政府职能依法全面履行、依法行政制度体系完善、行政决策、政务公开、行政权力的制约与监督、政务服务与诚信的法治保障、社会公众满意度调查得分率高于全国平均水平，说明该市政府在这七个方面评价较高；在法治政府建设的组织领导、行政执法、法治政府对法治社会的带动、数字法治政府这四个方面低于全国平均水平，说明该市政府在这些方面尚需进一步提高。

<h2 align="center">四十一　昆明市人民政府</h2>

表41　昆明市人民政府一级指标评估得分率

单位：%

	政府职能依法全面履行	法治政府建设的组织领导	依法行政制度体系完善	行政决策	行政执法	政务公开	行政权力的制约与监督	法治政府对法治社会的带动	政务服务与诚信的法治保障	数字法治政府	社会公众满意度调查
该市得分率	81.25	61.25	72.50	93.75	58.44	93.27	59.51	90.00	55.13	68.06	72.49
全国平均得分率	72.43	72.15	74.73	83.86	64.12	84.31	61.43	87.84	63.50	68.69	77.03

可以看出，该市政府职能依法全面履行、行政决策、政务公开、法治政府对法治社会的带动得分率高于全国平均水平，说明该市政府在这四个方面

评价较高；在法治政府建设的组织领导、依法行政制度体系完善、行政执法、行政权力的制约与监督、政务服务与诚信的法治保障、数字法治政府、社会公众满意度调查这七个方面低于全国平均水平，说明该市政府在这些方面尚需进一步提高。

四十二 拉萨市人民政府

表42 拉萨市人民政府一级指标评估得分率

单位：%

	政府职能依法全面履行	法治政府建设的组织领导	依法行政制度体系完善	行政决策	行政执法	政务公开	行政权力的制约与监督	法治政府对法治社会的带动	政务服务与诚信的法治保障	数字法治政府	社会公众满意度调查
该市得分率	70.00	67.50	60.00	41.25	58.28	75.00	74.54	66.25	55.95	47.55	79.82
全国平均得分率	72.43	72.15	74.73	83.86	64.12	84.31	61.43	87.84	63.50	68.69	77.03

本次评估中，拉萨市在行政权力的制约与监督、社会公众满意度调查两个方面得分率高于全国平均水平，较往年有所提升。这一成绩对拉萨市意义重大，反映出拉萨市在法治政府建设中的不懈努力，在行政权力的制约与监督、社会公众满意度方面精准施策。

同时，该市在政府职能依法全面履行、法治政府建设的组织领导、行政执法这三个方面表现相对良好。这体现出拉萨市在相关领域的法治政府建设工作中稳中求进，不断完善制度规范建设，并取得了一定的成绩。该城市在依法行政制度体系完善、行政决策、政务公开、法治政府对法治社会的带动、政务服务与诚信的法治保障、数字法治政府等方面继续发力，但仍存在较大进益空间，可以借鉴和吸收其他城市和地区的优秀经验，将有益成果因地制宜地转化为下一年度工作实践。

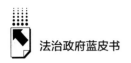

在全国法治政府建设深入推进的过程中，拉萨市法治政府建设工作扎实推进，呈现进步趋势，也面临新阶段突破发展的困难和挑战。面对下一年度法治政府建设工作的新要求新挑战，拉萨市需要保持定力，发挥优势，逐个解决困难，在法治政府建设中不断取得进步。

四十三　兰州市人民政府

表43　兰州市人民政府一级指标评估得分率

单位：%

	政府职能依法全面履行	法治政府建设的组织领导	依法行政制度体系完善	行政决策	行政执法	政务公开	行政权力的制约与监督	法治政府对法治社会的带动	政务服务与诚信的法治保障	数字法治政府	社会公众满意度调查
该市得分率	55.00	75.00	65.50	67.50	66.21	70.58	47.23	88.75	42.33	56.37	74.14
全国平均得分率	72.43	72.15	74.73	83.86	64.12	84.31	61.43	87.84	63.50	68.69	77.03

本次评估中，兰州市在法治政府建设的组织领导、行政执法、法治政府对法治社会的带动三个方面得分率高于全国平均水平，较往年有了明显的提升。这一成绩对兰州市意义重大，反映出兰州市在法治政府建设中的不懈努力，在法治政府建设的组织领导、行政执法、法治政府对法治社会的带动等方面精准施策。

同时，该市在依法行政制度体系完善、数字法治政府、社会公众满意度调查这三个方面表现相对良好。这体现出兰州市在相关领域的法治政府建设工作中稳中求进，不断完善制度规范建设，并取得了一定的成绩。该市在政府职能依法全面履行、行政决策、政务公开、行政权力的制约与监督、政务服务与诚信的法治保障等方面继续发力，但仍存在较大进益空间，可以借鉴和吸收其他城市和地区的优秀经验，将有益成果因地制宜地转化为下一年度工作实践。

在全国法治政府建设深入推进的过程中，兰州市法治政府建设工作扎实推进，呈现进步趋势，也面临新阶段突破发展的困难和挑战。面对下一年度法治政府建设工作的新要求新挑战，兰州市需要保持定力，发挥优势，逐个解决困难，在法治政府建设中不断取得进步。

四十四 聊城市人民政府

表44 聊城市人民政府一级指标评估得分率

单位：%

	政府职能依法全面履行	法治政府建设的组织领导	依法行政制度体系完善	行政决策	行政执法	政务公开	行政权力的制约与监督	法治政府对法治社会的带动	政务服务与诚信的法治保障	数字法治政府	社会公众满意度调查
该市得分率	58.75	77.50	80.50	93.75	65.51	89.41	62.90	88.75	59.14	83.25	76.73
全国平均得分率	72.43	72.15	74.73	83.86	64.12	84.31	61.43	87.84	63.50	68.69	77.03

可以看出，该市法治政府建设的组织领导、依法行政制度体系完善、行政决策、行政执法、政务公开、行政权力的制约与监督、法治政府对法治社会的带动、数字法治政府得分率高于全国平均水平，说明该市政府在这八个方面评价较高；在政府职能依法全面履行、政务服务与诚信的法治保障、社会公众满意度调查这三个方面低于全国平均水平，说明该市政府在这些方面尚需进一步提高。

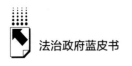

四十五　临沂市人民政府

表45　临沂市人民政府一级指标评估得分率

单位：%

	政府职能依法全面履行	法治政府建设的组织领导	依法行政制度体系完善	行政决策	行政执法	政务公开	行政权力的制约与监督	法治政府对法治社会的带动	政务服务与诚信的法治保障	数字法治政府	社会公众满意度调查
该市得分率	71.25	78.75	73.50	92.50	69.08	74.02	67.96	86.25	63.31	74.91	82.09
全国平均得分率	72.43	72.15	74.73	83.86	64.12	84.31	61.43	87.84	63.50	68.69	77.03

可以看出，该市法治政府建设的组织领导、行政决策、行政执法、行政权力的制约与监督、数字法治政府、社会公众满意度调查得分率高于全国平均水平，说明该市政府在这六个方面评价较高；在政府职能依法全面履行、依法行政制度体系完善、政务公开、法治政府对法治社会的带动、政务服务与诚信的法治保障这五个方面低于全国平均水平，说明该市政府在这些方面尚需进一步提高。

四十六　六安市人民政府

表46　六安市人民政府一级指标评估得分率

单位：%

	政府职能依法全面履行	法治政府建设的组织领导	依法行政制度体系完善	行政决策	行政执法	政务公开	行政权力的制约与监督	法治政府对法治社会的带动	政务服务与诚信的法治保障	数字法治政府	社会公众满意度调查
该市得分率	86.25	85.00	80.00	95.00	68.98	94.51	48.58	87.50	62.23	72.46	74.83
全国平均得分率	72.43	72.15	74.73	83.86	64.12	84.31	61.43	87.84	63.50	68.69	77.03

可以看出，该市政府职能依法全面履行、法治政府建设的组织领导、依法行政制度体系完善、行政决策、行政执法、政务公开、数字法治政府得分率高于全国平均水平，说明该市政府在这七个方面评价较高；在行政权力的制约与监督、法治政府对法治社会的带动、政务服务与诚信的法治保障、社会公众满意度调查这四个方面低于全国平均水平，说明该市政府在这些方面尚需进一步提高。

四十七　洛阳市人民政府

表47　洛阳市人民政府一级指标评估得分率

单位：%

	政府职能依法全面履行	法治政府建设的组织领导	依法行政制度体系完善	行政决策	行政执法	政务公开	行政权力的制约与监督	法治政府对法治社会的带动	政务服务与诚信的法治保障	数字法治政府	社会公众满意度调查
该市得分率	63.75	86.25	78.00	90.00	64.61	73.54	41.01	82.50	57.53	59.46	80.06
全国平均得分率	72.43	72.15	74.73	83.86	64.12	84.31	61.43	87.84	63.50	68.69	77.03

可以看出，该市法治政府建设的组织领导、依法行政制度体系完善、行政决策、行政执法、社会公众满意度调查得分率高于全国平均水平，说明该市政府在这五个方面评价较高；在政府职能依法全面履行、政务公开、行政权力的制约与监督、法治政府对法治社会的带动、政务服务与诚信的法治保障、数字法治政府这六个方面低于全国平均水平，说明该市政府在这些方面尚需进一步提高。

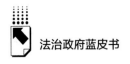

四十八　茂名市人民政府

表 48　茂名市人民政府一级指标评估得分率

单位：%

	政府职能依法全面履行	法治政府建设的组织领导	依法行政制度体系完善	行政决策	行政执法	政务公开	行政权力的制约与监督	法治政府对法治社会的带动	政务服务与诚信的法治保障	数字法治政府	社会公众满意度调查
该市得分率	77.50	65.00	78.00	87.50	38.98	87.95	63.48	90.00	56.33	83.23	72.25
全国平均得分率	72.43	72.15	74.73	83.86	64.12	84.31	61.43	87.84	63.50	68.69	77.03

可以看出，该市政府职能依法全面履行、依法行政制度体系完善、行政决策、政务公开、行政权力的制约与监督、法治政府对法治社会的带动、数字法治政府得分率高于全国平均水平，说明该市政府在这七个方面评价较高；在法治政府建设的组织领导、行政执法、政务服务与诚信的法治保障、社会公众满意度调查这四个方面低于全国平均水平，说明该市政府在这些方面尚需进一步提高。

四十九　南昌市人民政府

表 49　南昌市人民政府一级指标评估得分率

单位：%

	政府职能依法全面履行	法治政府建设的组织领导	依法行政制度体系完善	行政决策	行政执法	政务公开	行政权力的制约与监督	法治政府对法治社会的带动	政务服务与诚信的法治保障	数字法治政府	社会公众满意度调查
该市得分率	71.25	75.00	73.00	90.00	61.99	87.59	61.96	90.00	67.21	65.28	79.04

	政府职能依法全面履行	法治政府建设的组织领导	依法行政制度体系完善	行政决策	行政执法	政务公开	行政权力的制约与监督	法治政府对法治社会的带动	政务服务与诚信的法治保障	数字法治政府	社会公众满意度调查
全国平均得分率	72.43	72.15	74.73	83.86	64.12	84.31	61.43	87.84	63.50	68.69	77.03

可以看出，该市法治政府建设的组织领导、行政决策、政务公开、行政权力的制约与监督、法治政府对法治社会的带动、政务服务与诚信的法治保障、社会公众满意度调查得分率高于全国平均水平，说明该市政府在这七个方面评价较高；在政府职能依法全面履行、依法行政制度体系完善、行政执法、数字法治政府这四个方面低于全国平均水平，说明该市政府在这些方面尚需进一步提高。

五十 南充市人民政府

表 50 南充市人民政府一级指标评估得分率

单位：%

	政府职能依法全面履行	法治政府建设的组织领导	依法行政制度体系完善	行政决策	行政执法	政务公开	行政权力的制约与监督	法治政府对法治社会的带动	政务服务与诚信的法治保障	数字法治政府	社会公众满意度调查
该市得分率	75.00	62.50	66.87	87.50	68.20	87.43	56.19	85.00	50.36	60.11	73.95
全国平均得分率	72.43	72.15	74.73	83.86	64.12	84.31	61.43	87.84	63.50	68.69	77.03

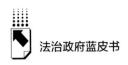

可以看出，该市政府职能依法全面履行、行政决策、行政执法、政务公开得分率高于全国平均水平，说明该市政府在这四个方面评价较高；在法治政府建设的组织领导、依法行政制度体系完善、行政权力的制约与监督、法治政府对法治社会的带动、政务服务与诚信的法治保障、数字法治政府、社会公众满意度调查这七个方面低于全国平均水平，说明该市政府在这些方面尚需进一步提高。

五十一　南京市人民政府

表 51　南京市人民政府一级指标评估得分率

单位：%

	政府职能依法全面履行	法治政府建设的组织领导	依法行政制度体系完善	行政决策	行政执法	政务公开	行政权力的制约与监督	法治政府对法治社会的带动	政务服务与诚信的法治保障	数字法治政府	社会公众满意度调查
该市得分率	75.00	82.50	86.00	90.00	78.55	95.50	63.57	91.25	76.75	77.87	81.07
全国平均得分率	72.43	72.15	74.73	83.86	64.12	84.31	61.43	87.84	63.50	68.69	77.03

可以看出，该市政府职能依法全面履行、法治政府建设的组织领导、依法行政制度体系完善、行政决策、行政执法、政务公开、行政权力的制约与监督、法治政府对法治社会的带动、政务服务与诚信的法治保障、数字法治政府、社会公众满意度调查得分率高于全国平均水平，说明该市政府在这十一个方面评价较高。

五十二　南宁市人民政府

表52　南宁市人民政府一级指标评估得分率

单位：%

	政府职能依法全面履行	法治政府建设的组织领导	依法行政制度体系完善	行政决策	行政执法	政务公开	行政权力的制约与监督	法治政府对法治社会的带动	政务服务与诚信的法治保障	数字法治政府	社会公众满意度调查
该市得分率	58.75	78.75	85.50	80.00	69.84	84.37	58.50	92.50	40.23	71.46	80.97
全国平均得分率	72.43	72.15	74.73	83.86	64.12	84.31	61.43	87.84	63.50	68.69	77.03

可以看出，该市法治政府建设的组织领导、依法行政制度体系完善、行政执法、政务公开、法治政府对法治社会的带动、数字法治政府、社会公众满意度调查得分率高于全国平均水平，说明该市政府在这七个方面评价较高；在政府职能依法全面履行、行政决策、行政权力的制约与监督、政务服务与诚信的法治保障这四个方面低于全国平均水平，说明该市政府在这些方面尚需进一步提高。

五十三　南通市人民政府

表53　南通市人民政府一级指标评估得分率

单位：%

	政府职能依法全面履行	法治政府建设的组织领导	依法行政制度体系完善	行政决策	行政执法	政务公开	行政权力的制约与监督	法治政府对法治社会的带动	政务服务与诚信的法治保障	数字法治政府	社会公众满意度调查
该市得分率	83.75	75.00	78.50	80.00	70.32	88.69	60.75	87.50	58.89	71.90	82.76

续表

	政府职能依法全面履行	法治政府建设的组织领导	依法行政制度体系完善	行政决策	行政执法	政务公开	行政权力的制约与监督	法治政府对法治社会的带动	政务服务与诚信的法治保障	数字法治政府	社会公众满意度调查
全国平均得分率	72.43	72.15	74.73	83.86	64.12	84.31	61.43	87.84	63.50	68.69	77.03

可以看出，该市政府职能依法全面履行、法治政府建设的组织领导、依法行政制度体系完善、行政执法、政务公开、数字法治政府、社会公众满意度调查得分率高于全国平均水平，说明该市政府在这七个方面评价较高；在行政决策、行政权力的制约与监督、法治政府对法治社会的带动、政务服务与诚信的法治保障这四个方面低于全国平均水平，说明该市政府在这些方面尚需进一步提高。

五十四　南阳市人民政府

表54　南阳市人民政府一级指标评估得分率

单位：%

	政府职能依法全面履行	法治政府建设的组织领导	依法行政制度体系完善	行政决策	行政执法	政务公开	行政权力的制约与监督	法治政府对法治社会的带动	政务服务与诚信的法治保障	数字法治政府	社会公众满意度调查
该市得分率	52.50	81.25	73.00	86.25	74.67	61.38	56.92	82.50	69.26	61.20	81.59
全国平均得分率	72.43	72.15	74.73	83.86	64.12	84.31	61.43	87.84	63.50	68.69	77.03

可以看出，该市法治政府建设的组织领导、行政决策、行政执法、政务服务与诚信的法治保障、社会公众满意度调查得分率高于全国平均水平，说明该市政府在这五个方面评价较高；在政府职能依法全面履行、依法行政制度体系完善、政务公开、行政权力的制约与监督、法治政府对法治社会的带动、数字法治政府这六个方面低于全国平均水平，说明该市政府在这些方面尚需进一步提高。

五十五　宁波市人民政府

表 55　宁波市人民政府一级指标评估得分率

单位：%

	政府职能依法全面履行	法治政府建设的组织领导	依法行政制度体系完善	行政决策	行政执法	政务公开	行政权力的制约与监督	法治政府对法治社会的带动	政务服务与诚信的法治保障	数字法治政府	社会公众满意度调查
该市得分率	100.00	68.75	81.00	88.75	80.70	95.15	72.01	92.50	76.31	78.38	78.81
全国平均得分率	72.43	72.15	74.73	83.86	64.12	84.31	61.43	87.84	63.50	68.69	77.03

可以看出，该市政府职能依法全面履行、依法行政制度体系完善、行政决策、行政执法、政务公开、行政权力的制约与监督、法治政府对法治社会的带动、政务服务与诚信的法治保障、数字法治政府、社会公众满意度调查得分率高于全国平均水平，说明该市政府在这十个方面评价较高；在法治政府建设的组织领导这一个方面低于全国平均水平，说明该市政府在这方面尚需进一步提高。

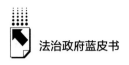
五十六　齐齐哈尔市人民政府

表56　齐齐哈尔市人民政府一级指标评估得分率

单位：%

	政府职能依法全面履行	法治政府建设的组织领导	依法行政制度体系完善	行政决策	行政执法	政务公开	行政权力的制约与监督	法治政府对法治社会的带动	政务服务与诚信的法治保障	数字法治政府	社会公众满意度调查
该市得分率	75.00	56.25	66.00	71.25	52.68	94.64	49.39	85.00	51.81	68.73	89.94
全国平均得分率	72.43	72.15	74.73	83.86	64.12	84.31	61.43	87.84	63.50	68.69	77.03

可以看出，该市政府职能依法全面履行、政务公开、数字法治政府、社会公众满意度调查得分率高于全国平均水平，说明该市政府在这四个方面评价较高；在法治政府建设的组织领导、依法行政制度体系完善、行政决策、行政执法、行政权力的制约与监督、法治政府对法治社会的带动、政务服务与诚信的法治保障这七个方面低于全国平均水平，说明该市政府在这些方面尚需进一步提高。

五十七　青岛市人民政府

表57　青岛市人民政府一级指标评估得分率

单位：%

	政府职能依法全面履行	法治政府建设的组织领导	依法行政制度体系完善	行政决策	行政执法	政务公开	行政权力的制约与监督	法治政府对法治社会的带动	政务服务与诚信的法治保障	数字法治政府	社会公众满意度调查
该市得分率	90.00	80.00	75.00	91.25	71.76	82.78	70.13	95.00	75.81	79.94	74.26

	政府职能依法全面履行	法治政府建设的组织领导	依法行政制度体系完善	行政决策	行政执法	政务公开	行政权力的制约与监督	法治政府对法治社会的带动	政务服务与诚信的法治保障	数字法治政府	社会公众满意度调查
全国平均得分率	72.43	72.15	74.73	83.86	64.12	84.31	61.43	87.84	63.50	68.69	77.03

可以看出，该市政府职能依法全面履行、法治政府建设的组织领导、依法行政制度体系完善、行政决策、行政执法、行政权力的制约与监督、法治政府对法治社会的带动、政务服务与诚信的法治保障、数字法治政府得分率高于全国平均水平，说明该市政府在这九个方面评价较高；在政务公开、社会公众满意度调查这两个方面低于全国平均水平，说明该市政府在这些方面尚需进一步提高。

五十八　曲靖市人民政府

表 58　曲靖市人民政府一级指标评估得分率

单位：%

	政府职能依法全面履行	法治政府建设的组织领导	依法行政制度体系完善	行政决策	行政执法	政务公开	行政权力的制约与监督	法治政府对法治社会的带动	政务服务与诚信的法治保障	数字法治政府	社会公众满意度调查
该市得分率	63.75	72.50	74.37	81.25	56.13	93.45	49.86	86.25	38.13	67.58	64.82
全国平均得分率	72.43	72.15	74.73	83.86	64.12	84.31	61.43	87.84	63.50	68.69	77.03

可以看出，该市法治政府建设的组织领导、政务公开得分率高于全国平均水平，说明该市政府在这两个方面评价较高；在政府职能依法全面履行、依法行政制度体系完善、行政决策、行政执法、行政权力的制约与监督、法治政府对法治社会的带动、政务服务与诚信的法治保障、数字法治政府、社会公众满意度调查这九个方面低于全国平均水平，说明该市政府在这些方面尚需进一步提高。

五十九　泉州市人民政府

表59　泉州市人民政府一级指标评估得分率

单位：%

	政府职能依法全面履行	法治政府建设的组织领导	依法行政制度体系完善	行政决策	行政执法	政务公开	行政权力的制约与监督	法治政府对法治社会的带动	政务服务与诚信的法治保障	数字法治政府	社会公众满意度调查
该市得分率	66.25	67.50	73.00	65.00	56.86	75.54	67.01	92.50	67.70	69.99	70.51
全国平均得分率	72.43	72.15	74.73	83.86	64.12	84.31	61.43	87.84	63.50	68.69	77.03

可以看出，该市行政权力的制约与监督、法治政府对法治社会的带动、政务服务与诚信的法治保障、数字法治政府得分率高于全国平均水平，说明该市政府在这四个方面评价较高；在政府职能依法全面履行、法治政府建设的组织领导、依法行政制度体系完善、行政决策、行政执法、政务公开、社会公众满意度调查这七个方面低于全国平均水平，说明该市政府在这些方面尚需进一步提高。

六十　汕头市人民政府

表 60　汕头市人民政府一级指标评估得分率

单位：%

	政府职能依法全面履行	法治政府建设的组织领导	依法行政制度体系完善	行政决策	行政执法	政务公开	行政权力的制约与监督	法治政府对法治社会的带动	政务服务与诚信的法治保障	数字法治政府	社会公众满意度调查
该市得分率	86.25	71.25	88.00	95.00	53.28	69.64	63.81	95.00	77.21	84.15	70.46
全国平均得分率	72.43	72.15	74.73	83.86	64.12	84.31	61.43	87.84	63.50	68.69	77.03

可以看出，该市政府职能依法全面履行、依法行政制度体系完善、行政决策、行政权力的制约与监督、法治政府对法治社会的带动、政务服务与诚信的法治保障、数字法治政府得分率高于全国平均水平，说明该市政府在这七个方面评价较高；在法治政府建设的组织领导、行政执法、政务公开、社会公众满意度调查这四个方面低于全国平均水平，说明该市政府在这些方面尚需进一步提高。

六十一　商丘市人民政府

表 61　商丘市人民政府一级指标评估得分率

单位：%

	政府职能依法全面履行	法治政府建设的组织领导	依法行政制度体系完善	行政决策	行政执法	政务公开	行政权力的制约与监督	法治政府对法治社会的带动	政务服务与诚信的法治保障	数字法治政府	社会公众满意度调查
该市得分率	63.75	66.25	70.00	95.00	52.15	75.64	61.11	80.00	69.31	65.96	58.69
全国平均得分率	72.43	72.15	74.73	83.86	64.12	84.31	61.43	87.84	63.50	68.69	77.03

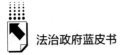

可以看出，该市行政决策、政务服务与诚信的法治保障得分率高于全国平均水平，说明该市政府在这两个方面评价较高；在政府职能依法全面履行、法治政府建设的组织领导、依法行政制度体系完善、行政执法、政务公开、行政权力的制约与监督、法治政府对法治社会的带动、数字法治政府、社会公众满意度调查这九个方面低于全国平均水平，说明该市政府在这些方面尚需进一步提高。

六十二　上海市人民政府

表62　上海市人民政府一级指标评估得分率

单位：%

	政府职能依法全面履行	法治政府建设的组织领导	依法行政制度体系完善	行政决策	行政执法	政务公开	行政权力的制约与监督	法治政府对法治社会的带动	政务服务与诚信的法治保障	数字法治政府	社会公众满意度调查
该市得分率	76.25	91.25	65.00	100	79.48	95.81	81.79	96.25	80.31	81.95	75.81
全国平均得分率	72.43	72.15	74.73	83.86	64.12	84.31	61.43	87.84	63.50	68.69	77.03

可以看出，该市政府职能依法全面履行、法治政府建设的组织领导、行政决策、行政执法、政务公开、行政权力的制约与监督、法治政府对法治社会的带动、政务服务与诚信的法治保障、数字法治政府得分率高于全国平均水平，说明该市政府在这九个方面评价较高；在依法行政制度体系完善、社会公众满意度调查这两个方面低于全国平均水平，说明该市政府在这些方面尚需进一步提高。

六十三 上饶市人民政府

表63 上饶市人民政府一级指标评估得分率

单位：%

	政府职能依法全面履行	法治政府建设的组织领导	依法行政制度体系完善	行政决策	行政执法	政务公开	行政权力的制约与监督	法治政府对法治社会的带动	政务服务与诚信的法治保障	数字法治政府	社会公众满意度调查
该市得分率	70.00	66.25	79.37	78.75	50.52	86.93	59.92	82.50	72.81	66.28	66.40
全国平均得分率	72.43	72.15	74.73	83.86	64.12	84.31	61.43	87.84	63.50	68.69	77.03

可以看出，该市依法行政制度体系完善、政务公开、政务服务与诚信的法治保障得分率高于全国平均水平，说明该市政府在这三个方面评价较高；在政府职能依法全面履行、法治政府建设的组织领导、行政决策、行政执法、行政权力的制约与监督、法治政府对法治社会的带动、数字法治政府、社会公众满意度调查这八个方面低于全国平均水平，说明该市政府在这些方面尚需进一步提高。

六十四 邵阳市人民政府

表64 邵阳市人民政府一级指标评估得分率

单位：%

	政府职能依法全面履行	法治政府建设的组织领导	依法行政制度体系完善	行政决策	行政执法	政务公开	行政权力的制约与监督	法治政府对法治社会的带动	政务服务与诚信的法治保障	数字法治政府	社会公众满意度调查
该市得分率	73.75	67.50	78.00	81.25	65.85	71.10	51.83	88.75	62.12	53.83	85.55

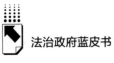

续表

	政府职能依法全面履行	法治政府建设的组织领导	依法行政制度体系完善	行政决策	行政执法	政务公开	行政权力的制约与监督	法治政府对法治社会的带动	政务服务与诚信的法治保障	数字法治政府	社会公众满意度调查
全国平均得分率	72.43	72.15	74.73	83.86	64.12	84.31	61.43	87.84	63.50	68.69	77.03

可以看出，该市政府职能依法全面履行、依法行政制度体系完善、行政执法、法治政府对法治社会的带动、社会公众满意度调查得分率高于全国平均水平，说明该市政府在这五个方面评价较高；在法治政府建设的组织领导、行政决策、政务公开、行政权力的制约与监督、政务服务与诚信的法治保障、数字法治政府这六个方面低于全国平均水平，说明该市政府在这些方面尚需进一步提高。

六十五 深圳市人民政府

表65 深圳市人民政府一级指标评估得分率

单位：%

	政府职能依法全面履行	法治政府建设的组织领导	依法行政制度体系完善	行政决策	行政执法	政务公开	行政权力的制约与监督	法治政府对法治社会的带动	政务服务与诚信的法治保障	数字法治政府	社会公众满意度调查
该市得分率	82.50	86.25	75.00	90.00	68.31	89.84	77.95	92.50	81.23	93.02	80.99
全国平均得分率	72.43	72.15	74.73	83.86	64.12	84.31	61.43	87.84	63.50	68.69	77.03

可以看出，该市政府职能依法全面履行、法治政府建设的组织领导、依法行政制度体系完善、行政决策、行政执法、政务公开、行政权力的制约与监督、法治政府对法治社会的带动、政务服务与诚信的法治保障、数字法治政府、社会公众满意度调查得分率高于全国平均水平，说明该市政府在十一个方面全都评价较高。

六十六　沈阳市人民政府

表66　沈阳市人民政府一级指标评估得分率

单位：%

	政府职能依法全面履行	法治政府建设的组织领导	依法行政制度体系完善	行政决策	行政执法	政务公开	行政权力的制约与监督	法治政府对法治社会的带动	政务服务与诚信的法治保障	数字法治政府	社会公众满意度调查
该市得分率	75.00	72.50	68.50	95.00	64.72	74.76	58.18	90.00	55.15	66.51	61.01
全国平均得分率	72.43	72.15	74.73	83.86	64.12	84.31	61.43	87.84	63.50	68.69	77.03

可以看出，该市政府职能依法全面履行、法治政府建设的组织领导、行政决策、行政执法、法治政府对法治社会的带动得分率高于全国平均水平，说明该市政府在这五个方面评价较高；在依法行政制度体系完善、政务公开、行政权力的制约与监督、政务服务与诚信的法治保障、数字法治政府、社会公众满意度调查这六个方面低于全国平均水平，说明该市政府在这些方面尚需进一步提高。

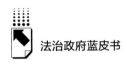

六十七　石家庄市人民政府

表67　石家庄市人民政府一级指标评估得分率

单位：%

	政府职能依法全面履行	法治政府建设的组织领导	依法行政制度体系完善	行政决策	行政执法	政务公开	行政权力的制约与监督	法治政府对法治社会的带动	政务服务与诚信的法治保障	数字法治政府	社会公众满意度调查
该市得分率	53.75	56.25	70.50	62.50	65.25	81.74	55.92	91.25	59.16	69.48	73.52
全国平均得分率	72.43	72.15	74.73	83.86	64.12	84.31	61.43	87.84	63.50	68.69	77.03

可以看出，该市行政执法、法治政府对法治社会的带动、数字法治政府得分率高于全国平均水平，说明该市政府在这三个方面评价较高；在政府职能依法全面履行、法治政府建设的组织领导、依法行政制度体系完善、行政决策、政务公开、行政权力的制约与监督、政务服务与诚信的法治保障、社会公众满意度调查这八个方面低于全国平均水平，说明该市政府在这些方面尚需进一步提高。

六十八　苏州市人民政府

表68　苏州市人民政府一级指标评估得分率

单位：%

	政府职能依法全面履行	法治政府建设的组织领导	依法行政制度体系完善	行政决策	行政执法	政务公开	行政权力的制约与监督	法治政府对法治社会的带动	政务服务与诚信的法治保障	数字法治政府	社会公众满意度调查
该市得分率	88.75	78.75	78.50	88.75	71.73	95.02	67.31	90.00	73.28	77.93	76.05

	政府职能依法全面履行	法治政府建设的组织领导	依法行政制度体系完善	行政决策	行政执法	政务公开	行政权力的制约与监督	法治政府对法治社会的带动	政务服务与诚信的法治保障	数字法治政府	社会公众满意度调查
全国平均得分率	72.43	72.15	74.73	83.86	64.12	84.31	61.43	87.84	63.50	68.69	77.03

可以看出，该市政府职能依法全面履行、法治政府建设的组织领导、依法行政制度体系完善、行政决策、行政执法、政务公开、行政权力的制约与监督、法治政府对法治社会的带动、政务服务与诚信的法治保障、数字法治政府得分率高于全国平均水平，说明该市政府在这十个方面评价较高；在社会公众满意度调查这一个方面低于全国平均水平，说明该市政府在这方面尚需进一步提高。

六十九　绥化市人民政府

表69　绥化市人民政府一级指标评估得分率

单位：%

	政府职能依法全面履行	法治政府建设的组织领导	依法行政制度体系完善	行政决策	行政执法	政务公开	行政权力的制约与监督	法治政府对法治社会的带动	政务服务与诚信的法治保障	数字法治政府	社会公众满意度调查
该市得分率	62.50	47.50	70.37	72.50	50.84	55.58	58.50	82.50	48.04	73.53	75.64
全国平均得分率	72.43	72.15	74.73	83.86	64.12	84.31	61.43	87.84	63.50	68.69	77.03

本次评估中，绥化市在数字法治政府方面得分率高于全国平均水平。这一成绩对绥化市意义重大，反映出绥化市在法治政府建设中的不懈努力，在

数字法治政府建设方面精准施策。

同时，该市在政府职能依法全面履行、依法行政制度体系完善、行政权力的制约与监督、法治政府对法治社会的带动、社会公众满意度调查这五个方面表现相对良好。这体现出绥化市在相关领域的法治政府建设工作中稳中求进，不断完善制度规范建设，并取得了一定的成绩。该市在法治政府建设的组织领导、行政决策、行政执法、政务公开、政务服务与诚信的法治保障等方面继续发力，但仍存在较大进益空间，可以借鉴和吸收其他城市和地区的优秀经验，将有益成果因地制宜地转化为下一年度工作实践。

在全国法治政府建设深入推进的过程中，绥化市法治政府建设工作扎实推进，呈现进步趋势，也面临新阶段突破发展的困难和挑战。面对下一年度法治政府建设工作的新要求新挑战，绥化市需要保持定力，发挥优势，逐个解决困难，在法治政府建设中不断取得进步。

七十　台州市人民政府

表70　台州市人民政府一级指标评估得分率

单位：%

	政府职能依法全面履行	法治政府建设的组织领导	依法行政制度体系完善	行政决策	行政执法	政务公开	行政权力的制约与监督	法治政府对法治社会的带动	政务服务与诚信的法治保障	数字法治政府	社会公众满意度调查
该市得分率	83.75	65.00	73.50	93.75	62.55	93.75	62.23	78.75	79.05	80.30	79.47
全国平均得分率	72.43	72.15	74.73	83.86	64.12	84.31	61.43	87.84	63.50	68.69	77.03

可以看出，该市政府职能依法全面履行、行政决策、政务公开、行政权力的制约与监督、政务服务与诚信的法治保障、数字法治政府、社会公众满

意度调查得分率高于全国平均水平，说明该市政府在这七个方面评价较高；在法治政府建设的组织领导、依法行政制度体系完善、行政执法、法治政府对法治社会的带动这四个方面低于全国平均水平，说明该市政府在这些方面尚需进一步提高。

七十一　太原市人民政府

表 71　太原市人民政府一级指标评估得分率

单位：%

	政府职能依法全面履行	法治政府建设的组织领导	依法行政制度体系完善	行政决策	行政执法	政务公开	行政权力的制约与监督	法治政府对法治社会的带动	政务服务与诚信的法治保障	数字法治政府	社会公众满意度调查
该市得分率	62.50	68.75	65.50	85.00	52.78	75.01	65.46	91.25	59.16	65.41	82.94
全国平均得分率	72.43	72.15	74.73	83.86	64.12	84.31	61.43	87.84	63.50	68.69	77.03

可以看出，该市行政决策、行政权力的制约与监督、法治政府对法治社会的带动、社会公众满意度调查得分率高于全国平均水平，说明该市政府在这四个方面评价较高；在政府职能依法全面履行、法治政府建设的组织领导、依法行政制度体系完善、行政执法、政务公开、政务服务与诚信的法治保障、数字法治政府这七个方面低于全国平均水平，说明该市政府在这些方面尚需进一步提高。

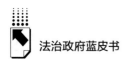

七十二　泰安市人民政府

表72　泰安市人民政府一级指标评估得分率

单位：%

	政府职能依法全面履行	法治政府建设的组织领导	依法行政制度体系完善	行政决策	行政执法	政务公开	行政权力的制约与监督	法治政府对法治社会的带动	政务服务与诚信的法治保障	数字法治政府	社会公众满意度调查
该市得分率	71.25	63.75	78.00	80.00	66.05	88.50	80.92	88.75	66.33	78.10	72.11
全国平均得分率	72.43	72.15	74.73	83.86	64.12	84.31	61.43	87.84	63.50	68.69	77.03

可以看出，该市依法行政制度体系完善、行政执法、政务公开、行政权力的制约与监督、法治政府对法治社会的带动、政务服务与诚信的法治保障、数字法治政府得分率高于全国平均水平，说明该市政府在这七个方面评价较高；在政府职能依法全面履行、法治政府建设的组织领导、行政决策、社会公众满意度调查这四个方面低于全国平均水平，说明该市政府在这些方面尚需进一步提高。

七十三　唐山市人民政府

表73　唐山市人民政府一级指标评估得分率

单位：%

	政府职能依法全面履行	法治政府建设的组织领导	依法行政制度体系完善	行政决策	行政执法	政务公开	行政权力的制约与监督	法治政府对法治社会的带动	政务服务与诚信的法治保障	数字法治政府	社会公众满意度调查
该市得分率	57.50	51.25	52.50	62.50	55.91	79.55	45.62	83.75	41.29	59.88	79.60

续表

	政府职能依法全面履行	法治政府建设的组织领导	依法行政制度体系完善	行政决策	行政执法	政务公开	行政权力的制约与监督	法治政府对法治社会的带动	政务服务与诚信的法治保障	数字法治政府	社会公众满意度调查
全国平均得分率	72.43	72.15	74.73	83.86	64.12	84.31	61.43	87.84	63.50	68.69	77.03

本次评估中,唐山市在社会公众满意度调查方面得分率高于全国平均水平。这一成绩对唐山市意义重大,反映出唐山市在法治政府建设中的不懈努力,在社会公众满意度方面取得进展。

同时,该市在行政执法、政务公开、法治政府对法治社会的带动、数字法治政府这四个方面表现相对良好。这体现出唐山市在相关领域的法治政府建设工作中稳中求进,不断完善制度规范建设,并取得了一定的成绩。该市在政府职能依法全面履行、法治政府建设的组织领导、依法行政制度体系完善、行政决策、行政权力的制约与监督、政务服务与诚信的法治保障等方面继续发力,但仍存在较大进益空间,可以借鉴和吸收其他城市和地区的优秀经验,将有益成果因地制宜地转化为下一年度工作实践。

在全国法治政府建设深入推进的过程中,唐山市法治政府建设工作扎实推进,呈现进步趋势,也面临新阶段突破发展的困难和挑战。面对下一年度法治政府建设工作的新要求新挑战,唐山市需要保持定力,发挥优势,逐个解决困难,在法治政府建设中不断取得进步。

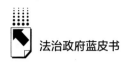

七十四　天津市人民政府

表 74　天津市人民政府一级指标评估得分率

单位：%

	政府职能依法全面履行	法治政府建设的组织领导	依法行政制度体系完善	行政决策	行政执法	政务公开	行政权力的制约与监督	法治政府对法治社会的带动	政务服务与诚信的法治保障	数字法治政府	社会公众满意度调查
该市得分率	78.75	83.75	75.00	100	80.28	94.08	66.37	95.00	69.10	75.21	74.96
全国平均得分率	72.43	72.15	74.73	83.86	64.12	84.31	61.43	87.84	63.50	68.69	77.03

可以看出，该市政府职能依法全面履行、法治政府建设的组织领导、依法行政制度体系完善、行政决策、行政执法、政务公开、行政权力的制约与监督、法治政府对法治社会的带动、政务服务与诚信的法治保障、数字法治政府得分率高于全国平均水平，说明该市政府在这十个方面评价较高；在社会公众满意度调查这一个方面低于全国平均水平，说明该市政府在这方面尚需进一步提高。

七十五　潍坊市人民政府

表 75　潍坊市人民政府一级指标评估得分率

单位：%

	政府职能依法全面履行	法治政府建设的组织领导	依法行政制度体系完善	行政决策	行政执法	政务公开	行政权力的制约与监督	法治政府对法治社会的带动	政务服务与诚信的法治保障	数字法治政府	社会公众满意度调查
该市得分率	71.25	75.00	80.50	93.75	71.02	92.97	62.12	91.25	66.54	75.30	74.05

	政府职能依法全面履行	法治政府建设的组织领导	依法行政制度体系完善	行政决策	行政执法	政务公开	行政权力的制约与监督	法治政府对法治社会的带动	政务服务与诚信的法治保障	数字法治政府	社会公众满意度调查
全国平均得分率	72.43	72.15	74.73	83.86	64.12	84.31	61.43	87.84	63.50	68.69	77.03

可以看出，该市法治政府建设的组织领导、依法行政制度体系完善、行政决策、行政执法、政务公开、行政权力的制约与监督、法治政府对法治社会的带动、政务服务与诚信的法治保障、数字法治政府得分率高于全国平均水平，说明该市政府在这九个方面评价较高；在政府职能依法全面履行、社会公众满意度调查这两个方面低于全国平均水平，说明该市政府在这些方面尚需进一步提高。

七十六　温州市人民政府

表 76　温州市人民政府一级指标评估得分率

单位：%

	政府职能依法全面履行	法治政府建设的组织领导	依法行政制度体系完善	行政决策	行政执法	政务公开	行政权力的制约与监督	法治政府对法治社会的带动	政务服务与诚信的法治保障	数字法治政府	社会公众满意度调查
该市得分率	87.50	72.50	81.00	80.00	74.38	95.20	75.50	88.75	68.45	81.38	76.50
全国平均得分率	72.43	72.15	74.73	83.86	64.12	84.31	61.43	87.84	63.50	68.69	77.03

可以看出，该市政府职能依法全面履行、法治政府建设的组织领导、依法行政制度体系完善、行政执法、政务公开、行政权力的制约与监督、法治

政府对法治社会的带动、政务服务与诚信的法治保障、数字法治政府得分率高于全国平均水平，说明该市政府在这九个方面评价较高；在行政决策、社会公众满意度调查这两个方面低于全国平均水平，说明该市政府在这些方面尚需进一步提高。

七十七　乌鲁木齐市人民政府

表 77　乌鲁木齐市人民政府一级指标评估得分率

单位：%

	政府职能依法全面履行	法治政府建设的组织领导	依法行政制度体系完善	行政决策	行政执法	政务公开	行政权力的制约与监督	法治政府对法治社会的带动	政务服务与诚信的法治保障	数字法治政府	社会公众满意度调查
该市得分率	76.25	63.75	69.37	61.25	54.92	87.72	49.80	81.25	55.05	49.58	75.47
全国平均得分率	72.43	72.15	74.73	83.86	64.12	84.31	61.43	87.84	63.50	68.69	77.03

本次评估中，乌鲁木齐市在政府职能依法全面履行、政务公开两个方面得分率高于全国平均水平。这一成绩对乌鲁木齐市意义重大，反映出乌鲁木齐市在法治政府建设中的不懈努力，在政府职能依法全面履行、政务公开等方面精准施策。

同时，该市在法治政府建设的组织领导、依法行政制度体系完善、行政执法、法治政府对法治社会的带动、政务服务与诚信的法治保障、社会公众满意度调查这六个方面表现相对良好。这体现出乌鲁木齐市在相关领域的法治政府建设工作中稳中求进，不断完善制度规范建设，并取得了一定的成绩。该市在行政决策、行政权力的制约与监督、数字法治政府等方面继续发力，但仍存在较大进益空间，可以借鉴和吸收其他城市和地区的优秀经验，将有益成果因地制宜地转化为下一年度工作实践。

在全国法治政府建设深入推进的过程中，乌鲁木齐市法治政府建设工作扎实推进，呈现进步趋势，也面临新阶段突破发展的困难和挑战。面对下一年度法治政府建设工作的新要求新挑战，乌鲁木齐市需要保持定力，发挥优势，逐个解决困难，在法治政府建设中不断取得进步。

七十八　无锡市人民政府

表 78　无锡市人民政府一级指标评估得分率

单位：%

	政府职能依法全面履行	法治政府建设的组织领导	依法行政制度体系完善	行政决策	行政执法	政务公开	行政权力的制约与监督	法治政府对法治社会的带动	政务服务与诚信的法治保障	数字法治政府	社会公众满意度调查
该市得分率	80.00	73.75	83.00	91.25	71.58	87.91	52.65	91.25	69.15	71.93	80.32
全国平均得分率	72.43	72.15	74.73	83.86	64.12	84.31	61.43	87.84	63.50	68.69	77.03

可以看出，该市政府职能依法全面履行、法治政府建设的组织领导、依法行政制度体系完善、行政决策、行政执法、政务公开、法治政府对法治社会的带动、政务服务与诚信的法治保障、数字法治政府、社会公众满意度调查得分率高于全国平均水平，说明该市政府在这十个方面评价较高；在行政权力的制约与监督这一个方面低于全国平均水平，说明该市政府在这方面尚需进一步提高。

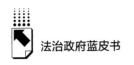

七十九　武汉市人民政府

表79　武汉市人民政府一级指标评估得分率

单位：%

	政府职能依法全面履行	法治政府建设的组织领导	依法行政制度体系完善	行政决策	行政执法	政务公开	行政权力的制约与监督	法治政府对法治社会的带动	政务服务与诚信的法治保障	数字法治政府	社会公众满意度调查
该市得分率	62.50	86.25	75.50	85.00	71.58	91.51	60.76	95.00	79.70	73.60	79.30
全国平均得分率	72.43	72.15	74.73	83.86	64.12	84.31	61.43	87.84	63.50	68.69	77.03

可以看出，该市法治政府建设的组织领导、依法行政制度体系完善、行政决策、行政执法、政务公开、法治政府对法治社会的带动、政务服务与诚信的法治保障、数字法治政府、社会公众满意度调查得分率高于全国平均水平，说明该市政府在这九个方面评价较高；在政府职能依法全面履行、行政权力的制约与监督这两个方面低于全国平均水平，说明该市政府在这些方面尚需进一步提高。

八十　西安市人民政府

表80　西安市人民政府一级指标评估得分率

单位：%

	政府职能依法全面履行	法治政府建设的组织领导	依法行政制度体系完善	行政决策	行政执法	政务公开	行政权力的制约与监督	法治政府对法治社会的带动	政务服务与诚信的法治保障	数字法治政府	社会公众满意度调查
该市得分率	53.75	73.75	95.00	77.50	62.77	92.52	50.07	88.75	66.21	61.43	64.89

	政府职能依法全面履行	法治政府建设的组织领导	依法行政制度体系完善	行政决策	行政执法	政务公开	行政权力的制约与监督	法治政府对法治社会的带动	政务服务与诚信的法治保障	数字法治政府	社会公众满意度调查
全国平均得分率	72.43	72.15	74.73	83.86	64.12	84.31	61.43	87.84	63.50	68.69	77.03

可以看出，该市法治政府建设的组织领导、依法行政制度体系完善、政务公开、法治政府对法治社会的带动、政务服务与诚信的法治保障得分率高于全国平均水平，说明该市政府在这五个方面评价较高；在政府职能依法全面履行、行政决策、行政执法、行政权力的制约与监督、数字法治政府、社会公众满意度调查这六个方面低于全国平均水平，说明该市政府在这些方面尚需进一步提高。

八十一　西宁市人民政府

表 81　西宁市人民政府一级指标评估得分率

单位：%

	政府职能依法全面履行	法治政府建设的组织领导	依法行政制度体系完善	行政决策	行政执法	政务公开	行政权力的制约与监督	法治政府对法治社会的带动	政务服务与诚信的法治保障	数字法治政府	社会公众满意度调查
该市得分率	67.50	58.75	60.00	68.75	43.22	66.90	64.60	86.25	59.02	65.43	85.06
全国平均得分率	72.43	72.15	74.73	83.86	64.12	84.31	61.43	87.84	63.50	68.69	77.03

本次评估中，西宁市在行政权力的制约与监督、社会公众满意度调查两个方面得分率高于全国平均水平，较往年有了明显的提升。这一成绩对西宁

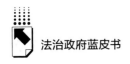

市意义重大，反映出西宁市在法治政府建设中的不懈努力，在行政权力的制约与监督、社会公众满意度调查等方面精准施策。

同时，该市在法治政府对法治社会的带动、政务服务与诚信的法治保障、数字法治政府这三个方面表现相对良好。这体现出西宁市在相关领域的法治政府建设工作中稳中求进，不断完善制度规范建设，并取得了一定的成绩。该市在政府职能依法全面履行、法治政府建设的组织领导、依法行政制度体系完善、行政决策、行政执法、政务公开等方面继续发力，但仍存在较大进益空间，可以借鉴和吸收其他城市和地区的优秀经验，将有益成果因地制宜地转化为下一年度工作实践。

在全国法治政府建设深入推进的过程中，西宁市法治政府建设工作扎实推进，呈现进步趋势，也面临新阶段突破发展的困难和挑战。面对下一年度法治政府建设工作的新要求新挑战，西宁市需要保持定力，发挥优势，逐个解决困难，在法治政府建设中不断取得进步。

八十二　厦门市人民政府

表82　厦门市人民政府一级指标评估得分率

单位：%

	政府职能依法全面履行	法治政府建设的组织领导	依法行政制度体系完善	行政决策	行政执法	政务公开	行政权力的制约与监督	法治政府对法治社会的带动	政务服务与诚信的法治保障	数字法治政府	社会公众满意度调查
该市得分率	87.50	70.00	70.50	92.50	72.21	95.12	68.49	95.00	77.33	75.76	83.06
全国平均得分率	72.43	72.15	74.73	83.86	64.12	84.31	61.43	87.84	63.50	68.69	77.03

可以看出，该市政府职能依法全面履行、行政决策、行政执法、政务公开、行政权力的制约与监督、法治政府对法治社会的带动、政务服务与诚信

的法治保障、数字法治政府、社会公众满意度调查得分率高于全国平均水平，说明该市政府在这九个方面评价较高；在法治政府建设的组织领导、依法行政制度体系完善这两个方面低于全国平均水平，说明该市政府在这些方面尚需进一步提高。

八十三　襄阳市人民政府

表83　襄阳市人民政府一级指标评估得分率

单位：%

	政府职能依法全面履行	法治政府建设的组织领导	依法行政制度体系完善	行政决策	行政执法	政务公开	行政权力的制约与监督	法治政府对法治社会的带动	政务服务与诚信的法治保障	数字法治政府	社会公众满意度调查
该市得分率	63.75	62.50	87.50	82.50	65.13	73.21	55.43	91.25	65.68	71.85	90.60
全国平均得分率	72.43	72.15	74.73	83.86	64.12	84.31	61.43	87.84	63.50	68.69	77.03

可以看出，该市依法行政制度体系完善、行政执法、法治政府对法治社会的带动、政务服务与诚信的法治保障、数字法治政府、社会公众满意度调查得分率高于全国平均水平，说明该市政府在这六个方面评价较高；在政府职能依法全面履行、法治政府建设的组织领导、行政决策、政务公开、行政权力的制约与监督这五个方面低于全国平均水平，说明该市政府在这些方面尚需进一步提高。

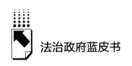

八十四　新乡市人民政府

表84　新乡市人民政府一级指标评估得分率

单位：%

	政府职能依法全面履行	法治政府建设的组织领导	依法行政制度体系完善	行政决策	行政执法	政务公开	行政权力的制约与监督	法治政府对法治社会的带动	政务服务与诚信的法治保障	数字法治政府	社会公众满意度调查
该市得分率	63.75	76.25	68.00	81.25	62.34	66.57	59.86	77.50	62.13	60.70	80.55
全国平均得分率	72.43	72.15	74.73	83.86	64.12	84.31	61.43	87.84	63.50	68.69	77.03

可以看出，该市法治政府建设的组织领导、社会公众满意度调查得分率高于全国平均水平，说明该市政府在这两个方面评价较高；在政府职能依法全面履行、依法行政制度体系完善、行政决策、行政执法、政务公开、行政权力的制约与监督、法治政府对法治社会的带动、政务服务与诚信的法治保障、数字法治政府这九个方面低于全国平均水平，说明该市政府在这些方面尚需进一步提高。

八十五　信阳市人民政府

表85　信阳市人民政府一级指标评估得分率

单位：%

	政府职能依法全面履行	法治政府建设的组织领导	依法行政制度体系完善	行政决策	行政执法	政务公开	行政权力的制约与监督	法治政府对法治社会的带动	政务服务与诚信的法治保障	数字法治政府	社会公众满意度调查
该市得分率	66.25	78.75	71.00	81.25	50.79	92.10	55.13	82.50	36.40	67.00	79.07
全国平均得分率	72.43	72.15	74.73	83.86	64.12	84.31	61.43	87.84	63.50	68.69	77.03

可以看出，该市法治政府建设的组织领导、政务公开、社会公众满意度调查得分率高于全国平均水平，说明该市政府在这三个方面评价较高；在政府职能依法全面履行、依法行政制度体系完善、行政决策、行政执法、行政权力的制约与监督、法治政府对法治社会的带动、政务服务与诚信的法治保障、数字法治政府这八个方面低于全国平均水平，说明该市政府在这些方面尚需进一步提高。

八十六　邢台市人民政府

表 86　邢台市人民政府一级指标评估得分率

单位：%

	政府职能依法全面履行	法治政府建设的组织领导	依法行政制度体系完善	行政决策	行政执法	政务公开	行政权力的制约与监督	法治政府对法治社会的带动	政务服务与诚信的法治保障	数字法治政府	社会公众满意度调查
该市得分率	66.25	62.50	71.00	71.25	59.22	91.41	63.38	80.00	39.68	56.95	74.93
全国平均得分率	72.43	72.15	74.73	83.86	64.12	84.31	61.43	87.84	63.50	68.69	77.03

可以看出，该市政务公开、行政权力的制约与监督得分率高于全国平均水平，说明该市政府在这两个方面评价较高；在政府职能依法全面履行、法治政府建设的组织领导、依法行政制度体系完善、行政决策、行政执法、法治政府对法治社会的带动、政务服务与诚信的法治保障、数字法治政府、社会公众满意度调查这九个方面低于全国平均水平，说明该市政府在这些方面尚需进一步提高。

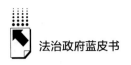

八十七　徐州市人民政府

表 87　徐州市人民政府一级指标评估得分率

单位：%

	政府职能依法全面履行	法治政府建设的组织领导	依法行政制度体系完善	行政决策	行政执法	政务公开	行政权力的制约与监督	法治政府对法治社会的带动	政务服务与诚信的法治保障	数字法治政府	社会公众满意度调查
该市得分率	71.25	75.00	78.00	95.00	58.42	64.19	59.65	90.00	69.93	68.00	72.50
全国平均得分率	72.43	72.15	74.73	83.86	64.12	84.31	61.43	87.84	63.50	68.69	77.03

可以看出，该市法治政府建设的组织领导、依法行政制度体系完善、行政决策、法治政府对法治社会的带动、政务服务与诚信的法治保障得分率高于全国平均水平，说明该市政府在这五个方面评价较高；在政府职能依法全面履行、行政执法、政务公开、行政权力的制约与监督、数字法治政府、社会公众满意度调查这六个方面低于全国平均水平，说明该市政府在这些方面尚需进一步提高。

八十八　烟台市人民政府

表 88　烟台市人民政府一级指标评估得分率

单位：%

	政府职能依法全面履行	法治政府建设的组织领导	依法行政制度体系完善	行政决策	行政执法	政务公开	行政权力的制约与监督	法治政府对法治社会的带动	政务服务与诚信的法治保障	数字法治政府	社会公众满意度调查
该市得分率	76.25	62.50	91.00	91.25	72.91	91.73	74.43	88.75	75.05	76.53	86.76
全国平均得分率	72.43	72.15	74.73	83.86	64.12	84.31	61.43	87.84	63.50	68.69	77.03

可以看出，该市政府职能依法全面履行、依法行政制度体系完善、行政决策、行政执法、政务公开、行政权力的制约与监督、法治政府对法治社会的带动、政务服务与诚信的法治保障、数字法治政府、社会公众满意度调查得分率高于全国平均水平，说明该市政府在这十个方面评价较高；在法治政府建设的组织领导这一个方面低于全国平均水平，说明该市政府在这方面尚需进一步提高。

八十九　盐城市人民政府

表89　盐城市人民政府一级指标评估得分率

单位：%

	政府职能依法全面履行	法治政府建设的组织领导	依法行政制度体系完善	行政决策	行政执法	政务公开	行政权力的制约与监督	法治政府对法治社会的带动	政务服务与诚信的法治保障	数字法治政府	社会公众满意度调查
该市得分率	78.75	56.25	75.50	75.00	68.32	95.61	68.40	85.00	61.14	77.06	73.65
全国平均得分率	72.43	72.15	74.73	83.86	64.12	84.31	61.43	87.84	63.50	68.69	77.03

可以看出，该市政府职能依法全面履行、依法行政制度体系完善、行政执法、政务公开、行政权力的制约与监督、数字法治政府得分率高于全国平均水平，说明该市政府在这六个方面评价较高；在法治政府建设的组织领导、行政决策、法治政府对法治社会的带动、政务服务与诚信的法治保障、社会公众满意度调查这五个方面低于全国平均水平，说明该市政府在这些方面尚需进一步提高。

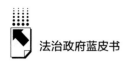

九十 宜春市人民政府

表90 宜春市人民政府一级指标评估得分率

单位：%

	政府职能依法全面履行	法治政府建设的组织领导	依法行政制度体系完善	行政决策	行政执法	政务公开	行政权力的制约与监督	法治政府对法治社会的带动	政务服务与诚信的法治保障	数字法治政府	社会公众满意度调查
该市得分率	78.75	65.00	68.00	87.50	64.62	83.48	60.69	88.75	62.97	61.34	76.99
全国平均得分率	72.43	72.15	74.73	83.86	64.12	84.31	61.43	87.84	63.50	68.69	77.03

可以看出，该市政府职能依法全面履行、行政决策、行政执法、法治政府对法治社会的带动、社会公众满意度调查得分率高于全国平均水平，说明该市政府在这五个方面评价较高；在法治政府建设的组织领导、依法行政制度体系完善、政务公开、行政权力的制约与监督、政务服务与诚信的法治保障、数字法治政府这六个方面低于全国平均水平，说明该市政府在这些方面尚需进一步提高。

九十一 银川市人民政府

表91 银川市人民政府一级指标评估得分率

单位：%

	政府职能依法全面履行	法治政府建设的组织领导	依法行政制度体系完善	行政决策	行政执法	政务公开	行政权力的制约与监督	法治政府对法治社会的带动	政务服务与诚信的法治保障	数字法治政府	社会公众满意度调查
该市得分率	66.25	82.50	73.00	91.25	60.50	89.63	58.51	86.25	55.97	63.48	73.75
全国平均得分率	72.43	72.15	74.73	83.86	64.12	84.31	61.43	87.84	63.50	68.69	77.03

可以看出，该市法治政府建设的组织领导、行政决策、政务公开得分率高于全国平均水平，说明该市政府在这三个方面评价较高；在政府职能依法全面履行、依法行政制度体系完善、行政执法、行政权力的制约与监督、法治政府对法治社会的带动、政务服务与诚信的法治保障、数字法治政府、社会公众满意度调查这八个方面低于全国平均水平，说明该市政府在这些方面尚需进一步提高。

九十二　玉林市人民政府

表 92　玉林市人民政府一级指标评估得分率

单位：%

	政府职能依法全面履行	法治政府建设的组织领导	依法行政制度体系完善	行政决策	行政执法	政务公开	行政权力的制约与监督	法治政府对法治社会的带动	政务服务与诚信的法治保障	数字法治政府	社会公众满意度调查
该市得分率	66.25	72.50	76.00	70.00	57.85	72.14	63.91	85.00	55.49	67.55	79.43
全国平均得分率	72.43	72.15	74.73	83.86	64.12	84.31	61.43	87.84	63.50	68.69	77.03

可以看出，该市法治政府建设的组织领导、依法行政制度体系完善、行政权力的制约与监督、社会公众满意度调查得分率高于全国平均水平，说明该市政府在这四个方面评价较高；在政府职能依法全面履行、行政决策、行政执法、政务公开、法治政府对法治社会的带动、政务服务与诚信的法治保障、数字法治政府这七个方面低于全国平均水平，说明该市政府在这些方面尚需进一步提高。

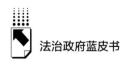

九十三　岳阳市人民政府

表93　岳阳市人民政府一级指标评估得分率

单位：%

	政府职能依法全面履行	法治政府建设的组织领导	依法行政制度体系完善	行政决策	行政执法	政务公开	行政权力的制约与监督	法治政府对法治社会的带动	政务服务与诚信的法治保障	数字法治政府	社会公众满意度调查
该市得分率	66.25	62.50	65.50	71.25	61.22	78.21	45.68	87.50	55.45	53.45	77.95
全国平均得分率	72.43	72.15	74.73	83.86	64.12	84.31	61.43	87.84	63.50	68.69	77.03

本次评估中，岳阳市在社会公众满意度调查方面得分率高于全国平均水平，较往年有了明显的提升。这一成绩对岳阳市意义重大，反映出岳阳市在法治政府建设中的不懈努力，在社会公众满意度调查方面精准施策。

同时，该市在政务公开、法治政府对法治社会的带动这两个方面表现相对良好。这体现出岳阳市在相关领域的法治政府建设工作中稳中求进，不断完善制度规范建设，并取得了一定的成绩。该市在政府职能依法全面履行、法治政府建设的组织领导、依法行政制度体系完善、行政决策、行政执法、行政权力的制约与监督、政务服务与诚信的法治保障、数字法治政府等方面继续发力，但仍存在较大进益空间，可以借鉴和吸收其他城市和地区的优秀经验，将有益成果因地制宜地转化为下一年度工作实践。

在全国法治政府建设深入推进的过程中，岳阳市法治政府建设工作扎实推进，呈现进步趋势，也面临新阶段突破发展的困难和挑战。面对下一年度法治政府建设工作的新要求新挑战，岳阳市需要保持定力，发挥优势，逐个解决困难，在法治政府建设中不断取得进步。

九十四　湛江市人民政府

表94　湛江市人民政府一级指标评估得分率

单位：%

	政府职能依法全面履行	法治政府建设的组织领导	依法行政制度体系完善	行政决策	行政执法	政务公开	行政权力的制约与监督	法治政府对法治社会的带动	政务服务与诚信的法治保障	数字法治政府	社会公众满意度调查
该市得分率	68.75	58.75	62.50	96.25	39.77	86.61	53.7%	87.50	45.89	84.87	75.10
全国平均得分率	72.43	72.15	74.73	83.86	64.12	84.31	61.43	87.84	63.50	68.69	77.03

可以看出，该市行政决策、政务公开、数字法治政府得分率高于全国平均水平，说明该市政府在这三个方面评价较高；在政府职能依法全面履行、法治政府建设的组织领导、依法行政制度体系完善、行政执法、行政权力的制约与监督、法治政府对法治社会的带动、政务服务与诚信的法治保障、社会公众满意度调查这八个方面低于全国平均水平，说明该市政府在这些方面尚需进一步提高。

九十五　郑州市人民政府

表95　郑州市人民政府一级指标评估得分率

单位：%

	政府职能依法全面履行	法治政府建设的组织领导	依法行政制度体系完善	行政决策	行政执法	政务公开	行政权力的制约与监督	法治政府对法治社会的带动	政务服务与诚信的法治保障	数字法治政府	社会公众满意度调查
该市得分率	57.50	78.75	73.00	83.75	56.52	93.33	43.29	86.25	57.37	62.99	70.54

续表

	政府职能依法全面履行	法治政府建设的组织领导	依法行政制度体系完善	行政决策	行政执法	政务公开	行政权力的制约与监督	法治政府对法治社会的带动	政务服务与诚信的法治保障	数字法治政府	社会公众满意度调查
全国平均得分率	72.43	72.15	74.73	83.86	64.12	84.31	61.43	87.84	63.50	68.69	77.03

可以看出，该市法治政府建设的组织领导、政务公开得分率高于全国平均水平，说明该市政府在这两个方面评价较高；在政府职能依法全面履行、依法行政制度体系完善、行政决策、行政执法、行政权力的制约与监督、法治政府对法治社会的带动、政务服务与诚信的法治保障、数字法治政府、社会公众满意度调查这九个方面低于全国平均水平，说明该市政府在这些方面尚需进一步提高。

九十六　周口市人民政府

表96　周口市人民政府一级指标评估得分率

单位：%

	政府职能依法全面履行	法治政府建设的组织领导	依法行政制度体系完善	行政决策	行政执法	政务公开	行政权力的制约与监督	法治政府对法治社会的带动	政务服务与诚信的法治保障	数字法治政府	社会公众满意度调查
该市得分率	70.00	78.75	60.00	77.50	54.75	92.34	59.65	82.50	68.59	49.45	75.49
全国平均得分率	72.43	72.15	74.73	83.86	64.12	84.31	61.43	87.84	63.50	68.69	77.03

可以看出，该市法治政府建设的组织领导、政务公开、政务服务与诚信的法治保障得分率高于全国平均水平，说明该市政府在这三个方面评价较

高；在政府职能依法全面履行、依法行政制度体系完善、行政决策、行政执法、行政权力的制约与监督、法治政府对法治社会的带动、数字法治政府、社会公众满意度调查这八个方面低于全国平均水平，说明该市政府在这些方面尚需进一步提高。

九十七　珠海市人民政府

表 97　珠海市人民政府一级指标评估得分率

单位：%

	政府职能依法全面履行	法治政府建设的组织领导	依法行政制度体系完善	行政决策	行政执法	政务公开	行政权力的制约与监督	法治政府对法治社会的带动	政务服务与诚信的法治保障	数字法治政府	社会公众满意度调查
该市得分率	87.50	73.75	73.00	80.00	70.79	91.07	64.96	92.50	65.98	82.42	80.46
全国平均得分率	72.43	72.15	74.73	83.86	64.12	84.31	61.43	87.84	63.50	68.69	77.03

可以看出，该市政府职能依法全面履行、法治政府建设的组织领导、行政执法、政务公开、行政权力的制约与监督、法治政府对法治社会的带动、政务服务与诚信的法治保障、数字法治政府、社会公众满意度调查得分率高于全国平均水平，说明该市政府在这九个方面评价较高；在依法行政制度体系完善、行政决策这两个方面低于全国平均水平，说明该市政府在这些方面尚需进一步提高。

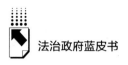

九十八　驻马店市人民政府

表98　驻马店市人民政府一级指标评估得分率

单位：%

	政府职能依法全面履行	法治政府建设的组织领导	依法行政制度体系完善	行政决策	行政执法	政务公开	行政权力的制约与监督	法治政府对法治社会的带动	政务服务与诚信的法治保障	数字法治政府	社会公众满意度调查
该市得分率	66.25	63.75	66.00	75.00	56.02	75.30	50.93	81.25	65.44	59.45	75.87
全国平均得分率	72.43	72.15	74.73	83.86	64.12	84.31	61.43	87.84	63.50	68.69	77.03

可以看出，该市政务服务与诚信的法治保障得分率高于全国平均水平，说明该市政府在这一个方面评价较高；在政府职能依法全面履行、法治政府建设的组织领导、依法行政制度体系完善、行政决策、行政执法、政务公开、行政权力的制约与监督、法治政府对法治社会的带动、数字法治政府、社会公众满意度调查这十个方面低于全国平均水平，说明该市政府在这些方面尚需进一步提高。

九十九　淄博市人民政府

表99　淄博市人民政府一级指标评估得分率

单位：%

	政府职能依法全面履行	法治政府建设的组织领导	依法行政制度体系完善	行政决策	行政执法	政务公开	行政权力的制约与监督	法治政府对法治社会的带动	政务服务与诚信的法治保障	数字法治政府	社会公众满意度调查
该市得分率	73.75	82.50	83.00	86.25	70.83	92.55	67.10	88.75	72.27	78.83	83.88
全国平均得分率	72.43	72.15	74.73	83.86	64.12	84.31	61.43	87.84	63.50	68.69	77.03

可以看出，该市政府职能依法全面履行、法治政府建设的组织领导、依法行政制度体系完善、行政决策、行政执法、政务公开、行政权力的制约与监督、法治政府对法治社会的带动、政务服务与诚信的法治保障、数字法治政府、社会公众满意度调查得分率高于全国平均水平，说明该市政府在这十一个方面评价较高。

一百　遵义市人民政府

表 100　遵义市人民政府一级指标评估得分率

单位：%

	政府职能依法全面履行	法治政府建设的组织领导	依法行政制度体系完善	行政决策	行政执法	政务公开	行政权力的制约与监督	法治政府对法治社会的带动	政务服务与诚信的法治保障	数字法治政府	社会公众满意度调查
该市得分率	60.00	72.50	78.00	95.00	59.55	84.60	66.09	88.75	75.72	69.28	72.18
全国平均得分率	72.43	72.15	74.73	83.86	64.12	84.31	61.43	87.84	63.50	68.69	77.03

可以看出，该市法治政府建设的组织领导、依法行政制度体系完善、行政决策、政务公开、行政权力的制约与监督、法治政府对法治社会的带动、政务服务与诚信的法治保障、数字法治政府得分率高于全国平均水平，说明该市政府在这八个方面评价较高；在政府职能依法全面履行、行政执法、社会公众满意度调查这三个方面低于全国平均水平，说明该市政府在这些方面尚需进一步提高。

附录一
2024年度中国法治政府评估
三级指标得分率

单位：%

一级指标	二级指标	三级指标	三级指标得分率
政府职能依法全面履行（80分）	清单式管理（15分）	权责清单的动态调整情况（15分）	75.00
	加强和规范事中事后监管（15分）	包容审慎监管（15分）	75.80
	公共服务（15分）	全民健身服务（15分）	74.00
	重大突发事件依法预防处置（15分）	突发事件依法处置能力（15分）	83.27
	生态保护（20分）	空气质量（10分）	58.65
		环保问责（10分）	
法治政府建设的组织领导（80分）	法治政府建设的组织保障（40分）	法治政府建设领导作用发挥情况（20分）	76.75
		法治政府建设督察工作落实情况（20分）	48.45
	对法治政府建设的落实机制（40分）	法治政府建设主体责任的落实情况（20分）	80.90
		将法治政府建设作为重点工作的重要保障（20分）	82.50
依法行政制度体系完善（100分）	制度建设的公众参与度（20分）	地方政府规章草案及其说明是否一律向社会公开征求意见（10分）	64.84
		行政规范性文件的制定是否切实公开听取意见（10分）	30.50
	制度建设的合法性（20分）	地方政府规章的实体合法性（10分）	100.00
		行政规范性文件的实体合法性（10分）	97.00
	制度建设信息化对法治化推进水平（40分）	地方政府规章平台信息化水平（20分）	80.30
		行政规范性文件平台智能化水平落实情况（20分）	86.30
	管理和监督制度实施情况（20分）	地方政府规章清理及后评估制度落实情况（10分）	60.00
		行政规范性文件清理及后评估制度落实情况（10分）	61.75

续表

一级指标	二级指标	三级指标	三级指标得分率
行政决策 (80分)	重大行政决策事项年度目录公开(20分)	重大决策目录制定公开情况(20分)	78.00
	合法决策(20分)	重大决策合法性审查情况(20分)	86.95
	科学决策(20分)	重大决策风险评估(包括社会稳定风险、生态环境风险、经济风险)情况(10分)	75.20
		重大决策专家论证情况(10分)	75.80
	民主决策(20分)	公众参与重大决策情况(20分)	95.00
行政执法 (130分)	行政执法体制改革(20分)	部门综合执法改革情况(10分)	82.80
		基层执法体制改革情况(10分)	75.90
	重点领域执法(20分)	加大重点领域执法力度(以文化新业态领域为考察对象)(10分)	49.70
		加大重点领域执法力度(以畜禽养殖用药领域为考察对象)(10分)	74.10
	行政执法制度建设(40分)	完善行政执法三项制度(10分)	59.10
		具体行政执法制度建设情况(10分)	72.80
		行政执法具体开展情况(10分)	72.50
		创新行政执法方式情况(10分)	53.30
	行政执法状况(20分)	违法行为投诉体验情况(10分)	59.20
		市政设施损坏投诉情况(10分)	75.30
	行政执法效果(30分)	非诉执行申请被否定情况(10分)	57.90
		行政机关不履行法定职责情况(10分)	50.30
		行政处罚、行政强制、行政许可行为违法情况(10分)	50.70
政务公开 (80分)	主动公开(40分)	重点领域信息主动公开(20分) (1)公开办理行政许可的依据、条件、程序以及办理结果(10分) (2)公开行政事业性收费项目及其依据、标准(10分)	99.55
		政府门户网站的咨询服务功能(20分)	93.50
	依申请公开(40分)	政府提供所申请信息的情况(20分)	81.90
		答复文书格式的规范性(10分)	75.50
		政府信息公开诉讼的胜诉率(10分)	49.08

续表

一级指标	二级指标	三级指标	三级指标得分率
行政权力的制约与监督（80分）	内部监督（40分）	行政复议主渠道作用的体现（10分）	22.80
		经行政复议案件的再诉讼率（10分）	73.60
		经行政复议案件的胜诉率（10分）	51.80
		行政执法协调监督作用的体现（10分）	49.00
	外部监督（40分）	是否建立地方政府规章或行政规范性文件制定、修改及重大行政决策过程中就重大问题向本级党委会请示报告制度（10分）	69.60
		是否执行本级人大及其常委会的监督决定；对人大代表的批评、意见和建议是否认真及时答复；是否及时办理政协建议案、提案；是否公开办理情况报告（10分）	84.80
		是否及时履行法院生效裁判，支持配合检察院开展行政诉讼监督、行政公益诉讼，积极主动履行职责或纠正违法行为，及时落实、反馈司法建议、检察建议（10分）	44.30
		行政机关负责人出庭应诉率（10分）	95.50
法治政府对法治社会的带动（80分）	坚持和发展新时代"枫桥经验"（30分）	健全社会矛盾纠纷多元预防调处化解综合机制（15分）	86.33
		推进行政裁决（15分）	85.67
	推进公共法律服务体系建设（30分）	公共法律服务体系全覆盖（15分）	93.60
		法律援助与村（居）法律顾问（15分）	85.33
	增强全社会法治观念（20分）	落实政府普法工作（10分）	85.20
		培养社会参与意识（10分）	91.10
政务服务与诚信的法治保障（90分）	完善行政审批与政务服务（30分）	市场准入服务优化（15分）	76.07
		行政许可、行政登记违法情况（15分）	50.93
	政务诚信建设状况（15分）	政府合同履约情况（15分）	47.93
	优化营商环境的推进机制（45分）	政企沟通制度建立与落实（15分）	78.33
		完善公平竞争保障机制（15分）	62.73
		获取公共资源的平等性（15分）	65.00

一级指标	二级指标	三级指标	三级指标得分率
数字法治政府（100分）	数字法治政府整体部署（10%）	数字法治政府建设规划（60分）	72.33
		数字政府建设对数字经济的引领驱动（40分）	79.13
	数字政府平台建设（30%）	数字政府平台的建设进度（60分）	73.55
		数字政府平台建设的集约化程度（20分）	81.75
		数字政府平台的无障碍建设（20分）	94.35
	政府履职数字化（30%）	行政立法的数字化参与（20分）	85.75
		数字化行政执法的规范程度（20分）	55.98
		数字技术辅助行政决策水平（20分）	63.00
		社会治理数字化水平（20分）	89.90
		数字政务发展水平（20分）	38.20
	政务数据共享、开放与个人信息保护（20%）	政务数据共享情况（30分）	50.33
		公共数据开放情况（50分）	57.56
		个人信息保护情况（20分）	78.02
	权力监督数字化（10%）	内部监督渠道的建立（50分）	28.06
		外部监督渠道的建立（50分）	82.20
社会公众满意度调查（100分）	社会公众满意度调查问卷题目：普通市民	您认为，总的来看，市政府在依法办事方面的情况怎样？（10分）	77.53
		您认为，政务大厅、服务中心窗口工作人员的服务态度怎样？（10分）	79.08
		您认为，政务大厅、服务中心窗口工作人员的办事效率怎样？（10分）	77.89
		您认为，该市在行政处罚过程中进行公正处罚的情况怎样？（10分）	77.44
		您认为，市政府在政府信息公开方面的工作情况怎样？（10分）	76.32
		您认为，市政府及其各职能部门工作人员的廉洁奉公情况怎样？（10分）	74.81
		您认为，市政府在社会救助、社会福利（如扶贫、慈善等）方面的情况怎样？（10分）	76.31
		您认为，市政府为市民提供的投诉或意见反馈渠道的情况怎样？（10分）	75.94
		您认为，市政府在作出重大决策时（如决定建设市政道路、规划公园和工业园区、改进教育举措、调整民生保障标准等）听取社会公众意见的情况怎样？（10分）	74.19

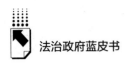

续表

一级指标	二级指标	三级指标	三级指标得分率
社会公众满意度调查（100分）	社会公众满意度调查问卷题目：普通市民	您认为,市政府在开展法治宣传教育工作方面的情况怎样？（10分）	79.74
	社会公众满意度调查问卷题目：法律专家	您认为,市政府的行政效率怎样？（10分）	76.54
		您认为,市政府作出重大行政决策时听取社会公众的意见建议的情况怎样？（10分）	74.24
		您认为,市政府的信息公开或政务公开的情况怎样？（10分）	77.49
		您认为,市政府在依法防范和化解社会矛盾、解决争议方面的情况怎样？（10分）	76.32
		您认为,市政府及其工作人员严格规范公正文明执法的情况怎样？（10分）	76.80
		您认为,市政府在优化营商环境方面的工作情况怎样？（10分）	76.56
		您认为,市政府诚实守信的情况怎样？（10分）	77.36
		您认为,市政府工作人员的清正廉洁情况怎样？（10分）	76.27
		您认为,市政府开展法治宣传教育工作的情况怎样？（10分）	80.16
		总的来看,您认为,市政府依法行政或建设法治政府的情况怎样？（10分）	79.60

附录二

2024年度中国法治政府评估一级指标得分率较高的30个城市

单位：%

序号	城市	"政府职能依法全面履行"得分率	"法治政府建设的组织领导"得分率	"依法行政制度体系完善"得分率	"行政决策"得分率	"行政执法"得分率	"政务公开"得分率	"行政权力的制约与监督"得分率	"法治政府对法治社会的带动"得分率	"政务服务与诚信的法治保障"得分率	"数字法治政府"得分率	"社会公众满意度调查"得分率	总得分率
1	北京	82.50	88.75	75.50	100.00	79.71	94.92	87.86	92.50	83.21	83.70	76.16	85.11
2	杭州	88.75	86.25	83.50	95.00	84.56	96.24	74.84	93.75	74.82	84.65	77.10	85.04
3	上海	76.25	91.25	65.00	100.00	79.48	95.81	81.79	96.25	80.31	81.95	75.81	83.15
4	广州	83.75	91.25	77.50	95.00	73.18	95.38	81.92	96.25	76.71	82.29	72.08	83.09
5	深圳	82.50	86.25	75.00	90.00	68.31	89.84	77.95	92.50	81.23	93.02	80.99	82.62
6	宁波	100.00	68.75	81.00	88.75	80.70	95.15	72.01	92.50	76.31	78.38	78.81	82.55
7	佛山	70.00	81.25	82.50	88.75	67.05	95.71	85.06	98.75	78.32	90.88	71.43	81.81
8	南京	75.00	82.50	86.00	90.00	78.55	95.50	63.57	91.25	76.75	77.87	81.07	81.44
9	天津	78.75	83.75	75.00	100.00	80.28	94.08	66.37	95.00	69.10	75.21	74.96	80.61
10	重庆	77.50	82.50	65.00	95.00	75.58	94.51	86.42	91.25	69.37	81.53	76.55	80.55
11	烟台	76.25	62.50	91.00	91.25	72.91	91.73	74.43	88.75	75.05	76.53	86.76	80.45

405

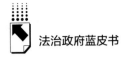

续表

序号	城市	"政府职能依法全面履行"得分率	"法治政府建设的组织领导"得分率	"依法行政制度体系完善"得分率	"行政决策"得分率	"行政执法"得分率	"政务公开"得分率	"行政权力的制约与监督"得分率	"法治政府对法治社会的带动"得分率	"政务服务与诚信法治保障"得分率	"数字法治政府"得分率	"社会公众满意度调查"得分率	总得分率
12	厦门	87.50	70.00	70.50	92.50	72.21	95.12	68.49	95.00	77.33	75.76	83.06	79.97
13	苏州	88.75	78.75	78.50	88.75	71.73	95.02	67.31	90.00	73.28	77.93	76.05	79.85
14	青岛	90.00	80.00	75.00	91.25	71.76	82.78	70.13	95.00	75.81	79.94	74.26	79.80
15	温州	87.50	72.50	81.00	80.00	74.38	95.20	75.50	88.75	68.45	81.38	76.50	79.67
16	济南	75.00	77.50	85.50	85.00	75.35	94.56	70.71	88.75	64.92	79.97	81.39	79.65
17	淄博	73.75	82.50	83.00	86.25	70.83	92.55	67.10	88.75	72.27	78.83	83.88	79.55
18	济宁	68.75	62.50	81.00	92.50	80.50	87.63	79.86	83.75	65.83	85.63	83.36	79.39
19	合肥	80.00	87.50	78.00	92.50	70.51	78.83	55.91	92.50	81.02	74.89	80.98	78.82
20	东莞	73.75	81.25	78.00	85.00	66.93	90.63	68.83	90.00	73.30	84.50	78.46	78.55
21	珠海	87.50	73.75	73.00	80.00	70.79	91.07	64.96	92.50	65.98	82.42	80.46	77.91
22	武汉	62.50	86.25	75.50	85.00	71.58	91.51	60.76	95.00	79.70	73.60	79.30	77.80
23	成都	77.50	77.50	63.00	78.75	68.92	85.22	76.62	98.75	74.96	76.59	81.38	77.35
24	无锡	80.00	73.75	83.00	91.25	71.58	87.91	52.65	91.25	69.15	71.93	80.32	77.20
25	潍坊	71.25	75.00	80.50	93.75	71.02	92.97	62.12	91.25	66.54	75.30	74.05	77.11
26	六安	86.25	85.00	80.00	95.00	68.98	94.51	48.58	87.50	62.23	72.46	74.83	77.04
27	台州	83.75	65.00	73.50	93.75	62.55	93.75	62.23	78.75	79.05	80.30	79.47	76.75
28	汕头	86.25	71.25	88.00	95.00	53.28	69.64	63.81	95.00	77.21	84.15	70.46	76.61
29	德州	71.25	70.00	87.50	92.50	63.97	89.29	70.88	82.50	61.15	81.53	76.73	76.51
30	阜阳	73.75	73.75	80.00	85.00	73.88	86.91	56.66	90.00	71.45	72.76	77.00	76.30

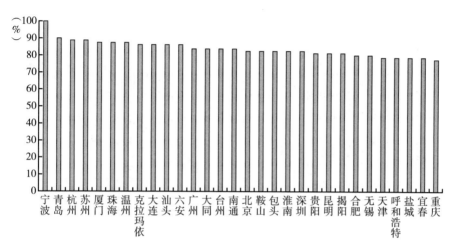

图1　"政府职能依法全面履行"得分率较高的30个城市

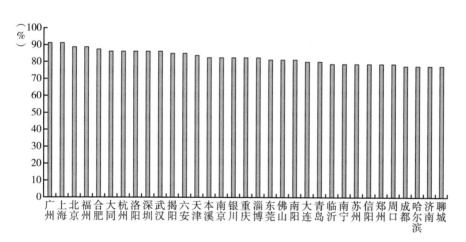

图2　"法治政府建设的组织领导"得分率较高的30个城市（含并列）

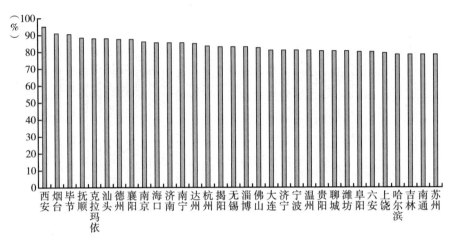

图 3 　"依法行政制度体系完善"得分率较高的 30 个城市（含并列）

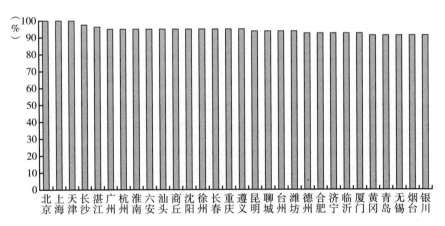

图 4 　"行政决策"得分率较高的 30 个城市

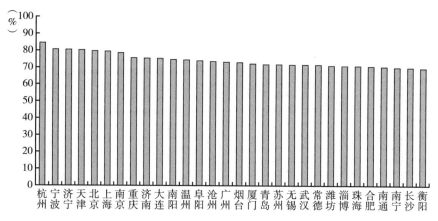

图 5 "行政执法"得分率较高的 30 个城市

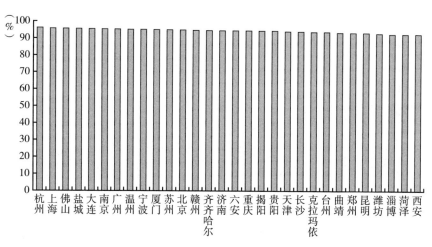

图 6 "政务公开"得分率较高的 30 个城市

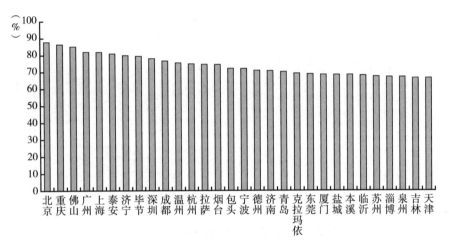

图 7 "行政权力的制约与监督"得分率较高的 30 个城市

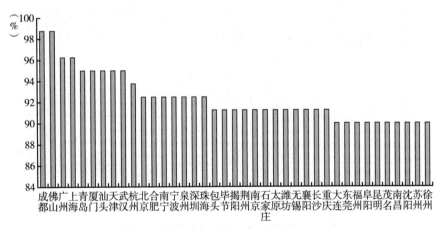

图 8 "法治政府对法治社会的带动"得分率较高的 30 个城市（含并列）

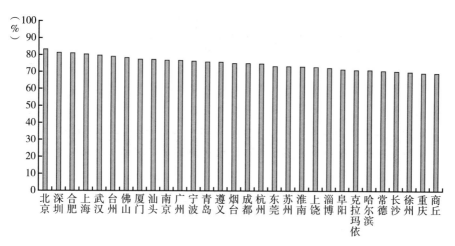

图9 "政务服务与诚信的法治保障"得分率较高的30个城市

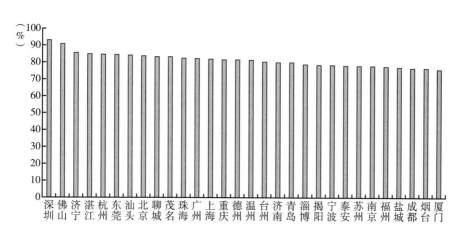

图10 "数字法治政府"得分率较高的30个城市

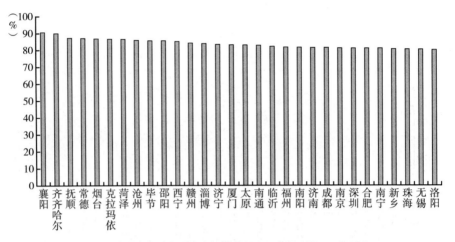

图11 "社会公众满意度调查"得分率较高的30个城市

Abstract

This report is the final outcome of the 2024 Local Government Legal System Evaluation conducted by the Institute of Local Government Legal System of China University of Political Science and Law. It is a continuation of the local government legal system evaluation work initiated in 2013. The Institute of Local Government Legal System, based on important documents on local government legal system construction formulated and promulgated by the Central Committee of the Communist Party of China and the State Council, such as the report of the 20th National Congress of the Communist Party of China and the Implementation Outline for the Construction of a Law-based Government (2021−2025), with the specific problems in the construction of local government legal system as the practical orientation, has improved and formed the "2024 Local Government Legal System Evaluation Index System", and completed the evaluation based on this. The evaluation objects include a total of 100 cities, including 4 municipalities directly under the Central Government, 27 provincial capital (capital city) cities, 4 special economic zones, 18 cities approved by the State Council as larger cities, and 47 other cities selected based on population size and geographical distribution. According to the different levels of indicators, the project team selected specific evaluation objects for specific assessment in accordance with the municipal government, the functional departments of the municipal government, and the partial functional departments of the municipal government.

This evaluation mainly relies on the relevant data of local government legal system construction in 2024 of the 100 cities. Data collection is mainly carried out through three methods: network search, practical experience and on-site investigation, and the application of judicial big data. The 2024 Evaluation Report

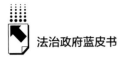
is based on a more scientific and complete index system and continues to deeply assess and investigate the implementation of local government legal system construction and existing prominent problems, proposing feasible solutions to promote and improve the quality and efficiency of local government legal system construction in the new era.

Contents

I General Report

Abstract: School of Law-based Government of China University of Political
Science and Law conducted a comprehensive analysis of the construction of law-
based government in China in 2024. The results show that the level of law-based
government construction has steadily improved, which has strongly supported the
modernization of the government governance system. In response to the
requirements of high-quality development, the government's functions have been
further transformed, the quality of system construction has been continuously
improved, the framework of administrative law enforcement has been accelerated
and improved, the main channel function of administrative reconsideration has
initially emerged, the level of government social governance has been improved,
and the law-based government and digital government have further integrated and
developed. However, it should also be noted that there is still room for improvement
in system construction in terms of dynamic response to economic and social
development, some key areas of administration according to law still have
bottlenecks, the supporting work of administrative reconsideration still needs to be
strengthened, the system integration and deep integration between relevant social

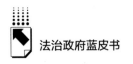
governance elements are still lacking, and the derivative problems of digital law-based government construction need to be vigilant. To this end, it is necessary to further promote administration according to law, and provide important guarantees for further deepening reform and promoting Chinese-style modernization with higher-quality law-based government construction.

Keywords: Law-Based Government; Service Government; Administration according to Law; Social Government; Digital Government

II Sub-reports on Indicators

B.2 Fully Perform Government Functions in Accordance
With the Law   / 014

Abstract: In the 2024 assessment of the rule of law government, the first-level indicator "Full and Lawful Performance of Government Functions" under the sub-indicator "List-based Management" has five secondary indicators: "Strengthening and Regulating Mid-and Post-Event Supervision", "Public Services", "Prevention and Disposal of Major Emergencies and Incidents in Accordance with the Law", "Ecological Protection", and six tertiary indicators have been set. This comprehensive, complete and detailed assessment of the performance of government functions by local governments in China is conducted. The assessment found that some work in the process of full and lawful performance of government functions has achieved remarkable results: the dynamic adjustment of the list of powers and responsibilities has been implemented in practice, the reform of inclusive and cautious supervision has been steadily advanced, the level of comprehensive fitness services has been continuously improved, the ability to prevent and handle major emergencies and incidents in accordance with the law has been significantly enhanced, and the environmental protection situation has improved. Of course, there are still some problems in the performance of government functions in China, including the implementation effect of the dynamic adjustment of the list of powers and responsibilities still needs to be improved, the establishment of the inclusive and cautious supervision mechanism is still in the exploration stage, the overall development of public fitness services is insufficient and unbalanced, there are shortcomings in the prevention and handling of major emergencies and incidents in accordance with the law, and the task of ecological protection remains arduous. Local governments should strengthen the regular management of the dynamic adjustment of the list of powers and responsibilities, explore new paths for the deep integration of administrative law enforcement and inclusive and cautious supervision in the field of market supervision, expand the supply of public fitness services, improve a higher-level public fitness service system, strengthen emergency legal guarantees, accelerate the comprehensive green transformation of economic and social development, and comprehensively promote the construction of Beautiful China.

Keywords: Government Functions; Construction of a Law-based Government; Evaluation of a Law-based Government; Administration According to Law

B.3   The Organization and Leadership of the Construction of a
　　　Law-based Government　　　　　　　　　　　　　　　　/ 041

Abstract: In the 2024 assessment of the rule-of-law government, the first-level indicator "Leadership of the Construction of the Rule-of-Law Government" has two sub-indicators: "Organizational Guarantee for the Construction of the Rule-of-Law Government" and "Implementation Mechanism for the Construction of the Rule-of-Law Government". These two sub-indicators are further divided into four tertiary indicators to conduct an overall examination of the leadership situation in the construction of the rule-of-law government from different perspectives. The assessment results show that the Party's leading role in the construction of the rule-of-law government has further highlighted. All levels of governments attach importance to fulfilling the main responsibility for the construction of the rule-of-law

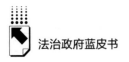
government and regard it as an important guarantee for key work. However, it is also found that there are certain problems in the leadership of the construction of the rule-of-law government, such as the failure of local Party committees to establish a regular leadership for the construction of the rule-of-law government; the effectiveness and openness of the supervision of the construction of the rule-of-law government need to be further improved; the rule-of-law government construction annual report still shows insufficient reflection on actual problems and planning for future measures; the normative basis for the construction of grassroots law enforcement capabilities needs to be further improved, and timely assessment of the implementation after the delegation of law enforcement powers is required; etc. It is suggested to promote the normalization of the Party's leadership in the construction of the rule-of-law government; improve the working mechanism of supervision of the construction of the rule-of-law government to ensure timely disclosure of content and results; scientifically plan future work goals and measures, highlight summarizing the actual problems existing in practice, and strengthen the practical relevance of the content of the rule-of-law government construction annual report; further improve the normative basis for the construction of grassroots law enforcement capabilities, and timely conduct assessment of the delegation of administrative powers; etc.

Keywords: Organizational Leadership; Construction of a Law-based Government; Implementation Mechanism

B.4 Improvement of the Institutional System of Law-based Administration　　　　　　　　　　　　　　/ 061

Abstract: The system of administrative law enforcement is the foundation of the construction of a law-based government. The "Implementation Outline for the Construction of a Law-Based Government (2021−2025)" emphasizes that "We should improve the system of administrative law enforcement and accelerate the process of making government governance more standardized, procedural, and law-based. " This part assesses the implementation of local government regulations and administrative normative documents in terms of public hearing of opinions, substantive legality, informatization level, and management and supervision. The main indicators are designed based on the deployment requirements of the Central Committee of the Communist Party of China and the State Council for the work of local government regulations and administrative normative documents. The assessment shows that the implementation of the content legality requirements of regulations and administrative normative documents in various regions is relatively good, but there are still shortcomings in aspects such as public hearing of opinions, clearance, and post-assessment systems, and it is urgent to solve the pain points, bottlenecks, and difficulties in improving the system of administrative law enforcement in a targeted manner.

Keywords: Local Government Regulations; Administrative Normative Documents; Democratic Legislation; Review and Post-assessment; Uniform Legislation

B.5　Administrative Decision-making　　　　　　　　　　　／083

Abstract: In the 2023−2024 Legal Government Evaluation, "administrative decision-making" is set as a first-level indicator, and on this basis, four secondary indicators, namely "annual public disclosure of major administrative decision-making matters", "legitimate decision-making", "scientific decision-making", and "democratic decision-making", are established. These four secondary indicators are specifically divided into five tertiary indicators, aiming to comprehensively assess the improvement degree and execution efficiency of government institutions in administrative decision-making. The evaluation results show that various systems of administrative decision-making have been generally implemented, with a high degree of standardization, especially in terms of legality, scientificity, and democracy. Significant achievements have been made. Although the government has made many progress in administrative decision-making, there are still some problems. Specific problems include: the standardization level of the annual public

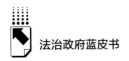
disclosure of major administrative decision-making matters is lacking, and the comprehensiveness and quality-effectiveness of content disclosure are insufficient; the breadth and intensity of legality review need to be improved, and the feedback mechanism for review is lacking; the weak area of major administrative decision-making risk assessment is prominent; the standardization and information disclosure of the expert argumentation procedure for major decisions are insufficient; the forms of public participation in some places are formalized and monotonous, lacking effective feedback. In response to the above problems, the following measures are recommended: enhance the legal level of the annual public disclosure system of major administrative decision-making matters and increase the transparency of the disclosure; strengthen the intensity of legality review for major decisions, optimize the review process; ensure that all risks are evaluated, and enhance the comprehensiveness, balance, and transparency of risk assessment; establish a scientific and systematic expert argumentation system, strengthen the standardization and transparency of expert argumentation; set up diversified forms of public participation to enhance the visibility and effectiveness of feedback; improve the transparency and informatization construction of government websites, etc. These measures are conducive to promoting the standardization and transparency of the administrative decision-making process and better serving public interests and social development.

Keywords: Administrative Decision-making; Empirical Research; Evaluation Index; Construction of a Law-based Government

B.6 Administrative Law Enforcement

Abstract: For a long time, administrative law enforcement has been a core issue of public concern and has always occupied an important position in social discussions. In 2021, the "Implementation Outline for the Construction of a Law-Based Government (2021 - 2025)" issued by the Central Committee of the Communist Party of China and the State Council clearly stipulated requirements for administrative law enforcement work, emphasizing the need to build a complete administrative law enforcement work system and comprehensively promote strict, standardized, fair, and civilized law enforcement to enhance the satisfaction of the people and achieve a comprehensive improvement in the level of administrative law enforcement. This outline aims to ensure that the people can feel integrity and impartiality in every law enforcement action and fairness and justice in every law enforcement decision. The results of the legal government assessment from 2023 to 2024 show that comprehensive law enforcement reform has been steadily advanced, the enforcement intensity in key areas has been continuously strengthened, significant progress has been made in the construction of the "three systems" for administrative law enforcement, and new systems and law enforcement methods are also being continuously promoted. The law enforcement concept has gradually shifted to being people-oriented, the awareness of procedures has been increasingly enhanced, and the law enforcement results are developing in a more just, transparent, and humane direction. However, the field of administrative law enforcement still faces a series of challenges. The problem of regional imbalance in the level of administrative law enforcement remains, the division of responsibilities for comprehensive law enforcement and the delineation of responsibilities are not clear enough, and the mechanisms for case transfer in administrative law enforcement and the connection between law enforcement and criminal justice are not yet sound. The mechanism for coordination and collaboration in law enforcement is relatively lacking, the communication and collaboration in law enforcement for key areas have not yet formed a norm, the law enforcement training lacks targetedness, and the public release and update of law enforcement discretion benchmarks are not timely, which affects the quality and efficiency of law enforcement.

Keywords: Comprehensive Law Enforcement; Law Enforcement in Key Areas; Law Enforcement Quality

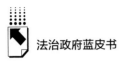
B.7   The Government-affairs-publicity   / 148

Abstract: In 2024, local governments in China continuously expanded the breadth and depth of government affairs disclosure, steadily improving the quality of government affairs disclosure work, and achieving remarkable progress in the construction of a transparent and service-oriented government. However, some local governments still need to enhance the convenience, interactivity, and standardization of government affairs disclosure. Issues such as insufficient practical benefits for the public, poor interaction channels, and inadequate standardization need to be addressed urgently. It is necessary to further optimize the application and search processes for government information disclosure, strengthen the construction of specialized teams for government affairs disclosure, establish and improve the completion and supervision mechanisms for government information responses, enhance the quality and effectiveness of government affairs disclosure, and better contribute to the construction of a law-based government and the modernization of the national governance system and governance capacity.

Keywords: Government Affairs Transparency; Proactive Disclosure; Disclosure upon Application; Government-citizen Interaction

B.8   Constraints and Oversight of Executive Power   / 172

Abstract: In the 2024 assessment of the rule-of-law government, the average score of the first-level indicator "Constraints and Supervision of Administrative Powers" was 49.06 points, with an average score rate of 61.33%. There were 47 cities with an average score rate above the average, accounting for 47% of the total number of cities. This year, on the basis of maintaining the four basic tertiary indicators of external supervision, combined with economic development and national policy needs, the internal supervision indicators were revised and improved, and a tertiary indicator "The Manifestation of the Role of Administrative Law Enforcement Coordination Supervision" was added. The assessment results of 2024 show that China's rule-of-law government construction has achieved remarkable achievements in the field of constraints and supervision of administrative powers. The main channel role of administrative reconsideration has been steadily exerted, the administrative law enforcement coordination supervision work has been steadily advanced, the major administrative decision-making reporting system to the Party committee has steadily improved, and the overall situation of the handling and public disclosure of suggestions and proposals from the local committees of the Chinese People's Political Consultative Conference has been relatively good. However, it should also be noted that the constraints and supervision of administrative powers still face many challenges: the main channel role of administrative reconsideration needs to be improved, and the relevant mechanisms need to be improved; in some cities, the winning rate of administrative reconsideration cases is relatively low, and the review of administrative reconsideration organs is not strict enough; in some cities, the administrative law enforcement coordination supervision mechanism is not sound, and the innovative measures and actual effects are not obvious; the reporting system of major issues to the Party committee during the formulation and revision of local government regulations and administrative normative documents is still not perfect; the implementation of the decision-making decisions of the local people's congresses and their standing committees needs to be further implemented; the response to judicial supervision documents is insufficient, and the implementation, feedback mechanism of judicial supervision needs to be strengthened. To further promote the construction of the rule-of-law government, it is suggested that all regions strengthen the construction of administrative reconsideration capabilities, improve the case handling mechanism; standardize the trial of administrative reconsideration cases, improve the review quality of administrative reconsideration organs; improve the administrative law enforcement coordination supervision mechanism, strengthen the construction of supervision capabilities; promote the implementation of the reporting system of major issues to the Party committee during the formulation and revision of local government regulations and administrative normative documents; implement the decision-making decisions of

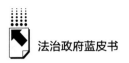

the local people's congresses and their standing committees, improve the transparency of implementation; promote the public disclosure of the specific situation of accepting judicial supervision in the "Report on the Construction of the Rule-of-Law Government", deeply implement the judgment, performance of duties, and correction of illegal acts, and establish and improve the feedback mechanism for accepting judicial supervision.

Keywords: Checks and Balances on Power; Supervision of Power; Internal Supervision; External Supervision

B.9   The Role of Law-based Government in Driving
Society Governed by Law   / 203

Abstract: The assessment of the law-based government from 2023 to 2024 set up the secondary indicators "Persisting and Developing the New Era's Fengqiao Experience", "Promoting the Construction of Public Legal Services System", and "Enhancing the Legal Awareness of the Entire Society" under the primary indicator "The Leading Role of the Law-based Government in Building a Law-based Society". This assessment systematically evaluated and examined the progress of the government in promoting the construction of a law-based government. The assessment found that in terms of persisting and developing the New Era's Fengqiao Experience, the comprehensive mechanism for preventing, mediating, and resolving social conflicts in our country has been operating well, the system has become increasingly sound, and the administrative adjudication work has been effectively advanced; in terms of promoting the construction of the public legal services system, local governments have been able to leverage the advantages of multi-party collaboration to carry out public legal services, and legal aid centers and mass organizations have actively carried out special legal aid activities, continuously improving the quality of legal aid services; in terms of enhancing the legal awareness of the entire society, the legal education and publicity work in various localities has been implemented in place, and various forms of online and offline activities have been carried out to enhance the effectiveness of legal publicity and education, and the public have been able to actively participate in the entire process of legal practice. While local governments have achieved certain results, there are still aspects that can be improved. For example, there is still room for improvement in the construction of the system for resolving and mediating social conflicts, and the supply balance and substantive construction of the public legal service system need to be strengthened, and there is still room for improvement in the quality and effectiveness of legal education and publicity work. To further promote the progress of a law-based society through the construction of a law-based government, it is necessary to strengthen the construction of the system for resolving and mediating social conflicts, achieve a new pattern of community co-governance, and shared governance; promote the balanced development of public legal services, build a high-quality and substantive service system; promote the improvement of the quality and effectiveness of legal education and publicity work, and promote in-depth participation and learning of citizens in legal practice.

Keywords: A Society Ruled by Law; The Fengqiao Experience; Administrative Adjudication; Public Legal Service System; Legal Publicity and Education

B.10   Legal Guarantee of Government Services and Integrity

/ 232

Abstract: In this round of the assessment of the rule-of-law government, the score rate of the first-level indicator " Government Services and Legal Guarantee for Integrity" has increased from 60.97% in 2023 to 63.50%. Overall, the construction of legal guarantee for government services and integrity has achieved certain results across the country. This round of " Government Services and Legal Guarantee for Integrity" still includes six sub-indicators at the third level, and the scores of each sub-indicator have not been adjusted. From the assessment results of this round, in general, local governments have performed relatively well in three aspects: optimizing market access services, establishing and

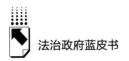
implementing the communication system between government and enterprises, and improving the fair competition guarantee mechanism. However, local governments also have many problems in the practice of carrying out various tasks, such as some cities providing market access services with certain lags, the review level of application materials in administrative licensing and administrative registration needs to be improved, there are situations where government contracts are not fulfilled or not fulfilled as agreed, the supply of specialized channels for communication and contact between government and enterprises is insufficient, the transparency of the specific practice of the fair competition guarantee mechanism needs to be improved, and the preparation of government procurement bidding documents needs to be further improved. In response to the existing problems, it is suggested that local governments continuously improve the market access mechanism, relax market access paths, legally and prudently perform review duties, standardize government contracting behavior, implement the principle of trust protection, add targeted channels and approaches for communication and contact between government and enterprises, continuously improve the standardization of the construction of the fair competition guarantee mechanism, and take multiple measures to eliminate discriminatory or preferential treatment phenomena in government procurement, so as to effectively enhance the rule-of-law level of government services and integrity construction.

Keywords: Government Services; Governmental Honesty; Business Environment; Legal Guarantee

B.11 Law Based-digital Government / 259

Abstract: In 2024, the assessment index system for "Digital Governance of the Government" was comprehensively updated. From five dimensions including the overall deployment of digital governance of the government, the construction of digital government platforms, digitalization of government performance, open sharing and protection of personal information of government affairs data, and digitalization of power supervision, a comprehensive and three-dimensional in-depth investigation was conducted on the construction of digital governance of the government in 100 cities. The assessment found that the construction of digital governance of the government in China is continuously advancing in depth, the leading role of digital government construction in the development of the digital economy is prominent, digital technology is widely applied in government performance, the protection of personal information is continuously strengthened, and the convenience of external supervision channels has improved significantly. Cities such as Shenzhen, Foshan, Jining, and Hangzhou have achieved remarkable results in the construction of digital governance of the government and stood out among the 100 cities. They have become the benchmarks for the construction of digital governance of the government. At the same time, the assessment also revealed that there are still many deficiencies in the construction of digital governance of the government: the planning for digital governance of the government is not comprehensive enough, the construction of digital government platforms is not perfect enough, the digitalization of government performance needs to be improved, and the construction of digital governance of the government lacks institutional guarantees. Based on the assessment results, in the future, it is necessary to strengthen planning guidance, promote the deep integration of government governance legalization and digitalization; promote platform construction, and take the path of balanced, intelligent, intensive, and refined development; transform governance concepts, enhance the digitalization of government performance; strengthen rule awareness, and further make up for the deficiencies and shortcomings of the normative system of digital governance of the government.

Keywords: Digital Rule-of-law Government; Digital Government Platform; Government's Digital Performance Capacity; Sharing of Government Data; Opening of Government Data; Security of Government Data

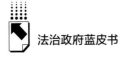

B.12　Surveying Public Satisfaction　　　　　　　　　／307

Abstract：As the sole subjective evaluation indicator among the first-level indicators for the assessment of the construction of a law-based government, public satisfaction plays an irreplaceable and significant role in measuring the effectiveness of the construction of a law-based government. It is an intuitive manifestation of the public's evaluation of the construction of a law-based government. Since the launch of this assessment work, the project team has persisted in responding to people's concerns. On the basis of balancing people-orientedness and professionalism, they have set up two sets of questionnaires for ordinary citizens and legal experts. Through a combination of stratified sampling and random sampling, supplemented by on-site research and interviews, they have conducted surveys on the public satisfaction with the construction of a law-based government in the evaluated cities in terms of government services, administrative law enforcement, information disclosure, administrative decision-making, and clean government construction. The project team conducted detailed analysis of the obtained survey data and information item by item, and based on this, put forward opinions or suggestions for improving public satisfaction with the construction of a law-based government.

Keywords：Public Satisfaction；Law-based Government；Ordinary Citizens；Legal Experts

北京市哲学社会科学研究基地智库报告
系列丛书

推动智库成果深度转化

打造首都新型智库拳头产品

为贯彻落实中共中央和北京市委关于繁荣发展哲学社会科学的指示精神，北京市社科规划办和北京市教委自 2004 年以来，依托首都高校、科研机构的优势学科和研究特色，建设了一批北京市哲学社会科学研究基地。研究基地在优化整合社科资源、资政育人、体制创新、服务首都改革发展等方面发挥了重要作用，为首都新型智库建设进行了积极探索，成为首都新型智库的重要力量。

围绕新时期首都改革发展的重点热点难点问题，北京市社科联、北京市社科规划办、北京市教委与社会科学文献出版社联合推出"北京市哲学社会科学研究基地智库报告系列丛书"。

北京市哲学社会科学研究基地智库报告系列丛书

（按照丛书名拼音排列）

·北京产业蓝皮书：北京产业发展报告

·北京人口蓝皮书：北京人口发展研究报告

·城市管理蓝皮书：中国城市管理报告

·法治政府蓝皮书：中国法治政府评估报告

·健康城市蓝皮书：北京健康城市建设研究报告

·交通蓝皮书：中国城市交通绿色发展报告

·京津冀蓝皮书：京津冀发展报告

·平安中国蓝皮书：平安北京建设发展报告

·企业海外发展蓝皮书：中国企业海外发展报告

·首都文化贸易蓝皮书：首都文化贸易发展报告

·中央商务区蓝皮书：中央商务区产业发展报告

社会科学文献出版社

皮书

智库成果出版与传播平台

❖ 皮书定义 ❖

皮书是对中国与世界发展状况和热点问题进行年度监测，以专业的角度、专家的视野和实证研究方法，针对某一领域或区域现状与发展态势展开分析和预测，具备前沿性、原创性、实证性、连续性、时效性等特点的公开出版物，由一系列权威研究报告组成。

❖ 皮书作者 ❖

皮书系列报告作者以国内外一流研究机构、知名高校等重点智库的研究人员为主，多为相关领域一流专家学者，他们的观点代表了当下学界对中国与世界的现实和未来最高水平的解读与分析。

❖ 皮书荣誉 ❖

皮书作为中国社会科学院基础理论研究与应用对策研究融合发展的代表性成果，不仅是哲学社会科学工作者服务中国特色社会主义现代化建设的重要成果，更是助力中国特色新型智库建设、构建中国特色哲学社会科学"三大体系"的重要平台。皮书系列先后被列入"十二五""十三五""十四五"时期国家重点出版物出版专项规划项目；自2013年起，重点皮书被列入中国社会科学院国家哲学社会科学创新工程项目。

权威报告·连续出版·独家资源

皮书数据库
ANNUAL REPORT(YEARBOOK)
DATABASE

分析解读当下中国发展变迁的高端智库平台

所获荣誉

- 2022年，入选技术赋能"新闻+"推荐案例
- 2020年，入选全国新闻出版深度融合发展创新案例
- 2019年，入选国家新闻出版署数字出版精品遴选推荐计划
- 2016年，入选"十三五"国家重点电子出版物出版规划骨干工程
- 2013年，荣获"中国出版政府奖·网络出版物奖"提名奖

皮书数据库　　"社科数托邦"
微信公众号

成为用户

　　登录网址www.pishu.com.cn访问皮书数据库网站或下载皮书数据库APP，通过手机号码验证或邮箱验证即可成为皮书数据库用户。

用户福利

- 已注册用户购书后可免费获赠100元皮书数据库充值卡。刮开充值卡涂层获取充值密码，登录并进入"会员中心"—"在线充值"—"充值卡充值"，充值成功即可购买和查看数据库内容。
- 用户福利最终解释权归社会科学文献出版社所有。

社会科学文献出版社　皮书系列
SOCIAL SCIENCES ACADEMIC PRESS (CHINA)

卡号：581376439496
密码：

数据库服务热线：010-59367265
数据库服务QQ：2475522410
数据库服务邮箱：database@ssap.cn
图书销售热线：010-59367070/7028
图书服务QQ：1265056568
图书服务邮箱：duzhe@ssap.cn

法律声明

"皮书系列"（含蓝皮书、绿皮书、黄皮书）之品牌由社会科学文献出版社最早使用并持续至今，现已被中国图书行业所熟知。"皮书系列"的相关商标已在国家商标管理部门商标局注册，包括但不限于LOGO（ ▓ ）、皮书、Pishu、经济蓝皮书、社会蓝皮书等。"皮书系列"图书的注册商标专用权及封面设计、版式设计的著作权均为社会科学文献出版社所有。未经社会科学文献出版社书面授权许可，任何使用与"皮书系列"图书注册商标、封面设计、版式设计相同或者近似的文字、图形或其组合的行为均系侵权行为。

经作者授权，本书的专有出版权及信息网络传播权等为社会科学文献出版社享有。未经社会科学文献出版社书面授权许可，任何就本书内容的复制、发行或以数字形式进行网络传播的行为均系侵权行为。

社会科学文献出版社将通过法律途径追究上述侵权行为的法律责任，维护自身合法权益。

欢迎社会各界人士对侵犯社会科学文献出版社上述权利的侵权行为进行举报。电话：010-59367121，电子邮箱：fawubu@ssap.cn。

社会科学文献出版社